Іеромона́хъ Алѷпі́й (Гама́новичъ).

ГРАММА́ТИКА

Церковно-слав॓нскагѡ ॓зыка

Свѧто-
Тро́ицкій Монасты́рь,
Тѷпогра́фіѧ
Пр. Іѡва Поча́евскагѡ,
Jordanville, N.Y.
1984 г.

Второе изданіе, исправленное .

Первое изданіе Св. Троицкаго монастыря, 1964 г.

Перепечатано по благословенію
Преосвященнаго Л а в р а ,
Архіепископа Сиракузскаго и Троицкаго

Holy Trinity Monastery
Printshop of St. Job. of Pochaev
Jordanville, New York
1984

Оглавленіе.

СИНТАКСИСЪ.

Глаголическое письмо Зографскаго Евангелія, конецъ IX в. (I листъ).

на себѣ вліяніе разговорнаго языка, то это обстоятельство послужило тому, что древне-церковно-славянскій языкъ, — главнымъ образомъ въ своей фонетикѣ и ороографіи, — не застылъ на одномъ мѣстѣ, но постепенно измѣнялся. Въ разныхъ странахъ это измѣненіе происходило въ соотвѣтствіи съ языкомъ той или иной страны. Если взять ранній сербскій печатный текстъ (напр. изданіе Божидара Вуковича въ Венеціи, XVI в.) и сравнить съ русскимъ раннимъ печатнымъ текстомъ (Ивана Ѳеодорова, XVI в.), то увидимъ значительную разницу въ ороографіи и въ грамматическихъ формахъ, хотя самый текстъ остается безъ измѣненія. Ввиду того, что Сербія и Болгарія были подъ турецкимъ игомъ, печатное дѣло тамъ двигалось слабо. Россія была на особомъ положеніи. Вскорѣ въ южной, югозападной и Московской Руси печатное дѣло получило большое развитіе, и отсюда печатныя книги доставлялись въ Сербію и Болгарію. Такимъ образомъ церковно-славянскій текстъ русскаго извода вытѣснилъ другія національныя разновидности.

Первоначально текстъ кириллицы писался буквами, четко выписанными и прямо стоящими: такое письмо называлось уставомъ. Уставное письмо писалось тростью, какъ это видно изъ изображеній евангелистовъ въ Остромировомъ Евангеліи, да и самый стиль буквъ указываетъ на это. Въ концѣ XIV в. появилось письмо съ буквами нѣсколько наклоненными и болѣе свободно написанными: такое письмо называлось полууставомъ. Сначала оно употреблялось для нуждъ обиходнаго порядка, но послѣ полууставомъ стали писать и церковныя книги, только съ большей аккуратностью. Вскорѣ полууставъ совсѣмъ вытѣснилъ уставное письмо. Въ XVI в. появилось письмо съ размашистымъ почеркомъ, такъ называемое скорописное, но оно въ богослужебныхъ текстахъ не употреблялось. Какъ полууставъ такъ и скоропись писались гусинымъ перомъ, которому они обязаны своимъ стилемъ.

Церковно-славянскій языкъ въ Россіи въ теченіе многихъ столѣтій пріобрѣталъ разныя ороографическія особенности, постепенно эволюціонируя подъ вліяніемъ русскаго языка.

Въ церковно-славянскомъ текстѣ можно отмѣтить слѣдующія ороографическія и фонетическія особенности, претерпѣвшія измѣненія.

Въ древнемъ текстѣ употреблялся знакъ ҆ или ҆ для обозначенія мягкости плавныхъ р҆, л҆, н҆: мор҆е, вол҆а, нн҆ва. Подобные знаки для обозначенія мягкости ставились и надъ гортанными въ словахъ иноязычныхъ: кесарь, хитонъ. Иногда надъ начальной гласе не · ҃з · по · ҃н · ева :

е отъшатоса · гла ҃о е

ъ рѣмаоно

прѣходѧщоу

нісусоу · по

нємьндо

стадъва

слѣпьца · зо

вѫщангл҃жща

помилоуннъі

сноудавдовъ при

шъдъшоужен

моувъдомъ · при

Уставное письмо Остромирова Евангелія, 1057 г. .(листъ 68).

ной слова по образцу греческому писались знаки придыханія. Однако эти надстрочные знаки не во всѣхъ рукописяхъ соблюдались; напр., въ Остромировомъ евангеліи они встрѣчаются сравнительно рѣдко. Вотъ нѣсколько примѣровъ изъ Остромирова евангелія: нспѫлнитьсѧ, съвьршенꙑ (л. 278 на обор.); отъвьргꙑнсѧ (л. 235 на обор.); костантиноу, лаврентию (л. 286). Въ полууставѣ, который появился въ концѣ XIV в., знаки придыханія и ударенія входятъ въ употребленіе уже какъ ороографическая принадлежность текста. Знакъ придыханія сталъ писаться не только надъ начальной гласной слова, но и надъ каждой гласной, не имѣющей при себѣ согласной, напр., іѡа́ннъ. Писатель конца XIV в. и начала XV в. Константинъ Констенческій, чтобы помочь усвоенію ороографіи въ написаніи дасіи и апострофа (дасія — придыханіе, апострофъ — придыханіе съ удареніемъ) дѣлаетъ слѣдующую аналогію: гласныя — это жены, согласныя — это мужья. Жены могутъ быть съ непокрытой головой только въ присутствіи своего мужа; такъ и гласная при согласной не имѣетъ дасіи или апострофа. Если жена выходитъ на улицу или въ общество, она должна быть съ покрытой головой, иначе она позоритъ свою честь (й к то́моу нє до́нна бꙑти въ́ домоу моу́жа́ нє (є̑ѧ) нь (но) сѧ блоу́нн-цамн), такъ и гласная безъ согласной должна имѣть на себѣ покровъ — дасію или апострофъ. Надъ согласной не должно ставить этихъ знаковъ, такъ какъ покровъ для мужчины — срамъ ему (срамлꙗ́єть сѧ̑ ꙗко́ж ꙗ моужа жє́нѣска оу́тварь). При встрѣчѣ двухъ согласныхъ, относящихся къ разнымъ слогамъ, долженъ стоять ' (ерокъ), какъ сторожъ или свидѣтель, предупреждающій "претыканіе". Въ Остромировомъ евангеліи знакъ ˘ (въ значеніи ерка) стоитъ только между двумя одинаковыми согласными: ассарни (л. 234); караввѫ (л. 164 на обор.); сарєфꙑ̑д̑оусидоньскѫ (л. 276 на обор.).

Къ надстрочнымъ знакамъ, употреблявшимся въ древнемъ текстѣ, относятся также титла. Титла были простыя и буквенныя. Пропуски подъ титлами имѣли другой характеръ, чѣмъ это принято въ современномъ церковно-славянскомъ языкѣ, напр. бъ (бг҃ъ), гь (гд҃ь), хс (хрⷭ҇тосъ). Титла въ уставномъ письмѣ употреблялись рѣже, чѣмъ это практиковалось позднѣе въ полууставѣ и въ первыхъ печатныхъ книгахъ.

Въ качествѣ строчныхъ знаковъ въ древнемъ текстѣ между фразами ставился крестикъ или точка, или нѣсколько точекъ въ декоративной формѣ (.:.), иногда съ прибавленіемъ запятой или черточки: — послѣдній видъ строчного знака употреблялся больше въ концѣ абзаца.

Введеніе.

Церковно-славянскій языкъ, какъ указываетъ самое названіе, является языкомъ спеціальнаго назначенія. Названіе "церковный" указываетъ на употребленіе его въ церковномъ богослуженіи, а названіе "славянскій" указываетъ на то, что имъ пользуются славянскіе народы, къ которымъ принадлежатъ главнымъ образомъ русскіе, сербы и болгары.

Начало церковно-славянской грамоты относится ко второй половинѣ IX столѣтія. Вся система церковно-славянской грамоты, составъ ея буквъ и звуковъ и ея орѳографія были составлены свв. братьями Константиномъ и Меѳодіемъ. Они родились въ Солуни, гдѣ ихъ отецъ былъ помощникомъ градоначальника. Есть предположеніе, что ихъ отецъ былъ славяниномъ. Вокругъ Солуни проживало много славянъ, а потому многіе жители Солуни знали славянскій языкъ. Славянскій языкъ знали также Константинъ и Меѳодій. Главная доля труда въ созданіи грамматической системы славянскаго языка падаетъ на Константина. Онъ получилъ прекрасное образованіе при дворѣ, гдѣ ему предстояло высокое придворное положеніе, но онъ предпочелъ служеніе Богу въ иноческомъ чинѣ и удалился въ монастырь на "Узкомъ" (Мраморномъ) морѣ. Вскорѣ, однако, его упросили вернуться назадъ, и онъ былъ назначенъ учителемъ философіи *) въ придворной школѣ кесаря Варды. Еще въ молодыхъ годахъ Константинъ обратилъ на себя вниманіе, какъ выдающійся философъ и полемистъ, а потому во всѣхъ затруднительныхъ случаяхъ, относившихся къ богословскимъ вопросамъ, царь или его синклитъ обращались къ нему. Когда въ 862 г. моравскій князь Ростиславъ прислалъ пословъ къ императору Михаилу съ просьбой прислать ему проповѣдниковъ христіанской вѣры, могущихъ проповѣдывать на ихъ родномъ языкѣ, то выборъ палъ на Константина. Его братъ Меѳодій сначала былъ воеводой Струмской области въ Македоніи. Прослуживъ 10 лѣтъ въ этомъ званіи и познавъ суету мірской жизни,

---

*) Св. Константинъ извѣстенъ еще подъ именемъ Константина Философа.

онъ удалился въ монастырь на горѣ Олимпъ. Въ просвѣтительной дѣятельности Константина среди славянъ Меѳодій сталъ его незамѣнимымъ сотрудникомъ. Тогда еще славянской грамоты не существовало, хотя и были попытки передать славянскую рѣчь латинскими или греческими буквами или какими-нибудь "чертами и рѣзами", какъ объ этомъ пишетъ болгарскій писатель X вѣка черноризецъ Храбръ: Прѣжде убо словѣне не имѣхѫ кънигъ, нѫ чрътами и рѣзами чьтѣхѫ и гатаахѫ погани сѫще.

Св. братья начали съ составленія азбуки, перевели нѣкоторыя книги и потомъ съ нѣкоторыми другими помощниками отправились въ Моравію. Проповѣдь на понятномъ народу языкѣ шла успѣшно, но нѣмецкое духовенство, видя, что славянское населеніе ускользаетъ изъ-подъ ихъ вліянія, начало всячески препятствовать этому. Они оклеветали св. братьевъ предъ римскимъ папою Николаемъ I, въ юрисдикціи котораго находилась Моравія. Св. братья вынуждены были ѣхать въ Римъ для оправданія. Путь ихъ лежалъ черезъ Паннонію, гдѣ они нѣкоторое время проповѣдывали по просьбѣ князя Коцела. Въ Римѣ св. братья уже не застали въ живыхъ папу Николая I, а его преемникъ папа Адріанъ II, человѣкъ болѣе мягкій, благожелательно принялъ ихъ и разрѣшилъ проповѣдывать на славянскомъ языкѣ. Въ Римѣ Константинъ заболѣлъ и умеръ, принявъ предъ кончиной схиму съ именемъ Кирилла. Его кончина послѣдовала 14 февраля 869 г. Св. Меѳодій былъ посвященъ въ епископскій санъ, и возвратился къ прежней проповѣди сначала въ Панноніи, а потомъ въ Моравіи, гдѣ съ большими затрудненіями, претерпѣвъ даже темничное заключеніе, проповѣдывалъ слово Божіе на славянскомъ языкѣ до самой своей кончины, послѣдовавшей въ Велеградѣ 6 апрѣля 885 г. Память св. братьевъ совершается 11 мая. Папы нѣсколько разъ то разрѣшали проповѣдь на славянскомъ языкѣ, то снова запрещали. Такая измѣнчивая политика папъ относительно проповѣди христіанской вѣры на славянскомъ языкѣ зависѣла отъ общей политики папскаго престола въ отношеніи къ западнымъ и восточнымъ Каролингамъ и къ византійскому императору. Послѣ смерти Меѳодія ученики его были изгнаны изъ Моравіи, и центръ просвѣтительной дѣятельности перешелъ уже въ предѣлы Болгаріи и Сербіи. Видными учениками св. братьевъ были ихъ послѣдователи свв. Гораздъ, Климентъ и Наумъ, которые развили широкую дѣятельность въ Болгаріи.

Азбука, употребляемая въ современномъ церковно-славянскомъ языкѣ, называется кириллицей, по имени ея составителя

св. Кирилла (Константина). Но въ началѣ славянской письменности была еще другая азбука, которая называется глаголицей.
Фонетическая система обѣихъ азбукъ одинаково прекрасно разработана и почти совпадаетъ. Глаголица отличается очень запутаннымъ начертаніемъ, и, повидимому, это обстоятельство послужило тому, что она была вытѣснена кириллицей, какъ болѣе
удобной и легкой для начертанія. Глаголица осталась въ употребленіи только въ церковномъ языкѣ хорватъ-католиковъ.

Среди ученыхъ лингвистовъ существуютъ разныя мнѣнія относительно того, какая азбука является болѣе древней и какая
изъ нихъ именно была изобрѣтена св. Константиномъ (Кирилломъ).
Большинство лингвистовъ склоняются къ тому, что Константинъ
изобрѣлъ глаголицу, а кириллица вошла въ употребленіе нѣсколько позже. Приписывающіе кирилицѣ болѣе позднее происхожденіе считаютъ, что она появилась въ восточной Болгаріи, во
время правленія царя Симеона (893-927), который во всемъ
старался подражать Византіи. Нѣкоторые же дѣлаютъ предположеніе, что обѣ азбуки были созданы Константиномъ.

Въ основѣ кириллицы лежитъ греческое унціальное письмо,
съ добавленіемъ буквъ разнаго происхожденія для звуковъ чистославянскихъ. Основнымъ источникомъ глаголицы, какъ полагаютъ
нѣкоторые изслѣдователи, были греческіе минускулы. Однако, многія глаголическія буквы настолько отошли отъ первоначальнаго источника, что ученые лингвисты долго затруднялись опредѣлить
ихъ источникъ. Нѣкоторыя буквы, повидимому, имѣютъ древнееврейское, самаритянское или даже коптское происхожденіе (см.
“Старославянскій языкъ” Селищева).

Въ основѣ древне-церковно-славянскаго языка лежитъ древнеболгарскій, на которомъ говорили славяне Македонской области.
Въ то время языковое національное различіе между славянами
было гораздо меньше, чѣмъ теперь, а потому др.-церковно-славянскій языкъ сразу же получилъ значеніе общеславянское. Однако
др.-церковно-славянскій языкъ имѣлъ свои грамматическія и фонетическія особенности, которыя разнились отъ языка славянъ
неболгарскаго происхожденія. Вслѣдствіе этого писцы, переписывая священный текстъ, поневолѣ вносили въ него особенности
своего языка. Такимъ образомъ появились рукописи разныхъ изводовъ: болгарскаго, сербскаго, русскаго и т. д.

Древне-церковно-славянскій языкъ былъ вмѣстѣ и литературнымъ языкомъ, т. е. языкомъ хроникъ, житій святыхъ, разныхъ сказаній и поученій, а поскольку таковой языкъ отражалъ

Глаголица и уставъ кириллицы.
(Указанныя числа относятся къ глаголицѣ).

Глаг.	№	Кир.		Глаг.	№	Кир.		Глаг.	Кир.	
+	1	А	а	Э	80	О	о		Ѣ	ѣ
Ш	2	Б	б		90	П	п		Ю	ю
Ѱ	3	В	в		100	Р	р	(△)	Ꙗ	я
	4	Г	г		200	С	с	Є	А	юсъ малый
	5	Д	д		300	Т	т	Ѭ	Ꙗ	юсъ мал. йотир.
Э	6	Є э, Ѥ	е		400	ОУ, Ꙋ	у	Ж	Ѫ	юсъ большой
	7	Ж	ж'		500	Ф	ф	ѮЄ	Ѭ	юсъ бол. йотир.
	8	Ѕ Ꙃ	дз'		600	Х	х		Ѯ	кс
	9	З	з		700	Ѡ	о		Ѱ	пс
	10	Ї	і		800	Щ	щ'		Ѳ	ѳ
	20	И	и		900	Ц	ц'		Ѵ	ижица
	30	(ħ)	г'		1000	Ч	ч'			
	40	К	к			Ш	ш'			
	50	Л	л			Ъ	ч			
	60	М	м			Ы	ы			
	70	N	н		(э)	Ь	ь			

Числовое значеніе кириллицы указано въ курсѣ грамматики.

Буквы кириллицы начертаны по Остромирову Евангелію.

Кириллическій знакъ числа Ҁ-90 (съ греческаго) былъ позже замѣненъ буквой Ч.

ΟΥΛΗΨΕΤΑΙ +

ΚΑΙ ΟΟΕΑΠΠΟ

ΤΙΟΗ ΕΝΑΤΩ

ΜΙΚΡΩΝΤΟ

ΤΩΝ ΠΟΤΗΡΙ

ΟΝΨΥΧΡΟΥ

Греческое унціальное письмо IX в.

Ὁ μέγαλο μάρτισ θεοδώοροσ ὁ
φρατιμάτισ ἦν ἐπὶ λικιμρίδ
τοῦ ιασιλέωσ· τὴν μὲν ὀι κνοιμᾶχον
ὁν τοῖσ ἀχαίτοισ· διὰ τρί μωρ δὲ εἰσ
ἡρακληαν τοῦ πόμτου· ἀμιρλόγοσ·
καὶ ἄμορφοσ καὶ συμ βὸσ· το ὅυτον·
ὡσ καὶ ιασιλέα ἀντυμιοσαι ἰδεῖν
αὐτον· ἐμιαθ γάρ· ὅτι ὡραγότατοσ

Греческое минускульное письмо, ок. 986 г. (изъ минологія Василія II).

Произношеніе юсовъ (ѫ, ѧ) въ русскомъ языкѣ, повидимому, было утеряно уже въ X в., такъ какъ русскіе писцы часто употребляли ихъ неправильно. Однако въ древне-славянскомъ церковномъ текстѣ болѣе или менѣе этимологически правильное употребленіе юсовъ наблюдается до XVI в.

Полугласные ъ (еръ) и ь (ерь), потерявъ свое краткое произношеніе, въ срединѣ слова въ сильныхъ позиціяхъ перешли въ о, е, а въ слабыхъ позиціяхъ: ъ исчезъ, и въ нѣкоторыхъ случаяхъ исчезъ и ь, напримѣръ: сънмъ — сонмъ; отьць, отьца — ѻ́тецъ, ѻ́тца, отсюда образовались бѣглые о, е: сонъ — сна; горекъ — го́рькій.

Начертаніе ъı въ полууставѣ было замѣнено посредствомъ ы.

ы послѣ гортанныхъ (г, к, х) къ XVI в. начинаетъ исчезать и замѣняться буквою и.

Нѣкоторыя буквы имѣли два начертанія (напр.: ѹ, ꙋ; о, ѡ, ѻ и др.). Вторичныя начертанія сначала имѣли лишь декоративное или практическое значеніе, напр. если не хватало мѣста, то вмѣсто ѻ́ѵ писали ꙋ; но впослѣдствіи въ печатныхъ книгахъ имъ стали придавать опредѣленное орѳографическое назначеніе.

Гласный звукъ и въ древнемъ текстѣ имѣлъ начертанія и и і, причемъ послѣдній употреблялся сравнительно рѣдко и, большей частью, въ концѣ строки при недостаткѣ мѣста. Если оказывалось два "и" подрядъ, то второе часто писалось черезъ і, напр., ніи́съ (Остром. ев.). Въ полууставѣ і встрѣчается гораздо чаще, и устанавливается традиція написанія его передъ гласными.

и со знакомъ краткости (й) вошло въ употребленіе въ XIV в., но въ им. прилагательныхъ полныхъ мужескаго рода един. числа и оставалось безъ знака краткости до никоновской реформы, а въ старообрядческихъ текстахъ и въ такомъ видѣ сохраняется и и по нынѣ (ст҃ын бж҃е).

Гласный "о" изображался посредствомъ о и ѡ, а въ полууставѣ и черезъ ѻ. Начертаніе ѡ было введено въ славянскій текстъ въ написаніяхъ греческихъ словъ. Въ уставномъ письмѣ ѡ встрѣчается сравнительно рѣдко и даже въ греческихъ словахъ часто отсутствуетъ (напр., иоанъ Остр. ев.). Въ полууставѣ ѡ писалось гораздо чаще, причемъ довольно часто имѣло значеніе только декоративное, не обусловленное требованіями орѳографіи. ѻ имѣло также декоративное значеніе, хотя въ нѣкоторыхъ рукописяхъ и печатныхъ текстахъ (см. въ нѣкоторыхъ текстахъ Ивана Ѳеодорова) была тенденція ставить его подъ удареніемъ.

Гласный "у" имѣлъ начертанія ѻ́ѵ и ꙋ. Послѣднее въ уставномъ письмѣ писалось, большей частью, въ концѣ строки, если не хватало мѣста. Въ полууставѣ оба начертанія употреблялись одинаково, выборъ того или другого имѣлъ только декоративное значеніе. Въ печатныхъ книгахъ наблюдается стремленіе дать имъ орѳографическое примѣненіе. Вотъ выдержка изъ послѣсловія Пролога единовѣрческой печати относительно правописанія оу и ꙋ: Та́ко же и̑ ѡ̑ ꙋ, и̑ оу, разсꙋжде́нїе ѿ дре́внихъ прїꙗхомъ. и̑дѣ́же рѣ́чь ѿтѧжчае́тсѧ (тяжелое удареніе), и̑ли и̑зо (острое удареніе съ придыханіемъ) стрѧ́етсѧ, тоу̑ полага́хꙋ, оу, дре́внїи писцы̀. ꙗ̑кѡ прїндоу̑, принесоу̑, везоу̑, и̑доу̑. лꙋкоу̑, лоукꙋ. ра́звѣ и̑дѣ́же, о, предварꙗ́етъ за е̑ди́ною бꙋ́квою. ꙗ̑кѡ, томꙋ̑, комꙋ̑, тꙋ̑, ꙋ, полага́етсѧ; и̑ли, злато́устъ; и̑ли поуче́нїе... (Прологъ напечатанъ вторымъ тисненіемъ въ 1875 г. съ напечатаннаго при патріархѣ Іосифѣ въ 1644 г.). Однако это орѳографическое правило не всегда выдерживалось; при томъ же патріархѣ были изданія, въ которыхъ оу и ꙋ имѣли нѣсколько другое примѣненіе.

Звукъ "е" въ древне-церковно-славянскомъ языкѣ передавался двумя начертаніями, согласно произношенію: є произносилос, какъ "э" и ѥ (йотированное) — какъ современное русское "е". Послѣднее писалось въ началѣ слова или послѣ гласныхъ и въ нѣкоторыхъ другихъ случаяхъ (хвалѥнѧ). Въ полууставѣ не дѣлалось различія въ начертаніи для твердаго и мягкаго "е"; лишь въ нѣкоторыхъ рукописяхъ (напр., рукопись Пожарскаго) древнему мягкому ѥ соотвѣтствовало є (большое); въ большинствѣ же рукописей различіе имѣло значеніе чисто декоративное. Въ печатныхъ книгахъ є (большое) обычно ставилось въ началѣ слова. Встрѣчается оно также и въ срединѣ слова, но, повидимому, безъ орѳографическаго значенія. Твердое и мягкое произношеніе звука "е" въ церковно-славянскомъ языкѣ сохранялось до XVIII в., а старообрядцы подобное произношеніе сохраняютъ и въ настоящее время.

Буква ѕ въ древне-церковно-славянскомъ языкѣ обозначала звукъ "дз", происходившій отъ смягченнаго г, напр.: бѕи, мноѕи. Впослѣдствіи этотъ звукъ потерялъ свое первоначальное произношеніе и сталъ равенъ "з", поэтому въ болѣе позднемъ текстѣ ѕ часто употреблялось неправильно.

При началѣ книгопечатанія, печатники были вмѣстѣ и справщиками текста; отъ нихъ зависѣла также и орѳографія, а потому почти у каждаго печатника были свои орѳографическія особенности. Понятно, что, когда печатное дѣло получило большее развитіе, то стали стремиться къ унификаціи орѳографіи.

На югѣ и юго-западѣ Руси были свои особенности въ печати. Печатное дѣло тамъ развилось въ большей мѣрѣ, чѣмъ въ Москов-

ской Руси. Борьба съ католицизмомъ и уніей заставляла право-
славныхъ не отставать въ культурномъ отношеніи отъ запада. На
югѣ и юго-западѣ было нѣсколько крупныхъ типографій: въ Кіе-
вѣ, во Львовѣ, въ Острогѣ, въ Вильно, и рядъ другихъ мелкихъ
типографій. Тамъ было нѣсколько духовныхъ школъ. Особенно сла-
вилась Кіево-Могилянская коллегія, выпускавшая образованныхъ
защитниковъ вѣры. Славянскій языкъ въ своемъ основномъ соста-
вѣ, повидимому, былъ разработанъ тамъ же на югѣ и юго-западѣ.
Тамъ появился первый словено-русскій лексиконъ и грамматики.
Юго-западный ученый Лаврентій Зизаній въ 1596 г. издалъ бук-
варь и церковно-славянскую грамматику. Ученый филологъ Меле-
тій Смотрицкій издалъ въ 1619 г. грамматику церковно-славян-
скаго языка, которая, нѣсколько передѣланная и дополненная,
была издана въ 1648 г. въ Москвѣ. Въ серединѣ XVIII в. грамма-
тика Смотрицкаго была перепечатана въ Молдавіи для болгаръ и
сербовъ. Однако, не смотря на все это, на югѣ и юго-западѣ текстъ
церковныхъ книгъ не былъ образцовымъ.

Такъ ороографическая и фонетическая эволюція церковно-
славянскаго языка продолжалась до XVII в. Въ XVII вѣкѣ, при
патріархѣ Никонѣ, было произведено исправленіе церковныхъ
книгъ или, правильнѣе сказать, новый переводъ ихъ. Тогда же
была опредѣлена и ороографія церковно-славянскаго языка. Въ
исправленіи книгъ большое участіе принимали кіевскіе ученые,
а потому, несомненно, грамматика, разработанная на югѣ, явля-
лась основой для опредѣленія грамматическихъ формъ и ороогра-
фіи, но, конечно, были приняты во вниманіе также и особенности
формъ церковно-славянскаго языка московскихъ изданій. Итакъ,
церковно-славянскій языкъ нашихъ богослужебныхъ книгъ окон-
чательно сформировался къ срединѣ XVII в.

Послѣ этого грамматическая сторона церковно-славянскаго
языка не мѣнялась, но текстъ церковныхъ книгъ иногда подвер-
гался исправленію и послѣ никоновской реформы. Такъ при им-
ператрицѣ Елисаветѣ Петровнѣ была просмотрѣна и исправле-
на Библія, которая при патріархѣ Никонѣ не была исправлена.
Повидимому, и впослѣдствіи редакція священнаго текста под-
вергалась нѣкоторымъ поправкамъ — нѣкоторыя слова или фра-
зы замѣнялись болѣе понятными. При сравненіи текста богослу-
жебнаго Евангелія и славянскаго Евангелія, предназначеннаго для
обычнаго чтенія, можно замѣтить разницу въ нѣкоторыхъ выраже-
ніяхъ словъ или фразъ. Никоновскій переводъ оказался далеко не
безупречнымъ. Недостатокъ никоновскихъ переводовъ заключается

Полууставъ. Евангеліе XV вѣка.

въ строго буквальномъ переводѣ греческаго текста, а потому въ богослужебныхъ книгахъ есть много мѣстъ неудобовразумитель-ныхъ. Въ началѣ нашего столѣтія, передъ революціей, было стре-мленіе устранить этотъ недостатокъ. Въ 1915 г. была издана пост-ная тріодь, текстъ которой былъ наново переработанъ. Однако, относительно послѣдняго изданія нельзя сказать, чтобы оно было вполнѣ удачнымъ. Много было сдѣлано поправокъ, гдѣ можно было бы оставить прежній текстъ. Приведемъ нѣсколько примѣ-ровъ прежняго и новаго текста постной тріоди: въ прежнихъ из-даніяхъ слово бл҃гоу́тробїе, въ новомъ изданіи вездѣ замѣнено другимъ — бл҃госе́рдїе; въ прежнихъ изданіяхъ: мѹ́жа сѹ́ща на ѻ҆дрѣ̀ возста́вихъ (Вел. Пят. 6-й ч.), въ новомъ изданіи: и҆спра́вихъ; въ прежнихъ изданіяхъ: ѹ҆́мнаѧ вѡ́инства, въ новомъ: невеще́ственнаѧ вѡ́инства. Въ новомъ изданіи совсѣмъ изъяты славянскіе члены (и҆́же, ꙗ҆́же, є҆́же): вмѣсто стараго текста за є҆́же люби́ти мѧ̀, въ но-вомъ: вмѣ́стѡ любвѐ ко мнѣ̀ (Вел. Пят. 6-й ч.) и много другихъ примѣровъ можно было бы привести, но наша задача — не изслѣ-дованіе текста, а разсмотрѣніе его только со стороны граммати-ческой.

Такимъ образомъ, настоящая церковно-славянская граммати-ка является грамматикой церковно-славянскаго языка, который сформировался къ срединѣ XVII в.

Поскольку церковно-славянскій языкъ является языкомъ бого-служеній, отсюда понятно, что всякій православный христіанинъ, желающій активно участвовать въ богослуженіи, долженъ знать языкъ этихъ богослуженій. Поэтому церковно-славянская грамма-тика расчитана на то, чтобы быть не только пособіемъ для духовныхъ семинарій, но и для болѣе широкаго употребленія. Имѣя въ виду то обстоятельство, что большинство русскихъ заграницей учились въ иностранныхъ школахъ, мы ввели въ эту грамматику для полноты системы и рядъ элементарныхъ свѣдѣній, которыя обычно извѣстны изъ русской грамматики.

ЭТИМОЛОГІЯ.

О БУКВАХЪ И ЗНАКАХЪ, УПОТРЕБЛЯЕМЫХЪ ВЪ ЦЕРКОВНО-СЛАВЯНСКОМЪ ЯЗЫКѢ.

§ 1. Церковно-славянская азбука.

Въ церковно-славянскомъ языкѣ 40 буквъ.

А, а̂ — азъ	Т, т — твердо
Б, б — буки	Оу̂, ꙋ, ꙋ — укъ
В, в — вѣди	Ф, ф — фертъ
Г, г — глаголь	Х, х — хѣръ
Д, д — добро	Ѿ, ѿ — отъ
Е̂, е, е̂ — есть	Ц, ц — цы
Ж, ж — живѣте	Ч, ч — червь
Ѕ, ѕ — зѣло	Ш, ш — ша
З, з — земля	Щ, щ — ща
Й, й — иже	ъ — еръ
І, ї — і	ы — еры
К, к — како	ь — ерь
Л, л — люди	Ѣ, ѣ — ять
М, м — мыслѣте	Ю, ю̂ — ю
Н, н — нашъ	Ꙗ, ꙗ — я
О, о̂, о — онъ	Ѧ, ѧ — малый юсъ
Ѡ, ѡ̂, — о (омега)	Ѯ, ѯ — кси
П, п — покой	Ѱ, ѱ — пси
Р, р — рцы	Ѳ, ѳ — ѳита
С, с — слово	Ѵ, ѵ — ижица

Буквы, вышедшія изъ употребленія:

Ѫ, ѫ — юсъ большой

Ѭ, ѭ — юсъ большой йотированный

Ѩ, ѩ — юсъ малый йотированный

Примѣчаніе: Юсъ большой (ѫ) употребляется только въ ключѣ границъ Пасхаліи, для обозначенія празднованія Пасхи 24 апрѣля; юсъ малый (ѧ), хотя и употребляется, но является лишь разновидностью ꙗ.

§ 2. Употребленіе и произношеніе буквъ.

1) г.

г въ словахъ иностранныхъ передъ г, к, х произносится какъ н: є́ѵгклн́та, а́ггла (σύγκλητος, ἄγγελος) — только два слова являются исключеніемъ: а́ггє́й (имя), и а́ггєла — въ значеніи злого духа, пишется безъ титла.

Примѣчаніе: Нужно имѣть ввиду, что слова иностранныя могутъ быть разнаго происхожденія (греческія, латинскія, еврейскія, сирійскія и др.); но въ церковно-славянскій языкъ они вошли изъ греческаго языка, а потому правописаніе ихъ по возможности удерживается греческое.

2) є́, є.

є́ пишется въ началѣ, а є въ срединѣ и въ концѣ словъ: є́зєро. Кромѣ того, буква є употребляется для отличія падежей двойственнаго и множественнаго чиселъ отъ созвучныхъ имъ падежей единственнаго числа: фарісє́й именительный пад. единственнаго числа, фарісє́й родительный пад. множественнаго числа.

3) ѕ.

Согласная ѕ (зѣло) пишется въ слѣдующихъ словахъ (и въ производныхъ отъ нихъ): ѕвѣзда̀, ѕє́ліє, ѕла́къ, ѕло̀, ѕвѣ́рь, ѕмі́й, ѕѣ́лѡ, а также обозначается ею число 6 — ѕ̃.

4) н, ї.

н пишется передъ согласными; ї пишется: а) передъ гласными*), б) передъ согласными въ словахъ иностранныхъ на мѣстѣ греческихъ буквъ: іоты (ι) и дифтонговъ ει, οι: і́дѡла (εἴδωλον), і́коса (οἶκος).

5) оу, ꙋ.

оу ставится въ началѣ, а ꙋ въ срединѣ и въ концѣ слова: оу́чє́ніє, рꙋкꙋ.

6) ꙗ, ѧ.

ꙗ пишется въ началѣ, а ѧ въ срединѣ и въ концѣ слова: ꙗ́кѡ, царѧ̀.

Исключеніе: ѧзы́къ, въ значеніи органа тѣла, для отличія отъ ꙗзы́къ — народъ, и ѧ̀ — ихъ, винит. пад. мн. числа.

7) о́, о, ѡ.

о пишется въ срединѣ и въ концѣ слова: сєло̀, по́лє; о́ пишется,

---

*) Исключеніе: сіѡ́на царѧ̀ а́моррє́йска (Пс. 135, 19) — (какъ и въ греческомъ: τὸν Σηὼν βασιλεία τῶν Ἀμορραίων), можетъ быть, для отличія отъ: сїѡ́нъ — Святая гора.

обычно, въ началѣ: о҆ц҃ъ, о҆трокъ; въ срединѣ слова въ словахъ: і҆ордѣнъ, і҆оппі́а, и въ приставочныхъ или сложныхъ словахъ: пра́о҆ц҃ъ, ѿонѫ́дꙋже, первоѡбра́зное и под.; ѡ пишется: а) въ словахъ, сложныхъ съ предлогомъ ѡ, напр., ѡ҆кропле́нїе, б) для отличія падежей множ. и двойст. чиселъ отъ созвучныхъ имъ падежей единств. числа: рабо́мъ твор. пад. ед. числа, рабѡ́мъ дат. пад. мн. числа, в) въ словахъ иностранныхъ: і҆ѡа́ннъ ('Ιωάννης), геѡ́ргїй (Γεώργιος).

8) ѳ, ѯ, ѱ.

Буквы ѳ, ѯ, ѱ употребляются исключительно въ словахъ иностранныхъ: ѳео́дѡръ (Θεόδωρος), алеѯа́ндръ ('Αλεξάνδρος), сам_ѱѡ́нъ (Σαμψών).

9) ѵ, ѷ.

Буква ѵ употребляется въ словахъ иностранныхъ и имѣетъ два произношенія: какъ "в" и какъ "и".

Послѣ а, е буква ѵ произносится какъ "в", такъ какъ такое сочетаніе является передачей греческихъ дифтонговъ αὐ, εὐ: ла́ѵръ, полѵе́ѵктъ, ѐѵа́ггелїе — Λαῦρος, Πολυεύκτος, Εὐαγγέλιον.

Въ прочихъ случаяхъ ѵ произносится какъ "и" и надъ нимъ тогда стоитъ какой-нибудь знакъ — ѷ, ѵ́, ѵ̈: ѷакі́нѳъ, мѵ́ро, а҆ѵ҆г-кри́тъ, мѡѷсе́й.

10) ѫ, ѭ, ѧ, ѩ.

Юсы ѫ, ѭ, ѧ, ѩ въ древней церковно-славянской письменности обозначали носовые гласные звуки "ѫ", "ѧ"; они произносились въ носъ съ отзвукомъ "н" слѣдующимъ образомъ: ѫ (юсъ большой) = "он" (какъ въ франц. coton), ѭ (юсъ большой йотированный) = "йон", ѧ (юсъ малый) = "эн" (какъ въ франц. fin), ѩ (юсъ малый йотированный) = "ен" (йэн).

Таковое древнее произношеніе юсовъ частично сохранилось въ польскомъ языкѣ. Юсы, обыкновенно, находились передъ согласными или въ концѣ слова; если же послѣ нихъ оказывался гласный звукъ, то они распадались на два звука: гласный и согласный, и теряли носовое произношеніе: ѫ = ън(м), он(м); ѧ = ьн(м), ен(м), ин(м), напримѣръ: дѫти — надѫменъін, звѫкъ — звонъ; начати — начьнѫ — начензин.

Въ современной церковно-славянской письменности (какъ и въ русской) юсы не употребляются, такъ какъ ихъ произношеніе давно утеряно. Они были замѣнены слѣдующими гласными: ѫ = ꙋ (у), ѭ = ю (ю); ѧ, ѩ = ѧ [ꙗ] (я) и а (а) послѣ шипящихъ. Напримѣръ: рѫка = рꙋка̀, голѫбь = го́лубь, имѧ = и́мя, познаѭ = познаю̀. Однако слѣды древне-славянскихъ юсовъ имѣются въ церковно-славянскомъ и русскомъ языкахъ. Это бываетъ въ тѣхъ случаяхъ, когда юсы распадаются на два звука (гласный и согласный); еръ (ъ) въ срединѣ слова опускается, опускается иногда и ерь (ь), а потому распавшіеся юсы встрѣчаются большей частью въ видѣ "н" или "м", напримѣръ: дꙋ́ти — надмѣнный, начати — начнꙋ́, взꙗ́ти — возьмꙋ́, во́нмемъ отъ внꙗ́ти (ꙗ-ти — вън-ꙗ-ти — вон-ьм-емъ).

§ 3. Надстрочные знаки.

а) Удареніе.

Въ церковно-славянскомъ языкѣ употребляются слѣдующіе настрочные знаки: ударенія, придыханія и титла.

Ударенія бываютъ: острое (′) (или оксія), тяжелое (`) (или варія) и облеченное (ˆ) (или камора). Острое удареніе ставится надъ гласной въ началѣ или срединѣ слова: ананїа, а́гглъ. Тяжелое — ставится надъ гласной въ концѣ слова: распни єго̀; но если послѣ слова, оканчивающагося гласной, стоятъ союзы: же, бо, ли и краткія формы личнаго мѣстоименія 1-го и 2-го лица: ми, ти и др., то ставится удареніе острое, а мѣстоименіе безъ ударенія: спаси́ мѧ.

Есть нѣсколько мѣстоименій, въ которыхъ надъ гласной, стоящей въ началѣ слова, ставится тяжелое удареніе вмѣстѣ съ придыханіемъ для отличія падежей, напр.: и̑же, ꙗ̑же и др., и союзъ о̑убо.

Облеченное удареніе ставится надъ падежами двойственнаго и множественнаго числа, сходными съ падежами числа единственнаго, напр.: рабъ единств. числа и раба̑ множественнаго.

б) Придыханія.

Въ церковно-славянскомъ языкѣ, по образцу греческаго, надъ начальной гласной ставится придыханіе (только тонкое; густого нѣтъ): о̑цъ, и̑мѣнїе. Придыханіе можетъ стоять вмѣстѣ съ удареніемъ, острымъ или тяжелымъ: (῎) исо и (῎) апострофъ: ꙗ̑кѡ, а̑.

в) Титла.

Нѣкоторыя слова въ церковно-славянскомъ языкѣ намѣренно сокращаются, или пишутся съ пропускомъ буквъ, вмѣсто которыхъ надъ словомъ ставится или простой знакъ (҃), или знакъ съ какою-либо изъ пропущенныхъ буквъ (҇). Такіе знаки называются титлами.

Первый знакъ называется "простымъ титломъ", второй знакъ — "буквеннымъ титломъ". Подъ титломъ подписываются, обычно, слѣдующія буквы: с, г, д, о, р, по которымъ и буквенныя титла называются: "слово-титло", "глаголь-титло", "добро-титло", "онъ-титло", "рцы-титло".

Примѣчаніе: Не всякое слово пишется подъ титломъ, но только слова, обозначающія предметы особо уважаемыя и почитаемыя, напримѣръ: гдⷭ҇ь, аггл҃ъ, бг҃ъ (но а́гг҃лъ — злой духъ, бо́гъ — идолъ), или же слова, часто встрѣчающіяся въ рѣчи, напр.: гл҃го́ла, чл҃вѣ́къ.

Подъ титломъ пишутся слѣдующія слова:

Агг҃лъ — ангелъ	Мл҃тва — молитва
Ап҃лъ — апостолъ	Мл҃ть — милость
Бг҃ъ — Богъ	Мл҃рдіе — милосердіе
Бж҃твенный — Божественный	Мл҃нцъ — Младенецъ
Бл҃гъ — благъ	Мч҃никъ — мученикъ
Бл҃же́нъ — блаженъ	Нб҃о — Небо
Бл҃гослове́нъ — благословенъ	Оц҃ъ — Отецъ
Бл҃гочти́ѡ — благочестно	Нл҃я — недѣля
Бл҃гть — благодать	Пр҃вникъ — праведникъ
Бц҃а — Богородица	Прп҃бенъ — преподобенъ
Воскрⷭ҇ніе — воскресеніе	Пр҃сто́лъ — престолъ
Влⷣка — Владыка	Пр҃ро́къ — пророкъ
Влⷣчца — Владычица	Ст҃ъ — святъ
Гдⷭ҇ь — Господь	Ст҃и́тель — святитель
Дв҃а — Дѣва	Сп҃съ — Спасъ
Дх҃ъ — Духъ	Сн҃ъ — Сынъ
Еп҃копъ — епископъ	Тр҃ца — Троица
Ев҃ліе — Евангеліе	Хр҃то́съ — Христосъ
Им҃рекъ — имярекъ	Цр҃тво — царство
Іерⷭ҇ли́мъ — Іерусалимъ	Цр҃ь — Царь
Іи҃съ — Іисусъ	Цр҃ковь — церковь
Крⷭ҇тъ — Крестъ	Чтⷭ҇ный — честный
Крⷭ҇ти́тель — Креститель	Чⷭ҇тый — чистый
Мр҃і́а — Марія	и др.
Мт҃и — Мати	

На иконахъ:

мⷬ҇ ѳⷹ҇ (Μήτηρ τοῦ Θεοῦ) — мт҃и бж҃і́а (Матерь Божія); на нимбѣ у Спасителя — о҆ ѡ҃н (ὁ ὢν) — сы́й (Сущій).

Кромѣ означенныхъ надстрочныхъ знаковъ, употребительны еще слѣдующіе: ерокъ (') — вмѣсто твердаго знака (ъ — еръ), а въ старыхъ изданіяхъ онъ замѣняетъ иногда и мягкій (ь — ерь); кавыка (ᵛ) — для сносокъ, напр.: въ начина́нїихъ твои́хъ поглꙋ_млю́сѧᵛ (Пс. 118, 13); скобки или вмѣсти́тельнаѧ [ ].

§ 4. Знаки препинанія.

Знаки препинанія въ церковно-славянскомъ языкѣ употребляются слѣдующіе (для удобства сравнимъ ихъ съ русскими):

русскіе:	церковно-славянскіе:
, (запятая)	— , (запятая)
. (точка)	— . (точка)
: (двоеточіе)	— : (двоеточіе)
; (точка съ запятой)	— . (малая точка*) или : (двоеточіе)
... (многоточіе)	— : (двоеточіе)
? (вопросительный знакъ)	— ; (точка съ запятой — вопроси́тельнаѧ)
! (восклицательный знакъ)	— ! (восклицательный знакъ, или въ старинныхъ книгахъ онъ называется ѹдиви́тельнаѧ)

Напримѣръ: Й вопроси́ша є҆го̀: что̀ ѹ҆бо; и҆лі́а ли є҆сѝ ты̀; и҆ глаго́ла: нѣ́смь. про́ркъ ли є҆сѝ; и҆ ѿвѣща̀: нѝ (Іоан. 1, 21).

§ 5. Изображеніе славянскихъ чиселъ.

Церковно-славянскія числа обозначаются буквами, стоящими подъ титломъ. Въ однозначныхъ числахъ титло ставится надъ буквой этого числа, въ двузначныхъ и многозначныхъ — надъ второй буквой отъ конца; тысяча обозначается косой чертой, перечеркнутой двумя малыми черточками:

а҃ — 1	є҃і — 15	р҃ — 100
в҃ — 2	ѕ҃і — 16	с҃ — 200
г҃ — 3	з҃і — 17	т҃ — 300
д҃ — 4	и҃і — 18	ѵ҃ — 400
є҃ — 5	ѳ҃і — 19	ф҃ — 500
ѕ҃ — 6	к҃ — 20	х҃ — 600
з҃ — 7	к҃а — 21	ѱ҃ — 700
и҃ — 8	л҃ — 30	ѡ҃ — 800
ѳ҃ — 9	м҃ — 40	ц҃ — 900
і҃ — 10	н҃ — 50	҂а҃ — 1000
а҃і — 11	ѯ҃ — 60	҂в҃ — 2000
в҃і — 12	ѻ҃ — 70	҂ацѯ҃д — 1964
г҃і — 13	п҃ — 80	҂зѵо҃в — 7472
д҃і — 14	ч҃ — 90	҂р҃ — 100.000
		҂҂а҃ — 1.000.000

---

*) Малой точкой называется точка, послѣ которой слѣдующее предложеніе начинается съ малой буквы.

Примѣчаніе: Славянскія числа кириллицы взяты изъ греческаго языка, а потому слѣдуютъ порядку греческаго алфавита. Въ глаголицѣ числа слѣдовали порядку глаголическаго алфавита (см. стр. 5).

Большія числа имѣли еще особыя начертанія и названія, но въ настоящее время они уже вышли изъ употребленія, впрочемъ, нѣкоторыя названія сохранились:

(а҃) — тма̀ (10.000),

а҃ — легеѡ́нъ или несвѣ́дь (100.000),

а҃ — леѡ́дръ (1.000.000),

в҃ранъ — вра́нъ (10 леодръ),

(а҃) — коло́да (10 вранъ),

ы҃ — тма̀ те́мъ (10 колодъ).

§ 6. Указанія для церковнаго чтенія.

1) Читать въ церкви должно особымъ речитативомъ нараспѣвъ, благоговѣйно, четко, съ соблюденіемъ знаковъ препинанія.

Чтеніе не должно быть похожимъ на декламацію свѣтскихъ литературныхъ произведеній. Въ церковномъ чтеніи не должно быть театральнаго паѳоса или особыхъ личныхъ эмоцій, что всегда непріятно дѣйствуетъ на молящихся.

2) Нужно внимательно слѣдить за удареніями, которыя не всегда совпадаютъ съ русскими; нужно читать: кра́сенъ добро́тою, а не кра́сенъ добро́тою.

3) Читать должно такъ, какъ написано, т. е. не должно произносить о какъ а, є какъ ё, -аго какъ ава, -ого какъ ова, какъ это произносится въ русскомъ языкѣ; нужно читать: о҆тца̀, а не "атца̀"; рожде́ннаго, а не "ражде́ннава".

Примѣчаніе 1-е: Звуки ы и ѧ, стоящіе послѣ шипящихъ, не должно стараться произносить согласно ихъ обычному произношенію, такъ какъ они здѣсь являются только признаками падежа (см. § 8).

Примѣчаніе 2-е: Въ приставкахъ под, и҆з, ѿ, ѡ҆б и др. при словахъ, начинающихся съ и҆ (поди́мемъ, ѡ҆би́мемъ), нѣтъ основанія произносить отдѣльно ъ *) и н — вполнѣ законно произносить здѣсь ы (ꙑ), что въ нѣкоторыхъ словахъ даже и пишется; напримѣръ: ѡ҆быше́дше ѡ҆быдо́ша мѧ, и҆ и҆менемъ гд҃нимъ противлѧ́хсѧ и҆мъ (утреня, стихъ на бг҃ъ гд҃ь). і҆и҃съ же скры́сѧ, и҆ и҆зы́де и҆з це́ркве (Іоан. 8, 59).

---

*) Ерокъ (҆) замѣняетъ ъ.

4) Должно произносить г не смычное (g), а фрикативное (h). Считается, что въ древне-славянскомъ языкѣ г было смычнымъ (g) (Др.-слав. грамматика Смирновскаго), но въ современномъ церковно-славянскомъ языкѣ принято произносить г фрикативное (h), какъ этотъ звукъ произносится въ малороссійскомъ языкѣ.

О ЗВУКАХЪ.

§ 7. Раздѣленіе звуковъ.

Звуки церковно-славянскаго языка раздѣляются на гласные и согласные.

а) Гласные звуки:

твердые: а   о   оу, 8   ы
           | | | | ѣ - н
мягкіе: ꙗ (ѧ) е   ю   н (ï, ѵ)

Примѣчаніе: Звукъ ѣ самъ по себѣ мягкій, но въ падежныхъ окончаніяхъ онъ появляется лишь въ твердомъ склоненіи, тогда какъ въ мягкомъ склоненіи ему соотвѣтствуетъ н.

Примѣчаніе: Звукъ е въ церковно-славянскомъ языкѣ никогда не произносится, какъ русское ё.

й («и» краткое или йотъ) — *полугласный* звукъ.

ъ (еръ) и ь (ерь) — собственно уже не звуки, а знаки, указывающіе мягкость, твердость или раздѣлительность въ произношеніи.

Въ древне-славянскомъ языкѣ ъ и ь представляли собой сокращенные гласные съ нечеткой артикуляціей (выговоромъ): ъ произносился какъ краткое неясное "о", ь — какъ краткое неясное "е". Ъ и ь въ древне-славянскомъ языкѣ могли составлять слоги, и писались внутри словъ въ тѣхъ сочетаніяхъ, гдѣ въ современномъ церковно-славянскомъ и русскомъ языкахъ стоятъ бѣглыя о и е, напримѣръ: сънъ: сóнъ, снà; дьнь: дéнь, днè.

Въ современномъ церковно-славянскомъ языкѣ, какъ и въ русскомъ, ъ и ь потерявъ свое прежнее слоговое значеніе, стали обозначать только твердость или мягкость согласныхъ: кро́въ, кро́вь, тьмà, ѡ҆бѧ́тїѧ.

ъ пишется обычно въ концѣ словъ послѣ твердыхъ согласныхъ, послѣ предлоговъ, а также употребляется для отдѣленія приставокъ, если слово начинается съ гласной, впрочемъ, въ послѣднемъ случаѣ онъ больше замѣняется еркомъ ('), въ нѣкоторыхъ же изданіяхъ ерокъ стоитъ и послѣ предлоговъ: ѡ҆бѧви́ти и ѡ҆бѧви́ти, и҆зѡбраꙁи́ти.

б) **Согласные звуки:**

Согласные звуки раздѣляются по органамъ произношенія или способу образованія:

на 1) губные: б, п, в, ф, (д҄), м;

    2) гортанные: г, к, х;

    3) зубные: д, т, з, с, ц;

    4) небные (шипящіе): ж, ч, ш, щ;

    5) язычные: р, л;

    6) носовые: м, н;

    7) свистящіе: з, с, ц;

    8) плавные: м, н, р, л.

Звуки ѕ, ѱ суть сложные, а потому по органамъ произношенія могутъ быть названы "смѣшанными".

Звуки еще дѣлятся на звонкіе и глухіе:

глухіе согласные: к, п, с, т, ф, ш;   х, ц, ч, щ.

                        | | | | | |

звонкіе согласные: р, л, м, н;   г, б, з, д, в, ж.

Звукъ д҄ въ греческомъ языкѣ относится къ зубнымъ, но поскольку въ церковно-славянскомъ языкѣ этотъ звукъ произносится какъ "ф", то болѣе подходящимъ будетъ — поставить его въ ряду губныхъ.

Сочетаніе согласныхъ съ гласными.

§ 8. Сочетаніе согласныхъ съ гласными и съ ъ и ь въ церковно-славянскомъ языкѣ происходитъ по тѣмъ же законамъ, что и въ русскомъ языкѣ, за исключеніемъ слѣдующихъ особенностей:

а) Шипящіе звуки по своему происхожденію — мягки, а потому они сочетаются съ *мягкими* е и и и не сочетаются съ соотвѣтствующими имъ твердыми о, ы и ѣ, что же касается обычнаго написанія послѣ шипящихъ а и у, то это происходитъ потому, что сами шипящіе звуки явились въ результатѣ йотированія гортанныхъ звуковъ (ж — изъ гj, ч — изъ кj, ш — изъ хj), тогда какъ и мягкіе гласные ѧ и ю тоже представляютъ собою йотированные а и у (ѧ — изъ jа, ю — изъ jу): такимъ образомъ получилось бы двойное йотированіе шипящей въ словѣ. Напр.: тꙋча (вм. тꙋкjа), дꙋшà (вм. дꙋхjа).

Во множественномъ и двойственномъ числахъ послѣ шипящихъ допускается написаніе ы и ѧ (ꙗ), однако они служатъ только для отличія падежей, сходныхъ съ падежами единственнаго числа, и шипящіе, сочиненные съ ними, должны произноситься, какъ съ и и.

Примѣчаніе 1-е: Въ нѣкоторыхъ изданіяхъ, по-видимому, только по традиціи, иногда встрѣчается ѧ послѣ шипящихъ въ единственномъ числѣ (ѻ҆троча̀, ѹ҆ча̀) въ тѣхъ случаяхъ, гдѣ эта буква стояла въ древне-славянскомъ языкѣ.

Примѣчаніе 2-е: Въ древне-славянскомъ языкѣ ѧ не былъ йотированнымъ звукомъ (см. § 2, 10), а потому могъ сочетаться съ шипящими.

Иногда послѣ шипящихъ, въ падежныхъ окончаніяхъ, въ видѣ исключенія, пишутся о и ѣ: о въ причастіяхъ и прилагательныхъ средняго рода един. числа; ѣ въ именахъ существительныхъ и въ краткомъ причастіи въ имен. падежѣ двойств. числа, женскаго и средняго род.; напримѣръ: разбо́йничо покаѧ́нїе ра́й ѿкра́де (Ѵ҆пакои гл. 1, Окт.); да бꙋ́дꙋтъ ѹ҆́ши твоѝ внє́млющѣ гла́съ моле́нїѧ моегѡ̀ (стихъ на Господи воззвахъ).

Звуки ж и ш — въ современномъ церковно-славянскомъ языкѣ твердые шипящіе *), щ и ч — мягкіе Какъ и въ русскомъ языкѣ, въ именахъ существительныхъ мужескаго рода послѣ шипящихъ пишется ъ, въ им. существительныхъ женскаго рода — ь: мꙋ́жъ, и҆ возопѝ ѻ҆́трочнцъ (3 Цар. 17, 22), но́щь, по́мощь; но въ им. сущ. мужескаго рода на ч всегда пишется ь: клю́чь, вра́чь, ме́чь. Краткія прилагательныя муж. рода обычно пишутся черезъ ъ: ло́жъ (ло́женъ) ко́нь во спасе́нїе (Пс. 32, 17), то́щъ; но въ именахъ прилагательныхъ притяжательныхъ и краткихъ причастіяхъ отъ глаголовъ на -и (сотвори́ти — сотво́рь) пишется -ь, гдѣ -ь является суффиксомъ-флексіей, предъ которымъ происходитъ смягченіе-чередованіе согласныхъ: ѻ҆те́цъ — ѻ҆те́чь, люби́ти — возлю́бль.

Въ краткихъ причастіяхъ муж. рода употребляется одинаково — ъ и ь: творѧ́щъ и творѧ́щь (см. склоненіе причастій).

б) Сочетаніе жд по своему происхожденію мягко (см. § 11, б), однако вслѣдствіе отвердѣнія, послѣ него наблюдается колебаніе въ смыслѣ употребленія мягкихъ и твердыхъ гласныхъ: наде́жда — наде́жди и наде́жды — наде́ждею — ѿ наде́жди; во́ждь — вождꙗ̀ — вождѡ́мъ — ѿ вожди́ и т. п.

в) Звукъ ц въ древне-славянскомъ языкѣ былъ мягкимъ, а потому не сочетался съ твердыми звуками ы, ъ, о, но въ современномъ церковно-славянскомъ языкѣ ц въ падежныхъ окончаніяхъ сочетается съ ы и ъ, вмѣсто древняго сочетанія съ и и ь, напр.:

---

*) Въ нѣкоторыхъ иностранныхъ языкахъ ж и ш сохранили свою первоначальную мягкость, а потому въ заимствованныхъ словахъ для передачи ихъ мягкости въ русскомъ языкѣ допускается написаніе йотированнаго гласнаго: жюри, парашютъ.

Ѻ҆те́цъ, Ѻ҆тцы̀ вм. древней формы оть́ць, оть́цн. Сочетаніе ц съ о церковно-славянскій языкъ не допускаетъ также, какъ и древне-славянскій: лицѐ, Ѻ҆тцє́мъ.

Примѣчаніе: Въ видѣ исключенія: жєрцѡ́въ (Макк. 11, 1-2), но также жєрцє́въ.

г) Гортанные звуки г, к, χ въ древне-славянскомъ языкѣ сочетались только съ твердыми гласными (а, о, ꙋ, ы), когда же они оказывались передъ мягкими гласными (н, є, ѣ), то смягчались въ шипящіе и свистящіе *) по образцу, указанному въ § 11. Въ современномъ церковно-славянскомъ языкѣ, подъ вліяніемъ русскаго, гортанные стали сочетаться съ мягкимъ н вмѣсто древняго сочетанія съ ы (ꙁı); однако въ тѣхъ случаяхъ, гдѣ произошла замѣна ꙁı посредствомъ н, смягченіе гортанныхъ передъ послѣднимъ не происходитъ; напримѣръ: дꙋ́сн — имен. пад. мн. числа; дꙋ́хн вмѣсто дꙋ́хы — вин. и твор. падежи мн. числа.

д) Въ корняхъ словъ ѣ пишется въ тѣхъ же словахъ, что и въ русскомъ языкѣ, за исключеніемъ слѣдующихъ словъ: кꙋпѣ́ль, прилѣ́жный, прѣ́нїе (въ обоихъ случаяхъ: "гніеніе" и "споръ"); є҆лиссє́й безъ ѣ.

е) Въ словѣ тьма̀ и въ окончаніяхъ мягкаго склоненія — ьмн (бєꙁꙁако́ньмн, двєрьмн̀) въ нѣкоторыхъ изданіяхъ, главнымъ образомъ кіево-печерскихъ, ь опускается: тма̀, бєꙁꙁако́нмн, двєрмн̀.

§ 9. Употребленіе большихъ буквъ (прописныхъ).

Пишутся съ большой буквы:

Начальное слово предложенія, начинающее новый отдѣлъ текста, или послѣ точки.

Примѣчаніе: Послѣ малой точки, равняющейся точкѣ съ запятой въ русскомъ языкѣ, начальное слово предложенія пишется съ малой буквы (см. § 4).

Начальное слово стиха въ нѣкоторыхъ изданіяхъ Новаго Завѣта и Псалтири.

Имена трехъ Лицъ Божества и высшихъ существъ, почитаемыхъ въ христіанской религіи, собственныя имена и собственныя географическія имена — не выдѣляются написаніемъ съ большой буквы. Впрочемъ, въ кіево-печерскихъ изданіяхъ съ XVII и до конца XIX вѣка указанныя слова писались съ большой бук-

---

*) Исключеніе представляютъ иностранныя слова, въ которыхъ гортанные звуки передъ мягкими гласными не переходятъ въ шипящіе или свистящіе: кє́дръ, кє́сарь, ки́тъ, а҆́гглъ, хїтѡ́нъ.

вы. Подобное употребленіе большой буквы примѣнялось и въ нѣ-которыхъ изданіяхъ некіевскихъ XX вѣка.

Примѣчаніе: Въ церковно-славянскомъ языкѣ титла отчасти за-мѣняютъ большія буквы. Напр., бг҃ъ и бо҃гъ — идолъ, а҃гглъ и а҃гглъ — злой духъ. Для облегченія чтенія для народа въ послѣднее время были изданія безъ титлъ. Въ такомъ случаѣ должно быть введено употребленіе большой буквы: въ именахъ, относящихся къ Богу и Божіей Матери, въ собственныхъ именахъ и въ собственныхъ гео-графическихъ именахъ, какъ это принято въ русскомъ языкѣ.

§ 10. Чередованіе гласныхъ.

Въ церковно-славянскомъ языкѣ происходитъ чередованіе какъ въ корняхъ, такъ и въ окончаніяхъ словъ, являющееся важнымъ факторомъ въ словообразованіи или при измѣненіи значенія словъ. Причины этого чередованія восходятъ къ глубокой древности, еще къ индоевропейскимъ и праславянскимъ временамъ.

Чередованія гласныхъ въ церковно-славянскомъ языкѣ въ основномъ такія же, какъ и въ русскомъ *):

1) Чередованіе двухъ гласныхъ:

е — о: вел-и — вол-ѧ, вез-ꙋ — во́з-ъ,

о — а: твор-и́ти — тва́р-ь,

ѣ — а: лѣз-ꙋ — ла́з-ити,

(ь) — и: жд-ꙋ — ѡ-жид-а́ти,

о — оѵ: гло́х-нꙋти — глꙋх-ъ, кро́х-а — со-крꙋш-а́ти,

оѵ — ы: оу́ч-и́ти — на-вык-а́ти,

Чередованіе трехъ и болѣе гласныхъ:

е — о — а: вед-ꙋ — вод-и́ти — ва́д-ити,

(ъ) — о — ы: зв-а́ти — зов-ꙋ — при-зыв-а́ти,

о — (ъ) — ы — ꙋ: воздох-нꙋти — д(ъ)хнꙋти — дыш-а́ти — дꙋх-ъ,

е — (ь) — и — о — ѣ: рек-ꙋ — рцы̀ — на-риц-а́ти — про-ро́к-ъ — рѣ́ч-ь,

(ь) — е — и — о: бр-а́ти — бер-ꙋ — со-бир-а́ти — со-бо́р-ъ.

И много другихъ подобныхъ чередованій гласныхъ корня.

2) Чередованіе въ связи съ исчезновеніемъ полугласныхъ ъ и ь.

Древне-славянскіе полугласные (или глухіе) звуки ъ и ь въ церковно-славянскомъ языкѣ претерпѣли измѣненіе: въ однихъ случаяхъ они перешли въ о, е, въ другихъ — ъ совсѣмъ исчезъ и пишется только въ концѣ слова послѣ твердыхъ или отвердѣв-

---

*) Въ русскомъ языкѣ во многихъ формахъ эти чередованія под-верглись морфологическому выравниванію; напр.: кленꙋ — кла́ти, въ русскомъ яз.: кляну — проклясть.

шихъ согласныхъ (напр. но́жѫ вм. ножь), а ь — либо исчезъ, либо сохранился, но выражаетъ только мягкость предыдущаго звука; такимъ образомъ получились бѣглые о, ε:

о — нуль звука: со́нъ — снὰ; й҆зсо́хнᲙти — й҆зсхо́хъ;

ε — нуль звука: о҆те́цъ — о҆тцὰ; го́рεкъ — го́рькїй.

3) Чередованіе въ сочетаніяхъ гласный + согласный.

Чередованія корневыхъ гласныхъ передъ согласными н, м, в и j, унаслѣдованныя отъ древней эпохи славянскаго языка, имѣютъ слѣдующую особенность: если сочетанія гласный + согласный (н, м, в, j) оказываются передъ согласнымъ (или въ концѣ слова), то переходятъ въ гласныя слѣдующимъ образомъ: εн(м) — ѧ (м. юсъ), он(м) — Კ(ѫ)*, ов — Კ, εв — ю, (ъ)в — ы, оj — ѣ или н.

Въ этихъ сочетаніяхъ можно отмѣтить слѣдующія чередованія:

εн — он — (ь)н — нн; (ъ)н — ын }
εм — ом — (ь)м — нм; (ъ)м — ым } ѧ, ѧ (м. юсъ) — Კ(ѫ)

й҆мѧ — й҆мен-ε; на-ч(ь)н-Კ — на-чин-а́ю — на-ча́-ло; в(ъ)з-е́мл-ю — воз-ьм-Კ — в(ъ)з-нм-а́ю — в(ъ)з-ѧ-тн; д(ъ)м-Კ — воз-дым-а́ю — дᲙ-тн; про-п(ь)н-Კ — о҆-пон-ѧ — про-пѧ́-тн — пᲙ-то; трᲙ-съ — трѧ-стн́; вѧз-а́тн — оу҆з-ы.

ов — Კ — ы: слов-о — слᲙ-хъ — слав-ѧ — слы-шатн;
        ков-а́тн — кᲙ-ю;

(ъ)в — ов — ы: р(ъ)в-а́тн — ров-ъ — ры́-тн; кров-ъ — кры-тн;

εв — ю: плεв-а́тн — плю-ю; клεв-а́тн — клю-ю;

оj — ѣ: по-ю (поj-Კ) — пѣ-тн;

оj — аj — н: напою (напоj-Კ) — напаѧ-тн — пн́-тн;
        раз-бо́й — бн́-тн;

н — ѣ: вн́д-ѣ́тн — вѣд-ѣ́тн; внс-ѣ́тн — вѣсъ.

Чередованіе можетъ происходить и въ тѣхъ случаяхъ, когда гласный находится послѣ в и это сочетаніе (в + гласный) находится между согласными: вѧ — ы: квѧ́-съ — кн́-снᲙтн (др.-сл. квı-); хвѧ-та́тн — хн́-тнтн (др.-сл. хвı-).

Подобныя измѣненія происходятъ при чередованіи гласныхъ передъ плавными р, л, только со слѣдующей разницей: если за сочетаніемъ гласный + р, л слѣдуетъ согласный, то происходитъ перестановка плавнаго съ предыдущимъ гласнымъ, съ добавочнымъ усиленіемъ гласнаго (напр. бεр-Კ — брε-млѧ, др.-сл. брѣ-мѧ, кол-ю — клѧ-тн), однако послѣднее явленіе въ церковно-славянскомъ языкѣ во многомъ нарушено (напр.: др.-сл. Ѿврѣстн — Ѿкрьзѫ; церк.-сл. Ѿвέрстн — ѾвέрзᲙ).

———

*) См. § 2, 10.

Примѣры чередованія:

ɛρ — ορ — (ь)ρ — нρ — ρɛ (др.-сл. рѣ): бɛρ-ꙋ — со-боρ-ъ — б(ь)ρа́-ти
— со-бнρ-а́тн — брɛ́-мѧ; мо́ρ-ъ — оу́-мнρ-а́тн — оу́м(ь)ρ-ꙋ
— смɛ́ρ-ть — оу́мрɛ́-ти;

врɛцн̀ (др.-сл. врѣцн) — вра́гъ — повɛ́ргъ (прич.); боρ-ю́сѧ
— бра́-тнсѧ; О̀ρ-ю̀ — ρа́-ло;

ɛл — ал — ла: пɛ́-пɛл-ъ пал-н́ти — пла́-мѧ;
лɛ — ла: влɛ-цн̀ — влач-н́ти — О̀б-лак-ъ.

Примѣчаніе: Вышеотмѣченныя явленія, которыя произошли въ
древне-славянскомъ языкѣ въ сочетаніяхъ ɛн(м), он(м), ов, ɛв и оj,
т. е. переходъ ихъ въ гласные передъ согласнымъ, а также переста-
новка гласнаго съ плавнымъ (ρ, л) передъ согласнымъ, были обусло-
влены такъ называемымъ закономъ открытаго слога, унаслѣдован-
наго еще изъ праславянской эпохи, по которому слогъ долженъ былъ
оканчиваться только гласнымъ, т. е. не допускалось стыка двухъ со-
гласныхъ, изъ которыхъ первый относился бы къ предыдущему сло-
гу, а второй къ послѣдующему, хотя и допускались нѣкоторыя со-
четанія согласныхъ, которыми могъ начинаться любой слогъ (напр.:
пра-вь-да, н-скра, н-сть-ство и т. д.).

Измѣненіе согласныхъ звуковъ.
§ 11. Смягченіе согласныхъ.

а) Гортанные г, к, х передъ мягкими гласными ɛ, н, ѣ, ь,
ѧ (м. юсъ) и j въ результатѣ смягченія чередуются съ шипящими
и свистящими (причемъ j поглощается шипящимъ).

По своему происхожденію измѣненіе гортанныхъ въ шипящіе
относится къ болѣе древней эпохѣ славянскаго языка, измѣненіе
же гортанныхъ въ свистящіе — къ болѣе поздней.

Переходъ гортанныхъ въ шипящіе:

```
г                           ж
к + ɛ, н, ѣ, ь, ѧ (м. юсъ), j  >  ч
х                           ш
```

Напримѣръ:

бг҃ъ — бж҃ɛ; человѣкъ — человѣ́чɛ; дх҃ъ — дш҃ɛ;
бѣг-ꙋ — бѣ́жншн; кнн́га — кнн́жннкъ (изъ кънн́жьннкъ, ь послѣ
шипящихъ не пишется), о́трокъ — о́троча̀ (вм. ѧ);
дꙋхъ — дꙋша̀ (изъ дꙋхjа̀);

г, к, х + ѣ даютъ жа, ча, ша (ѣ послѣ шипящаго переходить въ а):
крнк-нꙋти — кричати (изъ крнкѣ́ти > кричѣ́ти > кричати),
воздыха́ти — дыша́ти.

Измѣненіе гортанныхъ въ свистящіе происходитъ только передъ
н (изъ *oi̯*) и ѣ (изъ *oi̯*, *ai̯* *). Обычно эти измѣненія гортанныхъ въ
свистящіе происходятъ въ падежныхъ окончаніяхъ и въ оконча-
ніяхъ повел. наклоненія, напримѣръ:

г	з	бг҃ъ — бз҃ѣ — бо́зи
к + н, ѣ > ц		ѻ҆трокъ — ѻ҆троцѣ — ѻ҆троцы̀(и)
х	с	дꙋ́хъ — дꙋ́сѣ — дꙋ́си.

Примѣчаніе: Звукъ «в», находясь между гортанными и мягкими
согласными, не препятствуетъ смягченію гортанныхъ звуковъ: волхвъ
— волсви.

Измѣненіе гортанныхъ въ свистящіе происходитъ также и,
послѣ ь, н, ѧ (м. юсъ).

	г		з кнѧги́нѧ — кнѧзь
ѣ(ь), н, ѧ + к + (гласный) >		ц сто́гна — стезѧ̀
	х		с ли́къ — лицѐ
			восклинꙋ́ти — восклицати

б) Зубные д, т, з, с, ц смягчаются въ шипящіе передъ j;
причемъ послѣдній поглощается шипящимъ:

д — жд**): сꙋди́-ти — сꙋ́жд-ꙋ (вм. сꙋд-j-ꙋ).

т — щ: хотѣ́-ти — хощ-ꙋ

ст — щ: мости-ти — мощ-ꙋ

з — ж: лиза́-ти — лиж-ꙋ

с — ш: писа́-ти — пиш-ꙋ

ц — ч: ѻ҆те́ц-ъ — ѻ҆те́ч-е-скій

Сочетаніе ск передъ мягкимъ гласнымъ переходитъ въ ст;
передъ j — въ щ: галїле́йскъ — ѿ галїле́йстѣ, иск-а́ти — ищ-ꙋ.

Подобное смягченіе происходитъ и въ сочетаніяхъ:

зг — жд: розга — рождїе

зд — жд: пригвозди́-ти — пригвожда́-ти

здн — ждн: ѹ҆празни́-ти — ѹ҆пражна́-ти

зн — жн: соблазни́-ти — соблажна́-ти

тв — цвл: ѹ҆мертви́-ти — ѹ҆мерцвла́-ти

сл — шл: мы́слити — помышла́-ти

---

*) Дифтонги *oi̯*, *ai̯* перешли въ н, ѣ еще задолго до созданія
древне-славянской письменности.

**) Въ древне-русскомъ языкѣ звукъ д смягчался въ ж, что оста-
лось во многихъ случаяхъ и въ современномъ русскомъ языкѣ (вид-ѣти
— виж-у); Церковно-славянскій текстъ въ дониконовскихъ книгахъ
изобиловалъ подобнымъ смягченіемъ: и҆схожде́ніе, прежеосвѧще́ннаѧ.
Въ современномъ церковно-славянскомъ текстѣ иногда въ видѣ рѣд-
кости встрѣчаются подобные руссизмы: та́инство стра́нное ви́жꙋ, вм.
ви́жд ꙋ (Рождественскій ирмосъ). Хвали́те є҆го̀ во ѹ҆твержде́нїи си́лы
є҆гѡ̀ (стихъ на хвалитехъ).

в) Губные б, п, в, ф, м при встрѣчѣ съ йотомъ смягчаются посредствомъ л, причемъ ј не исчезаетъ:

люби́-ти — любл-ю̀ (любл-ј-ꙋ)

лови́-ти — ловл-ю̀

топи́-ти — топл-ю̀

а̂враа́м-ъ — а̂враа́мл-ь

§ 12. Измѣненіе согласныхъ при встрѣчѣ однихъ съ другими.

При встрѣчѣ согласныхъ бываетъ переходъ однихъ звуковъ въ другіе:

а) Группы дт, тт переходятъ въ ст:

клад-ꙋ — кла́с-ти (вм. кла́д-ти)

плет-ꙋ — плес-тѝ (вм. плет-тѝ)

б) г, к соединяясь съ т передъ и переходятъ въ щ:

мог-ꙋ — мощѝ, пек-ꙋ — пещѝ.

в) Иногда попадается древне-славянская замѣна сочетанія зж сочетаніемъ жд: вожделѣ́ти, вожделѣ́нїе (вм. возжела́ти). Всегда̀ а̂до́мый и̂ никогда́же и̂ждива́емый (Литург.) — вм. и̂зжива́емый, отсюда русское — иждивеніе; ражди̂за́емый — вм. разжи̂за́емый.

г) Приставки воз, и̂з, раз передъ глухими согласными к, п, т, х, ц, ч перемѣняютъ з на с: раскопа́ти, воспѣ́ти, расто́ргнꙋти, и̂схо́дъ, и̂сцѣди́ти, и̂счеза́ти.

Примѣчаніе: Приставка низ не мѣняетъ з передъ указанными согласными: низпосла́ти. Передъ ш указанныя приставки не мѣняютъ своего звука з: возше́лъ е̂сѝ. Относительно правописанія указанныхъ приставокъ передъ ф и щ трудно сказать, такъ какъ врядъ ли такое сочетаніе встрѣчается въ церковно-славянскомъ языкѣ.

§ 13. Выпаденіе согласныхъ.

а) Губные б и п выпадаютъ передъ н, а в — послѣ б:
с-гиб-а́ти — г-нꙋ́-ти (вм. гб-нꙋ́-ти), сп-а́ти — со́-нъ (вм. со́п-нъ), вла́сть — о̂б-ла́сть (вм. о̂б-вла́сть).

б) зубные д, т выпадаютъ передъ плавными л, м,н и с:

па́д-ати — па́-лъ (вм. па́д-лъ)

плес-тѝ (плет-тѝ) — пле́-лъ (вм. плет-лъ)

вѣ́д-ати — вѣ́-мъ (вм. вѣ́д-мъ) — вѣ́-си (вм. вѣ́д-си)

ꙋ-вад-а́ти — ва́-нꙋ-ти (вм. вад-нꙋ-ти)

Примѣчаніе: Конечный л въ несклоняемомъ причастіи (употребляемомъ только въ сложныхъ формахъ глагола) въ церковно-славянскомъ языкѣ никогда не опускается: не́слъ е̂сѝ (но не не́съ).

§ 14. Звуковыя особенности церковно-славянскаго языка.

Русскимъ полногласнымъ слогамъ: оро, оло, ере — въ церковно-славянскомъ языкѣ соотвѣтствуютъ: ра, ла, ре, ле:

борода — брадà

колосъ — клáсъ

серебро — сребрò

молоко — млекò

Примѣчаніе: Слово «пелена» въ современномъ церковно-славянскомъ языкѣ употребляется съ такимъ же сочетаніемъ какъ и въ русскомъ: пеленà (вмѣсто др.-сл. плѣна): пеленáми повѝта (Служба Рождества, п. 1-я).

2) Русскому "о" въ началѣ слова въ церк.-славянскомъ языкѣ часто соотвѣтствуетъ ê:

олень — êлéнь

одинъ — êдѝнъ

§ 15. Составъ словъ.

Въ церковно-славянскомъ языкѣ морфологическій составъ словъ такой же какъ и въ русскомъ языкѣ.

Въ словахъ различаемъ слѣдующія части: корень, окончаніе и приставку.

Та часть слова, которая остается неизмѣнной при любомъ словообразованіи, склоненіи или спряженіи, называется корнемъ; часть слова, которая слѣдуетъ за корнемъ — называется окончаніемъ; часть слова, стоящая передъ корнемъ — называется приставкой. Напримѣръ: въ словѣ: оу̑-в^ѣр-ов-а-ти, оу̑- — приставка, -в^ѣр- — корень, -ов-а-ти — окончаніе.

Въ окончаніи нужно различать еще суффиксъ и флексію. Флексіей называется часть окончанія, измѣняющаяся при склоненіи и спряженіи. Суффиксомъ называется неизмѣняемая часть окончанія, находящаяся между корнемъ и флексіей. Въ окончаніи предыдущаго примѣра: -ти — флексія неопредѣленнаго наклоненія, -ов-а- — два глагольныхъ суффикса.

Суффиксъ служить для образованія отъ корня частей рѣчи или для измѣненія значенія; флексія указываетъ на принадлежность слова къ той или иной части рѣчи и на связь слова съ другими словами, напримѣръ: мꙋ́ж-ъ, мꙋ́ж-е-ств-о, мꙋ́ж-е-ств-енн-ый, мꙋ́ж-е-ств-енн-ѣйш-ій.

Корень съ суффиксомъ и приставкой, но безъ флексіи, называется основой. Такъ въ словѣ оу̑в^ѣрова-ти, оу̑в^ѣрова- будетъ основой.

§ 16. Слова, состоящія изъ корня и флексіи, называются первообразными: вод-à, нес-тѝ.

Слова, имѣющія въ своемъ составѣ суффиксы, называются производными: вод-н-ы́й, нос-и́-ти.

§ 17. Слова, состоящія изъ одного корня, называются простыми. Слова, состоящія изъ двухъ или болѣе корней, называются сложными: слово-словіе, древо благо-сѣнно-лиственное (Акаѳ.).

Если слова составляются при помощи соединительныхъ гласныхъ о, е, то такое сложеніе называется собственнымъ: земл-е-трясеніе.

Сложеніе словъ безъ указанныхъ соединительныхъ гласныхъ — называется несобственнымъ: царь-градъ, три-дневенъ.

§ 18. Виды словъ по значенію.

Слова во всемъ своемъ разнообразіи, являясь отраженіемъ дѣйствительности, выражаютъ разное значеніе. Они могутъ обозначать предметность, качество, дѣйствіе, количество, либо выражать связь между понятіями и т. д.; и въ зависимости отъ этого значенія всѣ слова раздѣляются на особые разряды, которые называются *частями рѣчи*.

Частей рѣчи девять: имя существительное,
имя прилагательное,
мѣстоименіе,
имя числительное,
глаголъ,
нарѣчіе,
предлогъ,
союзъ,
междометіе.

Первыя шесть частей рѣчи имѣютъ самостоятельное лексическое и грамматическое значеніе въ предложеніи, выступая главными или второстепенными членами его. Онѣ называются *знаменательными* (или *самостоятельными*).

Предлоги и союзы служатъ для выраженія связи между словами въ предложеніи. Они называются *служебными* частями рѣчи.

Междометія, являясь выраженіемъ чувствъ, не входятъ въ синтактическую связь предложенія, но примыкаютъ къ нему.

§ 19. Формы словъ.

Первыя пять частей рѣчи измѣняютъ свою форму, а потому называются измѣняемыми. Остальныя четыре — относятся къ неизмѣняемымъ частямъ рѣчи.

Измѣненіе происходитъ по падежамъ, лицамъ, родамъ и числамъ.

Измѣненіе по падежамъ — называется *склоненіемъ*.

Измѣненіе по лицамъ — называется *спряженіемъ*.

Кромѣ единственнаго и множественнаго чиселъ, въ церковно-славянскомъ языкѣ существуетъ еще *двойственное число*, которое употребляется для выраженія числа двухъ лицъ или двухъ предметовъ, особенно, если они выражаютъ парность (глаза, ноги, руки).

Въ церковно-славянскомъ языкѣ, какъ и въ русскомъ, семь падежей: именительный,

родительный,

дательный,

винительный,

творительный,

предложный,

звательный.

Они отвѣчаютъ на тѣ же вопросы, что и въ русскомъ языкѣ. Звательный падежъ имѣетъ особыя окончанія, напримѣръ: ра́бе, жено́.

Части рѣчи.

ИМЯ СУЩЕСТВИТЕЛЬНОЕ.

§ 20. *Именемъ существительнымъ* называется всякое слово, обозначающее предметъ, или имѣющее значеніе предметности, въ мірѣ дѣйствительномъ или умственномъ: а҆́гг҃лъ, ра́дость, вода̀.

§ 21. Имена существительныя раздѣляются на *конкретныя* и *отвлеченныя*. Къ конкретнымъ — относятся имена существительныя, обладающія качествомъ опредѣленности или вещественности: вода̀, землѧ̀, бг҃ъ, а҆́гг҃лъ. Къ отвлеченнымъ — относятся имена существительныя, обозначающія понятія міра невидимаго и умственнаго, и обладающія качествомъ обобщенности: бж҃ество̀, добро̀, ѕло̀, терпѣ́нїе.

Грамматической особенностью отвлеченныхъ именъ существительныхъ является то, что они употребляются преимущественно въ единственномъ числѣ.

§ 22. Всѣ имена существительныя раздѣляются на имена предметовъ *одушевленныхъ* и *неодушевленныхъ*.

Къ именамъ существительнымъ предметовъ одушевленныхъ относятся названія живыхъ существъ, какъ міра видимаго, такъ и невидимаго: а҆́гг҃лъ, человѣ́къ, ко́нь.

Грамматической особенностью этихъ именъ существительныхъ является то, что у нихъ въ един. числѣ винит. падежъ мужескаго рода сходенъ съ родительнымъ падежомъ: ви́ждꙋ человѣ́ка, конѧ̀.

Во множественномъ числѣ винительный падежъ во всѣхъ родахъ обычно сходенъ съ именительнымъ, но можетъ имѣть сходство и съ родительнымъ, напримѣръ: помѧни́ на́съ грѣ́шныхъ и҆ непотре́бныхъ ра́бъ твои́хъ (Вечерня, свѣтил. молит. 3-я).

Имена существительныя предметовъ неодушевленныхъ, если они употребляются въ значеніи одушевленныхъ, принимаютъ ту же особенность: церко́внаго ка́мена, всехва́льнаго петра̀... досто́йнѡ восхва́лимъ (сѣдал. на утр., 29 іюня).

Къ именамъ предметовъ неодушевленныхъ принадлежатъ названія предметовъ, не относящихся къ живымъ существамъ: сто́лъ, до́мъ, но́жъ.

§ 23. По свойству и составу своему имена существительныя раздѣляются на *собственныя, нарицательныя, собирательныя* и *вещественныя*.

1) *Собственныя* — каждое имя, принадлежащее только одному предмету, съ цѣлью выдѣленія его изъ общаго рода или вида: їорда́нъ, і꙼деа.

Примѣчаніе: Въ церковно-славянскомъ языкѣ собственныя имена не пишутся съ большой буквы (см. § 9).

2) *Нарицательныя* — обобщенныя наименованія однородныхъ предметовъ, которыя принадлежатъ какъ всему роду или виду, такъ и каждому предмету въ отдѣльности: сто́лъ, до́мъ, но́жъ.

3) *Собирательныя* — обозначающія группу однородныхъ предметовъ, какъ одного цѣлаго: по́лкъ, ста́до, ка́меніе.

4) *Вещественныя* — обозначающія однородныя по своему составу вещества, отличающіяся тѣмъ характернымъ свойствомъ, что часть этого вещества обладаетъ всѣми свойствами цѣлаго: му́ка̀, вїно̀, вода̀, жи́то.

Имена существительныя вещественныя употребляются преимущественно въ единственномъ числѣ. Они не могутъ сочетаться съ именемъ числительнымъ, но измѣряются мѣрой и вѣсомъ: пѧ́ть мѣ́ръ пшени́цы.

Образованіе именъ существительныхъ.

§ 24. По своему образованію имена существительныя бываютъ *первообразныя* и *производныя* (см. § 16).

Къ *первообразнымъ* — относятся тѣ имена существительныя, у которыхъ флексіи присоединены непосредственно къ корню: вод-а̀, до́м-ъ, ко́н-ь.

Къ *производнымъ* — относятся тѣ имена существительныя, въ составѣ которыхъ имѣются суффиксы: рыб-а́р-ь, ца́р-ств-ї-е.

Въ церковно-славянскомъ языкѣ, какъ и въ русскомъ, имѣется много суффиксовъ, при помощи которыхъ отъ одного корня можно образовать много словъ съ разнообразнымъ значеніемъ и оттѣнками.

§ 25. Суффиксы, употребляемые при образованіи именъ существительныхъ со значеніемъ дѣйствующаго лица:

а) -а́р-ь — отъ основъ именъ существительныхъ и глагольныхъ:

рыб-а́р-ь (рыб-а), звон-а́р-ь (звони́-ти),

врат-а́р-ь (врат-а̀), пек-а́р-ь (пеці́й).

-ец-ъ — отъ глагольной основы:

плов-е́ц-ъ (плы́-ти), ку́п-ец-ъ (купи́-ти) твор-е́ц-ъ (твори́-ти).

— отъ основъ им. прилагательныхъ, часто съ предыдущимъ дополнительнымъ суффиксомъ:

ста́р-ец-ъ (ста́р-ый), хи́тр-ец-ъ (хи́тр-ый),
млад-е́н-ец-ъ (млад-ы́й), пе́рв-ен-ец-ъ (пе́рв-ый).

-нк-ъ — отъ основъ именъ существительныхъ, прилагательныхъ и глагольныхъ; часто съ предыдущими суффиксами -н, -ен и др.

книж-н-ик-ъ (кни́г-а), плѣн-н-ик-ъ (плѣн-ъ),
сро́д-н-ик-ъ (сро́д-н-ый), и҆збра́н-н-ик-ъ (и҆збра́н-н-ый),
споспѣш-н-ик-ъ (споспѣш-ств-ов-а-ти), о҆у҆ч-ен-и́к-ъ (о҆у҆чи́-ти).

-ач-ь — отъ глагольной основы:

тк-а́ч-ь (тк-а́-ти), ков-а́ч-ь (ков-а́-ти).

-тел-ь — отъ глагольной основы:

спаси́-тел-ь (спас-а́-ти), наказа́-тел-ь (наказ-а́-ти),
о҆у҆чи́-тел-ь (о҆у҆чи́-ти).

-(й)ц-а — отъ глагольной основы:

вінопі́-йц-а (пи́-ти), ꙗ́д-ц-а (ꙗ́с-ти), о҆у҆бі́-йц-а (о҆у҆би́-ти).

-тыр-ь — отъ глагольной основы:

па́с-тыр-ь (пас-ти́).

-та-й — отъ глагольной основы:

хода́-та-й (ходи́-ти), глаша́-та-й (глаша́-ти),
согляда́-та-й (согля́д-а-ти).

-ꙋн-ъ — отъ глагольной основы:

пѣст-ꙋн-ъ (пѣст-ов-а-ти).

-ок-ъ — и҆н-ок-ъ (и҆н-ъ, и҆н-ый).

-нн-ъ — придаетъ имени существительному значеніе единичности:

гражда́н-и́н-ъ — гра́ждан-е.

Суффиксы для обозначенія молодыхъ существъ:

-нц-ъ — дѣ́т-нц-ъ, о́троч-нц-ъ, ко́зл-нц-ъ.

-ат- (причемъ, въ имен. пад. единств. числа -т выпадаетъ)

о́троч-а̀ — о́троч-а́т-е, о́рл-а̀ — о́рл-а́т-е.

б) Суффиксы, употребляемые для обозначенія лицъ по роду, мѣсту или религіи, причемъ -нн-ъ во множ. числѣ отпадаетъ.

-ан(ан)-нн-ъ — сѵ́р-ан-нн-ъ (сѵ́рі́а), хрїстї-а́н-нн-ъ (хр꙳то́съ),
самар-ан-и́н-ъ (самарі́а), гражд-ан-и́н-ъ (гра́д-ъ).

-ец-ъ — тꙋзе́м-ец-ъ, съ суффиксомъ -нн: нѣ́м-ч-и́н-ъ (ец꙼=ьч).

-нч-ь (муж. р.) -н-а (жен. р.) — для обозначенія дѣтей или родства; суффиксы присоединяются къ именамъ прилагательнымъ притяжательнымъ:

цар-е́в-нч-ь, цар-е́в-н-а (цар-е́в-ъ), кня́ж-нч-ь, княж-н-а̀ (кня́ж-ь),
крал-е́в-нч-ь, крал-е́в-н-а (кра́л-ев-ъ), брата́н-нч-ь (Быт. 14, 14).

Эти суффиксы очень употребительны въ русскихъ отчествахъ.

в) Для обозначенія лицъ женскаго пола образуются имена существительныя большей частью отъ параллельныхъ формъ мужского пола при помощи слѣдующихъ суффиксовъ:

-нц-а — спѹ́т-н-нк-ъ — спѹ́т-н-нц-а, ѹ҆ч-ен-н́к-ъ — ѹ҆ч-ен-нц-а,
     ца́р-ь — цар-н́ц-а, врат-а́р-ь — врат-а́р-н-нц-а.

-ын-а(-нн-а) — ра́б-ъ — раб-ын-а, кнѧ́з-ь — кнѧг-н́н-а,
     бола́р-нн-ъ — бола́р-ын-а, ꙗ҆н-ок-ъ — ꙗ҆н-ок-нн-а.

    Этотъ же суффиксъ употребляется для обозначенія лицъ женскаго пола по мѣсту, роду или религіи:

    молвн́т-ан-нн-ъ — молвн́т-ан-ын-а,
    самар-ан-н́н-ъ — самар-ан-ын-а.

-ы — (въ именительномъ падежѣ единственнаго числа, въ прочихъ падежахъ распадается въ -ов(-ъв): свекр-ы̀ — свекр-о́в-е,
     непло́д-ы — непло́д-ов-е.

    Также для именъ отвлеченныхъ: люб-ы̀ — люб-(ъ)в-ѣ.

-ер — (во всѣхъ падежахъ, кромѣ именительнаго единств. числа)
     ма́т-н — ма́т-ер-е, дцн-н̀ — дцн-е́р-е.

г) Названія животныхъ не имѣютъ особыхъ суффиксовъ, но пользуются большей частью суффиксами, употребляемыми для лицъ:

-тел-ь — пѣ́-тел-ь (пѣ́-тн),
-нц-а — ле́в-ъ — льв-н́ц-а.

§ 26. Суффиксы, употребляемые для образованія именъ существительныхъ со значеніемъ предмета:

а) Имена существительныя, обозначающія орудіе дѣйствія:

-л-о — отъ глагольныхъ основъ:
     ра́-л-о (ѡ҆ра́-тн), пнса́-л-о (пнса́-тн), бн́-л-о (бн́-тн).

б) Имена существительныя, обозначающія мѣстонахожденіе какого-либо предмета или дѣйствія, а иногда и самый предметъ или дѣйствіе, связанные съ даннымъ мѣстомъ. Образуются отъ основъ именъ существительныхъ и глагольныхъ:

-нщ-е — то́рж-нщ-е (то́рг-ъ) — мѣсто торга,
     пожа́р-нщ-е (пожа́р-ъ) — мѣсто, гдѣ былъ пожаръ.
-лнщ-е — свати-лнщ-е (сватн́-тн), ѡ҆бнта́-лнщ-е (ѡ҆бнта́-тн).
-бнщ-е — кла́д-бнщ-е (кла́с-тн).

в) Суффиксы для обозначенія разныхъ вещей:

-н-нк-ъ — отъ основъ им. существительныхъ:
     подсвѣ́щ-н-нк-ъ (свѣщ-а́).
-льннк-ъ — отъ глагольной основы:
     свѣтн́-льннк-ъ (свѣтн́-тн).

-н-нц-а — отъ основъ им. прилагательныхъ:

бо́ль-н-и́ц-а (бо́ль-н-ый), те́м-н-и́ц-а (те́м-н-ый.

— отъ основы им. существительныхъ:

ри́з-н-нц-а (ри́з-а), жи́т-н-нц-а (жи́т-о).

Имена съ этимъ суффиксомъ, отъ глагольной основы, мо-
гутъ имѣть значеніе мѣста или орудія дѣйствія:

мӱрова́р-н-нц-а (вари́-ти), ме́ль-н-нц-а (моло́-ти),

кади́ль-н-нц-а (кади́-ти).

-ел-ь (-ѣл-ь) — отъ глагольной основы:

кӱп-ѣ́л-ь (кӱпа́-ти), свир-ѣ́л-ь (свира́-ти).

-н-а — отъ основы им. существительныхъ; эти имена обозначаютъ
большей частью мѣсто, гдѣ происходитъ какое-либо заня-
тіе по профессіи:

пова́р-н-а (по́вар-х), пека́р-н-а (пека́р-ь).

-в-о — отъ глагольныхъ основъ:

пи́-в-о (пи́-ти), со́чи-в-о (сочи́-ти).

-х-х — отъ глагольныхъ основъ:

смѣ́-х-х (смѣ́а́-ти-са), слӱ-х-х (слы́-ти).

-нн-а — отъ основъ им. существительныхъ и глагольныхъ:

паӱч-и́н-а (паӱк-х), блево́т-ин-а (блева́-ти),

лич-и́н-а (лиц-ѐ), ма́сл-нн-а (ма́сл-о).

-ок-х — отъ глагольныхъ основъ; какъ съ конкретнымъ, такъ и съ
отвлеченнымъ значеніемъ:

ѡста́н-ок-х (ѡставла́-ти), свн̀т-ок-х (сви-ти),

нача́т-ок-х (нача́-ти).

-ес- — въ именахъ существительныхъ средняго рода на -о; во всѣхъ
падежахъ, кромѣ именительнаго и винительнаго ед. числа:

тѣ́л-о — тѣ́л-ес-ѐ, дре́в-о — дре́в-ес-ѐ.

-ма (-мен) — въ именахъ существительныхъ средняго рода:

пле́-ма — пле́-мен-е, бре́-ма — бре́-мен-е.

-н- — какъ въ конкретныхъ такъ и отвлеченныхъ:

ста́-н-х (сто́а-ти), со́-н-х (спа́-ти), рӱ-н-о̀ (отъ рва́-ти),

стра-н-а̀ (просто́р-х).

§ 27. Имена существительныя отвлеченныя большей частью
образуются отъ именъ прилагательныхъ или отъ глаголовъ и лишь
незначительная часть отъ именъ существительныхъ.

Имена существительныя отвлеченныя, образованныя отъ им.
прилагательныхъ, имѣютъ значеніе отвлеченнаго качества, свой-
ства или признака:

-ост-ь — мӱдр-ост-ь (мӱдр-х), кро́т-ост-ь (кро́т-ок-х,

ще́др-ост-ь (ще́др-х), крѣ́п-ост-ь (крѣ́п-ок-х).

-от-а — наг-от-а̀ (на́г-х), добр-о́т-а (до́бр-х), крас-от-а̀ (крас-е́н-х).

-ин-а — глꙋб-ин-а̀ (глꙋб-о́к-ъ), дол-ин-а̀ (до́льн-ый),
  сѣд-ин-а̀ (сѣд-ъ), и̑ст-ин-а (и̑ст-ый).
  Долина и сѣдина̀ получили конкретное значеніе.

-ї-е — весе́л-ї-е (ве́сел-ъ), оу҆се́рд-ї-е (оу҆се́рд-ный).
  Съ этимъ суффиксомъ отъ именъ существительныхъ съ при-
  ставкой образуются имена съ конкретнымъ значеніемъ: для
  обозначенія мѣста въ пространственномъ значеніи: помо́р-ї-е,
  распꙋ́т-ї-е; для обозначенія предмета: подно́ж-ї-е.

-ын-а — горд-ы́н-а (го́рд-ъ), сват-ы́н-а (сва́т-ъ),
  пꙋст-ы́н-а (пꙋ́ст-ъ) — получившее конкретное значеніе.

-ств-о — лꙋка́в-ств-о (лꙋка́в-ый), бога́т-ств-о (бога́т-ый).
  При помощи этого суффикса образуются отъ именъ суще-
  ствительныхъ имена отвлеченныя съ обозначеніемъ свойства
  или сущности:
  человѣ́ч-е-ств-о (человѣ́к-ъ), бж҃-е-ств-о̀ (бг҃-ъ),
  дѣ́в-ств-о (дѣ́в-а), о҆те́ч-е-ств-о (о҆те́ц-ъ), ца́р-ств-о (ца́р-ь).
  Нѣкоторые изъ этихъ именъ существительныхъ могутъ при-
  нимать и суффиксъ -ї-е:
  ца́р-ств-ї-е, о҆те́ч-е-ств-ї-е.

Имена существительныя, образованныя отъ глагольныхъ
основъ, имѣютъ значеніе дѣйствія или состоянія:

-ї-е — отъ основы причастій страдательныхъ прошедшаго времени:
  ѡ҆сꙋжде́н-ї-е (ѡ҆сꙋжде́н-ъ), оу҆че́н-ї-е (наꙋчен-ъ),
  моле́н-ї-е (оу҆моле́н-ъ), распа́т-ї-е (ра́спат-ъ), жит-ї-ѐ (и̑зжи́т-ъ).

-от-а (ет-а) — раб-о́т-а (рабо́та-ти), сꙋ-ет-а̀ (сꙋети́-ти-са),
  та́г-от-а̀ (та́готи́-ти-са).

-б-а — борь-б-а̀ (боро́-ти-са), слꙋ́ж-б-а (слꙋжи́-ти),
  а̑лч-б-а (а̑лка́-ти), сꙋдь-б-а̀, (сꙋди́-ти).

-еж-ъ — мат-е́ж-ъ (мас-ти), пад-е́ж-ъ (па́да-ти)).

-н-ь, -сн-ь, -зн-ь — да́-нь (да́-ти), пѣ́-сн-ь (пѣ́-ти), жи-зн-ь (жи́-ти),
  болѣ́-зн-ь (болѣ́-ти) боꙗ́-зн-ь (боꙗ́ти-са).

-тв-а — моли́-тв-а (моли́ти-са), жа́-тв-а (жа́-ти), кла́-тв-а (кла́-ти).

-т-ь — вла́с-т-ь (владѣ́-ти), напа́с-т-ь (напад-а́-ти).

-изн-а — оу҆кор-и́зн-а (оу҆кора́-ти), глав-и́зн-а (глав-а̀).

§ 28. Имена существительныя собирательныя образуются при
помощи суффикса -ї-е — ка́мен-ї-е, ве́рб-ї-е, рѣ́п-ї-е, бра́т-ї-а.

§ 29. Имена существительныя со значеніемъ уменьшитель-
ности или увеличительности:

-ин-а — год-и́н-а (го́д-ъ — время, часъ), хи́ж-ин-а (хи́ж-а), хра́м-ин-а
  (хра́м-ъ).

§ 30. Для именъ существительныхъ уменьшительныхъ и

ласкательныхъ служитъ суффиксъ -к (въ смягченіи -ц), часто съ
предыдущими є, н, о:

— ѻ́кон-ц-є, ча́д-ц-є, сꙋ́ч-є́ц-ъ, вдов-и́ц-а, вѣн-о́к-ъ.

§ 31. Суффиксъ -нцꙑ-є, кромѣ указаннаго значенія (§ 26, в), мо-
жетъ имѣть еще значеніе уничижительное: Па́гꙋбноє собо́рнцє,
бгомє́рзкнхъ лꙋка́внꙋющнхъ бгоꙋбі́йцъ со́нмнцє, предста̀ хрⷮѣ̀ тебѣ̀
(Вел. Пят., утр. пѣснь 9).

Родъ именъ существительныхъ.

§ 32. Имена существительныя бываютъ трехъ родовъ: муже-
скаго, женскаго и средняго.

Родъ именъ существительныхъ узнается: 1) по окончанію,
2) и по значенію.

1) Имена существительныя предметовъ неодушевленныхъ уз-
наются по окончаніямъ:

окончанія мужескаго рода -ъ, -ь, -й: сто́л-ъ, ѻ́гн-ь, ка́мєн-ь, кра́-й;
окончанія женскаго рода -а, -ѧ, -ь, -ꙑ: рꙋк-а̀, ꙁемл-ѧ̀, вѣс-ь, люб-ꙑ̀;
окончанія средняго рода -о, -є, -мѧ: сел-о̀, мо́р-є, й-мѧ.

2) Имена существительныя предметовъ одушевленныхъ узна-
ются по значенію, напримѣръ: воєво́д-а (муж. р.), жен-а̀ (жен. р.),
— эти слова имѣютъ одинаковую флексію, но рода разнаго.

Имена существительныя предметовъ одушевленныхъ имѣютъ
еще слѣдующія окончанія (кромѣ указанныхъ въ 1-мъ пунктѣ):
мужескій родъ -а, -ѧ; женскій родъ -н; средній родъ -а, -ѧ. Напр.:
(муж. р.) ра́бъ, ко́нь, іерє́й, ю́ноша, сꙋді́ѧ; (жен. р.) дѣ́ва, рабꙑ́нѧ,
маріа́мь, непло́дꙑ, ма́тн; (ср. р.) плє́мѧ, ѻ́вчѧ, а́гнѧ, ча́до.

Нѣкоторыя женскія собственныя имена пишутся черезъ -ъ:
маріа́м-ъ, єлїсавє́т-ъ, но въ болѣе старыхъ изданіяхъ — ь: маріа́м-ь,
єлїсавє́т-ь. Эти имена склоняются по III-му склоненію (ꙁа́повѣдь),
что доказываетъ правильность написанія -ь (Лк. 1, 57: єлїсавє́тн;
Числ. 12, 4: въ русск. — Маріами, въ церк.-сл. — маріа́мъ).

Впрочемъ маріа́мъ можно разсматривать, какъ несклоняемое
слово, имѣющее косвенные падежи отъ марі́а (ср. 2 гл. отъ Луки,
ст. 19: маріа́мъ, ст. 34: й речѐ къ марі́н).

Нѣкоторыя имена существительныя могутъ относиться и къ
мужескому и къ женскому роду, въ зависимости отъ пола. Подоб-
ныя им. существительныя называются именами существительными
общаго рода: младе́нєцъ, снрота̀.

Родъ именъ существительныхъ, имѣющихъ только множе-
ственное число, узнается по общимъ признакамъ склоненія во
множественномъ числѣ въ сравненіи съ другими словами, напри-
мѣръ: окончаніе -а во множественномъ числѣ принадлежитъ име-
намъ существительнымъ средняго рода: оу́ста̀, врата̀; но́жннцы —

но́жницѫ (какъ же́ны — же́нъ) — женскаго рода; лю́діє — люде́й (какъ пꙋті́є — пꙋте́й) — мужескаго рода; мо́щи — моще́й (какъ за́повѣдь — за́повѣде́й) — женскаго рода, и т. п.

Склоненіе именъ существительныхъ.

§ 33. Имена существительныя, согласно съ ихъ особенностями въ склоненіи, могутъ быть раздѣлены на четыре склоненія.

Къ 1-му склоненію относятся имена существительныя мужескаго рода, оканчивающіяся на -ъ, -ь, -й: ра́б-ъ, ко́н-ь, кра́-й и средняго рода — на -о, є: сєл-о̀, мо́р-є.

1-е склоненіе по своимъ флексіямъ раздѣляется на *твердое* и *мягкое*: къ *твердому* склоненію относятся имена существительныя, оканчивающіяся на твердый звукъ: -ъ, -о — ра́б-ъ, сєл-о̀; къ *мягкому* склоненію относятся имена существительныя съ окончаніемъ на мягкій звукъ: -ь, -й, -є — ца́р-ь, кра́-й, мо́р-є.

Имена существительныя съ основой на шипящій и ц относятся къ смѣшанному склоненію, такъ какъ имѣютъ флексіи твердыя и мягкія (см. § 8, а): мꙋ́жъ, мꙋ́жа, мꙋ́жємъ.

§ 34. Образцы 1-го склоненія.

Единственное число.

	Твердое склоненіе			Мягкое склоненіе		
И.	ра́б-ъ	сєл-о̀	ца́р-ь	мо́р-є	кра́-й	і҆єре́-й
Р.	раб-а̀	сєл-а̀	цар-ѧ̀	мо́р-ѧ	кра́-ѧ	і҆єре́-а
Д.	раб-ꙋ̀	сєл-ꙋ̀	цар-ю̀	мо́р-ю	кра́-ю	і҆єре́-ю
В.	раб-а̀	сєл-о̀	цар-ѧ̀	мо́р-є	кра́-й	і҆єре́-а
Т.	раб-о́мъ	сєл-о́мъ	цар-е́мъ	мо́р-емъ	кра́-емъ	і҆єре́-емъ
П.	раб-ѣ̀	сєл-ѣ̀	цар-ѝ	мо́р-и	кра́-и	і҆єре́-и
Зв.	ра́б-е	сєл-о̀	цар-ю̀	мо́р-є	кра́-ю	і҆єре́-ю (-є)

Двойственное число.

И.В.З.	раб-а̂	сєл-а̂	цар-а̂	мꙋ́р-и	кра̂-ѧ	і҆єре̂-а
Р.П.	раб-ꙋ̀	сєл-ꙋ̀	цар-ю̀	мꙋ́р-ю	кра̂-ю	і҆єре́-ю
Д.Т.	раб-о́ма	сєл-о́ма	цар-е́ма	мо́р-ема	кра́-ема	і҆єре́-ема
						(-ома)

Множественное число.

И.Зв.	раб-ѝ	сє́л-а	цар-ѝ (-і́є)	мор-ѧ̀	кра́-и	і҆єре́-є
Р.	раб-ѡ́въ (-ъ)	сє́л-ъ	цар-е́й	мор-е́й	кра́-ёвъ	і҆єре́-й
Д.	раб-ѡ́мъ	сєл-ѡ́мъ	цар-е́мъ	мор-е́мъ	кра́-емъ	і҆єре́-емъ (-ѡмъ)
В.	раб-ы̀ (-ѡ́въ)	сє́л-а	цар-ѝ (-е́й)	мор-ѧ̀	кра́-и	і҆єре́-и
Т.	раб-ы̀	сє́л-ы	цар-ѝ (-ьмѝ)	мꙋ́р-и	кра̂-и	і҆єре́-и
П.	раб-ѣ́хъ	сєл-ѣ́хъ	цар-е́хъ	мор-ѧ́хъ	кра́-ехъ	і҆єре́-ехъ

Единственное число.

	Твердое склоненіе на гортанный		Смѣшанное склоненіе	Мягкое склоненіе на їе
И.	дꙋх-ъ	о́трок-ъ	мꙋж-ъ	знаменї-е
Р.	дꙋх-а	о́трок-а	мꙋж-а	знаменї-ѧ
Д.	дꙋх-ꙋ	о́трок-ꙋ	мꙋж-ꙋ	знаменї-ю
В.	дꙋх-ъ (а)	о́трок-а	мꙋж-а	знаменї-е
Т.	дꙋх-омъ	о́трок-омъ	мꙋж-емъ	знаменї-емъ
П.	дꙋс-ѣ	о́троц-ѣ	мꙋж-и	знаменї-и
Зв.	дꙋш-е	о́троч-е	мꙋж-ꙋ	знаменї-е

Двойственное число.

	Твердое склоненіе		Смѣшанное	Мягкое склоненіе
И. В. З.	дꙋх-а	о́трꙍк-а	мꙋж-а	знаменї-ѧ
Р. П.	дꙋх-ꙋ	о́трꙍк-ꙋ	мꙋж-ꙋ	знаменї-ю
Д. Т.	дꙋх-ома	о́трок-ома	мꙋж-ема	знаменї-ема

Множественное число.

И. Зв.	дꙋс-и	о́троц-ы [2])	мꙋж-и (-їе)	знаменї-ѧ		
Р.	дꙋх-ꙍвъ	о́трок-ꙍвъ	мꙋж-ей	знаменї-й		одинаково употребительни
Д.	дꙋх-ꙍмъ	о́трок-ꙍмъ	мꙋж-ємъ	знаменї-емъ		
В.	дꙋх-и [1])	о́трок-и [1])	мꙋж-ы [3])	знаменї-ѧ		
Т.	дꙋх-и	о́трок-и	мꙋж-ы	знаменї-и		
				знамен-(ь)ми		
П.	дꙋс-ѣхъ	о́троц-ѣхъ	мꙋж-а́хъ	знаменї-ихъ		

[1]) Въ древне-славянскомъ языкѣ: доухъı (ы), см. § 8, г).

[2]) Въ древне-славянскомъ языкѣ: отроцꙑ, см. § 8, в) и г).

[3]) -ы послѣ шипящихъ только для отличія падежей, см. § 8, а).

Гортанные звуки основы при встрѣчѣ съ мягкими гласными измѣняются по слѣдующей схемѣ:

г		з	г		ж	_ бгъ	_ бзѣ	_ бози	_ бже
к + и, ѣ	>	ц	к + е	>	ч	_ о́трокъ	_ о́троцѣ	_ о́троцы[и]	_ о́троче
х		с	х		ш	_ дꙋхъ	_ дꙋсѣ	_ дꙋси	_ дꙋше

§ 35. Примѣчанія къ падежамъ.

1) Винительный падежъ един. числа у именъ существительныхъ предметовъ одушевленныхъ обычно бываетъ сходенъ съ родительнымъ (§ 22), но бываютъ случаи, когда онъ сходенъ и съ именительнымъ падежомъ: прїими́те дх҃ъ ст҃ъ (Іоан. 20, 22); всади́ мꙋжа на ко́нь (IV Цар. 9, 17). Во множественномъ числѣ винитель-

ный падежъ именъ существительныхъ предметовъ одушевленныхъ обычно сходенъ съ именительнымъ, но можетъ быть сходенъ и съ родительнымъ падежомъ: **й вы́шлите всѣ́хъ рабw̃въ гдⷭ҇нихъ** (IV Цар. 10, 23).

2) Въ предложномъ падежѣ един. числа въ мягкомъ склоненіи встрѣчаются окончанія на -ѣ: **й сынове сіw̃ни возра́дꙋютсѧ ѡ̑ цар҃ѣ свое́мъ** (Псал. 149, 2); въ именахъ существительныхъ на шипящій тоже встрѣчается -ѣ: **въ мꙋ́жѣ** (Дѣян. 17, 31; 25, 5); имена существительныя съ основой на -ц имѣютъ -ѣ и -ы: **въ се́рдцы свое́мъ** (Матѳ. 5, 28).

3) Въ именительномъ падежѣ множ. числа иногда встрѣчается вмѣсто -и окончаніе -ы: **да ка́меніе сіѐ хлѣ́бы бꙋ́дꙋтъ** (Мѳ. 4, 3); **хлѣ́бы ѡ̑скꙋдѣ́ша** (I Цар. 9, 7).

4) Творительный падежъ множ. числа, кромѣ обычныхъ окончаній -ы, -и: **рабы̀, царѝ**, можетъ имѣть еще другое очень употребительное окончаніе -(ь)ми: **сынмѝ, царьмѝ**, но не всѣ имена существительныя могутъ имѣть его. Иногда встрѣчается, по-видимому, подъ вліяніемъ русскаго языка, и окончаніе -ами: **грѣха́ми** (Ис. 14, 21); **скорпіо́нами** (III Цар. 12, 11); **ѻ̑рꙋ́жіами во вѣ́ры** (8 іюля, тропарь).

5) Въ предложномъ падежѣ (по-видимому, подъ вліяніемъ русскаго языка) встрѣчаются окончанія на -ахъ, -ахъ: **въ слѣда́хъ же бе́здны ходи́лъ ли ѐсѝ**; (Ис. 38, 16); особенно къ этому имѣютъ склонность имена существительныя средняго рода: **въ сердца́хъ** (Еккл. 9, 3); **въ предста́тельствахъ** (Троп. Успенію), а въ именахъ существительныхъ средняго рода *мягкаго* склоненія окончаніе -ахъ, по-видимому, совсѣмъ вытѣснило общее окончаніе -ехъ: **то́й на моря́хъ ѡ̑снова́лъ ю̑ ѐ́сть** (Пс. 23, 2); **возра́дꙋютсѧ на ло́жахъ свои́хъ** (Прокименъ); **въ поля́хъ дꙋбра́вы** (Пс. 131, 6).

6) Слово **гдⷭ҇ь** въ косвенныхъ падежахъ един. числа склоняется по твердому склоненію; звательный падежъ имѣетъ окончаніе -и: **гдⷭ҇и**; во множественномъ числѣ склоняется по мягкому склоненію.

§ 36. Орѳографическія особенности падежей.

Въ падежахъ двойственнаго и множественнаго чиселъ для отличія ихъ отъ созвучныхъ имъ падежей единственнаго числа въ основахъ или флексіяхъ словъ вмѣсто о ставится ѡ, вмѣсто є ставится є, а гдѣ нѣтъ этихъ гласныхъ, то ставится облеченное удареніе (̑); напримѣръ: **рабо́мъ** — твор. падежъ един. числа и **рабw̑мъ** — дател. падежъ множ. числа; **царе́мъ** — творительный падежъ един. числа и **царє́мъ** — дательный падежъ множ. числа; **ра́бъ** — именительный падежъ един. числа и **ра̑бъ** — родительный падежъ множ. числа.

При наличіи въ словѣ о и є предпочтеніе обычно оказывается ѡ, впрочемъ много зависитъ отъ написателя, который можетъ выбрать ѡ или є или облеченное удареніе (ˆ) въ зависимости отъ того, какой знакъ будетъ болѣе удобнымъ.

Въ окончаніяхъ множественнаго числа родительнаго падежа -ѡвъ, -євъ и дательнаго падежа -ѡмъ, -ємъ написаніе ѡ и є обязательны.

Въ словахъ съ основой на шипящую для отличія падежей въ двойственномъ и множественномъ числахъ употребляется -ы вмѣсто -и; во множественномъ числѣ -ы обычно ставится въ винительномъ и творительномъ падежахъ, а въ именительномъ и звательномъ падежахъ хотя и встрѣчается, но чаще употребляются облеченное удареніе (ˆ), ѡ или є: мꙋ́жи — имен. и зват. падежи, мꙋ́жы — вин. и твор. падежи.

Этимъ правиламъ ореографіи падежей слѣдуютъ и всѣ другія склоняемыя части рѣчи.

§ 37. Особенности 1-го склоненія.

I. Въ единственномъ числѣ.

1) Дательный падежъ вмѣсто обычныхъ окончаній -ꙋ и -ю можетъ имѣть въ нѣкоторыхъ словахъ окончанія -ови, єви: сы́нови, царе́ви.

Къ подобнымъ окончаніямъ довольно часто склонны имена собственныя и иностранныя; причемъ они чаще принимаютъ окончаніе -ови, хотя бы относились и къ мягкому склоненію: петро́ви, мѡѷсе́ови, а҆рхїере́ови.

2) Нѣкоторыя имена существительныя изъ первообразныхъ: въ родительномъ падежѣ имѣютъ окончаніе -ꙋ: ѿ до́мꙋ рабо́ты (Исх. 20, 2); съ ѻ҆́наго по́лꙋ і҆ѻрда́на (Матѳ. 4, 25); мꙋ́жеска по́лꙋ (Лук. 2, 23); до ни́зꙋ (Мр. 15, 38);

въ предложномъ падежѣ со значеніемъ мѣста также принимаютъ окончаніе -ꙋ: въ до́мꙋ ѻ҆ц҃а̀ моегѡ̀ (Іоан. 14, 2); ста̀ верхꙋ̀ (Матѳ. 2, 9).

3) Имена существительныя мужескаго рода иностраннаго происхожденія на -ей и средняго рода на -іе имѣютъ въ родительномъ падежѣ окончаніе -а: а҆рхїере́а, є҆ѵⷢ҇лі́а.

4) Слова, въ именительномъ падежѣ един. числа оканчивающіяся на -ъ, -ій, въ звательномъ падежѣ имѣютъ окончаніе -є: ѻ҆́тче, сла́вїє (соловей); оканчивающіяся на -ей могутъ имѣть -є и -ю: фарїсе́є (Матѳ. 23, 26), а҆рхїере́ю (30 янв., слава на литіи); оканчи-

вающіяся на -ь имѣютъ -ю: царю̀; оканчивающіяся послѣ шипяща-
го звука на -ъ, -ь имѣютъ -ꙋ: мꙋ́жъ — мꙋ́жꙋ, вра́чь — врачꙋ̀.

II. Во множественномъ числѣ.

5) Въ именительномъ падежѣ въ нѣкоторыхъ словахъ быва-
ютъ окончанія -ове, -еве: вра́чеве, сы́нове.

6) Въ именахъ существительныхъ, обозначающихъ званіе или
должность и оканчивающихся на -ей, въ именительномъ падежѣ
множ. числа бываетъ окончаніе -е, а въ оканчивающихся на рь —
окончаніе -іе: фарісе́й — фарісе́е, па́стырь — па́стыріе.

7) Имена существительныя дѣйствующаго лица на -тель мо-
гутъ имѣть окончанія въ именительномъ пад. множ. числа -е и -іе:
преда́теле (Дѣян. 7, 52); свидѣ́теліе (Дѣян. 7, 58).

8) Имена существительныя, обозначающія названія племенъ
и народовъ, оканчивающіяся на -ннъ, въ именительномъ пад. множ.
числа имѣютъ окончаніе -е: галіле́анинъ — галіле́ане.

9) Въ родительномъ и дательномъ и рѣже въ предложномъ
падежахъ въ нѣкоторыхъ словахъ бываетъ вставка суффиксовъ:
въ твердомъ склоненіи -ов и въ мягкомъ склоненіи -ев: сынꙋ́въ,
сыновꙋ́мъ, ѡ̀ сыновѣ́хъ.

10) Дательный падежъ въ словахъ иностранныхъ на -ей
имѣетъ окончаніе не только -емъ, но и -ѡмъ: а҆рхїере́емъ, і҆ꙋде́ѡмъ.

11) Имена существительныя средняго рода на -нще въ предл.
падежѣ множ. числа могутъ имѣть окончанія -ахъ, -нхъ, -ехъ: на
собо́рнщахъ (Матѳ. 10, 17), при и҆схо́днцнхъ (Пс. 1, 3), на со́нмнщехъ
(Лук. 11, 43).

12) Слово бра́тъ во множественномъ числѣ склоняется такъ:

И.	бра́тїа	В.	бра́тїй
Р.	бра́тїй	Т.	бра́тїами
Д.	бра́тїамъ	П.	ѡ̀ бра́тїахъ

Примѣчаніе: Вмѣсто формъ множественнаго числа болѣе часто
употребляется собирательная форма бра́тїа (род. пад. бра́тїй, зв. пад.
бра́тїе): бра́тїе моа̀, не клени́теса ... (Іак. 5, 12). Ввиду того, что при
собирательныхъ именахъ существительныхъ сказуемое обычно сто-
итъ во множественномъ числѣ, и форма собирательная бра́тїа одина-
накова съ именительнымъ падежомъ множ. числа бра́тїа, то трудно
провести границу, когда бра́тїа, — собирательное, и когда во множ.
числѣ: и҆ ѡ̀блобыза́въ всю̀ бра́тїю свою̀, пла́каса над ни́ми: и҆ по си́хъ
глаго́лаша къ немꙋ̀ бра́тїа є҆гѡ̀ (Быт. 45, 15). Въ слѣдующихъ двухъ
примѣрахъ разграниченіе дѣлаетъ притяжательное прилагательное:
прїидо́ша бра́тїа і҆ѡ́сифова (Быт. 45, 16); и҆ прїдо́ша же бра́тїа і҆ѡ́сифовы
де́сать (Быт. 42, 3); въ первомъ примѣрѣ — собирательное, во вто-
ромъ — множественное число.

13) Имена существительныя, взятыя изъ еврейскаго: а҆дѡнаі҆, е҆лѡі҆, саддаі҆, равві҆ и др. вовсе не склоняются; иногда не склоняется еще и имя і҃и҃съ, когда оно стоитъ въ соединеніи съ х҃рⷭ҇о́съ: і҃и҃съ х҃рⷭ҇о́мъ (Гал. 1, 1).

Примѣчаніе: Иногда эти слова могутъ имѣть склоненіе: р꙳ка̀ а҆дѡна́ѧ г҃да (Іез. 8, 1), ѿ лю́тѣ мнѣ̀, а҆дѡна́ю г҃н! (Іез. 9, 8).

14) Слово ко́рмчїй въ церковно-славянскомъ языкѣ — имя существительное и склоняется по образцу і҆ере́й, сла́вїй: ко́рмчїю всемꙋ́дрꙋ (Окт. 4 гл. Воскр. Троичн. канона п. 5-я). Въ древне-славянскомъ языкѣ оно имѣло форму кормчин и склонялось по образцу именъ существительныхъ женск. рода на -ѧ, -ѩ: ꙁемлѧ̀, отсюда, повидимому, осталась форма: ко́рмчїю ро́ждшаѧ г҃да (Кан. молебн. п. 4-я).

§ 38. Общее примѣчаніе къ 1-му склоненію. Такое многообразіе формъ въ 1-мъ склоненіи объясняется тѣмъ, что въ него вошли имена существительныя, имѣвшія раньше другое склоненіе. Это произошло еще въ древнѣйшія времена. Въ основу 1-го склоненія легли главнымъ образомъ имена существительныя съ основой на **о** мужескаго и средняго родовъ. Этотъ тематическій гласный въ результатѣ ослабленія и смягченія далъ слѣдующія гласныя:

о — ŏ = ъ

jo (ɛ) — jь (= ь), а послѣ гласныхъ — ь (jь) = й

о — мѣ́сто, jo = ɛ — мо́рɛ, ŏ = ъ — бо́гъ, jь = ь — во́ждь, кра́й (jь).

Къ склоненію именъ существительныхъ на **-о** присоединились имена существительныя съ основой на краткое «у» — ŭ = ъ: сы́нъ, до́мъ (domu-s), имѣвшія особое склоненіе, а затѣмъ и имена существительныя мужескаго рода съ основой на краткое «i» — ĭ = ь: го́сть, госпо́дь.

Воспринявъ окончанія именъ существительныхъ на **-о**, имена существительныя съ основой на ŭ и ĭ внесли, однако, и свои особенности. Особенностями именъ существительныхъ на ŭ являются окончанія: родительный и предложный падежи единств. числа — ꙋ: въ домꙋ́; дательный един. числа -ови, -еви; именительный мн. -ове; родительный мн. -ѡвъ; творительный мн. -(ь)ми: сынми. Особенностями именъ существительныхъ на ĭ являются окончанія: именительный множественнаго числа на -їе: госпо́дїе; творительный мн. -ьми: госпо́дьми и звательный единственнаго числа -и въ словѣ госпо́ди.

Эти особенности были восприняты по аналогіи многими именами существительными другихъ основъ, вошедшими въ 1-е склоненіе, хотя склонность къ нимъ имѣютъ, главнымъ образомъ, имена, которымъ онѣ присущи: такъ имена существительныя съ основой на ŏ часто имѣютъ окончанія -ови, -еви по образцу формъ на ŭ: мі́р-ови, со́тник-ови, мꙋ́ж-еви, вра́ч-еви и т. д.

§ 39. 2-е склоненіе.

Ко 2-му склоненію относятся имена существительныя мужескаго и женскаго родовъ оканчивающихся на -а, -ѧ: женà воєвóда, землѧ̀, сꙋдїѧ̀.

Образцы 2-го склоненія.

Единственное число.

	Твердое склоненіе		Мягкое склоненіе		Смѣшанное склоненіе
И.	жен-à	рꙋк-à	земл-ѧ̀	сꙋдї-ѧ̀	юнош-а
Р.	жен-ы̀	рꙋк-ѝ	земл-ѝ	сꙋдї-ѝ	юнош-и
Д.	жен-ѣ̀	рꙋц-ѣ̀	земл-ѝ	сꙋдї-ѝ	юнош-и (ѣ)[2]
В.	жен-ꙋ̀	рꙋк-ꙋ̀	зе́мл-ю	сꙋдї-ю̀	юнош-ꙋ
Т.	жен-óю	рꙋк-óю	земл-е́ю	сꙋдї-е́ю	юнош-ею
П.	жен-ѣ̀	рꙋц-ѣ̀	земл-ѝ	сꙋдї-ѝ	юнош-и
З.	же́н-о	рꙋк-ò	земл-ѐ	сꙋдї-ѐ	юнош-е

Двойственное число.

И.В.З.	жен-ѣ̀	рꙋц-ѣ̀	земл-ѝ	сꙋдї-ѝ	юнош-и
Р. П.	жен-ꙋ̀	рꙋк-ꙋ̀	зе́мл-ю	сꙋдї-ю̀	юнош-ꙋ
Д. Т.	жен-áма	рꙋк-áма	зе́мл-ама	сꙋдї-áма	юнош-ама

Множественное число.

И. З.	жен-ы̀	рꙋк-и [1])	зе́мл-и	сꙋдї-ѝ	юнош-и
Р.	же́н-ъ	рꙋк-ъ	земе́л-ь	сꙋдї-й (е́й)	юнош-ъ
Д.	жен-áмъ	рꙋк-áмъ	земл-áмъ	сꙋдї-áмъ	юнош-амъ
В.	жен-ы̀ (ъ)	рꙋк-и	зе́мл-и	сꙋдї-й (е́й)	юнош-ы [3]) (ъ)
Т.	жен-áми	рꙋк-áми	земл-áми	сꙋдї-áми	юнош-ами
П.	жен-áхъ	рꙋк-áхъ	земл-áхъ	сꙋдї-áхъ	юнош-ахъ

[1]) Смягченія нѣтъ, такъ какъ здѣсь должно быть -ы (см. § 8, г).

[2]) Подъ вліяніемъ русскаго языка встрѣчается послѣ шипящихъ -ѣ вмѣсто -и: юношѣ (II Макк. 7, 25).

[3]) -ы послѣ шипящихъ только для отличія падежей (см. § 36).

§ 40. Особенности 2-го склоненія.

1) Имена существительныя мужескаго рода на -їа въ творительномъ падежѣ единственнаго числа имѣютъ окончаніе -емъ: ісáїемъ, їеремíемъ.

2) Имена существительныя на шипящую въ винительномъ падежѣ множ. числа наряду съ обычной формой иногда имѣютъ

и древнюю: мре́жн (Мр. 1: 16, 18) и древняя форма мре́жа (Мр. 1, 19); ду́шы ва́ша, но въ нѣкоторыхъ изданіяхъ — ду́ша̀ ва́ша (Лук. 21, 19).

Имена существительныя на -а послѣ гласной (вы́а, мо́лнїа, ѕмїа̀ и др.) во множественномъ числѣ въ именит. и винит. падежахъ сохранили древнїя формы: ѕмїа̀ во́змутъ (Мр. 16, 18), лучеза́рнаа твоа̀ мо́лнїа (Воскр. полун., троичны), своа̀ же покори́ша вы́а (Вечерня, молитвы главопр.), но струа̀, множ. ч. стру́й (ср. съ древне-славянскими формами: един. число вы́га, мо́лнїа, ѕмїа̀, именит. и винит. падежи множ. числа: вы́а, мо́лнїа, ѕмїа̀).

3) Передъ ѣ въ дательномъ и предложномъ падежахъ един. числа и въ имен., винит., зват. падежахъ двойственнаго числа происходитъ смягченіе гортанныхъ (см. стр. 44).

4) Винительный падежъ множественнаго числа именъ существительныхъ предметовъ одушевленныхъ обычно сходенъ съ именительнымъ, но можетъ быть сходенъ и съ родительнымъ: ѿпусти́ла є̓сѝ ѻ̓трокови́цъ (Дан. 13, 21).

§41. 3-е склоненіе.

Къ 3-му склоненію относятся имена существительныя, главнымъ образомъ, женскаго рода и лишь немногія мужескаго на ь: болѣ́знь, ми́лость, му́дрость, и мужеск. рода — горта́нь, пу́ть.

Еще въ древности многія имена мужескаго рода, которыя склонялись по 3-му склоненію, перешли въ группу именъ склоняющихся по 1-му склоненію (напр. го́лубь, та́ть, госпо́дь, го́сть и многія др.).

Къ 3-му склоненію относятся еще нѣкоторыя слова, склоняющіяся только во множественномъ числѣ: гу́сли, га́сли, пе́рси, мо́щи, лю́дїе и др. Госпо́дїе — во множественномъ числѣ удерживаетъ окончанія по 3-му склоненію.

Образцы 3-го склоненія.

Единственное число.

	Женскій родъ	Мужескій родъ
И.	запове́дь-ь	пу́т-ь
Р.	запове́д-и	пут-ѝ
Д.	запове́д-и	пу́т-ѝ
В.	запове́д-ь	пу́т-ь
Т.	запове́д-їю	пут-е́мъ
П.	запове́д-и	пу́т-ѝ
З.	запове́д-е	пу́т-ь (н)

Двойственное число.

И.В.З.	за́повѣд-и	пꙋ́т-и̂
Р. П.	за́повѣд-їю	пꙋ́т-їю̀
Д. Т.	за́повѣд-ема (ьма)	пꙋ́т-ьма̀

Множественное число.

И. З.	за́повѣд-и	пꙋ́т-їѐ
Р.	за́повѣд-ей	пꙋ́т-і́й (е́й)
Д.	за́повѣд-емъ	пꙋ́т-е́мъ
В.	за́повѣд-и	пꙋ́т-и̂
Т.	за́повѣд-ьми	пꙋ́т-ьмѝ
П.	за́повѣд-ехъ	пꙋ́т-е́хъ

§ 42. 4-е склоненіе.

Къ 4-му склоненію относятся им. существительныя мужескаго, женскаго, и средняго родовъ, у которыхъ въ косвенныхъ падежахъ основа длинѣе формы именительнаго падежа. Характерной особенностью этого склоненія является также окончаніе родительнаго падежа -е, которое не встрѣчается въ другихъ склоненіяхъ.

Оконіанія именит. падежа и основы косвенныхъ падежей:

Средній родъ:

-ѧ — ен: и́м-ѧ — и́м-ен-е, пле́м-ѧ — пле́м-ен-е

-ѧ (ѧ) — т: о́троч-ѧ̀ — о́троч-а́т-е, о́сл-ѧ̀ — о́сл-а́т-е

-о — ес: не́б-о — неб-ес-ѐ, чꙋ́д-о — чꙋд-ес-ѐ

Женскій родъ:

-и — ер: ма́т-и — ма́т-ер-е, дщ-ѝ — дщ-е́р-е

-ы — ов (ъв): свекр-ы̀ — свекр-о́в-е, люб-ы̀ — люб-в-ѐ

Мужескій родъ:

-ь (ы) — ен: ка́м-ен-ь (отъ ка́м-ы — ка́м-ен-е), де́н-ь, ко́рен-ь (безъ измѣненной основы).

Такая разница между именительнымъ падежомъ и основой косвенныхъ падежей получилась слѣдующимъ образомъ:

1) У именъ существительныхъ средняго рода на -мѧ: конечный ѧ (малый юсъ) передъ флексіями косвенныхъ падежей распадается на -ен: и́м-ѧ — и́м-ен-е (см. § 2, 10).

2) У именъ существительныхъ женскаго рода на -ы: конечное -ы передъ падежными флексіями распадается на -ов (ъв): люб-ы̀ — люб-в-ѐ — люб-о́в-ь (см. § 10, III, 2).

3) У именъ существительныхъ мужескаго рода на -ь (въ основахъ на -мен-): эти имена существительныя въ древности имѣ-

ли окончаніе -ы: ка́мы, пла́мы, иногда съ прибавленіемъ суффикса -к-ъ: ка́мыкъ *).

Конечное ы этихъ именъ существительныхъ имѣло носовое произношеніе. Передъ падежными флексіями звукъ ы распадался на -ен. Въ современномъ церковно-славянскомъ языкѣ именительный падежъ этихъ именъ существительныхъ употребляется только съ -ен и флексіей -ь: ка́мень, пла́мень, креме́нь, реме́нь.

4) Въ именительномъ падежѣ единственнаго числа слѣдующихъ именъ существительныхъ произошло сокращеніе основы: въ именахъ существительныхъ средняго рода на -о: не́бо — неб-ес-ѐ, с основы исчезло, а е замѣнилось посредствомъ о. Въ именахъ существительныхъ средняго рода на -ат: о́рла̀ — о́рл-а́т-е, т основы исчезло. Нѣчто подобное есть въ греческомъ языкѣ въ именахъ существительныхъ средняго рода: πνεῦμα — πνεύματ-ος. Въ именахъ существительныхъ женскаго рода на -н: ма́ти — ма́т-ер-е, р основы исчезло, а е замѣнилось н (въ другихъ языкахъ таже основа: лат. mater, нѣм. Mutter, греч. μητηρ, дорич. μάτηρ).

Имена существительныя: степе́нь, ко́рень, де́нь — не имѣли измѣненій въ основѣ.

§ 43. Образцы склоненій.

Средній родъ

Единственное число.

И. З.	и́ма	о́троча̀	не́бо
Р.	и́мен-е	о́троча́т-е	небес-ѐ
Д.	и́мен-н	о́троча́т-н	небес-н̀
В.	и́ма	о́троча̀	не́бо
Т.	и́мен-емъ	о́троча́т-емъ	небес-е́мъ
П.	и́мен-н	о́троча́т-н	небес-н̀

Двойственное число.

И.В.З.	и́мен-н	о́трѡча́т-н	небес-н̀
Р. П.	и́мен-ꙋ	о́троча́т-ꙋ	небес-ꙋ
Д. Т.	и́мен-е́ма (-а́ма)	о́троча́т-ема (-ама)	небес-е́ма

---

*) Иногда эти старыя формы еще встрѣчаются: ѿдождѝ ка́мыкъ гора́щія (Лук. 17, 29); ка́мыкъ тьмы̀ (Iов. 28, 3); разсы́пашаса камы́цы (Плачъ Iер. 4, 1); ка́мыкѡвъ о́гненныхъ (Iез. 28, 16); ꙗ́кѡ о́гнь пла́мы (Плачъ Iер. 2, 3).

Множественное число.

И. З.	и҆мен-а̀	ѻ҆трочат-а	небес-а̀
Р.	и҆ме́н-ъ	ѻ҆трочат-ъ	небес-ъ
Д.	и҆мен-емъ (-ѡмъ)	ѻ҆трочат-емъ (-ѡмъ)	небес-е́мъ
В.	и҆мен-а̀	ѻ҆трочат-а	небес-а̀
Т.	и҆мен-ы	ѻ҆трочат-ы	небес-ы
П.	и҆мен-ѣ́хъ	ѻ҆трочат-ѣхъ	небес-ѣ́хъ

Мужескій родъ

Единственное число.

И. З.	степе́н-ь	де́н-ь	ка́мен-ь
Р.	степе́н-е	дн-ѐ	ка́мен-е
Д.	степен-и	дн-ѝ, дн-е́ви	ка́мен-и
В.	степе́н-ь	де́нь	ка́мен-ь
Т.	степен-емъ	дн-е́мъ	ка́мен-емъ
П.	степен-и	дн-ѝ	ка́мен-и

Двойственное число.

И.В.З.	степе́н-и	дн-ѝ	ка́мен-и
Р. П.	степе́н-у	дн-і́ю, дню̀	ка́мен-у
Д. Т.	степе́н-ема	де́н-ьма̀	ка́мен-ьма (ема)

Множественное число.

И. З.	степе́н-и	дн-і́е, дн-ѝ	ка́мен-и (і҆а)
Р.	степе́н-ей (і҆й)	дн-і́й (е́й)	ка́мен-і҆й
Д.	степе́н-емъ	дн-е́мъ	ка́мен-емъ
В.	степе́н-и	дн-ѝ	ка́мен-и
Т.	степе́н-ьми	де́н-ьми	ка́мен-ьми
П.	степе́н-ехъ	дн-е́хъ	ка́мен-ехъ

Женскій родъ

Единственное число.

И. З.	ма́ти	свекры̀	це́рков-ь
Р.	ма́тер-е	свекро́в-е	це́ркв-е
Д.	ма́тер-и	свекро́в-и	це́ркв-и
В.	ма́тер-ь	свекро́в-ь	це́рков-ь
Т.	ма́тер-і҆ю	свекро́в-і҆ю	це́рков-і҆ю
П.	ма́тер-и	свекро́в-и	це́ркв-и

З. це́ркв-е (Н. Ваій, веч. на стих.)

Двойственное число.

И.В.З.	ма́тер-и	свекрѡ́в-и	це́ркв-и
Р. П.	ма́тер-їю	свекрѡ́в-їю	це́рков-їю
Д. Т.	ма́тер-ема	свекро́в-ама	це́ркв-ама

Множественное число.

И. З.	ма́тер-и	свекрѡ́в-и	це́ркв-и
Р.	ма́тер-їй (ей)	свекро́в-ей	це́рков-ей
Д.	ма́тер-емъ	свекро́в-амъ	це́ркв-амъ
В.	ма́тер-ей (-и)	свекро́в-ей (-и)	це́ркв-и
Т.	ма́тер-ьми	свекро́в-ами	це́ркв-ами
П.	ма́тер-ехъ	свекро́в-ахъ	це́ркв-ахъ.

Примѣчанія къ падежамъ.

Вмѣсто формы множ. числа отъ ка́мень очень часто употребляется собирательная форма его: да ка́меніе сіѐ хлѣ́бы бꙋ́дꙋтъ (Матѳ. 4, 3); ка́меніемъ побива́хꙋ стефа́на (Дѣян. 7, 59).

Употребляется также и форма множ. числа, хотя рѣже: ка́менїѧ (IV Цар. 19, 18); ка́менїй (III Цар. 18, 31); ка́меньми (II Кор. 11, 25); на ка́менїахъ (Іер. 14, 6); на ка́менехъ (Іер. 18, 3).

Примѣчаніе: Формы множ. числа — ка́менїѧ, на ка́менїахъ, повидимому, соотносительны съ собирательной формой ка́меніе.

Иногда встрѣчаются формы отъ ка́мень по 1-му склоненію: къ ка́меню реммѡ́ню (Суд. 20, 47); ка́меню вѣ́ры (29 іюня, литія); церко́внаго ка́менѧ (29 іюня. Утр. сѣд.).

Имена существительныя средняго рода въ предложномъ пад. множ. числа пишутся черезъ -ѣхъ: ѡ вре́менѣхъ, ѡ ѻ̀слѧ́тѣхъ, на небесѣ́хъ.

Имена существительныя свекры̀ и це́рковь, въ окончаніяхъ дательнаго, творительнаго и предложнаго падежей множ. числа и дательнаго и творительнаго падежей двойственнаго числа, имѣютъ гласный -а: -ама, -амъ, -ами, -ахъ.

§ 44. Особенности 4-го склоненія.

Имена существительныя ѻ́ко и ꙋ́хо въ единственномъ и множественномъ числахъ склоняются по образцу не́бо, а въ двойств. числѣ склоняются безъ суффикса -ес:

И. В. З.	ѻ́чи (ѻ́цѣ)	ꙋ́ши
Р. П.	ѻ́чїю	ꙋ́шїю
Д. Т.	ѻ́чи́ма	ꙋ́ши́ма

Имена существительныя средняго рода на -о, вслѣдствіе сходства именительнаго падежа ихъ съ 1-мъ склоненіемъ, часто принимаютъ формы безъ суффикса -ес, по образцу 1-го склоненія: сло́вомъ (Матѳ. 8, 16); во ѻ҆ц҃ѣ̀ твое́мъ (Матѳ. 7, 7).

Сло́во — когда обозначаетъ лице Ѵпостаси, въ косвенныхъ падежахъ не принимаетъ -ес: бе́з и҆стлѣ́нїѧ бг҃а сло́ва ро́ждшꙋю (Достойно . . .).

По образцу ма́ти склоняется дщѝ; по образцу свекры̀ склоняются: любы̀, непло́ды, кро́вь, це́рко́вь (ѿ це́ркы); по образцу ка́мень склоняются: пла́мень, реме́нь, креме́нь и ко́рень.

Слово ѻ҆у҆дъ кромѣ обычныхъ формъ по 1-му склоненію, иногда принимаетъ формы 4-го склоненія по образцу именъ существительныхъ средняго рода на -о: благода́рными ѻ҆у҆десы̀ мои́ми (Молитва ко причащенію Симеона Нов. Б.).

Тексты для упражненій.

1) Никто́же мо́жетъ двѣма̀ господи́нома рабо́тати. 2) И҆ ви́дѣвше фарїсе́є, глаго́лахꙋ ѻ҆у҆ченикѡ́мъ є҆гѡ̀: почто̀ съ мытари̑ и҆ грѣ́шники ѻ҆у҆чи́тель ва́шъ ꙗ҆́стъ и҆ пїе́тъ. 3) Не стѧжи́те зла́та, ни сребра̀, ни мѣ́ди при по́ѧсѣхъ ва́шихъ, ни пи́ры въ пꙋ́ть, ни двою̀ ри́зꙋ, ни сапѡ́гъ, ни жезла̀: досто́инъ бо є҆́сть дѣ́латель мзды̀ своеѧ̀. 4) Не скрыва́йте себѣ̀ сокро́вищъ на землѝ, и҆дѣ́же че́рвь и҆ тлѧ̀ тли́тъ, и҆ и҆дѣ́же та́тїе подко́пываютъ и҆ кра́дꙋтъ. 5) И҆ слы́шавше а҆рхїере́є и҆ фарїсе́є при́тчи є҆гѡ̀, разꙋмѣ́ша, ꙗ҆́кѡ ѡ҆ ни́хъ глаго́летъ. 6) Воздади́те ѻ҆у҆бо ке́сарева ке́сареви: и҆ бж҃їѧ бг҃ови. 7) І҆ерꙋсали́ме, і҆ерꙋсали́ме, и҆зби́вый проро́ки и҆ ка́менїемъ побива́ѧй пѡ́сланныѧ къ тебѣ̀, коль-кра́ты восхотѣ́хъ собра́ти ча̑да твоѧ̑, ꙗ҆́коже собира́етъ ко́кошъ птенцы̀ своѧ̑ под крилѣ̀, и҆ не восхотѣ́сте; 8) Ходѧ̀ же при мо́ри галїле́йстѣмъ, ви́дѣ сі́мѡна и҆ а҆ндре́а бра́та тогѡ̀ сі́мѡна, вмета́юща мре́жи въ мо́ре: бѣ́ста бо рыбарѧ̑. 9) Го́ре ва́мъ фарїсе́ѡмъ, ꙗ҆́кѡ лю́бите предсѣда̑нїѧ на со́нмищихъ и҆ цѣлова̑нїѧ на то́ржищихъ. 10) Нб҃о мнѣ̀ престо́лъ є҆́сть, землѧ̀ же подно́жїе нога́ма мои́ма. 11) Гдѣ̀ ти, сме́рте, жа́ло; гдѣ̀ ти, а҆́де, побѣ́да. 12) Премꙋ́дрость мꙋ́жеви ражда́етъ ра́зꙋмъ. 13) До́мове беззако́нныхъ тре́бꙋютъ ѡ҆чище́нїѧ. 14) Ме́рзость гд҃еви пꙋтїѐ нечести́выхъ. 15) Тогда̀ і҆и҃съ нача́тъ поноша́ти градовѡ́мъ. 16) Нѣ́сть на́ша бра́нь къ кро́ви и҆ пло́ти, но къ нача́лѡмъ, и҆ ко власте́мъ, и҆ къ мїродержи́телемъ тьмы̀ вѣ́ка сегѡ̀, къ дꙋхѡ́мъ ѕло́бы поднбе́снымъ. 17) Раздѣли́тсѧ ѻ҆те́цъ на сы́на, и҆ сы́нъ на ѻ҆тца̀: ма́ти на дще́рь, и҆ дщѝ на ма́терь: свекры̀ на невѣ́стꙋ (свою̀), и҆ невѣ́ста на свекро́вь. 18) Да не свари́ши а҆гнѧ́те во млецѣ̀ ма́тере.

1) Мѳ. 6, 24. 2) Мѳ. 9, 11. 3) Мѳ. 10, 10. 4) Мѳ. 6, 20. 5) Мѳ. 21, 45. 6) Мѳ. 22, 21. 7) Мѳ. 23, 37. 8) Мр. 1, 16. 9) Лк. 11, 43. 10) Дѣян. 7, 49. 11) I Кор. 15, 55. 12) Прч. 10, 23. 13) Прч. 14, 9. 14) Прч. 15, 9. 15) Мѳ. 11, 20. 16) Еф. 6, 12. 17) Лк. 12, 53. 18) Исх. 23, 19.

МѢСТОИМЕНІЕ.

§ 45. Мѣстоименіями называются слова, замѣняющія собою имена существительныя, прилагательныя или числительныя, напр.: Поимѝ ѻ҆троча̀ и҆ ма́трь є҆гѡ̀ (Матѳ. 2, 13). Ꙗ҆ковъ пе́рстный, такови́ и҆ пе́рстнїи (I Кор. 15, 48). Долгота̀ ѻ҆по́ны є҆ди́ныѧ два́десѧть и҆ ѻ҆́смь ла́ктей... мѣ́ра та́ѧжде да бꙋ́детъ всѣмъ ѻ҆по́намъ (Исх. 26, 2).

По своему значенію мѣстоименія дѣлятся на тѣ же разряды, что и въ рускомъ языкѣ:

личныя — а҆́зъ, ты̀, ѻ҆́нъ (и҆), ѻ҆на̀ (ѧ҆), ѻ҆но̀ (є҆);

возвратное — себѐ;

указательныя — то́й; та̀, та́ѧ; то̀, то́е; се́й (сі́й), сїѧ̀, сїѐ; ѻ҆́нъ, ѻ҆на̀, ѻ҆но̀, ѻ҆́ный, -аѧ, -ое; ѻ҆́въ, -а, -о; ѻ҆́вый, -аѧ, -ое; такі́й, -а́ѧ, -о́е; таковы́й, -а́ѧ, -о́е; толи́къ, -а, -о; толи́кїй, -аѧ, -ое; сицевы́й, -а́ѧ, -о́е;

притяжательныя — мо́й, -ѧ̀, -ѐ; тво́й, -ѧ̀, -ѐ; сво́й, -ѧ̀, -ѐ; на́шъ, -а, -е; ва́шъ, -а, -е;

вопросительныя — кто̀, что̀; кі́й, ка́ѧ, ко́е; чі́й, чїѧ̀, чїѐ; какі́й, -а́ѧ, -о́е; како́въ, -а̀, -о̀; каковы́й, -а́ѧ, -о́е; ꙗ҆ко́въ, -а̀, -о̀; ꙗ҆ковы́й, -а́ѧ, о́е; коли́къ, -а, -о; коли́кїй, -аѧ, -ое; кото́рый, -аѧ, -ое;

относительныя — и҆́же, ꙗ҆́же, є҆́же; є҆ли́къ, -а, -о; є҆ли́кїй, -аѧ, -ое; ꙗ҆́къ, -а, -о; ꙗ҆кі́й, -а́ѧ, -ое и тѣ, которыя относятся къ вопросительнымъ мѣстоименіямъ: коли́кїй, кто̀, что̀ и др.;

опредѣлительныя — ве́сь, всѧ̀, всѐ; всѧ́къ, -а, -о; всѧ́кїй, -аѧ, ое; са́мъ, -а̀, -о̀; са́мый, -аѧ, -ое; кі́ждо, ка́ѧждо, ко́еждо, ко́ждо; всѧ́ческїй, -аѧ, -ое; и҆́нъ, -а, -о; и҆́ный, -а́ѧ, -о́е;

неопредѣленныя — нѣ́кто, нѣ́что, нѣ́кїй, нѣ́каѧ, нѣ́кое;

отрицательныя — никто̀, ничто̀, никто́же, ничто́же, никі́й, никото́рый, -аѧ, -ое.

Образованіе мѣстоименій.

§ 46. Многія мѣстоименія утратили гласный звукъ корня, а потому ихъ корни въ такихъ случаяхъ представлены въ видѣ согласныхъ звуковъ.

Личныя мѣстоименія. 1-е лицо состоитъ изъ нѣсколькихъ корней:

а҆з — а҆́зъ (отсюда черезъ смягченную форму "язъ" произошло русское "я");

м — м-ен-е, м-ѧ, м-ы;

н — н-ы, н-асъ.

2-е лицо выражается звуками т и в:

т — т-ы̀, т-об-о́ю;

в — в-ы̀, в-а́сх и т. д.

3-е лицо выражается мѣстоименіями:

о́нх, о́на̀, о́но̀ и й, ꙗ̀, є̀.

Мѣстоименія 3-го лица о́нх, о́на̀, о́но̀ заимствованы отъ указательныхъ мѣстоименій о́н-х, о́н-ый; они употребляются только въ именительномъ падежѣ, для формъ же косвенныхъ падежей 3-го лица служатъ мѣстоименія й, ꙗ̀, є̀, которыя въ именительномъ падежѣ не употребляются. Въ соединеніи съ союзомъ же мѣстоименія й, ꙗ̀, є̀ (й́же, ꙗ́же, є́же) имѣютъ также и именительный падежъ, только тогда они принимаютъ значеніе относительныхъ мѣстоименій.

Примѣчаніе: Мѣстоименія й, ꙗ̀, є̀ по своему происхожденію — указательныя съ опредѣленнымъ значеніемъ. Когда-то въ древности, и даже еще въ началѣ славянской письменности, эти мѣстоименія употреблялись въ качествѣ опредѣленныхъ членовъ въ концѣ прилагательныхъ, а впослѣдствіи слившись съ ними, образовали ихъ полныя формы.

Въ значеніи 3-го лица въ церковно-славянскомъ языкѣ часто употребляются указательныя мѣстоименія се́й, то́й, напримѣръ: Се́й (οὗτος) прїи́де во свидѣ́тельство (Іоан. 1, 7); Не бѣ̀ то́й (ἐκεῖνος) свѣ́тх (Іоан. 1, 8); — въ русскомъ переводѣ въ обоихъ текстахъ стоитъ "онъ".

Указательныя мѣстоименія образуются отъ слѣдующихъ корней:

Отъ с — сі́-й (се́й), сі́-ꙗ, сі́-є̀; при помощи суффиксовъ -иц-ев- — с-иц-ев-ы́й, -а́ꙗ, -о́е.

Отъ т: то́й, та̀, та́-ꙗ, то̀, то́-е; отъ того же корнꙗ при помощи суффиксовъ: -ак- — т-ак-і́й, -а́ꙗ, -о́е; -ак-ов- — т-ак-о́в-х, -а̀ -о̀ и съ полными окончаніями таков-ы́й, -а́ꙗ, -о́е; -ол-ик- — т-ол-и́к-х, -а,- о, толи́к-ій, -аꙗ, -ое.

Отъ он- и о́в-: он — о́н-х, о́н-а, о́н-о и полныя: о́н-ый, -аꙗ, -ое; ов- — о́в-х, о́в-а, о́в-о и полныя: о́в-ый, -аꙗ, -ое.

Отъ указательнаго с образовалось *возвратное* мѣстоименіе: с-еб-ѣ̀.

Притяжательныя мѣстоименія образуются отъ корней личныхъ мѣстоименій 1-го и 2-го лица: м — м-о́й, ты̀ — тв-о́й, н — н-а́шх, в — в-а́шх; отъ возвратнаго с (св = св) — св-о́й.

Вопросительныя мѣстоименія образуются отъ корней к и ч (изъ к): кі́й, ка́-ѧ, ко́-е; чі́-й, чї-ѧ, чї-є; к-то̀, ч-то̀; отъ этихъ же корней при помощи суффиксовъ:

-ак- — к-ак-і́й, -а́ѧ, о́е;

-ак-ов- — к-ак-о́в-ъ, -а̀, -о̀; к-ак-ов-ы́й, -а́ѧ, -о́е;

о-лик- — к-о-лик-їй, -аѧ, -ое;

-о-тор- — к-о-то́р-ый, -аѧ, -ое.

Мѣстоименія кто̀, что̀ образовались присоединеніемъ къ к, ч указательнаго мѣстоименія то́й (тъ).

Вопросительныя мѣстоименія, употребляемыя безъ вопроса, принимаютъ значеніе *относительныхъ*. Отъ корня ел и суффикса -ик- образуется относительное мѣстоименіе ел-и́к-ъ, ел-и́к-їй. Объ относительныхъ мѣстоимѣніяхъ и́же, га́же, е́же сказано выше.

Опредѣлительныя мѣстоименія образуются отъ слѣдующихъ корней:

са́м — са́м-ъ, -а̀, -о̀; са́м-ый, -аѧ, -ое;

в(е)с — вес-ь, вс-ѧ, вс-ѣ; съ суффиксомъ -ак- — вс-а́к-ъ, -а, -о; вс-а́к-їй, -аѧ, -ое; съ суффиксомъ -ач-е-ск- — вс-а́ч-е-ск-їй, -аѧ, -ое;

ин — и́н-ъ, -а, -о; и́н-ый, -а́ѧ, -о́е.

Мѣстоименія кі́й-ждо, ко́-ждо состоятъ изъ вопросительнаго мѣстоименія кі́й (къ) и частицы -ждо.

Неопредѣленныя и *отрицательныя* мѣстоименія образуются при помощи приставокъ нѣ и ни присоединяемыхъ къ вопросительнымъ мѣстоименіямъ: нѣ́-кто, ни-кто̀, нѣ́-кі́й, ни-кото́рый и др.

Склоненіе мѣстоименій.

§ 47. Мѣстоименія а́зъ, ты̀, себе́, кто̀, что̀, нѣ́кто, нѣ́что, никто̀, ничто̀ не измѣняются по родамъ; всѣ прочія — измѣняются. Нѣкоторыя изъ мѣстоименій къ родовымъ окончаніямъ присоединяютъ еще мѣстоименія и́, .а̂, е̂: о́н-ъ — о́ны-й, о́н-а — о́на-ѧ, о́н-о — о́но-е.

По своему склоненію мѣстоименія церковно-славянскаго языка дѣлятся на двѣ группы: къ *первой* группѣ принадлежатъ мѣстоименія: личныя а́зъ и ты̀ и возвратное себе́ — они имѣютъ одинаковыя окончанія и склоняются особо отъ прочихъ мѣстоименій; ко *второй* группѣ относятся всѣ остальныя мѣстоименія и склоняются они по образцу мѣстоименія 3-го лица, причемъ окончанія этихъ мѣстоименій могутъ быть мягкими, какъ у мѣстоименія 3-го лица, или же мягкіе гласные звуки и ихъ знаки замѣняются соотвѣтствующими твердыми. Въ первомъ случаѣ склоненіе называется *мягкимъ*, во второмъ — *твердымъ*.

1-я группа   2-я группа (мягкое склоненіе)

Единственное число.

				муж. р.	сред. р.	жен. р.
И.	а҆́зъ	ты̀		о҆́нъ (и҆̀)	о҆но̀ (е҆̀)	о҆на̀ (а҆̀)
Р.	менè	тебѐ	себѐ	е҆гѡ̀		е҆ѧ̀
Д.	мнѣ̀, мѝ	тебѣ̀, тѝ	себѣ̀, сѝ	е҆мꙋ̀	как м.р.	е҆́й
В.	менè, мѧ̀	тебè, тѧ̀	себè, сѧ̀	е҆го̀, и҆̀	е҆̀	ю҆̀
Т.	мно́ю	тобо́ю	собо́ю	и҆́мъ		е҆́ю
П.	мнѣ̀	тебѣ̀	себѣ̀	(н)е҆́мъ	как м.р.	(н)е҆́й

Двойственное число.

И.	мы̀	вы̀	о҆́на	о҆́нѣ, о҆́на	о҆́нѣ
В.	ны̀	вы̀	ѧ̀		
Р. П.	на́ю	ва́ю	е҆́ю	для всѣхъ родовъ	
Д. Т.	на́ма	ва́ма	и҆́ма		

Множественное число.

И.	мы̀	вы̀	о҆нѝ	как м.р.	о҆нѣ̀
Р.	на́съ	ва́съ	и҆́хъ		
Д.	на́мъ	ва́мъ	и҆́мъ	для всѣхъ родовъ	
В.	ны̀, на́съ	вы̀, ва́съ	ѧ҆̀, и҆́хъ	ѧ҆̀	ѧ҆̀, и҆́хъ
Т.	на́ми	ва́ми	и҆́ми		
П.	на́съ	ва́съ	(н)и҆́хъ	для всѣхъ родовъ	

Единственное число.

Мягкое склоненіе.

	муж. р.	сред. р.	жен. р.
И.	мо́й	моѐ	моѧ̀
Р.	моегѡ̀	какъ	моеѧ̀
Д.	моемꙋ̀	м. р.	мое́й
В.	мо́й, моего̀	моѐ	мою̀
Т.	мои́мъ	какъ	мое́ю
П.	мое́мъ	м. р.	мое́й

Двойственное число.

И.В.	моѧ̑	мои̑	мои̑
Р. П.	мое́ю	для всѣхъ родовъ	
Д. Т.	мои́ма		

Множественное число.

И.	мои̏	моѧ̂	моѧ̂
Р.	мои́хъ		
Д.	мои̂мъ	} для всѣхъ родовъ	
В.	моѧ̂, мои́хъ	моѧ̂	моѧ̂, мои́хъ
Т.	мои́ми		
П.	мои́хъ	} для всѣхъ родовъ	

Единственное число.

Твердое склоненіе.

	муж. р.	сред. р.	жен. р.
И.	то́й	то́е, то̀	тѧ́ѧ, тѧ̀
Р.	тогѡ̀	} какъ м.р.	тоѧ̀
Д.	тому̀		то́й
В.	то́й, того̀	то́е, то̀	ту̀, ту̀ю
Т.	тѣ́мъ	} какъ м.р.	то́ю
П.	то́мъ		то́й

Двойственное число.

И. В.	та̂	тѣ̂, та̂	тѣ̂	
Р. П.	тѡ́ю	} для всѣхъ родовъ.		
Д. Т.	тѣ́ма			

Множественное число.

И.	ті́и (ти)	тѧ̂ѧ, та̂	тыѧ̀, ты̀	
Р.	тѣ́хъ	} для всѣхъ родовъ.		
Д.	тѣ́мъ			
В.	тыѧ̀, тѣ́хъ	тѧ̂ѧ, та̂	тыѧ̀, ты̀, тѣ́хъ	
Т.	тѣ́ми			
П.	тѣ́хъ	} для всѣхъ родовъ.		

Примѣчанія къ падежамъ.

1) Послѣ предлоговъ, косвенные падежи личныхъ мѣстоименій о́нъ (и̏), она̀ (ѧ̏), оно̀ (е̏), начинающихся съ гласнаго звука, принимаютъ приставку н: ѡ̀ не́мъ, за ню̀, причемъ, въ винительномъ падежѣ мѣстоименіе муж. рода и̏ сокращается въ -ь: на́нь [═на(н)и̏], во́нь [═въ(н)и̏]. Се́й де́нь, е҆го́же сотворѝ гд҃ь, возра́дꙋемсѧ и҆ возвесели́мсѧ во́нь (Псал. 117, 24).

Примѣчаніе 1-е: Въ кіевскихъ изданіяхъ вмѣсто во́нь стоитъ въ о́нь. Эта форма была ошибочно воспринята, какъ произшедшая отъ указательнаго мѣстоименія о́нъ (ѡ̀ о́нъ по́лъ і҆ѻрда́на).

Примѣчаніе 2-е: Первоначально въ древне-славянскомъ языкѣ звукъ н входилъ въ составъ предлоговъ въ, съ, къ (вън, сън, кън), но впослѣдствіи звукъ н сталъ восприниматься какъ начальный звукъ мѣстоименій 3-го лица, и вошелъ въ употребленіе не только послѣ указанныхъ предлоговъ, но и послѣ другихъ (на, под́, за и т. п.).

2) Краткія формы косвенныхъ падежей отъ мѣстоименій а́зъ, ты и себѐ (мн́, тн́, сн́, мѧ̀, тѧ̀, сѧ̀, ны, вы), если они стоятъ послѣ слова, имѣющаго удареніе на конечной гласной, теряютъ свое удареніе, а предшествующее слово пишется съ острымъ удареніемъ, напримѣръ: спасн́ мѧ, вонмн́ мн, блгословн́ ны и т. п.: тѣ́мже молю́ вы (II Кор. 2, 8). Такія мѣстоименія называются энклитиками. Однако, если на указанныя мѣстоименія падаетъ логическое удареніе, то они ударенія не теряютъ: й поиму̀ вы къ себѣ̀ (Іоан. 14, 3); никто́же своегѡ̀ сн̀ да йщетъ (I Кор. 10, 24).

3) У относительныхъ мѣстоименій и́же, га́же, е́же и опредѣлительныхъ кі́йждо, ко́ждо, ка́ждо, ко́еждо склоняется только первая часть, а частицы -же, -ждо остаются безъ измѣненія: ѐгѡ́же, ѐму́же, коегѡ́ждо, коему́ждо и т. д.

4) Возвратное мѣстоименіе себѐ склоняется только въ единственномъ числѣ и не имѣетъ именительнаго падежа.

5) У мѣстоименій 2-й группы, окончаніе родительнаго падежа един. числа выражается черезъ ѡ для отличія его отъ подобныхъ формъ винительнаго падежа: ѐгѡ̀ — родительный падежъ, ѐго̀ — винительный. Въ кіевскихъ изданіяхъ у мѣстоименій 1-й группы въ родительномъ падежѣ един. числа стоитъ -є (большое) для отличія отъ падежа винительнаго: менѐ, тебѐ, себѐ — родительн. пад., менѐ, тебѐ, себѐ — винит. падежъ.

Формы множественнаго числа, сходныя съ формами единств. числа, обычно отмѣчаются облеченнымъ удареніемъ (˄): твоѧ̀ — единств. число жеск. рода; твоѧ̂ — множ. число. Но у мѣстоименій 3-го лица и относительныхъ [ѻ́нъ (н̑), и́же], для отличія падежей, во множественномъ числѣ начальное острое удареніе (исо) замѣняется тяжелымъ (апострофъ): й́мъ — твор. пад. единств. числа, н̏мъ — дательный пад. множ. числа; и́же, га́же — единств. числа; н̏же, га̏же — множественнаго числа.

Этимъ же способомъ отмѣчается винительный падежъ множ. числа для отличія его отъ родительнаго пад. множественнаго числа у тѣхъ же мѣстоименій: и́хъ, и́хже — родительный падежъ; н̏хъ, н̏хже — винительный.

§ 48. Подобно склоненію мѣстоименій мо́й и то́й склоняются и всѣ прочія мѣстоименія: одни — по мягкому склоненію, другія — по твердому:

1) по мягкому: твóй, свóй, кíй, чíй, сéй, чтò, никíй, нѣ́что, ничтò, нáшъ, вáшъ;

2) по твердому: и́нъ, ѻ҆́нъ, ѻ҆́въ, сáмъ, всѧ́къ, какíй (кáкъ), такíй (тáкъ), є҆ли́къ, коли́къ, толи́къ, ктò, нѣ́кто, никтò.

Особенности въ склоненіи мѣстоименій.

1) Вопросительныя мѣстоименія ктò, чтò склоняются только въ единственномъ числѣ, причемъ косвенные падежи образуются непосредственно отъ корня (къ, чь), безъ слога -то: ко-гѡ̀, че-гѡ̀.

Такъ же склоняются и мѣстоименія, образованныя отъ нихъ: неопредѣленныя нѣ́кто, нѣ́что и отрицательныя никтò, ничтò, никто́же, ничто́же, причемъ, если отрицательныя мѣстоименія сочетаются съ предлогомъ, то онъ ставится между ни и мѣстоименіемъ: не ради́ши ни ѡ̀ ко́мже (Матѳ. 22, 16); ни свари́тсѧ ни съ ки́мъ, ни возненави́дитъ всѧ́каго человѣ́ка (Прол. 3 іюля, слово Исаіи мон.); є҆ди́нъ нѣ́кто ю҆́ноша и҆́де по не́мъ (Мр. 14, 51); си́мѡне, и҆́мамъ ти нѣ́что рещи́ (Лук. 7, 40); ѹ҆мáлилъ є҆си́ є҆го̀ мáлымъ нѣ́чимъ ѿ а҆́гглъ (Евр. 2, 7).

2) Вопросительное мѣстоименіе кíй, кáѧ, ко́е образуетъ свои формы отъ двухъ основъ кíй и ко́е, причемъ ихъ падежныя окончанія сходны со склоненіемъ личнаго мѣстоименія и҆̀, ѧ̀, є҆̀.

Подобнымъ образомъ склоняются: неопредѣленное нѣ́кій, опредѣлительное кíйждо и отрицательное никíй; въ послѣднемъ мѣстоименіи въ предложномъ падежѣ предлогъ ставится между ни и мѣстоименіемъ: да ни въ ко́емъ грѣсѣ̀ прогнѣ́ваю бг҃а (Утрен. молит., ангелу).

Примѣчаніе: Въ формахъ: ѿ нѣ́кихъ (Лук. 9, 7), не прiѧ́тꙗ нѣ́кимъ (Гал. 2, 12) — произошло сліяніе (вм. нѣ́кіихъ, нѣ́кіимъ).

3) Мѣстоименія нáшъ, вáшъ относятся къ смѣшанному склоненію, т. е., въ основномъ, они склоняются по мягкому склоненію, только йотированныя гласныя замѣняются твердыми. Во множественномъ числѣ ѧ въ окончаніяхъ — только для отличія падежей.

Единственное число.

	муж. р.	сред. р.	жен. р.
И.	кíй	ко́е	кáѧ
Р.	ко́егѡ	какъ	ко́еѧ
Д.	ко́емꙋ	м. р.	ко́ей
В.	кíй, ко́его	ко́е	кꙋ́ю
Т.	кíнмъ	какъ	ко́ею
П.	ко́емъ	м. р.	ко́ей

Двойственное число.

	муж.	сред.	жен.
И. В.	кꙗ҆	кі́и	кі́и
Р. П.	ко́ею	} для всѣхъ родовъ.	
Д. Т.	кі́има		

Множественное число.

И.	кі́и *)	кꙗ҆	кі́ѧ
Р.	кі́нхъ	} для всѣхъ родовъ.	
Д.	кі́имъ		
В.	кі́ѧ, кі́нхъ	кꙗ҆	кі́ѧ, кі́нхъ
Т.	кі́ими		
П.	кі́нхъ	} для всѣхъ родовъ.	

съ основой на шипящій

Единственное число.

	муж. р.	сред. р.	жен. р.
И.	на́шъ	на́ше	на́ша
Р.	на́шегѡ	какъ	на́шеѧ
Д.	на́шемꙋ	м. р.	на́шей
В.	на́шъ, на́шего	на́ше	на́шꙋ
Т.	на́шимъ	какъ	на́шею
П.	на́шемъ	м. р.	на́шей

Двойственное число.

И. В.	на́ша	на́ши	на́ши
Р. П.	на́шею	} для всѣхъ родовъ.	
Д. Т.	на́шима		

Множественное число.

И.	на́ши	на́ша	на́ша
Р.	на́шихъ	} для всѣхъ родовъ.	
Д.	на́шымъ		
В.	на́шѧ, -нхъ	на́ша	на́ша, -нхъ
Т.	на́шими	} для всѣхъ родовъ.	
П.	на́шихъ		

И.	кто̀	что̀	
Р.	когѡ̀	чегѡ̀	чесѡ̀, чесогѡ̀
Д.	комꙋ̀	чемꙋ̀	чесомꙋ̀
В.	кого̀	что̀	чесо̀
Т.	ки́мъ	чи́мъ	
П.	ко́мъ	чѐмъ	чесо́мъ

---

*) Древняя форма ці́н сохранилась въ неопред. мѣстоименіи нѣ́кцын.

4) Въ мѣстоименіяхъ съ конечнымъ гортаннымъ происходитъ смягченіе его передъ мягкимъ гласнымъ звукомъ: всѧ́цѣмъ, толи́цѣмъ.

У мѣстоименій на гортанный (всѧ́къ, ели́къ, толи́къ и др.) предложный падежъ мужескаго и средняго родовъ можетъ быть съ ѣ и съ о: ѿ толи́цѣмъ и ѿ толи́комъ, напримѣръ: во всѧ́цѣмъ терпѣ́нїн (Ефес. 6, 18), но можетъ быть: во всѧ́комъ терпѣ́нїн, и т. д. Подобныя двойныя формы встрѣчаются и въ женскомъ родѣ въ дательномъ и предложномъ падежахъ: всѧ́кой и всѧ́цѣй.

5) Мѣстоименія ели́къ, коли́къ, толи́къ въ нѣкоторыхъ падежахъ имѣютъ формы по именному типу, напр.: род. — толи́ка, дат. — толи́кꙋ, предл. — а́ще на толи́цѣ село̀ ѿда́ста; (Дѣян. 5, 8). Другія формы (обычно съ начальнымъ ѣ во флексіяхъ) этихъ мѣстоименій являются собственно мѣстоименными: творительн. — толи́цѣмъ, предл. — толи́цѣмъ (и -комъ) и всѣ формы множ. числа:

И.	толи́цы	В.	толи́ки
Р.	толи́цѣхъ	Т.	толи́цѣми
Д.	толи́цѣмъ	П.	толи́цѣхъ

напримѣръ: ви́дите, коли́цѣми кни́гами писа́хъ ва́мъ мое́ю рꙋко́ю (Гал. 6, 11).

Подобнымъ же образомъ мѣстоименія сложныя съ -ов-: како́въ, тако́въ, ꙗко́въ — имѣютъ нѣкоторыя формы по образцу краткихъ прилагательныхъ, напр., род. — ꙗкова̀, дат. — ꙗковꙋ̀; а другія — мѣстоименныя.

6) Характерной особенностью краткихъ мѣстоименій (какъ й́нъ, о́нъ, о́въ, са́мъ и др.) являются слѣдующія флексіи: въ родительномъ падежѣ, въ мужескомъ и среднемъ родахъ — -огѡ, въ женскомъ — -оѧ, напр.: й́ногѡ, й́ноѧ, самогѡ̀, самоѧ̀; въ творительномъ пад. единственнаго числа, мужескаго и средняго родовъ, и во всѣхъ косвенныхъ падежахъ множеств. числа (кромѣ винительнаго) — ѣ во флексіяхъ: твор. един. — о́нѣмъ; множ. число: род. — о́нѣхъ, дат. — о́нѣмъ, твор. — о́нѣми, предл. — ѿ о́нѣхъ.

краткія

Единственное число.

	муж. р.	сред. р.	жен. р.
И.	о́въ	о́во	о́ва
Р.	о́вогѡ	какъ	о́воа
Д.	о́вомꙋ	м. р.	о́вой
В.	о́въ, о́вого	о́во	о́вꙋ
Т.	о́вѣмъ	какъ	о́вою
П.	о́вомъ	м. р.	о́вой

Двойственное число.

И. В.	о҆́ва	о҆́вѣ	о҆́вѣ
Р. П.	о҆́вою		
Д. Т.	о҆́вѣма	} для всѣхъ родовъ.	

Множественное число.

И.	о҆́ви	о҆́ва	о҆́вы
Р.	о҆́вѣхъ		
Д.	о҆́вѣмъ	} для всѣхъ родовъ.	
В.	о҆́вы, о҆́вѣхъ	о҆́ва	о҆́вы, о҆́вѣхъ
Т.	о҆́вѣми		
П.	о҆́вѣхъ	} для всѣхъ родовъ.	

полныя

Единственное число.

	муж. р.	сред. р.	жен. р.
И.	о҆́вый	о҆́вое	о҆́ваѧ
Р.	о҆́вагѡ	какъ	о҆́выѧ
Д.	о҆́вомꙋ	м. р.	о҆́вой
В.	о҆́вый, о҆́ваго	о҆́вое	о҆́вꙋю
Т.	о҆́вымъ	какъ	о҆́вою
П.	о҆́вомъ	м. р.	о҆́вой

Двойственное число.

И. В.	о҆́ваѧ	о҆́вѣи	о҆́вѣи
Р. П.	о҆́вою		
Д. Т.	о҆́выма	} для всѣхъ родовъ.	

Множественное число.

И.	о҆́вїи	о҆́ваѧ	о҆́выѧ
Р.	о҆́выхъ	} для всѣхъ родовъ.	
Д.	о҆́вымъ		
В.	о҆́выѧ, о҆́выхъ	о҆́ваѧ	о҆́выѧ, о҆́выхъ
Т.	о҆́выми		
П.	о҆́выхъ	} для всѣхъ родовъ.	

7) Мѣстоименіе ве́сь имѣетъ формы по мягкому склоненію и по твердому. Двойственнаго числа это мѣстоименіе, по своему значенію, не имѣетъ. Не имѣетъ двойств. числа также и производное отъ него мѣстоименіе вся́къ.

8) Мѣстоименія полныя, т. е. присоединившія къ своимъ родовымъ окончаніямъ мѣстоименія и҆̀, ѧ҆̀, е҆̀ (и҆ный, о҆́вый, е҆ли́кїй,

кото́рый и т. д.), склоняются по образцу именъ прилагательныхъ полныхъ.

9) Числительное є҆ди́нъ употребляется въ качествѣ мѣстоименія съ неопредѣленнымъ значеніемъ (є҆ди́нъ человѣ́къ = нѣ́кїй человѣ́къ). Склоняется оно по образцу мѣстоименія то́й. Въ значеніи мѣстоименій могутъ употребляться также числительное ѻ҆́ба, ѻ҆́бѣ въ смыслѣ "и тотъ и этотъ" и порядковое числительное дрꙋги́й въ смыслѣ "иной", а сочетанія є҆ди́нъ дрꙋга́гѡ или дрꙋгъ дрꙋга имѣютъ значеніе взаимныхъ мѣстоименій: и҆ дрꙋга̀ ко дрꙋзѣ́й вопїа́хꙋ (пасх. икосъ), дрꙋгъ дрꙋга (мирн. ект.)

Тексты для упражненій.

1) И҆ сѐ два̀ ѿ ни́хъ бѣ́ста и҆дꙋ́ща въ то́йже де́нь въ ве́сь ѿстоѧ́щꙋ ста́дїй шестьдесѧ́тъ ѿ і҆ерꙋсали́ма, є҆́йже и҆́мѧ є҆мма́ꙋсъ. И҆ та̑ бесѣ́доваста къ себѣ̀ ѡ҆ всѣ́хъ си́хъ приключ́шихсѧ. И҆ бы́сть бесѣ́дꙋющема и҆́ма и҆ совопроша́ющемасѧ, и҆ са́мъ і҆и҃съ приближи́всѧ, и҆дѧ́ше съ ни́ма: ѻ҆́чи же є҆ю̀ держа́стасѧ, да є҆гѡ̀ не позна́ета. Рече́ же къ ни́ма: что̀ сꙋ́ть словеса̀ сїѧ̑, ѡ҆ ни́хже стѧза́етасѧ къ себѣ̀ и҆дꙋ́ще, и҆ є҆ста̀ дра̑хла; Ѿвѣща́въ же є҆ди́нъ, є҆мꙋ́же и҆́мѧ клеѡ́па, речѐ къ нем́ꙋ: ты́ ли є҆ди́нъ пришл́ле́цъ є҆сѝ во і҆ерꙋсали́мъ, и҆ не оу҆вѣ́дѣлъ є҆сѝ бы́вшихъ въ не́мъ во дни̑ сїѧ̑; И҆ речѐ и҆́ма: кі́ихъ; Ѻ҆на́ же рѣ́ста є҆мꙋ̀: ꙗ҆́же ѡ҆ і҆и҃сѣ назарѧни́нѣ, и҆́же бы́сть мꙋ́жъ проро́къ, си́ленъ дѣ́ломъ и҆ сло́вомъ предъ бг҃омъ и҆ всѣ́ми людьмѝ: ка́кѡ преда́ша є҆го̀ а҆рхїере́и и҆ кнѧ̑зи на́ши на ѡ҆сꙋжде́нїе сме́рти, и҆ распѧ́ша є҆го̀: мы́ же надѣ́ѧхомсѧ, ꙗ҆́кѡ се́й є҆́сть хотѧ̀ и҆зба́вити і҆и҃лѧ; но и҆ надъ всѣ́ми си́ми, тре́тїй се́й де́нь є҆́сть дне́сь, ѿне́лиже сїѧ̑ бы́ша. Но и҆ жены̑ нѣ́кїѧ ѿ на́съ оу҆жаси́ша ны̀, бы́вшыѧ ра́нѡ оу҆ гро́ба. 2) Ѻ҆нѣ́ма же ѿверзо́стѣсѧ ѻ҆́чи, и҆ позна́ста є҆го̀: и҆ то́й неви́димъ бы́сть и҆́ма. 3) Сїѐ да помышлѧ́етъ таковы́й, ꙗ҆́кѡ ꙗ҆́цы же є҆смы̀ сло́вомъ посла́нїй, ѿстоѧ́ще, такові́и и҆ тꙋ̀ сꙋ́ще є҆смы̀ дѣ́ломъ. 4) Бою́сѧ же, є҆гда̀ ка́кѡ прише́дъ, не ꙗ҆́цѣхъ же хощꙋ̀, ѡ҆брѧ́щꙋ ва́съ, и҆ а҆́зъ ѡ҆брѧ́щꙋсѧ ва́мъ, ꙗ҆кова̀ же не хо́щете. 5) Ка́кѡ мы̀ оу҆бѣжи́мъ ѡ҆ толи́цѣмъ неради́вше спасе́нїи; 6) И҆зми́те ѕла́го ѿ ва́съ сами́хъ. 7) Ка́цѣмъ подоба́етъ бы́ти ва́мъ во ст҃ы́хъ пребыва́нїихъ и҆ бл҃гоче́стїихъ. 8) Всѧ́цѣмъ хране́нїемъ блюдѝ твоѐ се́рдце: ѿ си́хъ бо и҆схѡ́дища живота̀. 9) Ѿкꙋ́дꙋ на́мъ въ пꙋсты́ни хлѣ́би толи́цы, ꙗ҆́кѡ да насы́титсѧ толи́къ наро́дъ.

1) Лук. 24, 13-22. 2) Лук. 24, 31. 3) II Кор. 10, 11. 4) II Кор. 12, 20. 5) Евр. 2, 3. 6) I Кор. 5, 13. 7) II Петр. 3, 11. 8) Прч. 4, 23. 9) Мѳ. 15, 33.

ИМЯ ПРИЛАГАТЕЛЬНОЕ.

§ 49. Именами прилагательными называются слова, обозначающія признакъ предмета и отвѣчающія на вопросъ: какой? или чей?

Имена прилагательныя, какъ выражающія признаки предметовъ, всегда употребляются при именахъ существительныхъ, согласуясь съ ними въ родѣ, числѣ и падежѣ.

По своему значенію прилагательныя раздѣляются на качественныя, относительныя и притяжательныя.

Имена прилагательныя, обозначающія свойства предметовъ безъ отношенія къ другимъ предметамъ, называются *качественными:* дѡ́брый ра́бъ.

Имена прилагательныя, обозначающія такіе признаки, которые указываютъ на отношеніе одного предмета къ другому по мѣсту, по времени, по матеріалу и пр., называются *относительными:* геенна ѻ́гненнаѧ.

Имена прилагательныя, обозначающія принадлежность, называются *притяжательными:* сн҃ъ бж҃їй.

По своимъ окончаніямъ прилагательныя раздѣляются на краткія и полныя.

Окончанія краткихъ прилагательныхъ:

муж. р.:	ъ	дѡ́бр-ъ	ь	человѣ́ч-ь, си́н-ь	й	бꙋ́-й
жен. р.:	а	добр-а̀	ѧ	человѣ́ч-ѧ, си́н-ѧ		бꙋ́-ѧ
сред. р.:	о	добр-о̀	є	человѣ́ч-є, си́н-є		бꙋ́-є

Полныя прилагательныя къ родовымъ окончаніямъ краткихъ прилагательныхъ присоединяютъ мѣстоименія и҆̀, ѧ҆̀, є҆̀:

муж. р:	дѡ́бръ+и=дѡ́брый	си́нь +и=си́нїй	бꙋ́й+и =бꙋ́їй
жен. р.:	добра̀+ѧ=до́браѧ	си́на+ѧ=си́наѧ	бꙋ́ѧ+ѧ=бꙋ́ѧѧ
сред. р.:	добро̀+є =до́брое	си́нє +є =си́нєє	бꙋ́є +є =бꙋ́єє

Подобнымъ же образомъ получились и косвенныя падежныя окончанія полныхъ прилагательныхъ. Этотъ процессъ формированія полныхъ прилагательныхъ произошелъ еще въ древне-славянскомъ языкѣ. Къ краткимъ (именнымъ) косвеннымъ формамъ прилагательныхъ были присоединены косвенныя формы мѣстоименій и, ꙗ, є, причемъ въ такъ образованныхъ полныхъ прилагательныхъ произошли слѣдующія измѣненія: съ выпаденіемъ **j** между гласными произошло уподобленіе гласныхъ, а въ болѣе позднее время и сліяніе ихъ:

добра+иєго > добрааго > добраго > до́брагѡ

добрꙋ+їємꙋ > добрꙋꙋмꙋ > добрꙋмꙋ > до́бромꙋ и т. д.

Въ дренее время мѣстоименія й, а҆̈, е҆̈ (указательныя) имѣли значеніе опредѣленныхъ членовъ при именахъ прилагательныхъ; послѣ они слились съ прилагательными, образуя полныя формы. Полныя формы прилагательныхъ имѣютъ значеніе опредѣленное, краткія формы прилагательныхъ — неопредѣленное, хотя, впрочемъ, обозначеніе категоріи опредѣленности или неопредѣленности въ церковно-славянскомъ языкѣ не выдерживается полностью. При сравненіи церковно-славянскаго текста съ греческимъ, греческимъ прилагательнымъ съ членомъ въ церковно-славянскомъ текстѣ почти всегда соотвѣтствуютъ полныя прилагательныя (см. синтаксисъ).

§ 50. Образованіе именъ прилагательныхъ.

Имена прилагательныя бываютъ первообразныя и производныя.

Первообразными прилагательными являются тѣ, у которыхъ окончанія присоединяются непосредственно къ корню. Таковыми могутъ быть только качественныя прилагательныя: до́бр-ъ, ста́р-ъ, бꙋ́-й, си́н-ь.

Къ *производнымъ* — относятся тѣ, у которыхъ окончаніе присоединяется къ корню при помощи суффиксовъ, одного или нѣсколькихъ; таковыми могутъ быть всѣ им. прилагательныя — качественныя, относительныя и притяжательныя: ги́б-ок-ъ, ꙋ҆́з-ок-ъ, го́р-ек-ъ.

§ 51. Важнѣйшіе суффиксы, употребляемые при образованіи именъ прилагательныхъ, суть слѣдующіе:

1) Суффиксы именъ прилагательныхъ качественныхъ:

-к- (ок, к; ек, ьк, к; нк): выс-о́к-ъ — выс-о́к-ій, ꙋ҆́з-ок-ъ — ꙋ҆́з-к-ій, го́р-ек-ъ — го́р-ьк-ій, вел-и́к-ъ.

-л- (ел, л): свѣ́т-ел-ъ — свѣ́т-л-ый.

-н- (ен, ьн, н): си́л-ен-ъ — си́л-ьн-ый, ꙗ҆́с-ен-ъ — ꙗ҆́с-н-ый.

-ав-, -ив-: велич-а́в-ъ, лꙋк-а́в-ъ, мѷроточ-и́в-ый, послꙋ́шл-ив-ъ.

-ат-, -ит-: бог-а́т-ый, перн-а́т-ый, знамен-и́т-ый, домов-и́т-ъ.

-ист-: рѣч-и́ст-ъ.

2) Суффиксы именъ прилагательныхъ относительныхъ:

-н-: желѣ́з-н-ый, го́р-н-ій.

-ан-, -ан-: пло́т-ан-ый, древ-ан-ъ, ко́ж-ан-ый, ро́ж-ан-ый.

-ш-: дне́-ш-н-ій, кромѣ́-ш-н-ій.

3) Суффиксы именъ прилагательныхъ притяжательныхъ:

-ь: кнѧ́ж-ь; человѣ́ч-ь і҆а́ковл-ь.

-ї-: бж҃-і́-й, ра́б-і́-й.

-ев-, -ов-: і҆зра́ил-ев-ъ, і҆ѡ́сиф-ов-ъ.

-нн-: голꙋ́б-нн-ый, марі́-нн-ꙁ.

-ск-: і҆ꙋде́й-ск-ꙁ, челов'ѣ́ч-є-ск-ї́й.

-єн- (ьн): владꙑ́ч-єн-ь, владꙑ́ч-н-ѧ, бг҃оро́дич-єн-ꙁ, мꙋ́ченич-єн-ꙁ.

Имена прилагательныя притяжательныя имѣютъ только краткую форму, за исключеніемъ прилагательныхъ съ суффиксомъ -ск- и -нн-, которыя могутъ имѣть обѣ формы, и краткую и полную: і҆ꙋде́йскꙁ и і҆ꙋде́нскї́й, голꙋ́бннꙁ и голꙋ́бнный.

У именъ прилагательныхъ съ суффиксомъ -ь(jь), въ результатѣ смягченія, передъ этимъ суффиксомъ происходитъ чередованіе конечныхъ согласныхъ основы (см. § 11): челов'ѣ́кꙁ — челов'ѣ́чь, кнѧ́ꙁь — кнѧ́жь, і҆а́кшвꙁ — і҆а́кшвль и т. д.

Нѣкоторыя прилагательныя могутъ имѣть какъ суффиксъ -ь, такъ и -ї-: кнѧ́жь и кнѧ́жїй, д'ѣ́вичь и д'ѣ́вичїй.

Имена прилагательныя съ суффиксомъ -ск- выражаютъ не индивидуальную принадлежность, а принадлежность или свойство группы или вида, челов'ѣ́чє-ск-ї́й значитъ — принадлежащій или свойственный человѣкамъ.

Имена прилагательныя съ суффиксомъ -нн-, если они выражены полными окончаніями, обозначаютъ принадлежность или свойство группы или вида: ꙁв'ѣ́рнный нра́вꙁ — свойственный звѣрямъ.

§ 52. Если имена прилагательныя въ полныхъ формахъ имѣютъ удвоенный н, то во всѣхъ краткихъ формахъ, родовыхъ и падежныхъ, кромѣ именительнаго падежа муж. рода, удвоенный н (нн) сохраняется.

Это бываетъ въ слѣдующихъ качественныхъ прилагательныхъ:

1) а) Въ прилагательныхъ, образованныхъ отъ основъ именъ существительныхъ и глагольныхъ на -н:

и҆́стинный (и҆́стин-а) — и҆́стиненꙁ — и҆́стинна,

неи҆зм'ѣ́нный (и҆зм'ѣн-и́ти) — неи҆зм'ѣ́ненꙁ — неи҆зм'ѣ́нна.

Бг҃а и҆́стинна ѿ бг҃а и҆́стинна (Сѷмволъ вѣры).

б) Въ прилагательныхъ, образованныхъ отъ именъ существительныхъ съ основой на -н съ предшествующимъ согласнымъ:

бол'ѣ́зненный (бол'ѣ́зн-ь) — бол'ѣ́зненꙁ — бол'ѣ́зненна,

беꙁбоѧ́зненный (боѧ́зн-ь) — беꙁбоѧ́зненꙁ — беꙁбоѧ́зненна.

Хрїстїа́нскїѧ кончи́ны... беꙁбол'ѣ́зненны (Просит. ектенія).

в) Въ прилагательныхъ, образованныхъ отъ именъ существительныхъ на -л-нїє, -є-нїє, въ муж. р. могутъ быть окончанія -нєн- и -єнꙁ: беꙁдыха́нный (дыха́нїє) — беꙁдыха́ненꙁ — беꙁдыха́нна,

неприкоснове́нный (прикоснове́нїє) — неприкоснове́нꙁ — неприкоснове́нна.

Ви́днмꙁ пло́тїю беꙁдыха́ненꙁ ме́ртвꙁ (Вел. Суб. 1-я стат. 36 ст.).

2) Въ прилагательныхъ на -енный, образованныхъ отъ имен-
ныхъ основъ съ предшествующими двумя или болѣе согласными:

є҆ст́е́ственный — є҆ст́е́ственъ — є҆ст́е́ственна,
безчи́сленный — безчи́сленъ — безчи́сленна.
Соє҆сте́ственно бж҃ество (30 янв. п. 6).

3) Въ прилагательныхъ образованныхъ отъ страдательныхъ
причастій прошедшаго вр.; въ муж. родѣ въ именительномъ пад.
они имѣютъ окончанія на -енъ, а иногда и на -ненъ:

совершéнъ — совершéнна, блажéнъ — блажéнна,
неизречéненъ — неизречéнна.
Ты́ бо є҆сѝ бг҃ъ неизречéненъ (Лит. молит.).
Днѐ всегѡ̀ совершéнна (Просит. ект.).

Прилагательныя на -ный, образованныя отъ глаголовъ несо-
вершеннаго вида, не удвояютъ н: варе́наѧ пшени́ца, сꙋше́ное ѻ҆во́щїе.

§ 53. Склоненіе именъ прилагательныхъ.

Какъ и им. существительныя, имена прилагательныя по скло-
ненію раздѣляются на твердыя и мягкія.

Краткія прилагательныя по родовымъ окончаніямъ своимъ
сходны съ им. существительными 1-го и 2-го склоненій и скло-
няются по ихъ образцу: прилагательныя мужескаго и средняго
родовъ — по 1-му склоненію, а прилагательныя женскаго рода
— по 2-му.

Склоненіе прилагательныхъ краткихъ.

Твердое склоненіе

Единственное число.

мужескій родъ		средній родъ		женскій родъ
И.	мꙋ́дръ	мꙋ́дро		мꙋ́дра
Р.	мꙋ́дра			мꙋ́дры
Д.	мꙋ́дꙋ	} какъ муж. р.		мꙋ́дрѣ
В.	мꙋ́дръ (-а)	мꙋ́дро		мꙋ́дꙋ
Т.	мꙋ́дрымъ			мꙋ́дрою
П.	мꙋ́дрѣ	} какъ муж. р.		мꙋ́дрѣ
З.	мꙋ́дре	мꙋ́дро		мꙋ́дра

Двойственное число.

И.В.З.	мꙋ́дра	мꙋ́дрѣ		мꙋ́дрѣ
Р.П.	мꙋ́дꙋ	} для всѣхъ родовъ		
Д.Т.	мꙋ́дрыма			

Множественное число.

И. З.	мꙋ́др-и	мꙋ́др-а	мꙋ́др-ы
Р.	мꙋ́др-ыхъ	} для всѣхъ родовъ	
Д.	мꙋ́др-ымъ		
В.	мꙋ́др-ы (ыхъ)	мꙋ́др-а	мꙋ́др-ы
Т.	мꙋ́др-ы (ыми)	какъ муж. р.	мꙋ́др-ыми
П.	мꙋ́др-ыхъ	для всѣхъ родовъ	

Мягкое склоненіе

Единственное число.

	мужескій родъ	средній родъ	женскій родъ
И.	госпо́ден-ь	госпо́дн-е	госпо́дн-ѧ
Р.	госпо́дн-ѧ	} какъ муж. р.	госпо́дн-и
Д.	госпо́дн-ю		госпо́дн-и
В.	госпо́ден-ь (-ѧ)	госпо́дн-е	госпо́дн-ю
Т.	госпо́дн-имъ	} какъ муж. р.	госпо́дн-ею
П.	госпо́дн-и		госпо́дн-и
З.	госпо́ден-ь	госпо́дн-е	госпѡ́дн-ѧ

Двойственное число.

И.В.З.	госпѡ́дн-ѧ	госпѡ́дн-и	госпѡ́дн-и
Р. П.	госпѡ́дн-ю	} для всѣхъ родовъ	
Д. Т.	госпо́дн-има		

Множественное число.

И. З.	госпѡ́дн-и	госпѡ́дн-ѧ	госпѡ́дн-и
Р.	госпо́дн-ихъ	} для всѣхъ родовъ	
Д.	госпѡ́дн-имъ		
В.	госпѡ́дн-и (ихъ)	госпо́дн-ѧ	госпѡ́дн-и (ихъ)
Т.	госпѡ́дн-и (ими)	} какъ муж. р.	госпѡ́дн-ими
П.	госпо́дн-ихъ		госпо́дн-ихъ

§ 54. О звательномъ падежѣ именъ прилагательныхъ.

Имена прилагательныя въ значеніи именъ существительныхъ въ звательномъ падежѣ употребляются всегда краткія: Безꙋ́мне, въ сїю̀ но́щь дꙋ́шꙋ твою̀ истѧ́жꙋтъ ѿ тебѐ (Лук. 12, 20).

Имена прилагательныя-опредѣленія, стоящія при именахъ существительныхъ въ звательномъ пад., употребляются обычно полныя, но бываютъ и краткія: лꙋка́вый ра́бе (Лук. 19, 22); ра́бе благі́й и вѣ́рный (Лук. 25, 20); треблаже́нне васі́ліе, григо́ріе всемꙋ́дре, всезла́те и всечтне їѡа́нне (30 янв., веч. на стих.).

§ 55. Различія въ склоненіи между существительными и краткими прилагательными.

Хотя краткія прилагательныя и склоняются по образцу им. существительныхъ, однако ихъ склоненіе не вполне совпадаетъ. Различіе ихъ въ слѣдующемъ:

1) Единственное число: творительный падежъ мужескаго и средняго родовъ принимаетъ окончанія полныхъ прилагательныхъ **-ымъ, -нмъ**: мꙋ́дрымъ, госпо́днмъ.

2) Двойственное число: дательный и творительный падежи имѣютъ окончанія по полнымъ прилагательнымъ **-ыма, -нма**: мꙋ́дрыма, госпо́днма, однако встрѣчаются окончанія древняго происхожденія по им. существительнымъ, напримѣръ: колѣнома ілевома (Матѳ. 19, 28).

3) Множественное число: кромѣ именительнаго и винительнаго падежей, всѣ прочіе падежи имѣютъ окончанія по полнымъ прилагательнымъ; творительный падежъ муж. и сред. родовъ можетъ имѣть краткую форму и полную (въ значеніи краткой), напримѣръ: пред старѣйшины ілевы и пред людьми моими (I Цар. 15, 30); и сниде съ мꙋжми іꙋдиными (II Цар. 19, 16); пред ѻ́троки дави́довыми (II Цар. 18, 7).

§ 56. Притяжательныя прилагательныя на **-ій** (ра́бій) являются краткими прилагательными (у нихъ конечное й не мѣстоименіе, а родовое окончаніе), а потому склоняются они преимущественно въ краткихъ формахъ по образцу именъ существительныхъ 1-го склоненія на **-й**: кра́й, подобно прочимъ краткимъ прилагательнымъ, хотя иногда принимаютъ и полныя формы: бж҃іа снизхожде́ніа ѻ́гнь оустыдѣ́са въ вавꙋ́лѡнѣ иногда̀ (Ирмосъ, гл. 8); ра́дꙋйса, а́гнице, ро́ждшаа бж҃іаго а́гнца (Акаѳ. канонъ п. 3).

Склоненіе краткихъ прилагательныхъ на -й.

Единственное число.

	мужескій родъ	средній родъ	женскій родъ
И.	бж҃і́й кра́й	бж҃і́е зна́менї́е	бж҃і́а мнлостын҃а
Р.	бж҃і́а кра́а	бж҃і́а зна́менї́а	бж҃і́а мнлостын҃н
Д.	бж҃і́ю кра́ю	бж҃і́ю зна́менї́ю	бж҃і́н мнлостын҃н
В.	бж҃і́й кра́й	бж҃і́е зна́менї́е	бж҃і́ю мнлостын҃ю
Т.	бж҃і́нмъ кра́емъ	бж҃і́нмъ зна́менї́емъ	бж҃і́ею мнлостын҃ею
П.	бж҃і́н (емъ) кра́н	бж҃і́н (емъ) зна́менї́н	бж҃і́н мнлостын҃н
З.	бж҃і́й кра́ю	бж҃і́е зна́менї́е	бж҃і́а мнлостын҃е

Двойственное число.

И.В.З.	бж҃їѧ крⷶ-ѧ	бж҃ї-н знⷶменї-н	бж҃ї-н мил҇ⷭтын-н
Р.П.	бж҃ї-ю крⷶ-ю	бж҃ї-ю знⷶменї-ю	бж҃ї-ю мил҇ⷭтын-ю
Д.Т.	бж҃ї-нма крⷶ-ема	бж҃ї-нма знⷶменї-ема	бж҃ї-нма милостын-ама

Множественное число.

И.З.	бж҃ї-н крⷶ-н	бж҃ї-ѧ знⷶменї-ѧ	бж҃ї-ѧ мил҇ⷭтын-н
Р.	бж҃ї-нхъ крⷶ-евъ	бж҃ї-нхъ знⷶменї-й	бж҃ї-нхъ милостын-ь
Д.	бж҃ї-нмъ крⷶ-емъ	бж҃ї-нмъ знⷶменї-емъ	бж҃ї-нмъ милостын-амъ
В.	бж҃ї-н крⷶ-н	бж҃ї-ѧ знⷶменї-ѧ	бж҃ї-ѧ милостын-н
Т.	бж҃ї-н крⷶ-н	бж҃ї-н знⷶменї-н	бж҃ї-нмн милостын-амн
П.	бж҃ї-нхъ крⷶ-ехъ	бж҃ї-нхъ знⷶменї-ехъ	бж҃ї-нхъ милостын-ахъ

§ 57. Склоненіе именъ прилагательныхъ полныхъ.

Твердое склоненіе

Единственное число.

	мужескій родъ	средній родъ	женскій родъ
И. З.	мꙋдр-ый	мꙋдр-ое	мꙋдр-аѧ
Р.	мꙋдр-агѡ	} как муж. р.	мꙋдр-ыѧ
Д.	мꙋдр-омꙋ		мꙋдр-ѣй (-ой)
В.	мꙋдр-ый (-аго)	мꙋдр-ое	мꙋдр-ꙋю
Т.	мꙋдр-ымъ	} как муж. р.	мꙋдр-ою
П.	мꙋдр-ѣмъ		мꙋдр-ѣй (-ой)

Двойственное число.

И.В.З.	мꙋдр-аѧ	мꙋдр-ѣн	мꙋдр-ѣн
Р. П.	мꙋдр-ꙋю	} для всѣхъ родовъ	
Д. Т.	мꙋдр-ыма		

Множественное число.

И. З.	мꙋдр-їн	мꙋдр-аѧ	мꙋдр-ыѧ
Р.	мꙋдр-ыхъ	} для всѣхъ родовъ	
Д.	мꙋдр-ымъ		
В.	мꙋдр-ыѧ (-ыхъ)	мꙋдр-аѧ	мꙋдр-ыѧ (-ыхъ)
Т.	мꙋдр-ымн	} для всѣхъ родовъ	
П.	мꙋдр-ыхъ		

Мягкое склоненіе

Единственное число.

мужескій родъ	средній родъ	женскій родъ
И. З. сꙍн-їй	сꙍн-ее	сꙍн-ѧѧ
Р. сꙍн-ѧгѡ	} как муж.	сꙍн-їѧ
Д. сꙍн-емꙋ		сꙍн-ей
В. сꙍн-їй (-ѧго)	сꙍн-ее	сꙍн-юю
Т. сꙍн-нмъ	} как муж.	сꙍн-ею
П. сꙍн-емъ		сꙍн-ей

Двойственное число.

И.В.З. сꙍн-ѧѧ	сꙍн-їн	сꙍн-їн
Р. П. сꙍн-юю		
Д. Т. сꙍн-нма	} для всѣхъ родовъ	

Множественное число.

И. З. сꙍн-їн	сꙍн-ѧѧ	сꙍн-їѧ
Р. сꙍн-нхъ	} для всѣхъ родовъ	
Д. сꙍн-нмъ		
В. сꙍн-їѧ (-нхъ)	сꙍн-ѧѧ	сꙍн-їѧ (-нхъ)
Т. сꙍн-нмн	} для всѣхъ родовъ	
П. сꙍн-нхъ		

Склоненіе прилагательныхъ съ основой на гортанный.

Единственное число.

мужескій родъ	средній родъ	женскій родъ
И. З. благ-ій	благ-ое	благ-ѧѧ
Р. благ-ѧгѡ	} как муж. р.	благ-іѧ
Д. благ-ѡмꙋ		блаѕ-ѣй
В. благ-ій (-ѧго)	благ-ое	благ-ꙋю
Т. благ-нмъ	} как муж. р.	благ-ою
П. блаѕ-ѣмъ		блаѕ-ѣй

Двойственное число.

И.В.З. благ-ѧѧ	блаѕ-ѣн	блаѕ-ѣн
Р. П. благ-ꙋю		
Д. Т. благ-нма	} для всѣхъ родовъ	

Множественное число.

И. З.	блаꙃ-íи	благ-а̑ѧ	благ-їѧ
Р.	благ-и́хъ		для всѣхъ родовъ
Д.	благ-и̑мъ		
В.	благ-їѧ (-и́хъ)	благ-а̑ѧ	благ-їѧ
Т.	благ-и́ми		для всѣхъ родовъ
П.	благ-и́хъ		

Примѣчаніе: Прилагательное мно́гъ имѣетъ слѣдующія особенности: творит. един. числа мужескаго и средняго род. — мно́зѣмъ, во множ. числѣ во всѣхъ родахъ: род. — мно́зѣхъ, дат. — мнѡ́зѣмъ, пред. — мно́зѣхъ. Въ древне-славянскомъ языкѣ это прилагательное находилось въ составѣ мѣстоименій, отъ которыхъ и сохранило указанныя формы.

Склоненіе именъ прилагательныхъ съ основой на шипящій.

Единственное число.

	мужескій родъ	средній родъ	женскій родъ
И. З.	ни́щ-їй	ни́щ-ее	ни́щ-аѧ
Р.	ни́щ-агѡ		ни́щ-їѧ
Д.	ни́щ-ем8	какъ муж. р.	ни́щ-ей
В.	ни́щ-їй (-аго)	ни́щ-ее	ни́щ-Ꙋю
Т.	ни́щ-имъ		ни́щ-ею
П.	ни́щ-емъ	какъ муж. р.	ни́щ-ей

Двойственное число.

И.В.З.	ни́щ-аѧ	ни́щ-їи	ни́щ-їи
Р. П.	ни́щ-Ꙋю		для всѣхъ родовъ
Д. Т.	ни́щ-има		

Множественное число.

И. З.	ни́щ-їи	ни́щ-аѧ	ни́щ-ыѧ
Р.	ни́щ-ихъ		для всѣхъ родовъ
Д.	ни́щ-ымъ		
В.	ни́щ-ыѧ (-ихъ)	ни́щ-аѧ	ни́щ-ыѧ (-ихъ)
Т.	ни́щ-ими		для всѣхъ родовъ
П.	ни́щ-ихъ		

Примѣчанія къ именамъ прилагательнымъ.

1) У прилагательныхъ съ основой на гортанный происходитъ смягченіе согласнаго по общему правилу передъ мягкими гласными: бла́гíй — бла́зíи (см. § 11).

2) -ск- передъ мягкими гласными переходитъ въ -ст-: сы́нъ человѣ́ческíй — ѽ сы́нѣ человѣ́честѣмъ.

3) Прилагательныя съ основой на шипящую, какъ и имена существительныя, имѣютъ смѣшанное склоненіе.

4) Прилагательныя и́спо́лнь, свобо́дь, оу̑до́бь и нѣкоторыя другія, подобныя имъ, не склоняются: и́спо́лнь не́бо и̑ земла́ сла́вы твоѐ (литург.).

5) Сходныя формы во множественномъ и двойственномъ числахъ отдѣляются тѣмъ же способомъ, какъ и въ им. существительныхъ, т. е. при помощи ѡ, є, облеченнаго ударенія (˘) и ы послѣ шипящихъ.

Въ единственномъ числѣ, для отличія, въ родительномъ пад. пишется -агѡ, -ягѡ, а въ винительномъ -аго, -яго.

§ 58. Образованіе степеней сравненія.

Въ славянскомъ языкѣ, какъ и въ русскомъ, имѣются три степени сравненія: положительная, сранительная и превосходная.

Сравнительная степень образуется при помощи суффиксовъ:

1) древнѣйшаго -(ь)ш и
2) позднѣйшаго -ѣйш, послѣ шипящихъ -айш.

Краткая форма. При образованіи основы сравнительной степени, суффиксы древнѣйшій и позднѣйшій употребляются не одинаково. Древнѣйшій суффиксъ (-ьш) употребляется, при образованіи основы, въ прилагательныхъ съ суффиксомъ -к (ок, ек) и въ нѣкоторыхъ первообразныхъ на -ъ, -л, -о (хꙋд-ъ), присоединяясь прямо къ корню: согласный звукъ корня смягчается, а суффиксъ -к (если онъ былъ въ основѣ положительной степени) отбрасывается.

При употребленіи позднѣйшаго суффикса, суффиксъ основы положительной степени не отбрасывается.

Въ мужескомъ родѣ въ именительномъ падежѣ един. числа ш въ суффиксахъ -ьш, -ѣйш, -айш отбрасывается; въ среднемъ родѣ въ именительномъ падежѣ един. числа окончаніе бываетъ съ ш и безъ него.

положительная степень	корень	основа сравнит степени.
при суфф. ьш.		
высо́к-ъ	выс	выш-ш
глꙋбо́к-ъ	глꙋб	глꙋбл-ьш
сла́д-ок-ъ	слад	слажд-ш

при суфф. ѣйш, айш.		
бога́т-ъ	бог	бог-ат-ѣйш
красе́н-ъ	крас	крас-н-ѣйш
высо́к-ъ	выс	выс-оч-айш

Окончанія прилагательныхъ сравнительной степени краткихъ бываютъ слѣдующія:

а) у прилагательныхъ съ суффиксомъ -ьш:

мужескій родъ -їй, женскій — -(ь)ш-н, средній — -е или -(ь)ш-е:

выш-їй, выш-ш-н, выш-е или выш-ш-е

глꙋбл-їй, глꙋбл-ьш-н, глꙋбл-е или глꙋбл-ьш-е

слажд-їй, сла́жд-ш-н, сла́жд-е или сла́жд-ш-е

Отъ первообразныхъ: хꙋжд-їй, хꙋжд-ш-н, хꙋжд-е — хꙋжд-ш-е.

б) у прилагательныхъ съ суффиксомъ -ѣйш (айш):

мужескій родъ -ѣй, женскій родъ ѣйш-н, средній родъ -ѣе, ѣйш-е, причемъ происходитъ смягченіе гортанныхъ въ шипящія, а -ѣ переходитъ въ -а, конечный корня -д (у первообразныхъ — хꙋд-ъ), и конечный корня -з (у прилагательныхъ съ суффиксомъ -к (ок, ек) переходятъ въ -ж (причемъ суффиксъ -к выпадаетъ).

бог-ат-ѣй, бог-ат-ѣйш-н, бог-ат-ѣе — бог-ат-ѣйш-е

крас-н-ѣй, крас-н-ѣйш-н, крас-н-ѣе — крас-н-ѣйш-е

выс-оч-ай, выс-оч-айш-н, выс-оч-ае — выс-оч-айш-е

(хꙋд-ъ) хꙋж-ай, хꙋж-айш-н, хꙋж-ае — хꙋж-айш-е

(близ-ок-ъ) ближ-ай, ближ-айш-н, ближ-ае — ближ-айш-е

Полныя окончанія прилагательныхъ сравнительной степени суть слѣдующія:

а) у прилагательныхъ съ суфф. -ьш: -(ь)ш-їй, -(ь)ш-аа, -(ь)ш-ее

выш-шїй, выш-шаа, выш-шее

глꙋбл-ьшїй, глꙋбл-ьшаа, глꙋбл-ьшее

б) у прилагательныхъ съ суффиксомъ -ѣйш (айш): ѣйш-їй, -ѣйш-аа, -ѣйш-ее

бог-ат-ѣйш-їй, бог-ат-ѣйш-аа, бог-ат-ѣйш-ее

выс-оч-айш-їй, выс-оч-айш-аа, выс-оч-айш-ее

Въ славянскомъ языкѣ есть нѣсколько прилагательныхъ, которыя образуютъ степени сравненія отъ другихъ корней.

	мужеск. р.	сред. р.	женск. р.
вели́кїй	— бо́л-їй	бо́л-е, бол-ьше	бо́л-ьши
	бо́л-ьшїй	бо́л-ьшее	бо́л-ьшаѧ
	ва́щ-їй	ва́щ-е, ва́щ-ше	ва́щ-ши
	ва́щ-шїй	ва́щ-шее	ва́щ-шаѧ
до́брый	— лꙋ́ч-їй	лꙋ́ч-ше	лꙋ́ч-ши
	лꙋ́ч-шїй	лꙋ́ч-шее	лꙋ́ч-шаѧ
благі́й	— оу҆́н-їй	оу҆́н-е, оу҆́н-ше	оу҆́н-ши
	оу҆́н-шїй	оу҆́н-ее *), оу҆́н-шее	оу҆́н-шаѧ
ма́лый	— мн-їй	ме́н-ьше	ме́н-ьши
	ме́н-ьшїй	ме́н-ьшее	ме́н-ьшаѧ
ѕлы́й	— го́р-їй	го́р-ше, гор-ѣ́е **)	го́р-ши
	го́р-шїй	го́р-шее	го́р-шаѧ

1-е Примѣчаніе: Прилагательныя лꙋ́чїй и го́рїй, по-видимому, не имѣютъ краткихъ формъ сред. рода безъ суффикса ш (лꙋ́ч-е, го́р-е). Оу҆́нее, по-видимому, полная форма безъ суффикса. Гор-ѣ́е — образовано при помощи позднѣйшаго суффикса.

2-е Примѣчаніе: Иногда эти прилагательныя образуютъ степени сравненія и отъ своихъ корней: добрѣ́йшїй, ѕлѣ́йшїй.

Употребленіе сравнительной и превосходной степени въ церковно-славянскомъ языкѣ.

§59. Превосходная степень не имѣетъ особыхъ суффиксовъ; она пользуется обычно суффиксомъ сравнительной степени -ѣйш- и рѣже -[ь]ш-, и различіе между сравнительной и превосходной степенью состоитъ лишь въ смысловой разницѣ ихъ употребленія.

Въ сравнительной степени — выражается степень качества какого-нибудь предмета въ сравненіи съ тѣмъ же качествомъ другого предмета: не дꙋша́ ли бо́льши* є҆́сть пи́щи (Матѳ. 6, 25). Сравнительная степень можетъ еще указывать на большую или меньшую степень качества въ одномъ и томъ же предметѣ сравнительно съ другимъ его состояніемъ: да́ждь премꙋ́дромꙋ винꙋ́, и҆ премꙋдрѣ́йшїй* бꙋ́детъ, въ русск. — «и онъ будетъ еще мудрѣе» (Притч. 9, 9).

Въ превосходной степени происходитъ не сравненіе, а выдѣленіе предмета по признаку наивысшаго качества изъ ряда другихъ предметовъ (не меньше трехъ) одного и того же рода

---

*) Лк. 17, 2.
**) Вечерн. молитва 3-я.

или вида, напр.: ѕмі́й же бѣ̀ мꙋдрѣ́йшїй* всѣ́хъ* ѕвѣре́й (Быт. 3, 1). Формальнымъ признакомъ превосходной степени въ такомъ случаѣ можно считать стоящія при степени сравненія слова: всѣ́хъ, ѿ всѣ́хъ, имена существительныя въ сочетаніи съ предлогами ѿ, въ, междꙋ̀ или имена существительныя въ родительномъ падежѣ мн. ч. (безъ предлога), которыя указываютъ на кругъ предметовъ, изъ которыхъ происходитъ выдѣленіе. При затрудненіи въ опредѣленіи, для большей ясности, можно вставить русскій предлогъ изъ. Напримѣръ: і҆́нсе, свѣ́те, превы́шшїй* всѣ́хъ* свѣ́тлостей (Акаѳ. ик. 6-й). Но въ текстѣ: Превы́шшаꙗ* а҆́гг҃лъ, мі́рскагѡ мѧ̀ превы́шша сли́тїꙗ сотвори̑ (Утр. молит.) — сравнительная степень, такъ какъ нельзя сказать «Превысшая изъ ангеловъ», ибо Божія Матерь не ангелъ, слѣдовательно, Она сравнивается съ ними, а не выдѣляется изъ ихъ среды. Другіе примѣры: є҆́же малѣ́йше* ѹ҆́бѡ є҆́сть ѿ всѣ́хъ* сѣ́менъ: є҆гда́ же возраста́етъ, бо́лѣе* всѣ́хъ* ѕе́лїй є҆́сть (Матѳ. 13, 32). Дне́сь въ бо́льшаго* ѿ прⷪ҇ро̑къ* рожде́нїи і҆ѡа́нна и҆спо́лнисѧ (24 іюня, Слава на стих.). Ѹ҆чи́телю, ка́ꙗ за́повѣдь бо́льши* є҆́сть въ зако́нѣ* (Матѳ. 22, 36) (т. е. какая заповѣдь наибольшая изъ всѣхъ заповѣдей въ законѣ). Кто̀ ѹ҆́бѡ бо́лїй* є҆́сть въ цр҃твїи* нбⷭ҇нѣмъ (Матѳ. 18, 1) (т. е. изъ всѣхъ, находящихся въ Царствіи Небесномъ, ср. въ англійскомъ текстѣ: Who is the greatest). А҆́зъ бо є҆́смь мнїй а҆пⷭ҇толѡвъ (1 Кор. 15, 9) (т. е. наименьшій изъ апостоловъ). Кі́й мни́тсѧ и҆́хъ* бы́ти бо́лїй* (Лук. 22, 24) (т. е. кто изъ нихъ долженъ почитаться наибольшимъ, ср. въ англ. the greatest).

При выраженіи превосходной степени слова, указывающія на кругъ предметовъ, изъ которыхъ совершается выдѣленіе, могутъ иногда и отсутствовать, напр.: поне́же ѡ҆брѣ́тенъ є҆сѝ мꙋдрѣ́йшїй* (II Ездры 4, 42) (изъ троихъ — видно изъ контекста).

Форма степени сравненія можетъ указывать на предѣльное высокое качество предмета безъ всякаго отношенія къ другимъ предметамъ, т. е. безъ выраженія сравненія или выдѣленія, напр.: Ѽ сладча́йшаꙗ* моꙗ̀ весно̀, сладча́йшее* моѐ ча́до (Вел. Суб. 3-стат., 17-й ст.). Къ преспѣ́нїю же и҆ ѹ҆множе́нїю добродѣ́тели бж҃твеннѣ́йшїѧ* (Кан. ко прич.). Дре́весемъ безслове́снѣйшымъ* не принесо́сте че́сти (Окт. 5-й гл., среда, утр. 7 п.) Эта безотносительная форма степени сравненія формально присоединяется къ превосходной степени, но въ отличіе отъ основной превосходной степени, называется *безотносительной превосходной степенью*, или иначе *элативной* (отъ лат. elativus). Элативная превосходная степень обычно носитъ эмоціонально-стилистическій характеръ.

Примѣчаніе: Въ древне-славянскихъ грамматикахъ указывается еще образованіе превосходной степени при помощи приставки нан-, присоединяемой къ сравнительной степени: нанстарѣн(й), но въ богослужебныхъ книгахъ церковно-славянскаго языка трудно найти подобныя образованія превосходной степени, кромѣ наипаче (нарѣчіе). Въ «Полномъ церковно-славянскомъ словарѣ» свящ. Г. Дьяченко не указано ни одного слова съ приставкой нан-, кромѣ наипаче.

Прилагательныя въ формѣ положительной степени съ приставками все-, веле-, тре-, три-, пре- показываютъ лишь на высокую степень качества безъ всякаго значенія сравненія или выдѣленія, а потому не входятъ въ систему степеней сравненія.

§ 60 Склоненіе прилагательныхъ сравнительной степени краткихъ.

Единственное число.

	мужескій родъ	средній родъ	женскій родъ
И. З.	мудр-ѣй	мудр-ѣе (-ѣйше)	мудр-ѣйши
Р.	мудр-ѣйша		мудр-ѣйши
Д.	мудр-ѣйшу	} какъ муж. р.	мудр-ѣйши
В.	мудр-ѣйш-ъ (-а)	мудр-ѣе (-ѣйше)	мудр-ѣйшу
Т.	мудр-ѣйшимъ	} какъ муж. р.	мудр-ѣйшею
П.	мудр-ѣйши		мудр-ѣйши

Двойственное число.

И.В.З.	мудр-ѣйша	мудр-ѣйши	мудр-ѣйши
Р. П.	мудр-ѣйшу	} для всѣхъ родовъ	
Д. Т.	мудр-ѣйшима		

Множественное число.

И. З.	мудр-ѣйше (н)	мудр-ѣйша	мудр-ѣйша
Р.	мудр-ѣйшихъ	} для всѣхъ родовъ	
Д.	мудр-ѣйшымъ		
В.	мудр-ѣйша	мудр-ѣйша	мудр-ѣйша
Т.	мудр-ѣйшими	} для всѣхъ родовъ	
П.	мудр-ѣйшихъ		

Полныя формы сравнительной и превосходной степени склоняются правильно по образцу полныхъ прилагательныхъ съ основой на шипящій.

Тексты для упражненій.

1) Никто́же приставля́етъ приставле́нїѧ пла́та небѣле́на ри́зѣ ве́тсѣ … ниже́ влива́ютъ вїна̀ но́ва въ мѣ́хи ве́тхи. 2) Во мно́зѣ ѧзы́цѣ сла́ва царю̀: во ѡскꙋдѣ́нїи же люде́тѣ сокрꙋше́нїе. 3) Ра́бъ смы́сленъ ѡблада́етъ влады́ки безꙋ́мными. 4) Подоба́етъ ꙋ́бо є҆пⷭ҇копꙋ бы́ти непоро́чнꙋ … тре́звенꙋ, цѣломꙋ́дрꙋ, блгоговѣ́йнꙋ, че́стнꙋ, странно-люби́вꙋ, ꙋ҆чи́тельнꙋ. 5) Всѧ̑ ꙋ́бо чи́ста чи́стымъ: ѡскверне́нымъ же и҆ невѣ́рнымъ ничто́же чи́сто. 6) Кри́тане при́снѡ лжи́ви, ѕли́и ѕвѣ́рїе, ꙋ́тробы пра̑здныѧ. 7) Бꙋ́нхъ же и҆ ненака́занныхъ стѧза́нїй ѿрица́йсѧ, вѣ́дый, ꙗ҆́кѡ ражда́ютъ сва́ры. 8) Є҆ли́цы ꙋ́бо соверше́нни, сїѐ да мꙋ́дрствꙋимъ. 9) Превы́шшаѧ а҆́́гглъ, мїрска́гѡ мѧ̀ превы́шша слитїѧ со-творѝ. Ѽ ди́внаѧ влчⷭ҇а пала́то, до́мъ дха бжⷭ҇твенна менѐ сотворѝ. 10) Тѣ́мже блаже́нна є҆сѝ въ ро́дѣхъ родѡ́въ, бгоблаже́ннаѧ, херꙋви́мѡвъ свѣтлѣ́йши, и҆ серафі́мѡвъ честнѣ́йши сꙋ́щаѧ. 11) Лꙋ́чша себѐ не и҆щѝ, и҆ крѣ́пльша себѐ не пыта́й. 12) Бре́мене па́че себѐ не воздви́жи, и҆ крѣ́пльшꙋ и҆ богатѣ́йшꙋ себѐ не прїѡбща́йсѧ. 13) Ꙗ҆́́кⷭ҇е, свѣ́те, превы́шшїй всѣ́хъ свѣ́тлостей. 14) Ꙗ҆́ⷭ҇е, крѣ́посте высоча́йшаѧ. 15) Ра́дꙋй-сѧ, всѣ́хъ небе́сныхъ чинѡ́въ превы́шшаѧ безъ разсꙋжде́нїѧ. 16) И҆ ꙗ҆́ко-же не возгнꙋша́лсѧ є҆сѝ скве́рныхъ є҆ѧ̀ ꙋ́стъ *) и҆ нечи́стыхъ, цѣлꙋ́ю-щихъ тѧ̀, ниже́ мои́хъ возгнꙋша́йсѧ скве́рншихъ ѻ҆́ныѧ ꙋ́стъ и҆ не-чи́стшихъ, ниже́ ме́рзскихъ мои́хъ и҆ нечи́стыхъ ꙋ́стенъ *), и҆ скве́рнагѡ и҆ нечисте́йшагѡ моегѡ̀ ѧ҆зы́ка.

1) Мѳ. 9, 16-17. 2) Прч. 14, 28. 3) Прч. 17, 2. 4) I Тим. 3, 2. 5) Тит. 1, 15. 6) Тит. 1, 12. 7) Тим. 2, 23. 8) Филип. 3, 15. 9) Утр. молит. 7-я. 10) Молитва Божіей Матери, кан. акаѳ. 11) Прол. 28 іюн. 12) Прм. Сир. 13, 2. 13) Акаѳ. ик. 6. 14) Акаѳ. ик. 7. 15) 30 ін. богор. на Господи воззв. 16) Мол. ко Св. Прич. 2-я. Ін. Злат.

ИМЯ ЧИСЛИТЕЛЬНОЕ.

§ 61. *Именами числительными* называются слова, обозначаю-щія количество или порядокъ предметовъ.

Числительныя, обозначающія количество предметовъ (на во-просъ: сколько?), называются *количественными*.

Числительныя, указывающія на порядокъ предметовъ, въ ка-комъ они располагаются (на вопросъ: который?), называются *порядковыми*.

Кромѣ того существуютъ еще слѣдующіе разряды числи-тельныхъ: собирательныя (ѻбоѐ, тро́е), кратныя (є҆динокра́тный, двокра́тный, сꙋгꙋ́бый) и дробныя (по́лъ, че́тверть, десѧти́на).

_____

*) ꙋ҆ста̀ — ротъ (греч. στόμα), ꙋ҆стнѣ̀ (съ н) — губы (греч. χεῖλη).

Въ основѣ церковно-славянскихъ чиселъ (какъ и русскихъ) лежитъ десятичная система, а потому самостоятельныя названія существуютъ только для основныхъ чиселъ, а прочія являются производными отъ нихъ. Такимъ образомъ, по своему составу числительныя могутъ быть слѣдующія: *а)* основныя или простыя: числа 1-го десятка, а также ст҃о, ты́сѧща, тьма̀, легеѡ́нъ, леѡ́дръ и др. подобныя; и *б)* сложныя: состоящія изъ комбинацій простыхъ чиселъ: трина́десѧть, триде́сѧть и҆ па́ть и т. д.

Въ церковно-славянскомъ языкѣ числа, когда они обозначаютъ количество лицъ, съ гораздо большей свободой употребляются самостоятельно, безъ именъ существительныхъ при нихъ, чѣмъ это допускается въ русскомъ языкѣ, напримѣръ: и҆ призва̀ ѻ҆бана́десѧте, и҆ нача́тъ и҆̀хъ посыла́ти два̀ два̀ (Мр. 6, 7). То же самое и въ греческомъ текстѣ: *Καὶ προσκαλεῖται τοὺς δώδεκα, καὶ ἤρξατο αὐτοὺς ἀποστέλλειν δύο δύο.* возврати́шасѧ же се́дмьдесѧтъ съ ра́достїю (Лук. 10, 17); *Ὑπέστρεψαν δὲ οἱ ἑβδομήκοντα μετὰ χαρᾶς.*

Склоненіе количественныхъ числительныхъ простыхъ.

§ 62. Числительныя є҆ди́нъ, два̀, трѝ, четы́ре являются им. прилагательными, а па́ть и прочія — им. существительными. Это отражается на характерѣ ихъ склоненія и сочетанія съ им. существительными, на количество которыхъ они указываютъ.

Характерныя черты для им. числительныхъ-прилагательныхъ — это родовыя окончанія и согласованіе съ им. существительными. Правда, относительно трѝ, четы́ре можно сказать, что они потеряли уже различіе рода, хотя и употребляются формы: трѝ, трїѐ, четы́ре, четы́ри.

Числительное є҆ди́нъ склоняется по образцу то́й, въ ед., дв. и множ. числахъ, и можетъ имѣть нѣсколько значеній:

1) Какъ числительное; форма множ. числа въ данномъ случаѣ не будетъ противорѣчіемъ, такъ какъ нѣкоторыя им. существительныя могутъ имѣть только форму множ. числа, напримѣръ: «врата̀ є҆ди́на га́дова» (Іез. 48, 34-35), числительное согласуется въ числѣ и родѣ.

2) Какъ прилагательное, въ значеніи «единственный»: «є҆ди́не вѣ́дый человѣ́ческагѡ сꙋщества̀ не́мощь» (ирмосъ, гл. 1-й); въ значеніи «безъ другихъ»: «и҆ и҆до́ша въ мѣ́сто пꙋ́сто корабле́мъ є҆ди́ни» (Мрк. 6, 32).

3) Для обозначенія отвлеченнаго единства употребляется форма ед. ч. средн. рода: «а҆́зъ и҆ ѻ҆́цъ є҆ди́но є҆сма̀» (Іоан. 10, 30).

Числительное є҆ди́нъ можетъ имѣть и полныя окончанія по образцу полныхъ прилагательныхъ.

Единственное число.

муж. р.		ср. р.		жен. р.
И.	є҆ди́н-ъ	є҆ди́н-о		є҆ди́н-а
Р.	є҆ди́н-огѡ	} какъ м. р.		є҆ди́н-ол *)
Д.	є҆ди́н-омꙋ			є҆ди́н-ой
В.	є҆ди́н-ъ (-ого)	є҆ди́н-о		є҆ди́н-ꙋю
Т.	є҆ди́н-ѣмъ	} какъ м. р.		є҆ди́н-ою
П.	є҆ди́н-омъ			є҆ди́н-ой

Двойственное число.

И. В.	є҆ди̑н-а	є҆ди́н-ѣ	є҆ди́н-ѣ
Р. П.	є҆ди́н-ою	} Для всѣхъ родовъ.	
Д. Т.	є҆ди́н-ѣма		

Множественное число.

И.	є҆ди́н-и	є҆ди́н-ы	є҆ди́н-а
Р.	є҆ди́н-ѣхъ	} Для всѣхъ родовъ.	
Д.	є҆ди́н-ѣмъ		
В.	є҆ди́н-ы	є҆ди́н-ы	є҆ди́н-а
Т.	є҆ди́н-ѣми	} Для всѣхъ родовъ.	
П.	є҆ди́н-ѣхъ		

*) є҆ди́нꙋ проти́вꙋ є҆ди́нол (I Мак. 13, 28).

Двойственное число.

	муж. р.	ср. р.	жен. р.
И. В.	два̀, ѻ҆́ба	двѣ̀, ѻ҆́бѣ | двѣ̀, ѻ҆́бѣ	
Р. П.	дꙗ҆ою или двꙋ̀, ѻ҆бою	} Для всѣхъ родовъ.	
Д. Т.	двѣма̀, ѻ҆бѣма		

Числительныя два̀, ѻ҆́ба склоняются только въ двойственномъ числѣ по образцу мѣстоименія то́й.

Числительныя ѻ҆́ба, ѻ҆́бѣ по своему количественному значенію подобны числительнымъ два̀, двѣ̀, но при этомъ они указываютъ на совокупность предметовъ или ихъ дѣйствія, и въ этомъ значеніи они близки къ мѣстоименіямъ — "и тотъ и этотъ". Ѻ҆́ба, ѻ҆́бѣ въ сочетаніи съ де́сать имѣетъ значеніе числительнаго и равняется числительному два̀, напримѣръ: ѻ҆банаде́сате коле́на (Дѣян. 26, 7), сꙋдꙗ́ще ѻ҆бѣманаде́сате коле́нома і҆и҃левома (Матѳ. 19, 28).

Числительныя трїѐ, четы́ре склоняются только во множественномъ числѣ.

Множественное число.

	муж. р.	ср. и ж. р.	муж. р.	ср. и жен. р.
И.	трїе́, трн̀	трн̀	четы́ре (-н)	четы́рн (-є)
Р.	трїе́хъ, трє́хъ	трє́хъ	четы́р-єхъ	
Д.	трїе́мъ, трє́мъ	трє́мъ	четы́ремъ	Для всѣхъ
В.	трїе́хъ, трє́хъ, трн̀	трн̀	четы́рн (-є)	родовъ.
Т.	трїе́мн, тремѝ	трє́мн	четы́рьмн	
П.	трїе́хъ, трє́хъ	трє́хъ	четы́рєхъ	

Числительныя отъ па́ть до де́вать склоняются по образцу существительныхъ 3-го склоненія (ко́сть), обычно только въ единственномъ числѣ.

Числительное де́сать склоняется также по образцу существительныхъ 3-го склоненія (за исключеніемъ нѣкоторыхъ формъ) во всѣхъ трехъ числахъ. Кромѣ обычныхъ формъ склоненія, во множественномъ числѣ это числительное имѣетъ еще окончанія по образцу прилагательныхъ мягкаго склоненія. Подобныя окончанія множеств. числа могутъ имѣть и числительныя отъ па́ть до де́вать: не погублю́ десати́хъ ра́дн (Быт. 18, 32), четы́редесати пати́хъ ра́дн (Быт. 18, 28).

	Единственное число.	Множественное число.			Двойств. ч.	
И.	де́сат-ь	де́сат-н (є)			И. В.	де́сат-н (-ѣ)
Р.	де́сат-н	де́сат-ъ	окончанія по прилагательнымъ	-н́хъ	Р. П.	де́сат-у̀
Д.	де́сат-н	де́сат-емъ		-н́мъ	Д. Т.	де́сат-ьма̀
В.	де́сат-ь (-є)	де́сат-н (-є)				
Т.	де́сат-їю̀	де́сат-ьмн				
П.	де́сат-н	де́сат-єхъ		-н́хъ		

	Единсв. число.	Множ. число.	Двойств. число.	
И.	сто̀	ста̂	И. В.	стѣ̂
Р.	ста̀	сѡ́тъ	Р. П.	сту̀
Д.	сту̀	стѡ́мъ	Д. Т.	сто́ма
В.	сто̀	ста̂		
Т.	сто́мъ	сты̀		
П.	стѣ̀	стѣ́хъ		

Числительныя на -а (ты́саща, тьма̀) склоняются по второму склоненію; числительныя на -ъ, -о (легеѡ́нъ, лео́дръ, сто̀) склоняются по 1-му склоненію; числительное нєсвѣдь — по 3-му склоненію.

Числительныя тьма, нєсвѣдь, кромѣ обычнаго обозначенія числа, могутъ имѣть еще болѣе общее значеніе — вообще "большое число".

Примѣчаніе: Числительныя нєсвѣдь и лєѡдрх въ церковныхъ книгахъ не встрѣчаются.

Образованіе сложныхъ количественныхъ числительныхъ.

§ 63. Сложныя числительныя образуются слѣдующимъ образомъ:

а) У числительныхъ отъ одиннадцати до девятнадцати единицы присоединяются къ дєсать при помощи предлога на, причемъ въ зависимости отъ предлога дєсать ставится въ винительномъ падежѣ (на дєсать или на дєсатє): єдиннадєсать(є) — єдинонадєсать(є), въ современномъ церковно-славянск. языкѣ это числительное употребляется только съ соединительнымъ "о": єдинонадєсать сынѡвъ свойхх (Быт. 32, 22); дванадєсать(є), патьнадєсать(є) и т. д.

Примѣчаніе. Ср.: По растригѣ же въ лѣто тоже ѻсмыа тысащи, втораго ста чєтвєрица на дєсатницу (Прологъ, 15 мая, житіе св. Царевича Димитрія) — этотъ примѣръ показываетъ, что въ основѣ образованія числительныхъ съ предлогомъ на лежитъ винительный падежъ.

б) Числительныя, обозначающія десятки, отъ двадцати до девяноста, образуются изъ единицъ, указывающихъ на количество десятковъ, и дєсать, которое сочетается съ ними, подобно существительнымъ, черезъ согласованіе или управленіе. Числительныя два, три, чєтырє согласуются съ дєсать въ падежѣ и числѣ, причемъ въ данномъ сочетаніи дєсать родовыхъ различій не имѣетъ: (два дєсати а не двѣ дєсати) = двадєсать, три дєсати = тридєсать, чєтырє дєсати = чєтырєдєсать. Конечный н этихъ числительныхъ сократился въ -ь. (но патьдєсатх).

Числительныя отъ пать до дєвать сочетаются съ дєсать черезъ управленіе, т. е. требуютъ послѣ себя родительнаго падежа множественнаго числа: пать дєсатх = патьдєсатх, шєсть дєсатх = шєстьдєсатх и т. д.

Подобнымъ же способомъ образуются и числительныя, выражающія сотни: черезъ согласованіе — двѣстѣ (въ двойств. числѣ) или двѣсти (подъ вліяніемъ русскаго языка), триста, чєтырєста; или черезъ управленіе: патьсѡтх, шєстьсѡтх и т. д., причемъ числительныя отъ 200 до 400 пишутся въ именительномъ падежѣ почти всегда вмѣстѣ, хотя изрѣдка встрѣчаются и раздѣльныя написанія; числительныя же отъ 500 до 900 большей частью въ именительномъ падежѣ пишутся раздѣльно, хотя употребляются также и слитныя формы.

Прочія числительныя, выражающія большія числа: ты́сѧча, тьмà, легеѡ́нъ, лео́дръ и др. — сочетаются съ единицами, обозначающими ихъ количества, тѣмъ же способомъ, что и десятки или сотни, но пишутся раздѣльно: двѣ̀ ты́сѧщы, двѣ̀ тьмѣ̀; трѝ ты́сѧщы, трѝ тьмы̀; пѧ́ть ты́сѧщъ, пѧ́ть тѣмъ и т. д.

в) Многосложныя числительныя всегда пишутся раздѣльно. Послѣднее число обыкновенно присоединяется при помощи союза и, но союзомъ и могутъ быть связаны и всѣ отдѣльныя числа; встрѣчаются также формы многосложнаго числительнаго и безъ союза и: ѝ проринца́ти бꙋ́дꙋтъ дні́й ты́сѧщꙋ двѣ́стѣ ѝ ше́стьдесѧ́тъ (Апок. 11, 3); ѝ размѣ́ри стѣ́нꙋ є̀гѡ̀ во сто̀ ѝ четы́редесѧть ѝ четы́ри ла́кти (Апок. 21, 17); ѝ поживѐ є̀ве́ръ лѣ́тъ сто̀ тридесѧть четы́ри, ѝ родѝ фале́ка (Быт. 11, 16).

Склоненіе сложныхъ количественныхъ числительныхъ.

§ 64. Составныя части двусложныхъ числительныхъ въ церковно-славянскомъ языкѣ еще не потеряли своего самостоятельнаго значенія, а потому при склоненіи часто измѣняются по падежамъ, какъ отдѣльныя слова, хотя и составляютъ одно слово. Это обстоятельство послужило тому, что для выраженія одной и той же падежной связи эти числительныя могутъ имѣть нѣсколко формъ.

а) Сложныя числительныя, съ предлогомъ на, отъ 11 до 19-ти склоняются слѣдующимъ образомъ: 1) или склоняется первая часть (единицы): ѝ до́мъ сво́й созда̀ соломѡ́нъ тремнна́десѧть лѣ́ты (III Цар. 7, 1); 2) или склоняется только вторая часть, причемъ принимаетъ окончанія по прилагательнымъ мягкаго склоненія: мѣ́ра є̀гѡ̀ четырена́десѧтихъ лакѡ́тъ (III Цар. 17, 15). 3) или же склоняются обѣ части: по пѧтина́десѧти рѧ́дъ (III Цар. 7, 4).

Въ числительномъ є̀динона́десѧть склоняется преимущественно вторая часть и рѣдко первая: є̀диномꙋ̀на́десѧть ꙗ̀ви́сѧ (Мр. 16, 14; Лук. 24, 9).

Союзы же, бо, ѹ̀бѡ обычно раздѣляютъ эти числительныя и пишутся послѣ первой ихъ части: є̀ди́нїи же на́десѧте ѹ̀ченицы̀ (Матѳ. 28, 16).

Примѣчаніе: Въ косвенныхъ падежахъ иногда составныя части этихъ числительныхъ пишутся отдѣльно: по тре́хъ на́десѧтихъ дне́хъ (Прол., 5 марта).

Числительныя

<table>
<tr><td colspan="2">количественныя:</td><td>порядковыя:</td></tr>
<tr><td>а҃</td><td>— є҆ди́нъ, -а, -о</td><td>пе́рвый, -ая, -ое</td></tr>
<tr><td>в҃</td><td>— два̀, -ѣ, -ѣ</td><td>вторы́й, -ая, -ое</td></tr>
<tr><td>г҃</td><td>— трїѐ, три, -ѝ</td><td>тре́тїй, -їа, -їе</td></tr>
<tr><td>д҃</td><td>— четы́ре, -и, -и</td><td>четве́ртый, -ая, -ое</td></tr>
<tr><td>є҃</td><td>— па́ть</td><td>па́тый, -ая, -ое</td></tr>
<tr><td>ѕ҃</td><td>— ше́сть</td><td>шесты́й, -ая, -ое</td></tr>
<tr><td>з҃</td><td>— се́дмь</td><td>седмы́й, -ая, -ое</td></tr>
<tr><td>и҃</td><td>— о҆́смь</td><td>о҆́смый, -ая, -ое</td></tr>
<tr><td>ѳ҃</td><td>— де́вать</td><td>девя́тый, -ая, -ое</td></tr>
<tr><td>і҃</td><td>— де́сать</td><td>деся́тый, -ая, -ое</td></tr>
<tr><td>а҃і</td><td>— є҆динона́десать(е)</td><td>пе́рвыйна́десать, є҆динонадеся́тый</td></tr>
<tr><td>в҃і</td><td>— двана́десать(е)</td><td>вторы́йна́десать, дванадеся́тый</td></tr>
<tr><td>г҃і</td><td>— тринна́десать(е)</td><td>тре́тїйна́десать, тринадеся́тый</td></tr>
<tr><td>д҃і</td><td>— четырена́десать(е)</td><td>четве́ртыйна́десать, четыренадеся́тый</td></tr>
<tr><td>є҃і</td><td>— па́тьна́десать(е)</td><td>па́тыйна́десать, па́тьнадеся́тый</td></tr>
<tr><td>ѕ҃і</td><td>— ше́стьна́десать(е)</td><td>шесты́йна́десать, ше́стьнадеся́тый</td></tr>
<tr><td>з҃і</td><td>— се́дмьна́десать(е)</td><td>седмы́йна́десать, се́дмьнадеся́тый</td></tr>
<tr><td>и҃і</td><td>— о҆́смьна́десать(е)</td><td>о҆́смыйна́десать, о҆́смьнадеся́тый</td></tr>
<tr><td>ѳ҃і</td><td>— де́ватьна́десать(е)</td><td>де́ватыйна́десать, де́ватьнадеся́тый</td></tr>
<tr><td>к҃</td><td>— два́десать</td><td>двадеся́тый</td></tr>
<tr><td>л҃</td><td>— три́десать(е)</td><td>тридеся́тый</td></tr>
<tr><td>м҃</td><td>— четы́редесать(е)</td><td>четыредеся́тый</td></tr>
<tr><td>н҃</td><td>— па́тьдеся́тъ</td><td>па́тьдеся́тый</td></tr>
<tr><td>ѯ҃</td><td>— ше́стьдеся́тъ</td><td>ше́стьдеся́тый</td></tr>
<tr><td>ѻ҃</td><td>— се́дмьдеся́тъ</td><td>се́дмьдеся́тый</td></tr>
<tr><td>п҃</td><td>— о҆́смьдеся́тъ</td><td>о҆́смьдеся́тый</td></tr>
<tr><td>ч҃</td><td>— де́ватьдеся́тъ</td><td>де́ватьдеся́тый</td></tr>
<tr><td>р҃</td><td>— сто̀</td><td>со́тный</td></tr>
<tr><td>с҃</td><td>— двѣ́стѣ</td><td>двосо́тный, второсо́тный</td></tr>
<tr><td>т҃</td><td>— три́ста</td><td>трисо́тный</td></tr>
<tr><td>у҃</td><td>— четы́реста</td><td>четвертосо́тный</td></tr>
<tr><td>ф҃</td><td>— па́тьсѡ́тъ</td><td>па́тьсо́тный</td></tr>
<tr><td>х҃</td><td>— ше́стьсѡ́тъ</td><td>ше́стьсо́тный</td></tr>
<tr><td>ѱ҃</td><td>— се́дмьсѡ́тъ</td><td>седмьсо́тный</td></tr>
<tr><td>ѡ҃</td><td>— о҆́смьсѡ́тъ</td><td>о҆́смьсо́тный</td></tr>
<tr><td>ц҃</td><td>— де́ватьсѡ́тъ</td><td>де́ватьсо́тный</td></tr>
<tr><td>҂а҃</td><td>— ты́саца</td><td>ты́сацный</td></tr>
<tr><td>҂в҃</td><td>— двѣ̀ ты́сацы</td><td>двоты́сацный, второты́сацный</td></tr>
<tr><td>҂г҃</td><td>— трѝ ты́сацы</td><td>триты́сацный</td></tr>
<tr><td>҂и҃</td><td>— о҆́смь ты́сацъ</td><td>о҆́смаа ты́саца</td></tr>
<tr><td>҂і҃</td><td>— тьма (10.000)</td><td></td></tr>
<tr><td>҂р҃</td><td>— легеѡ́нъ (100.000)</td><td></td></tr>
</table>

҂҂а҃ — леѡ́дръ (1.000.000)

Возможныя комбинаціи склоненія дванадесать(е):

	1) 1-я часть въ дв. ч.	2) Обѣ части въ дв. ч.
И. В.	дванадесате(ь)	
Р. П.	двоюнадесате(ь)	двоюнадесату
Д. Т.	двѣманадесате(ь)	двѣманадесатьма

	3) 2-я часть въ ед. ч.	4) 2-я ч. во мн. ч.	5) Обѣ части: 1-я въ дв. ч., 2-я въ ед. ч.
И.	дванадесать(е)		
Р.	дванадесати	-ихъ	двоюнадесати
Д.	дванадесати	-имъ	двѣманадесати
В.	дванадесать(е)		
Т.	дванадесатію	-ьми	двѣманадесатію
П.	дванадесати	-ихъ	двоюнадесати

б) Числительныя дванадесать(е) и обанадесать(е) могутъ имѣть пять комбинацій въ склоненіи: 1) склоняется 1-я часть въ двойств. числѣ: на двоюнадесате престолу (Матѳ. 19, 28); 2) склоняются обѣ части въ двойств. числѣ: двѣманадесатьма супругома воломъ (III Цар. 19, 19); 3) склоняется 2-я часть въ единств. числѣ: дванадесати лѣтъ (III Цар. 2, 12); 4) склоняется 2-я часть во множ. числѣ, съ окончаніемъ по прилагательнымъ мягкаго склоненія: дванадесатихъ же апостолѣхъ (Мѳ. 10, 2); 5) склоняются обѣ части: 1-я въ двойственномъ числѣ, 2-я въ единственномъ: по двоюнадесати супругъ (III Цар. 19, 19).

в) У двусложныхъ числительныхъ отъ 20 до 40-ка склоняется только вторая часть въ единственномъ числѣ или множественномъ (въ род., дат., предл. падежахъ, главнымъ образомъ, принимая окончанія по прилагательнымъ) двадесати и пяти лѣтъ; не погублю тридесатихъ ради (Быт. 18, 30); четыредесатемъ (служба 9-го марта).

г) Двусложныя числительныя, отъ 50-ти до 90-та склоняются слѣдующимъ образомъ: а) склоняется 1-я часть, а 2-я часть во всѣхъ падежахъ остается въ родительномъ падежѣ множ. числа, согласно закону управленія, который лежитъ въ основѣ этого образованія: по пятидесатъ (Лук. 9, 14), пятіюдесатъ (Лук. 7, 41); б) или слконяются обѣ части, причемъ 2-я часть принимаетъ формы единственнаго числа или множественнаго (по прилагательн. мягкаго склоненія): деватидесати и трехъ (Прол. 19 авг.), ѡ деватидесатихъ и девати праведникъ (Лук. 15, 7), съ пятіюдесатьми ихъ (IV Цар. 1, 14).

д) У сложныхъ числительныхъ отъ 200 до 400 склоняются обѣ части (по закону согласованія); у сложныхъ числительныхъ отъ 500 до 900 склоняется, повидимому, только 1-я часть (по закону управленія). Въ косвенныхъ падежахъ составныя части этихъ числительныхъ обычно пишутся раздѣльно, но встрѣчается иногда и слитное написаніе. Напримѣръ: на трехъ стѣхъ пѣназь (Іоан. 12, 5); и гна съ четырьми сты мужей, двѣсти же мужей ѡсташася (I Цар. 30, 10); предварн же пришествіе хртово лѣты ѡсмію сѡтъ (Прол., 20 іюня, пр. Иліи); единъ бѣ долженъ патінсѡтъ динарій (Лук. 7, 41).

е) У многосложныхъ числительныхъ склоняются всѣ числа: двѣ тысящи патнсѡтъ деватидесати и трехъ (Прол., 19 авг.).

Сочетаніе числительныхъ съ именами существительными.

§ 65. Числительныя отъ единъ до четыре, подобно прилагательнымъ, въ сочетаніи съ существительными, выступаютъ какъ опредѣленія, согласуясь съ ними въ родѣ, числѣ и падежѣ: въ іѡна во чревѣ китовѣ три дни и три нощи (Матѳ. 12, 40); четыри цари на пать (Быт. 14, 9).

Числительныя отъ 5-ти и выше по своимъ грамматическимъ признакамъ воспринимаются какъ имена существительныя, логически же они воспринимаются какъ отвлеченныя числа, количественно опредѣляющія имена существительныя, а потому въ этихъ числительныхъ и наблюдается колебаніе въ сочетаніи съ именами существительными: въ однихъ падежахъ, подобно существительнымъ, они управляютъ существительными въ родительномъ падежѣ множ. числа, а въ другихъ падежахъ, подобно прилагательнымъ-опредѣленіямъ или приложеніямъ, согласуются съ именами существительными. Такъ въ имен., родит. и винит. падежахъ они всегда сочетаются съ именами существительными по способу управленія: имен., винит. — пать овецъ, родит. — пати овецъ (какъ пастырь овецъ, пастыра овецъ), а въ дател., твор. и предл. падежахъ сочетаются либо черезъ согласованіе, либо рѣже черезъ управленіе: дател. — пати овцамъ, твор. — патію овцами, предл. — ѡ пати овцахъ. Напримѣръ: согласованіе: въ седми лѣтѣхъ (Быт. 41, 47), стома агнцы (Быт. 33, 19), седмію тативами (Суд. 16, 7); управленіе: по пати сікль на главу (Числ. 3, 47), стомъ сіклей (Втор. 22, 19), по сту талантъ (II Пар. 27, 5).

Числительныя тысяща, тьма и легеѡнъ сочетаются съ именами существительными во всѣхъ падежахъ обычно черезъ управленіе: тысяща человѣкъ, тысящи человѣкъ, тысящію человѣкъ и т. д., но встрѣчаются сочетанія и черезъ согласованіе: сотвори вечерю велію вельможамъ своимъ тысящи мужемъ (Дан. 5, 1).

Особенности сочетанія съ существительными сложныхъ числительныхъ.

§ 66. Двусложныя числительныя, а также многосложныя, поскольку они составлены изъ простыхъ чиселъ, сочетаются съ именами существительными по тому же принципу, что и простыя.

а) Имена существительныя, стоящія при числительныхъ отъ 11 до 14, сочетаются либо съ первой частью ихъ, либо со второй (въ имен. падежѣ, если эти числительныя оканчиваются на -є, существительныя обычно сочетаются съ первой частью), напр.: съ первой частью: є҆ди́нїи же на́десате оу҆чєницы̀ (Матѳ. 28, 16), ѻ҆ба̀ на́десате оу҆чєника̀ (Матѳ. 19, 17), на двою̀на́десате престѡ́лу (Матѳ. 19, 28), ро́дове четыре́на́десате (Матѳ. 1, 17); съ второй частью: двана́десать и҆сто́чникѡвъ (Исх. 15, 27), двꙋна́десати сынѡ́въ (Исх. 28, 21).

У числительныхъ отъ 15 до 19 единицы первой части одинаковаго характера съ де́сать, а потому, будетъ ли имя существительное сочетаться съ первой частью или второй, результатъ будетъ одинаковый: съ патїю́на́десать сы́ны или съ патьна́десатїю сы́ны.

б) Имена существительныя, стоящія при числительныхъ, состоящихъ изъ десятковъ, сочетаются съ ними, какъ съ де́сать (§ 65), черезъ согласованіе и иногда черезъ управленіе, напримѣръ: седми́десати мꙋже́мъ (Суд. 9, 2); на седми́десати ѻ҆сла́хъ (Суд. 12, 14).

в) Съ двусложными числительными, состоящими изъ сотенъ, имена существительныя обычно сочетаются по способу управленія, но иногда встрѣчаются формы сочетанія и по способу согласованія, напримѣръ: съ четырьми сты̀ мꙋже́й (I Цар. 30, 10), на трехъ стѣ́хъ пѣна́зь (Іоан. 12, 5), патїюсѡ́тъ дїна́рїй (Лук. 7, 41); согласованіе: ꙗ҆ви́са бо́ле патѝ сѡ́тъ бра́тїамъ (I Кор. 15, 6).

г) Имена существительныя, стоящія при многосложныхъ числительныхъ, сочетаются съ послѣднимъ числомъ, если же имя существительное предшествуетъ, то сочетается съ первымъ числомъ: сы́нъ тридесать и҆ двою̀ лѣ́тъ (IV Цар. 8, 17); четы́редесать и҆ шестїю̀ лѣ́тъ (Іоан. 2, 20); съ шестїю́десать и҆ шестїю̀ хрⷮо́выми оу҆го́дники (4 янв. п. 9); лѣ́тъ ѻ҆смьдесатъ и҆ четы́ре (Лук. 2, 37), лѣ́ты ѻ҆смїю̀ сѡ́тъ (Прол. 20 іюня).

Отступленія отъ обычнаго порядка сочетанія.

§ 67. Можно отмѣтить слѣдующіе случаи, когда имя существительное при числительныхъ отъ 5-ти и выше, будучи подлежащимъ, можетъ стоять въ именительномъ падежѣ (вмѣсто обычнаго родительнаго):

Когда въ существительномъ, повидимому, заключается главная сила, а числительное поставлено лишь въ значеніи опредѣле-

нія или приложенія, напримѣръ: въ службѣ семи отрокамъ Ефес-
скимъ (4 авг.): ꙗ́коже ѿ снà а҆́бїе воста́ша, вкꙋ́пѣ се́дмь ѻ҆́троцы
бж҃е́ственнїи (на Господи воззв.); честны́ѧ дѣ́ти се́дмь (п. 1-я);
ѕвѣ́зды неꙋкло́нны се́дмь (п. 3-я); да восхва́лѧтсѧ ст҃їи ѻ҆́троцы се́дмь
(п. 6-я) и др.; въ службѣ 40 мученикамъ (9 марта): бг҃а на́мъ,
мꙋ́ченицы четы́редесѧте, ны́нѣ бл҃гопремѣ́нна сотвори́те ва́шими мо-
ли́твами (п. 1-я); четы́редесѧте хрⷭ҇то́вы мꙋ́ченицы (п. 5-я).

Особенно характерны въ этомъ отношеніи примѣры, когда
подлежащее предшествуетъ числительному: и҆ и҆до́ша же бра́тїѧ
і҆ѡ́сифовы де́сѧть (Быт. 42, 3); бы́ша же е҆мꙋ̀ сы́нове се́дмь (Іов. 1, 2);
мосе́ллѐмїю же сы́нове и҆ бра́тїѧ о҆смьна́десѧть, си́льнїи (I Пар. 26, 9).

При глаголѣ бы́ти, въ значеніи принадлежности: и҆ а҆ха́вꙋ бѣ́-
ша се́дмьдесѧтъ сы́ны въ самарі́и (IV Цар. 100, 1); и҆ бы́ша е҆мꙋ̀
три́десѧть сы́ны и҆ три́десѧть дще́ри (Суд. 12, 9). Но въ подобныхъ
выраженіяхъ можетъ быть и обычный способъ сочетанія: и҆ гедеѡ́нꙋ
бы́ша се́дмьдесѧтъ сынѡ́въ (Суд. 8, 30).

Когда имя числительное является именной частью сказуе-
маго: и҆ да бꙋ́дꙋтъ о҆́смь столпы̀, и҆ стѡ́ла и҆́хъ сре́брѧна шестьна́десѧть
(Исх. 26, 25).

Примѣчаніе: Можетъ быть, въ таковой постановкѣ подлежащаго
при числительномъ сказалось вліяніе греческаго подлинника, въ ко-
торомъ подлежащее при числительномъ всегда стоитъ въ имени-
тельномъ падежѣ множ. числа (начиная съ 2-хъ), напри.: Быт. **42, 3**:
κατέβησαν δὲ οἱ ἀδελφοὶ Ἰωσὴφ οἱ δέκα; Іова **1, 2**: ἐγένοντο δὲ αὐτῷ υἱοὶ
ἑπτά.

Образованіе и склоненіе порядковыхъ числительныхъ.

§ 68. Порядковыя числительныя образуются отъ числитель-
ныхъ количественныхъ (кромѣ е҆ди́нъ *, два̀) присоединееніемъ къ
ихъ основѣ окончаній полныхъ прилагательныхъ непосредственно
или иногда при помощи суффикса: пе́рвый, в-тор-ы́й, тр-е́-т-їй,
четве́р-т-ый, пѧ́т-ый и т. д.

Къ числительнымъ отъ 11 до 19-ти окончанія полныхъ при-
лагательныхъ присоединяются обычно къ первой части, но могутъ
быть присоединены также и ко второй: въ тре́тїина́десѧтъ де́нь
(II Мак. 15, 37); е҆динона́десѧтое лѣ́то (III Цар. 6, 3).

Къ числительнымъ отъ 20-ти до 90-ста, а также отъ 200-тъ
до 900-тъ тѣ же окончанія присоединяются ко второй части этихъ
числительныхъ непосредственно или при помощи суффикса -н:
двадесѧ́тый, пѧтьдесѧ́тый, се́дмьдесѧ́тый, со́тный, двꙋсо́тный и т. д.

Примѣчаніе: Суффиксъ -н- принимаютъ преимущественно сотни
и лишь иногда десятки: пѧтьдесѧ́тое лѣ́то (Лев. 25, 10-11); въ

---

*) Въ составѣ е҆динона́десѧть, е҆ди́нъ можетъ имѣть порядковое
значеніе: во е҆ди́ный же на́десѧть ча́съ (Матѳ. 20, 6).

ше́стьсо́тное лѣ́то въ житїи̑ но́евѣ (Быт. 7, 11); въ четыредеся́тное и̑ четвертосо́тное лѣ́то (III Цар. 6, 1).

Въ многосложныхъ числительныхъ въ порядковой формѣ ставится послѣднее число: въ лѣ́то сто̀ се́дмьдеся́тъ второ́е (I Мак. 14, 1).

Примѣчаніе: Въ многосложныхъ числительныхъ порядковую форму иногда принимаютъ нѣсколько чиселъ, но тогда способъ выраженія многосложнаго порядковаго числительнаго бываетъ нѣсколько иной: По растри́гѣ же въ лѣ́то то́же ѻ҆смы́я ты́сящи, второ́гѡ стà четвери́ца на деся́тницу (7114-й г.), Прол. 15 мая, ц. Димитр.

Составныя части порядковыхъ сложныхъ числительныхъ иногда соединяются при помощи соединительнаго о: въ лѣ́то ѻ҆смонадеся́тое (Дан. 3, 1); ѹ҆ченикѡ́мъ сочета́вшагѡ седмодеся́тнымъ (22 нояб. Ап. Филимона).

Наряду съ числительнымъ вторы́й, въ этомъ значеніи можетъ еще употребляться числительное друѓі́й, однако оно при этомъ имѣетъ еще и мѣстоименное значеніе "иной".

Порядковыя числительныя склоняются правильно по образцу полныхъ прилагательныхъ: пе́рвыйна́десять, пе́рвагѡна́десять, пе́рвомуна́десять и т. д.

Числительныя собирательныя.

§ 69. Въ церковно-славянскомъ языкѣ собирательныя числительныя употребляются гораздо рѣже, чѣмъ въ русскомъ, и тамъ, гдѣ въ русскомъ текстѣ Св. Писанія стоитъ собирательное числительное, въ церковно-славянскомъ текстѣ стоитъ большей частью количественное, напримѣръ: и̑дѣ́же бо є҆ста̀ два̀, и̑лѝ трїѐ со́брани во и̑мя моѐ... (Матѳ. 18, 20), но въ русскомъ текстѣ: "двое", "трое".

Въ церковно-славянскомъ языкѣ употребляются слѣдующія собирательныя числительныя:

дво́и (муж. и жен. р), двоя̀ (сред. р.) и двоѐ,

тро́и (муж. и жен. р), троя̀ (сред. р.) и троѐ,

ѻ҆бо́и (муж. и жен. р), ѻ҆боя̀ (сред. р.) и ѻ҆боѐ,

че́тверы, па́теры, ше́стеры — для всѣхъ родовъ.

Собирательныя числительныя множ. числа дво́и, двоя̀, тро́и, троя̀, ѻ҆бо́и, ѻ҆боя̀ въ древне-славянскомъ языкѣ имѣли еще и формы единственнаго числа: двои(й), двоя, двоіе, трои(й), троя, троіе, обои(й), обоя, обоіе, которыя имѣли формы косвенныхъ падежей въ единственномъ числѣ: двоіего, двоіемоу и т. д., напр.: іедино отъ двоіего прѣдьложимь вамь (Супр. рук., 53). Отъ этихъ формъ сохранились только двоѐ, троѐ, ѻ҆боѐ, которыя стали параллельными къ формамъ множественнаго числа, съ той только разницей, что формы множественнаго числа употребляются, повидимому, при существительныхъ, не имѣющихъ единственнаго числа.

Числительныя дво́е, тро́е приняли значеніе множественнаго числа, и имена существительныя стоятъ при нихъ въ родит. падежѣ множественнаго числа. Числительныя двои, двоѧ̀, трои, троѧ̀ съ именами существительными согласуются. Косвенные падежи у нихъ общіе; склоняются они во множественномъ числѣ.

Примѣры: а́зъ да́мъ тебѣ̀ сре́бренниковъ де́сѧть въ годъ, и̂ двои ри́зы (Суд. 17, 10); ѿ восто́ка врата̀ троѧ̀ (Апок. 21, 13); съ ни́мъ дво́е ѻ̂слѧ́тъ съ бремены̀ (Суд. 19, 10); дво́е прошꙋ̀ ѹ̂ тебѐ (Притч. 30, 7); то́й ѹ̂би̂ двои́хъ (I Пар. 11, 22); тро́е а̂зъ наведꙋ̀ на тѧ̀ (II Цар. 24, 12); двоѧ̀ сїѧ̀ слы́шахъ (Псал. 61, 12).

Собирательное числительное ѻ̂бо́е имѣетъ значеніе единственнаго числа. Формы единствен. числа этого числительнаго (напр., ѻ̂бо́егѡ по́лꙋ) сохранились въ употребленіи. ѻ̂бои, ѻ̂боѧ̀ склоняются во множ. числѣ и согласуются со стоящими при нихъ именами существительными.

Кромѣ значенія числительнаго, ѻ̂бо́е имѣетъ значеніе: "и то и другое"; ѻ̂бои — "и тѣ и другіе".

Примѣры: ѡ̂ста́вите расти̂ ѻ̂бо́е кꙋ́пнѡ до жа́твы (Мѳ. 13, 30); томꙋ̀ во ѻ̂бои̂мъ зра́цѣ: и́бо ѻ̂бо́е є̂стество̀ въ не́мъ є̂́сть вои́стиннꙋ (Окт., Воскр., 8 гл., м. вечерня, богородиченъ); чꙋ́жде м҃теремъ дѣ́вство, и̂ стра́нно дѣ́вамъ дѣторожде́ніе: на тебѣ̀ б҃це ѻ̂боѧ̀ ѹ̂стро́ишасѧ (Ирмосъ, 8 гл., п. 9-я); ѿ ѻ̂бои́хъ сынѡ́въ є̂ѧ̀ (Руѳь 1, 5); на ѻ̂бои́хъ кра́ехъ є̂гѡ̀ (Исх. 26, 19); клѧ́тва да бꙋ́детъ бж҃їѧ междꙋ̀ ѻ̂бои́ми (Исх. 22, 11); сотвори́вый ѻ̂боѧ̀ є̂ди́но (Ефес. 2, 14); ѻ̂бои во є̂ди́номъ дс҃ѣ (Ефес. 2, 18).

Собирательныя числительныя че́тверы, па́теры и под. склопяются во множественномъ числѣ и согласуются съ именами существительными во всѣхъ падежахъ: па́теры ри́зы (Быт. 45, 22); па́теры̂хъ ри́зъ и т. д.

Кратныя и дробныя числительныя.

§ 70. Кратныя и дробныя числительныя обычно состоятъ изъ чиселъ количественныхъ или порядковыхъ и словъ "кратъ", "часть":

Кратныя: пѧ́ть кра́тъ, ше́сть кра́тъ; є̂динокра́тный, двокра́тный, троекра́тный, пѧтикра́тный и т. д.; къ два̀ и три̂ можетъ быть еще сꙋгꙋ́бый, трегꙋ́бый.

Дробныя: є̂ди́на ча́сть, двѣ̀ ча́сти, три̂ ча́сти; пе́рваѧ ча́сть, втора́ѧ ча́сть, десѧ́таѧ ча́сть и т. д., а также: полъ, че́тверть, десѧти́на.

Въ кратныхъ количественныхъ числительныхъ склоняется только число, а слово "кратъ" остается безъ измѣненія: се́дмь кра́тъ, седмѝ кра́тъ; впрочемъ, можетъ быть, повидимому, и безъ измѣне́нія: нє глаго́лю тєбѣ̀, до сє́дмь кра́тъ, но до сє́дмьдесѧтъ кра́тъ сєдмєри́цєю (Матѳ. 18, 21). Кратныя числительныя съ окончаніями прилагательныхъ склоняются по образцу прилагательныхъ.

Въ дробныхъ числительныхъ склоняются и число и "часть", а по́лъ, чє́твєрть, дєсѧти́на — по образцу именъ существительныхъ.

Примѣры: дєсѧти́нꙋ даю̀ всєгѡ̀, є҆ли́кѡ притѧжꙋ̀ (Лук. 18, 12); дєсѧ́тꙋю ча́сть є҆ф̀ (мѣ́ры), вмѣ́шєны въ є҆лє́й чєтвє́ртыѧ ча́сти ꙵина (мѣ́ры), Числ. 15, 4.

Тексты для упражненій.

1) Шє́дъ жє прїє́мый пѧ́ть тала́нтъ, дѣ́ла въ ни́хъ, и҆ сотворѝ дрꙋгі́ѧ пѧ́ть тала́нтъ. Та́кождє и҆ и҆́жє два̀, прїѡбрѣ́тє и҆ то́й дрꙋга̑ѧ два̀. 2) Тогда̀ ѹ҆подо́бисѧ цр҃твїє нбс҃ноє дєсѧти́мъ дѣ́вамъ... Пѧ́ть жє бѣ̀ ѿ ни́хъ мꙋ́дры, и҆ пѧ́ть ю҆ро́дивы. 3) Двѣ̀ мє́лющѣ въ жє́рновахъ: є҆ди́на поє́млєтсѧ, и҆ є҆ди́на ѡ҆ставлѧ́єтсѧ. 4) Нє ѹ҆ ли разꙋмѣ́єтє, нижє̀ по́мнитє пѧ́ть хлѣ́бы пѧти́мъ ты́сѧщамъ, и҆ коли́кѡ ко́шъ взѧ́стє; Ни ли сє́дмь хлѣ́бы чєты́рємъ ты́сѧщамъ, и҆ коли́кѡ ко́шницъ взѧ́стє; 5) И҆ прїє́мь пѧ́ть хлѣ́бъ и҆ двѣ̀ ры̑бѣ, воззрѣ́въ на нб҃о блгⷭ҇овѝ 6) По двоюна́десѧти мѣ́сѧцєхъ въ домꙋ̀ ца́рства своєгѡ̀, въ вавꙋлѡ́нѣ бѣ̀ ходѧ̀, ѿвѣща̀ ца́рь, и҆ рєчє̀: нѣ́сть ли сє́й вавꙋлѡ́нъ вєли́кїй... 7) а҆ми́нь глаго́лю ва́мъ, ꙗ҆́кѡ вы̀ шє́дшїи по мнѣ̀, въ пакибытїѐ, є҆гда̀ сѧ́дєтъ сн҃ъ чл҃вѣ́чєскїй на прєсто́лѣ сла́вы своєѧ̀, сѧ́дєтє и҆ вы̀ на двоюна́десѧтє прєсто́лꙋ, сꙋдѧ́щє ѻ҆бєманадєсѧтє колѣ́нома і҆и҃лєвома. 8) И҆ ꙗ҆́жє къ мо́рю чєты́рє ты́сѧщи и҆ пѧ́ть сѡ́тъ мѣ́рою: врата̀ трѝ, врата̀ є҆ди́на га́дова: и҆ врата̀ а҆си́рова: и҆ врата̀ нєфѳали́мова є҆ди́на. Ѻ҆крꙋ́глость жє ѻ҆смина́дєсѧти ты́сѧщъ: и҆́мѧ жє гра́дꙋ, ѿ нєго́жє днє бꙋ́дєтъ, гдⷭ҇ь та́мѡ, бꙋ́дєтъ и҆́мѧ є҆мꙋ̀. 9) И҆ число̀ во́инѡвъ ко́нныхъ двѣ̀ тьмѣ̀ тє́мъ: и҆ слы́шахъ число̀ и҆́хъ. 10) И҆ напо́лнисѧ хра́мъ ды́ма ѿ сла́вы бж҃їѧ и҆ ѿ си́лы є҆гѡ̀: и҆ никто́жє можа́шє вни́ти во хра́мъ, до́ндєжє сконча́ютсѧ сє́дмь ꙗ҆́звъ сєдми́хъ а҆́гг҃лъ. 11) И҆ слы́шахъ гла́съ вє́лїй ѿ хра́ма глаго́лющъ сєдми́мъ а҆́гг҃лѡмъ. 12) И҆ бы́сть въ чєтырєдєсѧ́тноє и҆ въ чєтвєртосо́тноє лѣ́то и҆схо́да сынѡ́въ і҆сра́илєвыхъ и҆́з є҆гу́пта, въ лѣ́то чєтвє́ртоє, въ мѣ́сѧцъ вторы́й, ца́рствꙋющꙋ царю̀ соломѡ́нꙋ над і҆сра́илємъ, и҆ созда̀ хра́мъ гдⷭ҇єви. 13) Въ лѣ́то сєдмоєна́дєсѧть факє́а сына ромєли́ина, воцари́сѧ а҆ха́зъ сы́нъ і҆ѡаѳа́ма царѧ̀ і҆ꙋ́дина. 14) И҆ да бꙋ́дєтъ разстоѧ́нїє гра́дꙋ къ сѣ́вєрꙋ двѣ́стꙋ и҆ пѧти́дєсѧти, и҆ къ ю҆́гꙋ двѣ́стꙋ и҆ пѧти́дєсѧти... 15) И҆ въ лѣ́то сто̀ шєсть дєсѧ́тоє взы́дє а҆лєѯа́ндръ сы́нъ а҆нтїо́ховъ є҆пїфа́нъ, и҆ ѡ҆дєржа̀ птолємаі́дꙋ, и҆ прїѧ́ша є҆го̀, и҆ ца́рствова та́мѡ.

1) Матѳ. 25, 16-17. 2) Матѳ. 25, 1-2. 3) Матѳ. 24, 41. 4) Мѳ. 16, 9-10. 5) Мр. 6, 41. 6) Дан. 4, 26-27. 7) Матѳ. 19, 28. 8) Іез. 48, 34-35. 9) Апок. 9, 16. 10) Апок. 15, 8. 11) Апок. 16, 1. 12) III Цар. 6, 1. 13) IV Цар. 16, 1. 14) Іез. 48, 17. 15) I Мак. 10, 1.

ГЛАГОЛЪ.

§ 71. *Глаголами* называются слова, обозначающія дѣйствіе или состояніе предмета. Напримѣръ: є҆́же ᲂу҆́бо бг҃ъ сочета̀, чл҃вѣ́къ да не разлꙋча́етъ (Мр. 10, 9). Воздрема́ша всѧ̀, и҆ спа́хꙋ (Матѳ. 25, 5).

Начальной, исходной формой глагола является *неопредѣленное наклоненіе:* твори́ти, писа́ти и т. д. Въ этомъ смыслѣ неопредѣленное наклоненіе въ отношеніи ко всѣмъ формамъ глагола является тѣмъ же, что и именительный падежъ имени существительнаго по отношенію къ прочимъ его падежамъ.

Окончаніе неопредѣленнаго -ти присоединяется къ корню глагола или непосредственно или при помощи суффиксовъ. Въ первомъ случаѣ глаголы называются *первообразными*, во второмъ — *производными*.

Глаголы первообразные, корень которыхъ оканчивается на г, к, имѣютъ окончаніе въ неопредѣленномъ наклоненіи -щи (изъ г, к,+т=щ, см. § 12, б): мог-ти=мощѝ, пек-ти=пещѝ.

Глаголы производные при образованіи неопредѣленнаго наклоненія пользуются слѣдующими суффиксами:

-а- — пла́к-а-ти		-ва- — ᲂу҆́мы-ва́-ти	
-ꙗ- — да-ꙗ́-ти		-ева- — врач-ева́-ти	
-ѣ- — бол-ѣ́-ти		-ова- — бесѣ́д-ова-ти	
-и- — хвал-и́-ти		-ива- — сде́рж-ива-ти	
-нꙋ- — ги́б-нꙋ-ти		-ыва- — спи́с-ыва-ти	

Глаголамъ свойственны характерныя для него категоріи: залога, вида, наклоненія, времени, лица, числа и въ нѣкоторыхъ случаяхъ рода (въ двойств. числѣ).

Измѣненіе глагола по наклоненіямъ, временамъ, числамъ и лицамъ называется *спряженіемъ*.

Кромѣ спрягаемыхъ формъ, въ составъ глагола входятъ еще причастія, которыя, обладая категоріями вида, залога и времени, признаками глагола, вмѣстѣ съ тѣмъ обладаютъ и признаками именъ и подобно прилагательнымъ измѣняются по падежамъ и родамъ.

Неопредѣленное наклоненіе является неизмѣняемой формой глагола.

Спрягаемыя формы глагола въ предложеніи выступаютъ въ качествѣ сказуемаго.

Всѣмъ глагольнымъ формамъ свойственна та синтаксическая особенность, что онѣ могутъ управлять (безъ предлога или съ предлогомъ) падежами именъ, напр.: благовѣсти́хъ сло́вомъ, бла-

гов҃ѣстивый словомъ; и опредѣляться нарѣчіями: до́брѣ благовѣ́-
стихъ, до́брѣ благовѣ́стивый.

Глагольныя формы къ своимъ обычнымъ окончаніямъ могутъ
принимать мѣстоименіе -са, и тогда онѣ называются *возвратны-
ми* *): моли́тиса, приближи́тиса, приближи́выйса и т. д.

Мѣстоименіе -са при глагольныхъ формахъ, хотя и является
составной частью слова, однако въ церковно-славянскомъ языкѣ
оно въ какой-то мѣрѣ еще ощущается отдѣльнымъ словомъ: на
это указываетъ то обстоятельство, что между глаголомъ и -са мо-
гутъ вставляться мѣстоименія ти, ми или союзъ же: моли́мтиса
(или мо́лимъ ти са), кла́наемтиса, поклони́шижеса; а также при
двухъ возвратныхъ глаголахъ иногда ставится одно -са: возвесе-
ли́тижеса и̂ возра́довати подоба́ше (Лук. 15, 32); да не смуща́ется
се́рдце ва́ше, ни ѹ̂страша́етъ (Іоан. 14, 27).

Иногда встрѣчается -са впереди глагола, къ которому отно-
сится, причемъ, присоединяется къ предыдущему слову: ра́венса
творѧ̀ бг҃ѹ (Іоан. 5, 18); и̂ ми́лиса дѣ́емъ (Литургія), но также:
тебѣ̀ ми́ли дѣ́емса (Утреня, свѣтильн. молитва 11-я).

Глаголы переходные и непереходные.

§ 72. Всѣ глаголы въ зависимости отъ значенія дѣйствія раз-
дѣляются на двѣ группы: переходные и непереходные. *Переход-
ными* глаголами являются тѣ, которые выражаютъ дѣйствіе пред-
мета, переходящее на другой предметъ (дополненіе), названіе ко-
тораго ставится въ винительномъ падежѣ безъ предлога: ю́ноша
чте́тъ кни́гѹ, наста́вникъ глаго́лаше поѹче́ніе и т. д. Дополненіе при
переходныхъ глаголахъ называется *прямымъ дополненіемъ*.

Къ *непереходнымъ* глаголамъ относятся тѣ, которые либо
вовсе не требуютъ дополненія, либо дополненія стоятъ при нихъ
въ косвенныхъ падежахъ (съ предлогомъ или безъ предлога), но
не въ винительномъ падежѣ безъ предлога: и̂ти́, стоѧ́ти, ѹ̂го-
жда́ти царю̀ и т. д.

Къ непереходнымъ глаголамъ относятся глаголы, выражаю-
щіе движеніе или положеніе въ пространствѣ, а также физическое
или нравственное состояніе, напримѣръ: ходи́ти, плы́ти, стоѧ́ти,
бѣжа́ти; болѣ́ти, дыша́ти, молча́ти и т. д.

Примѣтой глаголовъ переходныхъ является суффиксъ -и:
жи́-ти — жив-и́-ти, жен-а̀ — жен-и́-ти, мр-е́-ти — мор-и́-ти и т. д.

---

*) Терминъ «возвратный глаголъ» не должно смѣшивать съ тер-
миномъ «глаголъ возвратнаго залога».

Примѣтой глаголовъ непереходныхъ являются суффиксы -ѣ- (послѣ шипящихъ -а) и -нꙋ-, тогда какъ у соотвѣтствующихъ глаголовъ переходныхъ (если возможно образованіе) имъ соотвѣтствуетъ суффиксъ -и-: богатѣти — богати́ти, ѡслабѣти — ѡслаби́ти, бѣлѣти — бѣли́ти, дрожа́ти, молча́ти, глохнꙋти — глꙋши́ти, со́хнꙋти — сꙋши́ти, вѧнꙋти — ꙋвѧди́ти.

Примѣчаніе: Суффиксъ -нꙋ- со значеніемъ непереходности не должно смѣшивать съ суфф. -нꙋ- въ глаголахъ съ однократнымъ значеніемъ: кинꙋти, двинꙋти.

Въ нѣкоторыхъ случаяхъ глаголы въ зависимости отъ ихъ значенія могутъ имѣть значеніе переходныхъ или непереходныхъ, напр.: Поймѧ пѣснь но́вꙋю бгꙋ (Ирмосъ, гл. 1-й), поймѧ — переходной глаголъ; пою̀ бгꙋ моемꙋ (Псал. 145, 2), пою̀ — непереходной глаголъ.

Глаголы непереходные (кромѣ глаголовъ съ суффиксами -ѣ- и -нꙋ-), принимая приставку, могутъ имѣть значеніе переходное: Ра́дꙋйсѧ, ꙗ́кѡ многосвѣ́тлое возсїѧва́еши просвѣще́нїе (Акаѳ. Богор., икосъ 11); Лꙋчеза́рнаѧ твоѧ̀ мѡ́лнїѧ возсїѧ́й мн, бже мо́й, трїꙋпоста́сне вседѣ́телю, (Воскр. полунощ., троичны); прозѧба́ѧй травꙋ̀ скотѡ́мъ (Псал. 103, 14); иста́ѧла мѧ̀ є́сть ре́вность твоѧ̀ (Псал. 118, 139).

Залоги глагола.

§ 73. Въ зависимости отъ способности глаголовъ принимать дополненія и отъ характера этихъ дополненій, глаголы дѣлятся на особые разряды, которые называются залогами.

Залоги глаголовъ могутъ быть слѣдующіе: дѣйствительный, страдательный, возвратный, взаимный и средній.

1) *Дѣйствительный* залогъ выражаетъ дѣйствіе, переходящее на другой предметъ; слѣдовательно къ дѣйствительному залогу принадлежатъ всѣ переходные глаголы: оу҆чени́къ чте́тъ кни́гꙋ, по́варъ сотворѝ ꙗ̂стїе, вѣ́ра спаса́етъ человѣ́ка.

2) *Страдательный* залогъ выражаетъ дѣйствіе обратное по отношенію къ дѣйствительному залогу, т. е. при страдательномъ залогѣ предметъ, на который переходитъ дѣйствіе, ставится въ именительномъ падежѣ, а производитель дѣйствія — въ родительномъ падежѣ съ предлогомъ ѿ (особенно, если производитель дѣйствія — лицо) или въ творительномъ падежѣ: кни́га чте́тсѧ ѿ оу҆ченика̀, ꙗ̂стїе сотворе́но є́сть ѿ по́вара, хрїстїани́нъ спаса́етсѧ ѿ вѣ́ры (или вѣ́рою).

Страдательный залогъ можетъ выражаться двумя способами: прибавленіемъ къ глаголу дѣйствительнаго залога возвратнаго мѣстоименія са или сложной формой, состоящей изъ страдательнаго причастія и связки: спасе́тса или спаса́емъ є҆́сть; спасе́тса или спасе́нъ бу́детъ.

Примѣры: вѣ́рою мѡѷсе́й роди́вса сокрове́нъ бы́сть три мѣ́сацы ѿ ѻ҆тецъ свои́хъ (Евр. 11, 23); ѡ҆правда́еми ту́не бл҃года́тію є҆гѡ̀ (Рим. 3, 24). Мы́слимъ у҆́бо вѣ́рою ѡ҆правди́тиса человѣ́ку (Рим. 3, 28); и҆́мже держи́ми бѣ́хомъ (Рим. 7, 6); се́рдцемъ бо вѣ́руетса въ пра́вду, у҆сты́ же и҆сповѣ́дуетса во спасе́ніе (Рим. 10, 10); а҆враа́мъ, ѻ҆те́цъ на́шъ не ѿ дѣ́лъ ли ѡ҆правда́са (Іак. 2, 21); ѿ ст҃а́гѡ дх҃а просвѣща́еми (II Петр. 1, 21).

3) Къ *возвратному* залогу относятся переходные глаголы, образованные присоединеніемъ возвратнаго мѣстоименія -са. Эти глаголы указываютъ на то, что дѣйствіе возвращается къ самому производителю и сосредоточивается въ немъ, напримѣръ: мы́ти (что-нибудь или кого-нибудь), мы́тиса (мыть себя); ѡ҆дѣ́ти (кого-нибудь), ѡ҆дѣ́тиса (одѣвать себя); ра́довати (кого-нибудь), возра́доватиса (возрадовать себя, т. е. возрадоваться самому); возвраща́ти (кого-нибудь), возвраща́тиса (самому). Напримѣръ: гд҃ь воцари́са, въ лѣпоту̀ ѡ҆блече́са (Прокименъ).

Мѣстоименіе са при возвратномъ залогѣ имѣетъ значеніе прямого дополненія.

4) *Взаимный* залогъ выражаетъ взаимное дѣйствіе двухъ или нѣсколькихъ предметовъ. Собственная форма взаимнаго залога есть возвратная (т. е. съ -са), обычно производимая отъ глаголовъ переходныхъ, но -са въ данномъ случаѣ не имѣетъ значенія прямого дополненія: цѣлова́ти (кого-нибудь), цѣлова́тиса, *привѣтствовать* (съ кѣмъ-нибудь); бра́ти (бороть кого-нибудь), бра́тиса (съ кѣмъ-нибудь); препрѣ́ти (кого-нибудь), препира́тиса (съ кѣмъ-нибудь): мно́жицею бра́шаса (боролись) со мно́ю ѿ ю҆́ности моеѧ̀ (Псал. 128, 1); со звѣ́ремъ бора́хса во є҆фе́сѣ (I Кор. 15, 32); пра́хуса же между̀ собо́ю жи́дове (Іоан. 6, 52). Сзира́хуса у҆́бо между̀ собо́ю у҆ченицы̀ (Іоан. 13, 22).

Нѣкоторые глаголы непереходные (безъ -са) могутъ имѣть значеніе взаимнаго залога; напр.: бесѣ́довати (съ кѣмъ-нибудь); и҆ совѣ́това съ людьмѝ (2 Пар. 20, 21).

5) Къ *среднему* залогу относятся всѣ глаголы непереходные, какъ съ -са, такъ и безъ -са, напр.: ходи́ти, спа́ти, свѣти́тиса. Къ среднему залогу нужно отнести и глаголы не употребляющіеся безъ са, напримѣръ: смѣѧ́тиса, боѧ́тиса. надѣ́ѧтисяи др.. а так-

же глаголы сжа́лити сѧ, стужа́ти сѧ, жа́лити сѧ, употребляющіеся только съ возвратнымъ мѣстоименіемъ сѧ вмѣсто -сѧ, напр.: сжа́лиша сѧ ѕѣлѡ̀ (Мѳ. 18, 31); и҆ не стужа́ти (сѧ), Лк. 18, 1; не стужа́ти сѧ въ ско́рбехъ мои́хъ (Еф. 3, 13); жа́лѧще сѧ (Дѣян. 4, 1).

Виды глагола.

§ 74. Глаголы въ церковно-славянскомъ языкѣ, какъ и въ русскомъ, различаются по видамъ.

Глаголы, представляющіе дѣйствіе въ процессѣ совершенія, называются глаголами *несовершеннаго вида*, напримѣръ: писа́ти — писа́хъ, твори́ти — твори́хъ.

Глаголы, въ которыхъ подчеркивается моментъ завершенія или моментъ начинанія дѣйствія, называются глаголами *совершеннаго вида*; напримѣръ: и҆ другі́й ѹ҆чени́къ течѐ скорѣ́е петра̀, и҆ прїи́де пре́жде ко гро́бу (Іоан. 20, 4), въ прїи́де подчеркивается моментъ завершенія дѣйствія; сѐ и҆зы́де сѣ́ѧй сѣ́ѧти (Мр. 4, 3), въ и҆зы́де подчеркивается моментъ начинанія дѣйствія.

Глаголы совершеннаго вида съ суффиксомъ -ну выражаютъ мгновенное или однократное дѣйствіе; у этихъ глаголовъ моменты начала и завершенія дѣйствія совпадаютъ въ одномъ моментѣ, напримѣръ: посѣка́ти — ѹ҆сѣкну́ти: Слы́шавъ же и҆́рѡдъ речѐ, ꙗ҆́кѡ, є҆го́же а҆́зъ ѹ҆сѣкну́хъ і҆ѡа́нна, то́й є҆́сть (Мр. 6, 16); разсла́бленнаѧ ва́ша стѧгну́хъ (Вел. Пятн. 3-й ч.).

Въ глаголахъ несовершеннаго вида не подчеркивается наличіе этого момента, т. е. завершеніе или начало дѣйствія, хотя контекстъ иногда и указываетъ на завершенность дѣйствія, напр.: Ѿвѣща̀ пїла́тъ: є҆́же писа́хъ, писа́хъ (Іоан. 19, 22. Ср. въ русскомъ текстѣ: "что я написалъ, то написалъ"); Писа́хъ ва́мъ въ посла́нїи, не примѣша́тисѧ блудникѡ́мъ (I Кор. 5, 9. Въ русскомъ текстѣ также: "Я писалъ вамъ въ посланіи...") Посланіе было написано и отослано: слѣдовательно, въ данномъ случаѣ дѣйствіе было закончено.

Отсюда — несовершенный видъ вовсе не обозначаетъ всегда, что дѣйствіе не закончено; но что въ глаголахъ несовершеннаго вида не подчеркивается моментъ завершенія (начало или конецъ) дѣйствія, а указывается лишь наличіе факта.

Глаголы совершеннаго вида не имѣютъ настоящаго времени, но имѣютъ будущее простое: пишу́ (наст. вр.), напишу́ (будущ. простое).

§ 75. Почти всѣмъ глаголамъ свойственны соотносительныя пары вида несовершеннаго и совершеннаго.

Глаголы совершеннаго вида большей частью образуются при помощи приставокъ отъ глаголовъ вида несовершеннаго, напр.: писа́ти — написа́ти, ѧ́ти — прїѧ́ти, дѣ́лати — содѣ́лати и т. д.

Глаголы совершеннаго и несовершеннаго вида различаются также противоположеніемъ суффиксовъ: у глаголовъ совершеннаго вида: суффиксы -н, -е, -нꙋ или отсутствіе суффикса у глаголовъ несовершеннаго вида: суффиксы -а, -ѧ, -ва:

роди́ти — ражда́ти	погибнꙋ́ти — погиба́ти
рѣши́ти — рѣша́ти	засо́хнꙋти — засыха́ти
прости́ти — проща́ти	совлеци́ — совлека́ти
плѣни́ти — плѣнѧ́ти	влѣзти — влѣза́ти
ꙋмрѣ́ти — ꙋмира́ти	ꙋспѣ́ти — ꙋспѣва́ти
	бы́ти — быва́ти и т. д.

§ 76 Отъ приставочныхъ глаголовъ совершеннаго вида при помощи суффиксовъ -ыва- (-ива-), -ва-, -а-, -ѧ-, а иногда и -ова- (-ева-) могутъ быть образованы глаголы несовершеннаго вида. Ихъ можно назвать глаголами несовершеннаго вида *вторичнаго* образованія, напримѣръ:

несоверш. в.	соверш. в.	несоверш. в. (2)
писа́ти	переписа́ти	переписываати
	написа́ти	написоваати
молча́ти	помолча́ти	помолчеваати
би́ти	разби́ти	разбиваати
грѣ́ти	согрѣ́ти	согрѣваати
грꙋзи́ти	погрꙋзи́ти	погрꙋжа́ти
зна́ти	позна́ти	познаваати
ши́ти	сши́ти	сшива́ти.

Глаголы несовершеннаго вида вторичнаго образованія въ зависимости отъ употребленія могутъ имѣть оттѣнокъ усиленной длительности или значеніе повторяющагося дѣйствія, напримѣръ: Написова́шесѧ иногда̀ со ста́рцемъ і҆ѡ́сифомъ (Тропарь 24 дек.); сшива́ше ко́жныѧ ри́зы грѣхꙋ̀ мнѣ̀ (Вел. Кан. п. 2-я); человѣ́къ же выразꙋмѣва́ше ю҆̀: и҆ помолчева́ше, да ѡ҆у҆разꙋмѣ́етъ (Быт. 24, 21).

§ 77 Нѣсколько безприставочныхъ глаголовъ, обозначающихъ движеніе, образуютъ двойныя формы несовершеннаго вида:

вестѝ — води́ти	и҆тѝ — ходи́ти
нестѝ — носи́ти	летѣ́ти — лета́ти
плы́ти — пла́вати	и нѣкотор. др.

Первые глаголы обозначаютъ дѣйствіе *опредѣленное*, напр.: вестѝ или нестѝ что-нибудь въ опредѣленномъ направленіи. Вторые глаголы обозначаютъ дѣйствіе *неопредѣленное*, напримѣръ: водити или носити выражаютъ дѣйствіе вообще, безъ указанія направленія дѣйствія.

Принимая приставку, глаголы несовершеннаго вида съ опредѣленнымъ дѣйствіемъ переходятъ въ совершенный видъ (изыиду — изыидꙋ), а глаголы съ неопредѣленнымъ дѣйствіемъ остаются глаголами несовершеннаго вида (исходити — исхождꙋ): ѿ дней до дней исхождахꙋ дщери і҆и҃лєвы плакати ѿ дщери і҆ефѳ́а̑є галаадитина четыри дни въ лѣтѣ (Суд. 11, 40).

Наклоненія и времена.

§ 78. *Наклоненіемъ* называется грамматическая категорія, выражающая отношеніе дѣйствія, обозначеннаго глаголомъ, къ дѣйствительности.

Въ церковно-славянскомъ языкѣ различаются пять наклоненій: неопредѣленное, изъявительное, сослагательное, повелительное и желательное.

Неопредѣленное наклоненіе является отвлеченной формой глагола и обозначаетъ лишь дѣйствіе безотносительно: твори́ти, писа́ти.

Изъявительное наклоненіе обозначаетъ дѣйствіе какъ вполнѣ реальное: оно устанавливаетъ наличіе дѣйствія во времени (настоящемъ, прошедшемъ или будущемъ) или же при помощи отрицательныхъ частицъ не и ни отрицаетъ его: Хожда́ста роди́тєлѧ є҆гѡ̀ на всѧ́ко лѣ́то во і҆ерⷭ҇ли́мъ (Лук. 2, 41).

Сослагательное наклоненіе выражаетъ дѣйствіе предполагаемое и обуславливаемое какими-нибудь обстоятельствами, обозначая въ однихъ случаяхъ потенціальность, а въ другихъ ирреальность дѣйствій: А҆ще бы́сте вѣ́ровали мѡѷсе́ови, вѣ́ровали бы́сте ѹ҆̀бѡ и҆ мнѣ̀ (Іоан. 5, 46).

Повелительное наклоненіе выражаетъ волю говорящаго — просьбу, повелѣніе или побужденіе къ совершенію дѣйствія: Потщи́сѧ себѐ и҆скꙋ́сна поста́вити пред̾ бг҃омъ (II Тим. 2, 15).

Желательное наклоненіе выражаетъ желаніе, намѣреніе или цѣль лица говорящаго: Да и҆сповѣ́дѧтсѧ гдⷭ҇еви ми́лѡсти є҆гѡ̀ (Пс. 106, 15).

Изъявительное наклоненіе имѣетъ слѣдующія времена:
1) Настоящее время.
2) Будущія времена:
   простое (совершеннаго вида),
   сложное (несовершеннаго вида).

3) Прошедшія времена:

        аористъ,

        имперфектъ (преходящее),

        перфектъ (прошедшее совершенное),

        плюсквамперфектъ (давнопрошедшее).

Спряженіе глаголовъ.

Общія свѣдѣнія.

§ 79. Глагольныя формы образуются отъ двухъ основъ: основы неопредѣленнаго наклоненія и основы настоящаго времени. Основу неопредѣленнаго наклоненія получаемъ, если отъ формы неопредѣленнаго наклоненія отбросимъ окончаніе -ти; напримѣръ: дѣла-ти, люби-ти, нес-ти — основа неопредѣленнаго наклоненія будетъ: дѣла-, люби-, нес-. Основу настоящаго времени получаемъ, если отъ формы 3-го лица множ. числа настоящаго времени (или будущаго простого) отбросимъ личное окончаніе -ѹтъ (ютъ) или -атъ (ѧтъ), причемъ, если окончаніе -ютъ или -ѧтъ слѣдуютъ за гласной, то ј, находящійся въ составѣ буквъ ю и ѧ, должно отнести къ основѣ; напримѣръ: дѣлај-ѹтъ, люб'-ѧтъ *), нес-ѹтъ — основа настоящаго времени будетъ: дѣлај- люб'- нес-.

Примѣчаніе. Основы неопредѣленнаго наклоненія и настоящаго времени могутъ совпадать, напримѣръ: нес-ти и нес-ѹтъ.

Отъ основы неопредѣленнаго наклоненія образуются формы прошедшихъ временъ и причастій прошедшаго времени; отъ основы настоящаго времени образуются формы настоящаго времени (будущаго простого), повелительнаго наклоненія и причастій настоящаго времени.

§ 80. По образованію формъ настоящаго времени (и будущаго простого) и формъ, производныхъ отъ нихъ, глаголы дѣлятся на два спряженія: глаголы, имѣющія передъ личными окончаніями (кромѣ 1-го лица ед. числа и 3-го лица множ. числа) соединительную гласную -е-, относятся къ *1-му спряженію*, напримѣръ: писа-ти — пиш-е-ши; глаголы, имѣющіе предъ личными окончаніями соединительную гласную -и-, относятся ко *2-му спряженію*, напр.: ходи-ти — ход-и-ши.

Глаголы 1-го спряженія дѣлятся на двѣ группы:

а) *1-е несмягченное спряженіе*: глаголы, у которыхъ основа въ 1-мъ лицѣ единств. числа и въ 3-мъ лицѣ множ. числа окан-

---

    *) ' знакъ мягкости.

ливается на твердый согласный: нес-ૠ — нес-ૠтъ, вед-ૠ — вед-ૠтъ,
тек-ૠ — тек-ૠтъ, мог-ૠ — мо́г-ૠтъ, двигн-ૠ — двигн-ૠтъ.

б) *1-е смягченное спряженіе*: глаголы, у которыхъ во всѣхъ
формахъ въ концѣ основы настоящаго времени появляется ј; при-
чемъ, если ј оказывается послѣ согласнаго, то въ результатѣ смяг-
ченія бываетъ чередованіе согласныхъ; при чередованіи ј погло-
щается шипящимъ:

писа́-ти — пиш-ૠ (изъ писј-ૠ) — пи́ш-ешн
пла́ка-ти — плач-ૠ (изъ плакј-ૠ) — пла́ч-ешн
глаго́ла-ти — глаго́л-ю (изъ глаголј-ૠ) — глаго́л-ешн
йгра́-ти — йгра́-ю (изъ йграј-ૠ) — йгра́-ешн
дѣ́ла-ти — дѣ́ла-ю (изъ дѣлај-ૠ) — дѣ́ла-ешн

Во 2-мъ спряженіи въ концѣ основы 1-го лица единств. числа
настаящаго времени всегда появляется ј, передъ которымъ про-
исходитъ чередованіе согласныхъ:

носи́-ти — нош-ૠ (изъ носј-ૠ), но но́с-ишн
люби́-ти — любл-ю́ (изъ любј-ૠ), но лю́б-ишн
૪ди́-ти — ૬૪жд-ૠ (изъ ૬૪дј-ૠ), во ૬૪д-ишн.

Личныя окончанія настоящаго времени:

<table>
<tr><td>1-е спряженіе.</td><td>2-е спряженіе.</td></tr>
</table>

Единственное число.

	1-е спряженіе	2-е спряженіе
1-е	-ૠ (ю)	-ૠ (ю)
2-е	-е-шн	-н-шн
3-е	-е-тъ	-н-тъ

Двойственное число.

	1-е спряженіе	2-е спряженіе
1-е	-е-ва (вѣ)	-н-ва (вѣ)
2-е / 3-е	-е-та (тѣ)	-н-та (тѣ)

Множественное число.

	1-е спряженіе	2-е спряженіе
1-е	-е-мъ	-н-мъ
2-е	-е-те	-н-те
3-е	-ૠтъ (ютъ)	-атъ (атъ)

1-е и 2-е спряженія имѣютъ между собою еще слѣдующее
различіе:
3-е лицо множ. числа 1-го спряж. имѣетъ окончаніе -ૠтъ (ютъ),
3-е лицо множ. числа 2-го спряж. имѣетъ окончаніе -атъ (атъ).

Примѣчаніе: По указаннымъ признакамъ не всегда можно точно опредѣлить къ какому спряженію относится глаголъ, такъ какъ «и» и «е» передъ личными окончаніями, если на нихъ не падаетъ удареніе, произносятся неясно; но по основѣ неопредѣленнаго наклоненія можно опредѣлить болѣе точно:

а) Ко 2-му спряженію относятся тѣ глаголы, основа которыхъ оканчивается на:

1) н-ти — ходи́-ти, ходи́-ши (но первообразные относятся къ первому спряженію: би́-ти, бі́-е-ши).

2) ѣ-ти, при условіи, если ѣ выпадаетъ при спряженіи настоящаго времени: видѣ́-ти, ви́жд-ꙋ, ви́ди-ши (но красне́-ти, красне́-ю, а также первообразныя (пѣ-ти) относятся къ 1-му спряженію).

3) а-ти, съ предыдущею шипящею, при условіи, если а выпадаетъ при спряженіи настоящаго времени: стꙋча́-ти, стꙋчи́-ши (но велича́-ти, велича́-ю, велича́-е-ши, и первообразныя (жа-ти), — относятся къ 1-му спряженію)

Ко 2-му спряженію относятся также: сто-я́-ти, бо-я́-тисѧ.

б) Всѣ прочіе глаголы относятся къ 1-му, спряженію ,— лишь немногіе глаголы отступаютъ отъ этого правила и имѣютъ однѣ формы по 1-му спряженію, другія — по 2-му. Такіе глаголы называются **разноспрягаемыми**.

Личныя окончанія двойствен. числа измѣняются по родамъ: -ва (1-е л.) и -та (2-е и 3-е л.) являются окончаніями для муж. р.; -вѣ (1-е л.) и -тѣ (2-е и 3-е л.) — для женскаго и сред. родовъ, впрочемъ, средній родъ можетъ принимать также окончаніе и муж. рода. Эти окончанія имѣютъ то же значеніе не только въ настоящемъ времени, но и въ прошедшихъ временахъ: аористѣ и имперфектѣ. Примѣры: Да́выорх и ермѡ́нх ѿ и́мени твое́мх возра́дꙋетасѧ (наст. вр.), Псал. 88, 13; ꙗ́кѡ ви́дѣстѣ (та) (аористъ) ѻ́чи мои́ (Лук. 2, 30); є҆гда́ же ида́стѣ (аористъ) возвѣсти́ти ꙋ҆чени-кѡ́мх є҆гѡ̀, и҆ сѐ і҆и̃сх срѣ́те ѧ҆ глаго́ла: ра́дꙋйтесѧ. Ѻ҆нѣ̀ же пристꙋпль-ше, ꙗ҆́стѣсѧ за но́зѣ є҆гѡ̀, и҆ поклони́стѣсѧ (аор.) є҆мꙋ̀ (Матѳ. 28, 9).

§ 81. Кромѣ основного спряженія глаголовъ, есть нѣсколько глаголовъ, которые относятся къ *архаическому* спряженію. У этихъ глаголовъ личныя окончанія присоединяются прямо къ корню, безъ соединительной гласной. Эти глаголы слѣдующіе: бы́-ти, да-ти, ꙗ́с-ти, вѣ́дѣ-ти, и҆ма́-ти.

Глаголъ бы́ти имѣетъ большое употребленіе, такъ какъ является вспомогательнымъ глаголомъ въ сложныхъ глагольныхъ формахъ.

Спряженіе вспомогательнаго глагола бы́ти.
Изъявительное наклоненіе.

Единственное число.

настоящ. вр.	будущ. прост.	будущее сложное.	
1. е҆́смь	бѹ́дѹ	хощѹ̀	
2. е҆сѝ	бѹ́деши	хо́щеши	бы́ти
3. е҆́сть	бѹ́детъ	хо́щетъ	

Двойственное число.

1. е҆свà, -ѣ̀	бѹ́дева, -ѣ̀	хо́щева, -ѣ̀	
2. е҆стà, -ѣ̀	бѹ́дета, -ѣ̀	хо́щета, -ѣ̀	бы́ти
3. е҆стà, -ѣ̀	бѹ́дета, -ѣ̀	хо́щета, -ѣ̀	

Множественное число.

1. е҆смы̀	бѹ́демъ	хо́щемъ	
2. е҆стѐ	бѹ́дете	хо́щете	бы́ти
3. сѹ́ть	бѹ́дѹтъ	хотѧ́тъ	

Изъявительное наклоненіе.

Единственное число.

	аористъ	имперфектъ
	соверш. вида несоверш. вида	(преходящее)
1.	бы́хъ бѣ́хъ	бѧ́хъ
2.	бы́сть (бы̀) бѣ̀	бѧ́ше
3.	бы́сть (бы̀) бѣ̀	бѧ́ше

Двойственное число.

1.	бы́хова, -ѣ̀ бѣ́хова, -ѣ̀	бѧ́хова, -ѣ̀
2.	бы́ста, -ѣ̀ бѣ́ста, -ѣ̀	бѧ́ста, -ѣ̀
3.	бы́ста, -ѣ̀ бѣ́ста, -ѣ̀	бѧ́ста, -ѣ̀

Множественное число.

1.	бы́хомъ бѣ́хомъ	бѧ́хомъ
2.	бы́сте бѣ́сте	бѧ́сте
3.	бы́ша бѣ́ша	бѧ́хѹ

Изъявительное наклоненіе.

Единственное число.

	перфектъ		плюсквамперфектъ	
	(прошедшее совершенное)		(давнопрошедшее)	
1.		е҆́смь		бѣ́хъ (бѧ́хъ)
2.	бы́лъ, -à, -о	е҆сѝ	бы́лъ, -à, -о	бѣ̀
3.		е҆́сть		бѣ̀

Двойственное число.

1.		є́сва̀, -ѣ			бѣ́хова, -ѣ
2.	бы́ла, -н	є́ста̀, -ѣ	бы́ла, -н		бѣ́ста, -ѣ
3.		є́ста̀, -ѣ			бѣ́ста, -ѣ

Множественное число.

1.		є́смы̀			бѣ́хомъ
2.	бы́ли	є́стѐ	бы́ли		бѣ́сте
3.		сꙋ́ть			бѣ́ша

Единственное число.

Повелительное н. Сослагательное н. Желательное н.

1.				бы́хъ	да бꙋ́дꙋ
2.	бꙋ́ди	бы́лъ, -а̀, -о		бы̀	да бꙋ́дешн
3.	бꙋ́ди			бы̀	да бꙋ́детъ

Двойственное число.

1.	бꙋ́днва, -ѣ			бы́хова, -ѣ	
2.	бꙋ́днта, -ѣ	бы́ла, -н		бы́ста, -ѣ	и т. д.
3.				бы́ста, -ѣ	

Множественное число.

1.	бꙋ́демъ			бы́хомъ
2.	бꙋ́дите	бы́ли		бы́сте
3.				бы́ша

Неопредѣленное наклоненіе: бы́ти.

Причастія:

настоящ. времени	прошедш. вр.
краткое: сы́й*, сꙋ́щн, сꙋ́ще	краткое: бы́въ, бы́вшн, бы́вше
полное: сы́й, сꙋ́щаа, сꙋ́щее	полное: бы́вый, бы́вшаа, бы́вшее

прошедш. вр. на -лъ (несклоняемое).

бы́лъ, была̀, бы́ло

Примѣчанія къ таблицѣ спряженія глагола бы́ти.

1-е лицо двойственнаго числа настоящаго времени имѣетъ еще и другое окончаніе -ма (мѣ), и возможно, что это окончаніе вытѣснило -ва (вѣ), напримѣръ: а́зъ и ѻ҆ц҃ъ є҆ди́но є҆сма̀ (Iн. 10, 30); мꙋ́жїе, что̀ сїѧ̀ творитѐ; и҆ мы̀ подобострꙋ́стна є҆сма̀ ва́мъ человѣ́ка (Дѣян. 14, 15).

Если при формахъ настоящаго времени находится отрицаніе не, оно сливается съ ними, образуя слитныя формы, кромѣ 3-го

---

*) Краткая форма сы не употребляется въ современномъ церковно-славянскомъ языкѣ.

лица множ. числа, напримѣръ: нѣсмь, нѣси, нѣсть и т. д., но не сꙋть.

Формы ёси, ёсть, послѣ вопросительныхъ мѣстоимѣній ктò, чтò и нарѣчія гдѣ̀ довольно часто бываютъ энклитическими, напримѣръ: Чтò ёсть сïè; (Мр. 1, 27); Ктò ёсть сéй цр҃ь слáвы; (Псал. 23, 8); ты̀ ктò ёси; (Іоан. 1, 19); гдѣ̀ ёсть ѻ̑би́тель; (Лук. 22, 11).

Формы какъ отъ бы́хъ такъ и отъ бѣ́хъ являются формами аориста, только формы отъ бы́хъ — совершеннаго вида, а формы отъ бѣ́хъ — несовершеннаго. 2-мъ и 3-мъ лицомъ отъ бы́хъ является бы́сть; форма бы̀ употребляется только при сослагательномъ наклоненіи. Формы отъ бы́хъ могутъ сочетаться съ приставками: пребы́хъ, пребы́сть, забы́хъ и т. д.

Формы имперфекта обычно встрѣчаются въ 3-мъ лицѣ: бѧ́ше, бѧ́ста (тѣ), бѧ́хꙋ, а прочія формы, повидимому, мало употребительны, если только вообще встрѣчаются *). Иногда встрѣчаются формы имперфекта отъ основы бѣ: бѣ́ше, бѣ́хꙋ, напримѣръ: и̑ согнꙋ́въ кни́гꙋ, ѿдáвъ слꙋзѣ̀, сѣ́де: и̑ всѣ́мъ въ сóнмищи ѻ̑́чи бѣ́хꙋ зрѧ́ше нáнь (Лук. 4, 20).

Изъявительное наклоненіе.

Настоящее время.

§ 82. Сравнительно съ основой неопредѣленнаго наклоненія, въ основѣ настоящаго времени происходятъ слѣдующія измѣненія:

1) Конечный согласный корня глаголъ первообразныхъ, если онъ измѣнился передъ окончаніемъ -ти, въ основѣ настоящаго времени принимаетъ свой первоначальный видъ: вес-тѝ (вм. вед-тѝ) — вед-ꙋ̀; тещѝ (вм. тек-тѝ) — тек-ꙋ̀; мощѝ (вм. мог-тѝ) — мог-ꙋ̀.

2) Если передъ -ти находится ѧ (или а послѣ шипящихъ) въ значеніи юса, то онъ передъ окончаніями настоящаго времени распадается на гласный и согласный: ꙗ̑-ти — ё́мл-ю; клѧ́-ти — клен-ꙋ̀; жѧ́-ти — жн-ꙋ̀ (вм. жьн-ꙋ̀).

3) У глаголъ на -ов-а-ти, -ев-а-ти: -ов- и -ев- переходятъ въ основѣ настоящаго времени въ ꙋ, ю: бесѣ́д-ов-а-ти — бесѣдꙋ́-ю, бесѣ́дꙋ-ешн; ѹ̑́трен-ев-а-ти — ѹ̑́треню-ю, ѹ̑́треню-ешн.

4) У глаголъ съ суффиксомъ -нꙋ-, н сохраняется въ основѣ настоящаго времени: сóхнꙋ-ти — сóхн-ꙋ, сóхн-ешн.

_____
*) См. H. Lunt 9. 6, стр. 87.

Примѣчаніе: Нѣкоторые глаголы въ неопредѣленномъ наклоненіи могутъ и не имѣть суффикса -н8-, но въ настоящемъ или будущемъ простомъ суффиксъ -н- удерживаютъ: дѣ-ти, ста́-ти, сты́-ти — дѣ-н-8, ста́-н-8, сты́-н-8.

Спряженіе настоящ. времени.

нес-ти̏	пис-а́-ти	люб-и́-ти	вел-ѣ́-ти	с8д-и́-ти

Единственное число.

1.	нес-8	пиш-8	любл-ю̀	вел-ю̀	с8жд-8
2.	нес-е́-ши	пиш-е-ши	люб-и-ши	вел-и́-ши	с8д-и-ши
3.	нес-е́-тъ	пиш-е-тъ	люб-и-тъ	вел-и́-тъ	с8д-и-тъ

Двойственное число.

1.	нес-е́-ва, -ѣ	пиш-е-ва, -ѣ	люб-и-ва, -ѣ	вел-и́-ва, -ѣ	с8д-и-ва, -ѣ
2. 3. }	нес-е́-та, -ѣ	пиш-е-та, -ѣ	люб-и-та, -ѣ	вел-и́-та, -ѣ	с8д-и-та, -ѣ

Множественное число.

1.	нес-е́-мъ	пиш-е-мъ	люб-и-мъ	вел-и́-мъ	с8д-и-мъ
2.	нес-е́-те	пиш-е-те	люб-и-те	вел-и́-те	с8д-и-те
3.	нес-8тъ	пиш-8тъ	люб-а́тъ	вел-а́-тъ	с8д-а́тъ

Измѣненіе конечныхъ согласныхъ основы.

§ 83. Гортанные г и к въ глаголахъ 1-го несмягченнаго спряженія, передъ соединительной гласной е смягчаясь, чередуются съ шипящими ж, ч (§ 11): тек-8 — теч-е́ши; мог-8 — мо́ж-еши; лг-8 — лж-е́ши (не лг8, Гал. 1, 20; но лг8тъ, Апок. 3, 9), въ будущемъ же простомъ со смягченной основой: солж-8 (Псал. 88, 36), со́лж-8тъ (Псал. 65, 3).

Въ 1-мъ смягченномъ спряженіи во всѣхъ формахъ и во 2-мъ спряженіи въ 1-мъ лицѣ, въ результатѣ смягченія конечнаго согласнаго основы (§ 80), происходятъ слѣдующія чередованія согласныхъ:

а) Губныхъ: б — бл, п — пл, в — вл, м — мл:

1-е спр.	2-е спр.
гиба́-ти — ги́блю, ги́блеши	люби́-ти — люблю́, лю́бнши
сыпа-ти — сы́плю, сы́плеши	к8пи́-ти — к8плю́, к8пнши
дрема́-ти — дре́млю, дре́млеши	лови́-ти — ловлю́, ло́внши
	ломи́-ти — ломлю́, ло́мнши

б) Зубныхъ: д — жд, т — щ, з — ж, с — ш:

1-е спр.

стра́да-ти — стра́ждꙊ, стра́ждеши
трепета́-ти — трепе́щꙊ, трепе́щеши
ма́за-ти — ма́жꙊ, ма́жеши

2-е спр.

сꙊди́-ти — сꙊждꙊ, сꙊди́ши
свѣти́-ти — свѣщꙊ, свѣти́ши
носи́-ти — ношꙊ, но́сиши
вози́-ти — вожꙊ, во́зиши

в) Гортанныхъ: к — ч, г — ж, х — ш:

1-е спр.

а́лка́-ти — а́лчꙊ, а́лчеши
строга́-ти — стрꙊжꙊ, стрꙊжеши
и҆зсыха́-ти — и҆зсышꙊ, и҆зсышетъ (Іоан. 15, 6).

Во 2-мъ спряженіи гортанные въ концѣ корня, смягченные въ шипящіе въ неопредѣленномъ наклоненіи (крича́ти изъ крикѣ́ти), сохраняютъ таковой видъ во всѣхъ формахъ настоящаго времени, поскольку они смягчаются также и передъ ј и н: крича́-ти (крик-) — кричꙊ, кричи́ши; лежа́-ти (лег-) — лежꙊ, лежи́ши; слыша-ти (слы́х-) — слышꙊ, слы́шиши.

г) Въ слѣдующихъ сочетаніяхъ: ст — щ, ск — щ, зд — жд, здн — ждн, зн — жн, тв — цвл, сл — шл:

1-е спряж.

риста́-ти — рищꙊ, ри́щеши; и҆ска́-ти — и҆щꙊ, и҆щеши;

2-е спряж.

возвѣсти́-ти — возвѣщꙊ, возвѣсти́ши
пригвозди́-ти — пригвождꙊ, пригвозди́ши
оу҆праздни́-ти — оу҆праждню̀, оу҆праздни́ши
соблазни́-ти — соблажню̀, соблазни́ши
оу҆мертви́-ти — оу҆мерцвлю̀, оу҆мертви́ши
мы́сли-ти — мышлю̀, мы́слиши

Примѣчаніе: Отъ посла́ти — формы безъ смягченія: послю̀ (Іоан. 15, 26), по́слетъ (Іоан. 14, 26), такъ какъ въ др.-слав. посъла́ти, хотя въ русскомъ яз.: пошлю, пошлешь).

Будущее время.

Будущее простое.

§ 84. Будущее простое морфологически ничѣмъ не отличается отъ настоящаго времени. Различіе состоитъ лишь въ видахъ глагола: глаголы совершеннаго вида имѣютъ значеніе будущаго времени, напримѣръ: хвали́ти — хвалю̀ — настоящее время, похвали́ти — похвалю̀ — будущее простое; нести́ — несꙊ — настоящее время, понести́ — понесꙊ — будущее простое.

Въ древне-славянскомъ языкѣ различіе между настоящимъ временемъ и будущимъ простымъ опредѣлялось, повидимому, не только видомъ, но также и контекстомъ (особенно при употребленіи нѣкоторыхъ глаголовъ), и это обстоятельство было причиной тому, что видъ въ подобныхъ случаяхъ не всегда точно соблюдался. Нѣкоторая неточность въ употребленіи видовъ осталась даже и въ современномъ (исправленномъ) текстѣ Евангелія, напримѣръ: воста́вꙋ идꙋ́ (вм. пойдꙋ́) ко ѻ҆ц҃ꙋ̀ моемꙋ̀, и҆ рекꙋ̀ є҆мꙋ̀ (Лук. 15, 18); є҆гда́ же состарѣ́ешисѧ, воздѣ́жеши рꙋцѣ̀ твои́, и҆ и҆́нꙋ тѧ̀ поѧ́шетꙋ (вм. препоѧ́шетꙋ) и҆ ведетꙋ (вм. поведетꙋ), а҆́може не хо́щеши (Іоан. 21, 18); оу҆гото́вай, что̀ вечерѧ́ю (вм. повечерѧ́ю) (Лук. 17, 8).

Удареніе во 2 л. мн. ч. часто переносится на конецъ: и҆̀мже Ѿпꙋ́стите* грѣхи́, Ѿпꙋ́стѧтсѧ и҆́мꙋ: и҆ и҆̀мже держитѐ,* держа́тсѧ (Іоан.

Будущее сложное.   20, 23).

§ 85. Будущее сложное состоитъ изъ глаголовъ въ неопредѣленномъ наклоненіи въ сочетаніи съ личными формами вспомогательныхъ глаголовъ и҆́мамꙋ, хощꙋ̀, начнꙋ̀; напримѣръ: є҆гда̀ и҆́мꙋтꙋ* всѧ̑ сїѧ̑ сконча́тисѧ* (Марк. 13, 4); что̀ ми хо́щете* да́ти*, и҆ а҆́зꙋ ва́мꙋ преда́мꙋ є҆го̀; (Матѳ. 26, 15); вси́ ви́дѧщїи начнꙋ́тꙋ* рꙋга́тисѧ* є҆мꙋ̀ (Лук. 14, 29).

Будущее сложное имѣетъ значеніе несовершеннаго вида.

1.	и҆́мамꙋ	нести́	и҆́мава, -ѣ	нести́	и҆́мамы	нести́
2.	и҆́маши	хвали́ти	и҆́мата, -ѣ	хвали́ти	и҆́мате	хвали́ти
3.	и҆́мать		и҆́мата, -ѣ		и҆́мꙋтꙋ	

Примѣчаніе: Звѣздочкой (*) обозначается разбираемая въ параграфѣ та или иная форма.

Прошедшія времена.

Аористъ.

§ 86. Аористъ образуется отъ основы неопредѣленнаго наклоненія слѣдующимъ образомъ:

1) Если основа неопредѣленнаго наклоненія оканчивается на гласный звукъ, то суффиксъ -х- присоединяется къ ней непосредственно: би́-ти — би́-х-ꙋ, глаго́ла-ти — глаго́ла-х-ꙋ; причемъ во 2-мъ и 3-мъ лицѣ единственнаго числа суффиксъ -х- отсутствуетъ и окончаніемъ является "чистая" основа неопредѣлен. наклоненія.

2) Если основа неопредѣленнаго наклоненія оканчивается на согласный звукъ, то суффиксъ -х- присоединяется къ ней при помощи соединительнаго гласнаго о: нес-ти́ — нес-о́-х-ꙋ, мощ-и́ — мог-о́-х-ꙋ. Формой 2-го и 3-го лица единственнаго числа является окончаніе -є, присоединяемое къ основѣ неопредѣленнаго накло-

ненія непосредственно, причемъ происходитъ смягченіе гортанныхъ звуковъ (г, к, х): ρєк-о́χ҃ъ — ρєч-є̀.

Окончанія аориста:

Если основа неопред. наклоненія оканчивается на гласн. зв.	Если основа неопред. наклоненія оканчивается на согласн. зв.
ед. ч. 1. -χ-ъ	-о-χ-ъ
2. —	-є
3. —	-є
дв. ч. 1. -χ-о-ва (вӓ)	-о-χ-о-ва (вӓ)
2. -є-та (тӓ)	-о-є-та (тӓ)
3. -є-та (тӓ)	-о-є-та (тӓ)
мн. ч. 1. -χ-о-мъ	-о-χ-о-мъ
2. -є-тє	-о-є-тє
3. -ш-а	-о-ш-а

Личныя окончанія -ва(вӓ) и -мъ присоединяются къ -χ- при помощи о.

Суффиксъ -χ- въ окончаніяхъ аориста чередуется съ -є- и -ш-.

Отъ глаголовъ съ суффиксомъ -нѵ- въ неопредѣленномъ наклоненіи образованіе аориста бываетъ со слѣдующей особенностью: если суффиксу -нѵ- предшествуетъ гласный звукъ, то -нѵ- сохраняется: мннѵ-ти — мннѵ-χ-ъ; если суффиксу -нѵ- предшествуетъ согласный звукъ, то возможно образованіе какъ съ сохраненіемъ этого суффикса, такъ и безъ него: двиг-нѵ-ти: двигнѵ-χ-ъ, двиг-о́-χ-ъ.

Аористъ можетъ быть образованъ какъ отъ глаголовъ совершеннаго вида, такъ и несовершеннаго: твори́-ти — твори́хъ, сотвори́-ти — сотвори́хъ; впрочемъ, отъ глаголовъ несовершеннаго вида вторичнаго образованія (§ 76) съ повторяющимся или длительнымъ значеніемъ аористъ не образуется.

О значеніи и употребленіи аориста и прочихъ прошедшихъ временъ см. синтаксисъ.

Спряженіе аориста:

нєє-тѝ	писа́-ти	люби́-ти	вєлѣ̈-ти
Единственное число.			
1. нєє-о́-χъ	писа́-хъ	люби́-хъ	вєлѣ̈-хъ
2. 3. } нєє-є̀	писа̀	любѝ	вєлѣ̈
Двойственное число.			
1. нєє-о́-χ-о-ва, -ѣ̈	писа́-χ-о-ва, -ѣ̈	люби́-χ-о-ва, -ѣ̈	вєлѣ̈-χ-о-ва, -ѣ̈
2. 3. } нєє-о́-є-та, -ѣ̈	писа́-є-та, -ѣ̈	люби́-є-та, -ѣ̈	вєлѣ̈-є-та, -ѣ̈

Множественное число.

1. нес-о́-х-о-мъ   писа́-х-о-мъ   люби́-х-о-мъ   велѣ́-х-о-мъ
2. нес-о́-с-те   писа́-с-те   люби́-с-те   велѣ́-с-те
3. нес-о́-ш-а   писа́-ш-а   люби́-ш-а   велѣ́-ш-а

Глаголы я́-ти, нача́-ти, ви-ти, пи-ти и кла-ти во 2-мъ и 3-мъ лицѣ аориста принимаютъ личное окончаніе -тъ: и҆ прїѧ́тъ* и҆лїа̀ ми́лоть свою̀ и҆ свитъ* ю҆ (IV Цар. 2, 8); и҆ воста̀, и҆ я҆дѐ и҆ пи́тъ* (III Цар. 19, 6, — форма эта сохранилась въ пареміи св. пророку Иліи, а въ Священномъ Писаніи... и҆ пѝ); ѿто́лѣ нача́тъ* і҆и҃съ проповѣ́дати (Матѳ. 4, 17); пришелъ е҆сѝ на зе́млю, ѿ дѣ́вы воплоще́нъ, и҆ распѧ́тїе прїѧ́тъ*, да на́съ свободи́ши ѿ рабо́ты вра́жїѧ: (Октоихъ, гл. 2-й, пятокъ утра на стиховнѣ).

Примѣча́ніе 1-е: Аористъ отъ глагола рещѝ наряду съ формами древняго образованія: рѣ́хъ, рѣ́ша, имѣетъ формы и новаго образованнія: реко́хъ, реко́ша, напримѣръ: тогда̀ рѣ́хъ: сѐ прїндꙋ̀ (Псал. 21, 8); я҆́кѡ рѣ́ша вразѝ моѝ мнѣ̀ (Псал. 70, 10); реко́ша чи҃стаѧ и҆ чтнꙋ̑ аѧ оу҆ста̀ (Служба Троицы, п. 1-я).

Примѣча́ніе 2-е: Аористъ ѡ҆жи́хъ имѣетъ 2-3 лицо ѡ҆живѐ (Лук. 15, 24).

Имперфектъ (преходящее).

§ 87. Формы имперфекта образуются отъ основы неопредѣленнаго наклоненія или настоящаго времени при помощи суффиксовъ -х-, -ах-, -ах-, которые образовались черезъ сліяніе отъ древне-славянскихъ суффиксовъ -ах-, -ѣах- (-аах-), -ꙗах-.

Окончанія имперфекта:

ед. ч.	1.	-хъ	-ах-ъ	-ах-ъ
	2.	-ш-е	-аш-е	-аш-е
	3.	-ш-е	-аш-е	-аш-е
дв. ч.	1.	-х-о-ва(вѣ)	-ах-о-ва(вѣ)	-ах-о-ва(вѣ)
	2.	-с-та(тѣ)	-ас-та(тѣ)	-ас-та(тѣ)
	3.	-с-та(тѣ)	-ас-та(тѣ)	-ас-та(тѣ)
мн. ч.	1.	-х-о-мъ	-ах-о-мъ	-ах-о-мъ
	2.	-с-те	-ас-те	-ас-те
	3.	-х-ꙋ	-ах-ꙋ	-ах-ꙋ

Формы имперфекта образуются слѣдующимъ образомъ:

1) Глаголы съ основой неопредѣленнаго наклоненія на суффиксы -а-, -ѧ-, -ѣ- или -и- образуютъ формы имперфекта отъ основы неопредѣленнаго наклоненія:

а) Къ основѣ неопредѣленнаго наклоненія на -а- или -ѧ- присоединяется суффиксъ -х-:

писа́-ти — писа́-х-ъ	оу҆мерцвла́-ти — оу҆мерцвла́-х-ъ
велича́-ти — велича́х-ъ	оу҆мола́-ти — оу҆мола́-х-ъ
скончава́-ти — скончава́-х-ъ	оу҆пражднѧ́-ти — оу҆пражднѧ́-х-ъ*)
пригвожда́-ти — пригвожда́-х-ъ	сѣ́-ти — сѣ́-х-ъ
оу҆трѹжда́-ти — оу҆трѹжда́-х-ъ	вопїѧ́-ти — вопїѧ́-х-ъ

Формы имперфекта на ѧ-х-ъ, ввиду усѣченнаго суффикса (-х-вм. -ах-), очень сходны съ формами аориста (кромѣ 2-3 л. ед. ч. и 3 л. мн. ч.). Различіе ихъ можетъ быть опредѣлено слѣдующимъ образомъ: имперфектъ можно узнать по синтаксическому строю рѣчи (см. синтаксисъ) и, кромѣ того, отъ глаголовъ несовершеннаго вида вторичнаго образованія (§ 76) могутъ быть образованы только формы имперфекта, напримѣръ:

напита́-ти — напита́-хъ (аор.), напитава́-ти — напитава́-хъ (имп.); закла́-ти — закла́-хъ (аористъ), закала́-ти — закала́-хъ (имперф.): й приведо́ша но́щїю всѧ̀ лю́дїе своѐ кі́ӂждо, є҆́же и҆ма́ше въ рѹцѣ̀ свое́й, й закала́хѹ та́мѡ (I Цар. 14, 34).

б) Глаголы съ основой въ неопредѣленномъ наклоненіи на суффиксъ -ѣ- принимаютъ суффиксъ -ах-, причемъ, ѣ и ах сливаясь, даютъ ѧх:

боле́-ти — (болѣ-ах-ъ) — бола́хъ
стыдѣ́-тисѧ — (стыдѣ-ахсѧ) — стыда́хсѧ
щадѣ́-ти — (щадѣ-ах-ъ) — щада́хъ
хотѣ́-ти — (хотѣ-ах-ъ) — хота́хъ

в) Къ основѣ неопредѣленнаго наклоненія на -и- присоединяется суффиксъ -ах-, причемъ, -и- основы переходить въ j, передъ которымъ происходитъ обычное чередованіе согласныхъ, если j оказывается послѣ шипящаго, то поглощается имъ:

моли́-ти — мол-ах-ъ (изъ молj-ах-ъ)
мы́сли-ти — мы́шл-ах-ъ**)
блазни́-тисѧ — блажна́х-сѧ
ходи́-ти — хожд-а́х-ъ
вози́-ти — вож-а́х-ъ
люби́-ти — любл-а́х-ъ

Примѣчаніе. СУди́-ти — сѹд-а́х-ъ безъ смягченія — является исключеніемъ: сѹда́ше (I Цар. 7, 6).

---

*) Можетъ быть какъ со смягченіемъ (-ждн-), такъ и безъ смягченія (-здн-): вра́гъ оу҆пражднѧ́шесѧ (Окт. гл. 6, среда, п. 9); и҆спраздна́хѹ вре́тища своѧ̀ (Быт. 42, 35).
**) Также: мы́слахѹ (Мр. 11, 31), но: помышлѧ́хѹ (Лк. 20, 5).

2) Прочіе глаголы обычно образуютъ имперфектъ отъ основы настоящаго времени при помощи суффиксовъ -ах- или -ах-; гортанные к, г основы передъ суффиксомъ -ах- (изъ -ѣахх) чередуются съ шипящими:

а) Глаголы съ основой неопредѣл. наклоненія на согласный:

> вес-ти́, вед-ꙋ́тъ — вед-а́х-ъ
> плес-ти́, плет-ꙋ́тъ — плет-а́х-ъ
> мощи́, мог-ꙋ́тъ — мож-а́х-ъ
> тещи́, тек-ꙋ́тъ — теч-а́х-ъ

б) Глаголы съ основой неопредѣл. наклоненія, равной корню, на гласный:

> кры́-ти, кры́-ютъ — кры-ах-ъ (изъ крыј-ах-ъ)
> пи́-ти, пі-ю́тъ — пі-а́х-ъ
> зна́-ти, зна́-ютъ — зна́-ах-ъ
> имѣ́-ти, имѣ́-ютъ — имѣ́-ах-ъ, этотъ глаголъ имѣетъ также и слитныя формы: има́ше; има́хꙋ всѧ̂ ѻ̑бща (Дѣян. 2, 44).

в) Нѣкоторые глаголы съ суф. -а- въ неопред. наклоненіи:

> гна́-ти, гон-ѧтъ — гон-а́х-ъ [1])
> ѣ́ха-ти, ѣд-ꙋ́тъ — ѣ́д-ах-ъ
> зва́-ти, зов-ꙋ́тъ — зов-а́х-ъ

г) Глаголы, имѣющіе чередованіе: ор — ра, ол — ла, ѧ(а) — ен(ем); ѣ — ој:

> бра́-тисѧ, бо́р-ѧтсѧ — бор-а́хсѧ
> кла́-ти, ко́л-ѧтъ — кол-а́х-ъ
> клѧ́-ти, клен-ꙋ́тъ — клен-а́х-ъ
> жа́-ти, жн-ꙋ́тъ — жн-а́х-ъ
> ꙗ̃-ти, е̃мл-ютъ — е̃мл-ах-ъ
> пѣ́-ти, по-ю́тъ — поа́хъ

д) Глаголы съ основой разнаго происхожденія:

> со́хнꙋ-ти, со́хн-ꙋтъ - - со́хн-ахъ
> и̂-ти, ид-ꙋ́тъ — ид-а́х-ъ
> плы́-ти, плов-ꙋ́тъ — плов-а́х-ъ [2])
> жи́-ти, жив-ꙋ́тъ — жив-а́х-ъ

---

[1]) Возможно образованіе также и отъ неопредѣл. накл.: гони́-ти — гонј-ах-ъ — гона́хъ.

[2]) Также и отъ неопредѣл. накл. плы́-ти — плы́хъ (ср. плы́хꙋ, Дѣян. 27, 13).

Спряженіе имперфекта:

	писа́-ти	и҆збавля́-ти	болѣ́-ти
ед. ч. 1.	писа́хх	и҆збавля́хх	болѧ́хх
2 и 3.	писа́ше	и҆збавля́ше	болѧ́ше
дв. ч. 1.	писа́хова(вѣ)	и҆збавля́хова(вѣ)	болѧ́хова(вѣ)
2 и 3.	писа́ста(тѣ)	и҆збавля́ста(тѣ)	болѧ́ста(тѣ)
мн. ч. 1.	писа́хомх	и҆збавля́хомх	болѧ́хомх
2.	писа́сте	и҆збавля́сте	болѧ́сте
3.	писа́хꙋ	и҆збавля́хꙋ	болѧ́хꙋ

	ходи́-ти	бра́-тисѧ = бо́р-ѧтсѧ	кла́-ти = клен-ꙋ́тх
ед. ч. 1.	хожда́хх	бора́хсѧ	кленѧ́хх
2 и 3.	хожда́ше	бора́шесѧ	кленѧ́ше
дв. ч. 1.	хожда́хова(вѣ)	бора́ховасѧ(вѣсѧ)	кленѧ́хова(вѣ)
2 и 3.	хожда́ста(тѣ)	бора́стасѧ(тѣсѧ)	кленѧ́ста(тѣ)
мн. ч. 1.	хожда́хомх	бора́хомсѧ	кленѧ́хомх
2.	хожда́сте	бора́стесѧ	кленѧ́сте
3.	хожда́хꙋ	бора́хꙋсѧ	кленѧ́хꙋ

Формы имперфекта образуются только отъ глаголовъ несовершеннаго вида.

Формы 2-го л. ед. ч. аориста и имперфекта почти утеряны и замѣнены формами перфекта (см. перфектъ, синтаксисъ). Они сохранились, повидимому, неприкосновенно только въ богослужебномъ Евангеліи, напримѣръ: раввı̀, когда̀ за́ѣ бы́сть (аор), — Іоан. 6, 25; не бо́йсѧ, марı̑а́мь, ѡ҆брѣ́те (аор.) бо благода́ть ѿ бг҃а (Лук. 1, 30); глаго́ла є҆мꙋ̀ і҆и҃сх: ты̀ речѐ (аор.) — Матѳ. 26, 64; лꙋка́вый ра́бе и҆ лѣни́вый, вѣ́даше (имперф.), ꙗ҆кw жнꙋ̀, и҆дѣ́же не сѣ́ахх (Матѳ. 25, 26); взе́млеши є҆гѡ́же не положѝ (аор.) — Лук. 19, 21; лꙋка́вый ра́бе: вѣ́даше (имперф.), ꙗ҆кw а҆́зх человѣ́кх ꙗ҆́рх є҆́смь (Лук. 19, 22).

Перфектъ (прошедшее совершенное).

§ 88. Формы перфекта образуются изъ причастія прошедшаго времени на -лх и связки — формъ настоящаго времени отъ глагола бы́ти. Причастіе на -лх измѣняется по родамъ и числамъ, а связка — по лицамъ и числамъ. Примѣры: мно́зи бо ѿ ни́хх и҆здале́ча пришлѝ* сꙋ́ть* (Мр. 8, 3); ѻ҆трокови́ца нѣ́сть* ѹ҆мерла́*, но спи́тх (Мр. 5, 39); что̀ є҆́смь* є҆щѐ не доконча́лх*; (Матѳ. 19, 20).

При двухъ причастіяхъ, стоящихъ подрядъ, ставится обычно одна связка: ꙗ́коже восхотѣ́лъ, сотвори́лъ є҆сѝ (Іоны 1, 14); сше́лъ и҆ воплоти́лсѧ є҆сѝ, ꙗ́кѡ да спасе́ши все́хъ (Утрен. молитвы).

Спряженіе перфекта.

ед. ч.	1.		є҆́смь				є҆́смь
	2.	не́слъ, -а̀, -о̀	є҆сѝ		хвали́лъ, -а, -о		є҆сѝ
	3.		є҆́сть				є҆́сть
дв. ч.	1.		є҆сва̀, -ѣ				є҆сва̀, -ѣ
	2 и 3.	несла̂, -ѝ	є҆ста̀, -ѣ		хвали́ла, -и		є҆ста̀, -ѣ
дв. ч.	1.		є҆смы̀				є҆смы̀
	3.	несли̂	є҆стѐ		хвали́ли		є҆стѐ
	2.		су́ть				су́ть

Въ 3-мъ лицѣ един. числа перфектъ встрѣчается иногда безъ связки, въ видѣ только одного причастія на -лъ, напримѣръ: но себѐ ѹ҆ма́лилъ, зра́къ раба̀ прїи́мъ (Филип. 2, 7); смири́лъ себѐ, послу́шливъ бы́въ да́же до сме́рти (Филип. 2, 8); а́ще ли кто̀ ѡ҆скорби́лъ менѐ не менѐ ѡ҆скорбѝ (II Кор. 2, 5); пита́ющаѧсѧ простра́ннѡ, жива̀ ѹ҆мерла̀ (I Тим. 5, 6).

Плюсквамперфектъ (давнопрошедшее время).

§ 89. Плюсквамперфектъ образуетъ свои формы изъ причастія прошедшаго времени на -лъ и связки — формъ аориста (бѣ́хъ) или имперфекта (ба́хъ) отъ глагола бы́ти. При спряженіи измѣненіе причастія на -лъ и связки происходитъ подобнымъ образомъ, какъ и у перфекта. Примѣры: и҆зги́блъ* бѣ̀*, и҆ ѡ҆брѣ́тесѧ (Лук. 15, 24); мно́зи ѿ і́ꙋде́й ба́хꙋ* пришлѝ* къ ма́рѳѣ и҆ марі́и (Іоан. 11, 19); и҆ тьма̀ а́бїе бы́сть, и҆ не ѹ҆̀ бѣ̀* прише́лъ* къ ни́мъ і҆и҃съ (Іоан. 6, 17).

Спряженіе плюсквамперфекта.

ед. ч.	1.		бѣ́хъ	или	ба́хъ
	2 и 3.	не́слъ, -а̀, -о̀	бѣ̀		ба́ше
дв. ч.	1.		бѣ́хова, -ѣ		ба́хова, -ѣ
	2 и 3.	несла̂, -ѝ	бѣ́ста, -ѣ		ба́ста, -ѣ
мн. ч.	1.		бѣ́хомъ		ба́хомъ
	2.	несли̂	бѣ́сте		ба́сте
	3.		бѣ́ша,		ба́хꙋ

ед. ч. 1.			бѣ́хъ	или	ба́хъ	
2 и 3.	хвали́лъ, -а, -о	⟩	бѣ̀		ба́ше	
дв. ч. 1.			бѣ́хова, -ѣ		ба́хова, -ѣ	
2 и 3.	хвали̂ла, -и	⟩	бѣ́ста, -ѣ		ба́ста, -ѣ	
мн. ч. 1.			бѣ́хомъ		ба́хомъ	
2.	хвали́ли	⟩	бѣ́ша,		ба́сте	
3.			бѣ́сте		ба́хꙋ	

Описательная (перифрастическая) форма временъ.

§ 90. Въ церковно-славянскомъ языкѣ довольно часто употребляются описательныя временны̀я формы, которыя состоятъ изъ связки (формъ отъ глагола бы́ти) и краткаго причастія дѣйствительнаго залога настоящаго времени. Въ данномъ сочетаніи, поскольку оно выступаетъ сказуемымъ, причастіе употребляется только въ именительномъ падежѣ, число и родъ его зависятъ отъ подлежащаго; связка указываетъ на время или наклоненіе, напр.:

Настоящ. вр.: мꙋ́жїе, ᾿и́хже всади́сте въ темни́цꙋ, сꙋ́ть* въ це́рквн стоѧ́ще* ᾿и ᲂу᾿ча́ще* лю́ди (Дѣян. 5, 25).

Аористъ: ᾿и бѣ̀* проповѣ́дꙋѧ* на со́нмищахъ ᾿и́хъ, во все́й галїле́и, ᾿и бѣ́сы ᾿изгонѧ̀* (Мр. 1, 39); ᾿и бѣ̀* сѣдѧ̀* со слꙋга́ми (Мр. 14, 54).

Имперфектъ: ᾿и ба́хꙋ* ᲂу᾿ченицы̀ ᾿іѡа́нновы ᾿и фарїсе́йстїи постѧ́щесѧ* (Мр. 2, 18).

Будущее вр.: ᾿и ѕвѣ́зды бꙋ́дꙋтъ* съ небесѐ спа́дающе* (Мр. 13, 25).

Повелит. накл.: бꙋ́ди* ᲂу᾿вѣщава́ѧсѧ* съ сопе́рникомъ твои́мъ (Матѳ. 5, 25).

Довольно часто, особенно въ молитвахъ или пѣснопѣніяхъ, въ подобныхъ сочетаніяхъ въ качествѣ связки встрѣчается глаголъ не преставати: не преста́ю* благодарѧ̀* ᲂ᾿ ва́съ (Еф. 1, 16); не преста́ахъ* ᲂу᾿ча̀*(Дѣян. 20, 31); не преста́ахꙋ* ᲂу᾿ча́ще* ᾿и благовѣствꙋ́юще* (Дѣян. 5, 42); не преста́й* молѧ́сѧ* ᲂ᾿ на́съ (Акаѳистъ Бож. Матери, мол. 2-я).

Съ подобнымъ же значеніемъ употребляются и слѣдующіе глаголы: пребыва́ти, прилежа́ти, не ᲂ᾿скꙋдѣва́ти: Пе́тръ же пребыва́ше* толкі́й* (вм. др. тлькы̀, § 95), Дѣян. 12, 16; ꙗ́коже прилѣжа́хꙋ* вопрошаю́ще* ᾿его̀ (Ін. 8, 7); молѧ́щи* не ᲂ᾿скꙋдѣва́й* ᲂ᾿ воспѣва́ющихъ... (Окт., воскр. отпустит. богород. 5 гл.).

А также преста́ти, соверши́ти: Преста́ните* свирѧ́юще*, ᾿и́же надъ чредами пасо́мыхъ старѣ́йшины (20 дек.); ᾿и бы́сть, ᾿егда̀ соверши́* ᾿і҃съ заповѣ́дал* ᲂ᾿бѣманаде́сѧте ᲂу᾿ченико́ма свои́ма, пре́йде ᲂ᾿ттꙋ́дꙋ ᲂу᾿чи́ти (Мѳ. 11, 1).

Къ этимъ же перифрастическимъ формамъ, повидимому, должно отнести и сочетанія съ ꙗвитисѧ, ѡбрѣстисѧ: ꙗкѡ да ꙗвѧтсѧ* человѣкѡмъ постѧщесѧ* (Мѳ. 6, 16), также Мѳ. 6, 18; ѡбрѣтесѧ* имꙋщи* во чревѣ (Мѳ. 1, 18); и сочетаніе пребывати съ причастіемъ прошед. времени; четыренадесѧтый днесь день ждꙋще, не ꙗдше* пребываете*, ничтоже вкꙋсивше* (Дѣян. 27, 33).

Сослагательное наклоненіе.

§ 91. Сослагательное наклоненіе образуется изъ причастія на -лъ и связки — формъ аориста соверш. вида (быхъ) отъ глагола быти, напримѣръ: аще ѿ міра бысте* были*, міръ ѹбѡ своѐ любилъ* бы* (Іоан. 15, 19); аще не быхъ* пришелъ* и глаголалъ* имъ, грѣха не быша* имѣли* (Іоан. 15, 22).

Спряженіе сослагательнаго наклоненія:

ед. ч. 1.)	несль, -а̀, -ò	быхъ	хвалилъ, -а, -о	быхъ
2 и 3.)		бы̀		бы̀
дв. ч. 1.)	несла̀, -и	быхова, -ѣ	хвалила, -и	быхова, -ѣ
2 и 3.)		быста, -ѣ		быста, -ѣ
мн. ч. 1.)	несли	быхомъ	хвалили	быхомъ
2.)		бысте		бысте
3.)		быша		быша

При двухъ сослагательныхъ предложеніяхъ (главномъ и придаточномъ), придаточное сослагательное предложеніе *иногда* принимаетъ еще и перфектную связку (т. е. формы наст. вр. отъ быти), напримѣръ: аще бы* вѣдала* еси* даръ бжїй ... ты̀ бы просила ѹ негѡ, и далъ бы ти водꙋ живꙋ (Іоан. 4, 10); гдн, аще бы* еси* былъ* здѣ, не бы ѹмерлъ мой братъ (Іоан. 11, 32); ꙳ да бы* воцарилисѧ* есте*, да и мы̀ быхомъ съ вами царствовали (I Кор. 4, 8); ꙗкѡ аще бы* восхотѣлъ* еси* жертвы, далъ быхъ ѹбѡ (Псал. 50). Однако подобныхъ сослагательныхъ формъ съ перфектной связкой въ древнихъ текстахъ нѣтъ (напр. въ Остромировомъ Евангеліи и въ старопечатной Псалтири)

При союзѣ да и мѣстоименіи что̀ сослагательная связка иногда теряетъ свои личныя формы и бываетъ тогда въ видѣ бы, независимо отъ лица: дабы* ѹстраннилсѧ* ѿ страстей, и твоеѧ благодати имѣлъ* бы* приложеніе (вм. 1 л. быхъ), Канонъ ко причащ. п. 6; ꙳ да бы* воцарилисѧ* естѐ* (1 Кор. 4, 8); и не ѡбрѣтахꙋ, что бы* сотворили ЕМꙋ (Лк. 19, 48); однако не всегда: ꙳ да бысте* малѡ претерпѣли* безꙋмїю (2 Кор. 11, 1)

Встрѣчается и въ другихъ случаяхъ употребленіе связки, внѣ нормы, безъ личныхъ формъ (связка какъ бы переходитъ въ со-слагательную частицу): й а́ще бы* о́но по́мнили* ..имѣ́ли* бы* вре́мѧ возврати́тисѧ (Евр. 11, 15).

Имперфекты подоба́ше (также съ бы), досто́ѧше, можа́ше, поскольку эти слова выражаютъ модальное значеніе должествова-нія или возможности, могутъ имѣть сослагательное значеніе, напр.: подоба́ше* оу́бω, ѽ му́жіе, послу́шавше менѐ не ѿвезти́сѧ ѿ кри́та (Дѣян. 27, 21); поне́же подоба́ше* бы* ему̀ мно́жицею страда́ти (Евр. 9, 26); не досто́ѧше* ли разрѣши́тисѧ е́й ѿ ю́зы сеѧ̀ въ де́нь су́ббѡтный (Лк. 13, 16); можа́ше* бо сїѐ му́ро про́дано бы́ти на мно́зѣ, й да́тисѧ ни́щымъ (Мѳ. 26, 9). Неопредѣленное наклоненіе въ сочетаніи съ бы также можетъ имѣть сослагательное значеніе: оу́ него́же бы* ѡбита́ти* на́мъ (Дѣян. 21, 16).

Желательное наклоненіе.

§ 92. Желательное наклоненіе состоитъ изъ формъ настоящаго времени или будущаго простого и частицы да (въ придаточныхъ предложеніяхъ имѣетъ значеніе союза): да несу̀, да несе́ши, да несе́тъ; да принесу̀, да принесе́ши, да принесе́тъ и т. д.

Въ самостоятельныхъ предложеніяхъ формы желательнаго на-клоненія имѣютъ значеніе повелительнаго, и съ этимъ значеніемъ больше всего употребляются въ 3-мъ лицѣ единственнаго, множе-ственнаго или двойственнаго числа: да ст҃и́тсѧ и́мѧ твоѐ: да прїи́детъ цр҃твїе твоѐ: да бу́детъ во́лѧ твоѧ̀ (Матѳ. 6, 9-10).

Въ придаточныхъ предложеніяхъ желательное наклоненіе употребляется для выраженія желанія или цѣли: что̀ хо́щеши, да сотворю̀ тебѣ̀; ... оу́чи́телю, да прозрю̀ (Мр. 10, 51); ꙗ́коже хо́щете, да творѧ́тъ ва́мъ человѣ́цы (Лук. 6, 31).

Повелительное наклоненіе.

§ 93. Въ церковно-славянскомъ языкѣ повелительное накло-неніе имѣетъ формы для всѣхъ лицъ и чиселъ, кромѣ 1 л. ед. чи-сла и 3 л. дв. и мн. чиселъ.

Повелительное наклоненіе образуется отъ основы настоящаго времени (или будущаго простого) при помощи суффиксовъ -и- и -е- (вм. древне-славянскаго -ѣ-).

Глаголы 1-го спряженія въ единственномъ числѣ (2-3 л.) и во 2-мъ лицѣ двойственнаго и множественнаго чиселъ имѣютъ суф-фиксъ -и-, причемъ, послѣ гласныхъ суффиксъ -и- въ единствен-номъ и множественномъ числахъ переходитъ въ -й-: по-ю́тъ (пѣ-тн) — по́-й, по́й-тє (поj-н-). Въ 1-мъ лицѣ двойственнаго и множественнаго чиселъ глаголы *а)* 1-го несмягченнаго спряженія (см. § 80, *а*), сюда же относятся и глаголы съ суффиксомъ -нꙋ-) имѣютъ суффиксъ -є-, а глаголы *б)* 1-го смягченнаго спряженія (см. § 80, *б*) имѣютъ суффиксъ -н- послѣ гласныхъ, а послѣ согласныхъ могутъ принимать какъ суф. -н-, такъ и -є-; напримѣръ: *а)* йд-ꙋ́тъ — йд-є́-мъ, *б)* воспо-ю́тъ — воспо-й-мъ; пла́ч-ꙋтъ (пла́ка-тн) — пла́ч-н-мъ и также пла́ч-є-мъ.

Примѣчаніе. Глаголы 1-го несмягч. спр. въ древне-славянскомъ языкѣ въ повелительномъ наклоненіи въ двойственномъ и множественномъ числѣ имѣли суффиксъ -ѣ-. Въ современномъ евангельскомъ текстѣ иногда встрѣчаются формы съ этимъ суффиксомъ: по нє́мъ йдѣ́та въ до́мъ... й рцѣ́та до́мꙋ влⷣцѣ (Лк. 22, 10-11).

Глаголы 2-го спряженія во всѣхъ формахъ принимаютъ суффиксъ -н-.

Незначительное количество словъ 2-го спряженія имѣютъ основу на **j** (послѣ гласной), напримѣръ: сто-а́тъ, бо-а́тсѧ, напо-а́тъ, та-а́тъ, поко-а́тъ и нѣкоторыя др.; во 2-3 л. ед. ч. и 2 л. мн. ч. суффиксъ -н- переходитъ въ -й-: сто́-й(тє), бо́-йсѧ(тєсѧ), поко́-й (тє), напо́-й(тє) (ср. тропарь Преполовенію).

2-е и 3-е лицо единственнаго числа не имѣютъ личныхъ окончаній.

Окончанія повелительнаго наклоненія:

		1-е спряженіе		2-е спряженіе
		а) несмягченное	б) смягченное	
ед. ч.	2.	-н —	-н (й) —	-н (й) —
	3.	-н —	-н (й) —	-н (й) —
дв. ч.	1.	-є-ва(вѣ)	-н(є)-ва(вѣ)	-н-ва(вѣ)
	2.	-н-та(тѣ)	-н-та(тѣ)	-н-та(тѣ)
мн. ч.	1.	-є-мъ	-н(є)-мъ	-н-мъ
	2.	-н-тє	-н(й)-тє	-н(й)-тє

Въ глаголахъ 1-го несмягченнаго спряженія съ основой на гортанные г, к, происходитъ чередованіе согласныхъ звуковъ передъ суффиксами -н- и -є- (см. § 11): помо́г-ꙋтъ — помоз-н́, помо́ж-є-мъ; рєк-ꙋ́тъ — рц-ы́, рц-є́-мъ; ѿвє́рг-ꙋтъ — ѿвє́рж-н*, ѿтвє́рж-є-мъ.

_____

*) Въ древне-сл. ѿврьзн.

Спряженіе повелительнаго наклоненія:

1-е спряженіе

а) несмягченное

	съ основой на гортан.
и҆-ти — и҆д-у́тъ	реци́ — рек-у́тъ
ед. ч. 2. и҆ди̍	рцы̍
3. и҆ди̍	рцы̍
дв. ч. 1. и҆де́ва(вѣ)	рце́ва(вѣ)
2. и҆ди́та(тѣ)	рцы́та(тѣ)
мн. ч. 1. и҆де́мъ	рце́мъ
2. и҆ди́те	рцы́те

б) смягченное

съ мягк. согласнымъ передъ -и-	съ гласнымъ передъ
пла́ка-ти —пла́ч-у́тъ	пѣ́-ти — по-ю́тъ
ед. ч. 2. пла́чи	по́й
3. пла́чи	по́й
дв. ч. 1. пла́чива(вѣ), -е̑ва(вѣ)	пои́ва(вѣ)
2 пла́чита(тѣ)	по́йта(тѣ)
мн. ч. 1. пла́чимъ, -е́мъ	пои́мъ
2 пла́чите	по́йте

2-е спряженіе

люби́-ти — лю́б-атъ	сту́ча́-ти — сту́ч-а́тъ
ед. ч. 2. люби̍	сту́чи̍
3. люби̍	сту́чи̍
дв. ч. 1. лю́бива(вѣ)	сту́чи́ва(вѣ)
2 люби́та(тѣ)	сту́чи́та(тѣ)
мн. ч. 1. лю́бимъ	сту́чи́мъ
2. люби́те	сту́чи́те

Примѣры:

По не́мъ и҆ди́та(1а): и҆ и҆дѣ́же а҆́ще вни́детъ, рцы́та(1а) господи́-
нꙋ до́мꙋ... (Мр. 14, 13-14). Глаго́ла и҆́мъ і҆и҃съ: прїиди́те(1а), ѻ҆бѣ́-
дꙋйте(1б) (І҆н. 21, 12). Ѽ дрꙋги́ни! прїиди́те(1а), вони́ми пома́-
жемъ(1б) тѣ́ло живоно́сное и҆ погребе́нное...и҆де́мъ(1а), потщи́м-
са(2) а҆́коже волсви́, и҆ поклони́мса (2), и҆ принесе́мъ(1а) мѵ́ра а҆́кѡ
да́ры...и҆ пла́чимъ(1б),и҆ возопїи́мъ (1б) ... (Пасхальный икосъ).
а҆̑лчꙋ́щыа напита́имъ(1б), жа́ждꙋщыа напои́мъ(2), наги̑а ѡ҆блече́мъ
(1а), стра́нныа введе́мъ(1а), болꙗ́щыа и҆ въ больни́цѣ сꙋ́щыа по-

сѣти́мъ(2) (Недѣля Мясопустн., на вечерни). Поста̀ бж҃е́ственнымъ нача́ткомъ оу҆мине́нїѧ стѧжи́мъ(1б) (Понедѣльн. 1-я седм. В. Поста, сѣдаленъ). Препоѧ́шимъ(1б) чре́сла на́ша оу҆мерцвле́нїемъ страсте́й (Четв. 1-я седм. В. Поста, самогл. на вечерни). Моли́твами и҆ слеза́ми гд҃а спаса́ющаго на́съ взы́щемъ(1б) (Сырн. нед., на вечерни).

(1a) — 1-е несмягченное спряженіе, (1б) — 1-е смягченное спряженіе, (2) — 2-е спряженіе.

Глаголы архаическаго спряженія да́мъ, ꙗ́мъ, вѣ́мъ и глаголъ ви́дѣти образуютъ формы повелительнаго наклоненія 2-3 л. ед. ч. при помощи суффикса -ь-(јь): да́ждь, ꙗ́ждь, вѣ́ждь, ви́ждь.

3-е л. повелительнаго наклоненія, повидимому, совсѣмъ вышло изъ употребленія и замѣнено желательнымъ наклоненіемъ (см. § 91), кромѣ глагола бꙋ́ди (отъ бы́ти): бꙋ́ди и҆́мѧ гдⷭ҇не бл҃гослове́но ѿ ны́нѣ и҆ до вѣ́ка (Псал. 112, 2); бꙋ́ди мнѣ̀ по глаго́лꙋ твоемꙋ̀ (Лк. 1, 38).

2-е л. повелительнаго наклоненія и 2-е л. настоящаго времени (или будущаго прост.) часто имѣютъ разныя ударенія: повелительное наклоненіе обычно имѣетъ удареніе на суффиксѣ -и́-, а настоящее время довольно часто имѣетъ удареніе на личномъ окончаніи -тѐ-: и҆ а҆́ще благотворитѐ (Лк. 6, 33); а҆́ще не ѡ҆брати́тесѧ (Мѳ. 18, 3).

ПРИЧАСТІЕ.

§ 94. По своему образованію причастія дѣлятся на два вида: на *дѣйствительныя* причастія и *страдательныя*.

Подъ названіемъ дѣйствительныхъ причастій объединяются причастія, образованныя отъ глаголовъ, какъ переходныхъ, такъ и непереходныхъ, имѣющихъ одинаковую систему образованія, хотя залоговое значеніе, присущее глаголамъ, отъ которыхъ они образуются, за ними сохраняется, напримѣръ: и҆тѝ — и҆д-ꙋ́тъ — и҆ды́й (средн. зал.), твори́ти — твор-ѧ́тъ — творѧ́й (дѣйствит. зал.).

Причастія, образованныя отъ глаголовъ возвратныхъ, сохраняютъ возвратное мѣстоименіе -сѧ, а также и залоговыя особенности, присущія возвратнымъ глаголамъ: боѧ́тисѧ — боѧ́йсѧ.

Причастія страдательныя образуются обычно только отъ глаголовъ переходныхъ, однако, бываютъ случаи образованія и отъ непереходныхъ глаголовъ: твори́ти — твори́мый, быва́ти — быва́емый (непереход. гл.).

Причастія имѣютъ краткія и полныя формы.

Дѣйствительныя причастія.

§ 95. Дѣйствительныя причастія *настоящаго времени* обрадуются отъ основы настоящаго времени при помощи суффикса -Ѹщ-(-ющ-) при образованіи отъ глаголовъ 1-го спряженія, и суффикса -ѧщ-(ащ-, послѣ шипящихъ) при образованіи отъ глаголовъ 2-го спряженія:

основа наст. вр.: нес-(Ѹтъ) дѣлаj-(Ѹтъ) мол-(ѧтъ) молч-(атъ)
основа причаст.: несѹщ- дѣлаjѹщ- молѧщ- молчащ-

У глаголовъ 1-го смягченнаго спряженія суффиксъ -Ѹщ-, принимая йотъ (j) основы, переходитъ въ -ющ-: дѣлаj-(Ѹтъ)=дѣлаюiщ-, глаголj-(Ѹтъ)=глаголющ-; если основа оканчивается на шипящій звукъ, то j поглощается послѣднимъ: плака-ти — плач-Ѹтъ (изъ плакj-Ѹтъ)=плачѹщ-.

Къ основѣ причастія присоединяются падежныя и родовыя окончанія. Въ именительномъ падежѣ муж. рода суффиксъ причастія выпадаетъ (а у глаголовъ II спр. выпадаетъ только щ), впрочемъ, встрѣчаются краткія формы причастія и съ суффиксомъ; именит. падежъ сред. рода можетъ быть и съ суффиксомъ и безъ него, съ форомой по муж. роду (ср. зернò... сѣ́етсѧ со слеза́ми днесь: но прозѧ́бше, мíръ радостносотвори́тъ [Вел. Субб., непорочны, ст. 87]; и̂ не терпѧ̀ зрѣ́ти со́лнце помѣ́рче [тамъ же, ст. 106]).

Окончанія краткихъ и полныхъ причастій суть слѣдующія:

	муж. р.	средн. р.	женск. р.
краткія:	-ый, -ѧ, -Ѹщ-ъ	-ый, -ѧ, -Ѹщ-е	-Ѹщ-и
полныя:	-ый, -ѫй	-Ѹщ-ее	-Ѹщ-аѧ

Именительный падежъ краткихъ и полныхъ причастій:

основа причастіѧ	именительный падежъ		
	муж. р.	средн. р.	женск. р.
несѹщ-	нес-ый̂, -Ѹщ-ь	нес-ый̂*), -Ѹщ-е	нес-Ѹщ-и
	нес-ый̂	нес-Ѹщ-ее	нес-Ѹщ-аѧ
дѣла-ющ-	дѣла-ѧ, -ющ-ь	дѣла-ѧ, -ющ-е	дѣла-ющ-и
	дѣла-ѫй	дѣла-ющ-ее	дѣла-ющ-аѧ
мол-ѧщ-	мол-ѧ̀, -ѧ́щ-ь	мол-ѧ̀, -ѧ́щ-е	мол-ѧ́щ-и
	мол-ѧ́й	мол-ѧ́щ-ее	мол-ѧ́щ-аѧ
молч-ащ-	молч-а̀, -ащ-ь	молч-а̀, -а́щ-е	молч-а́щ-и
	молч-а́й	молч-а́щ-ее	молч-а́щ-аѧ

Глаголы 1-го несмягченнаго спряженія (§ 80) въ именит. падежѣ муж. рода (и средн рода) имѣютъ окончаніе -ый, какъ

---

*) Ср. бѣ̀ грѧды́й (Лк. 9, 53, Богослуж. Еванг.).

для краткихъ, такъ и для полныхъ формъ: самарѧни́нꙗ нѣ́кїй грѧды́й, прїи́де над него̀ (Лк. 10, 33). Въ данномъ примѣрѣ причастіе грѧды́й является обстоятельственнымъ причастіемъ (= дѣепричастію) и, слѣдовательно, имѣетъ значеніе краткой формы.

Примѣчаніе. Въ древне-славянскомъ языкѣ эти глаголы въ краткой формѣ оканчивались на -ы: нес-ы, грѧд-ы, но въ современномъ церковно-славянскомъ языкѣ подобныя окончанія вышли изъ употребленія.

Причастія настоящаго времени образуются только отъ глаголовъ несовершеннаго вида.

§ 96. Дѣйствительныя причастія *прошедшаго времени* образуются отъ основы неопредѣленнаго наклоненія слѣдующимъ образомъ: *а)* если основа неопредѣленнаго наклоненія оканчивается на согласный, то къ ней присоединяется суффиксъ -ш- (собственно суффиксъ причастія -ꙗш-, но ꙗ не пишется), *б)* если основа неопредѣленнаго наклоненія оканчивается на гласный, то къ ней присоединяется суффиксъ причастія -вш-(-вꙗш-):

основа неопред. н.:	нес-(ти)	вес-(ти)	дѣла-(ти)	твори-(ти)
основа причастія:	нес-ш-	вед-ш-	дѣла-вш-	твори-вш-

Къ основѣ причастія присоединяются падежныя и родовыя окончанія.

Въ именительномъ падежѣ мужескаго рода -ш- выпадаетъ; именительный падежъ средняго рода можетъ имѣть формы съ -ш- и безъ него, по образцу мужескаго рода.

Причастія имѣютъ слѣдующія краткія и полныя окончанія:

	муж. р.	средн. р.	женск. р.
краткія:	-ꙕ, -вꙕ	-ꙕ, -вꙕ; -ш-е, -вш-е	-ш-и, -вш-и
полныя:	-ый, -вый	-ш-ее, -вш-ее	-ш-аѧ, -вш-аѧ

Именительный падежъ краткихъ и полныхъ причастій:

основа причастія	именительный падежъ муж. р.	средн. р.	женск. р.
нес-ш-	нес-ꙕ, -ш-ꙕ нес-ый	нес-ꙕ, нес-ш-е нес-ш-ее	нес-ш-и нес-ш-аѧ
вед-ш-	ве́д-ꙕ, -ш-ꙕ ве́д-ый	ве́д-ꙕ, ве́д-ш-е ве́д-ш-ее	ве́д-ш-и ве́д-ш-аѧ
дѣла-вш-	дѣла-вꙕ, -вш-ꙕ дѣла-вый	дѣла-вꙕ, дѣла-вш-е дѣла-вш-ее	дѣла-вш-и дѣла-вш-аѧ
твори-вш-	твори-вꙕ, -вш-ꙕ твори-вый	твори-вꙕ, твори-вш-е твори-вш-ее	твори-вш-и твори-вш-аѧ

Примѣчаніе. У глаголовъ несовершеннаго вида полныя формы причастій на -ый настоящаго и прошедшаго времени бываютъ тожественны (хотя образованіе ихъ различно), и узнаются только по смыслу.

Глаголы *совершеннаго вида* съ основой въ неопредѣленномъ наклоненіи на -н- образуютъ свои формы при помощи суффикса -ш-, причемъ -н- основы переходитъ въ -ь(jь), передъ которымъ въ результатѣ смягченія происходитъ чередованіе согласныхъ (если возможно): и҃спроси́-ти — и҃спро́шь(ш). Какъ и въ предыдущихъ образованіяхъ, въ именит. п. мужескаго рода -ш- выпадаетъ (это относится и къ среднему роду съ указанной выше особенностью). Суффиксъ -ь- передъ ш или -сѧ никогда не опускается послѣ л; въ прочихъ случаяхъ допускаются начертанія съ -ь- и безъ него (особенно послѣ шипящихъ): возлюби́-ти, возлю́бль — возлю́бльши; сотвори́-ти, сотво́рь — сотво́рши и также сотво́рьши; восклоньсѧ и восклонсѧ (Iн. 8, 7).

Причастія этого образованія имѣетъ слѣдующія краткія и полныя окончанія:

окончанія:	муж. р.	средн. р.	женск. р.
краткія:	-ь	-ь, -(ь)ш-е	-(ь)ш-и
полныя:	-ей	-(ь)ш-ее	-(ь)ш-аѧ

Краткія и полныя формы причастія:

краткія:	сотво́р-ь	сотво́р-ь, -(ь)ш-е	сотво́р-(ь)ш-и
полныя:	сотво́р-ей	сотво́р-(ь)ш-ее	сотво́р-(ь)ш-аѧ

Приставочные глаголы съ суффиксомъ -ну- послѣ согласнаго большей частью образуютъ причастія безъ этого суффикса: подви́г-ну́-ти, подви́гъ (муж. р.), подви́гши (ж. р.), напр.: а҃ дру́гое паде́ на ка́мени, и҃ прозѧ́бъ* оу́сше (Лк. 8, 6).

Глаголы нача́-ти, ѧ҃-ти, распѧ́-ти принимаютъ суффиксъ -ш- (ѫш), причемъ, юсъ (ѧ, ѫ) передъ ъ суффикса распадается на гласный и согласный: наче́нъ, наче́н-(ъ)шн; прїе́мъ, прїе́м-(ъ)шн (также прїи́мъ, прїи́мшн), распе́нъ, распе́н-(ъ)шн, но жа́ти — пожа́въ.

§ 97. Дѣйствительное причастіе на -лъ (или несклоняемое) образуется отъ основы неопредѣленнаго наклоненія черезъ прибавленіе къ ней суффикса -л-: нес-(ти) — нес-лъ, хвали́-(ти) — хвали́-лъ.

Это причастіе не склоняется по падежамъ, но имѣетъ родъ и число:

	един. ч	двойств. ч.	множ. ч.
муж. р.:	нє́слъ	несла̂	
жен. р.:	несла̀	неслѝ	неслѝ
сред. р.:	нє́сло		

Согласные д, т передъ суффиксомъ -л- выпадаютъ (см. § 136): вє́лъ вм. вє́д-лъ, ѡ҆брѣ́лъ вм. ѡ҆брѣ́т-лъ.

Глаголы съ суффиксомъ -нꙋ- послѣ согласнаго большей частью имѣютъ причастіе съ опущеніемъ этого суффикса: воскрє́с-нꙋ-ти — воскрє́слъ.

Причастіе на -лъ самостоятельно не употребляется, но только въ составѣ сложныхъ формъ глагола.

Склоненіе дѣйствительныхъ причастій.

§ 98. Дѣйствительныя причастія настоящ. и прошедш. времени *краткія* склоняются по образцу краткихъ прилагательныхъ сравнительной степени.

Падежныя формы краткихъ причастій:

един. ч.	муж. р.	сред. р.	жен. р.
И.	творѧ́, -ѧ́щ-ь[1])	творѧ̀, -ѧ́щ-є	творѧ́щ-н
Р.	творѧ́щ-а		творѧ́щ-н
Д.	творѧ́щ-ꙋ	} какъ муж. р.	творѧ́щ-н
В.	творѧ́щ-ъ, -а	творѧ́щ-є	творѧ́щ-ꙋ
Т.	творѧ́щ-нмъ	} какъ муж. р.	творѧ́щ-ею
П.	творѧ́щ-ємъ		творѧ́щ-н
двойст. ч.			
И. В.	творѧ́щ-а	творѧ́щ-ѣ[2])	творѧ́щ-ѣ[3])
Р. П.	творѧ́щ-ꙋ	} для всѣхъ родовь	
Д. Т.	творѧ́щ-єма[4])		
множ. ч.			
И.	творѧ́щ-є	творѧ́щ-а	творѧ́щ-ѧ(-є)
Р.	творѧ́щ-нхъ	} для всѣхъ родовъ	
Д.	творѧ́щ-ымъ[5])		
В.	творѧ́щ-ѧ, -нхъ	творѧ́щ-а	творѧ́щ-ѧ, -нхъ
Т.	творѧ́щ-нмн	} для всѣхъ родовъ	
П.	творѧ́щ-нхъ		

[1]) Торжествꙋ́ющїй*) свѣ́тлѡ жела́ющꙗ* тѧ̀ гра́да, оу҆чреждає́мь, быва́єтъ, ꙗ҆́кѡ бога́тство ѡ҆брѣ́тшѧ* та́йное, и҆ и҆сто́чникъ нєѡскꙋ́денъ и҆сцѣле́нїй, прте́че, главꙋ̀ твою̀ (24 февр., пѣснь 3-я).

_____

*) Должно считать неправильной формой, вмѣсто торжєствꙋ́ай.

²) Да бꙋ́дꙋтъ ᲂу́ши твои̏, внє́млющѣ* гла́сꙋ моле́нїа моегѡ̀ (Псал. 129, 2).

³) Бѣ́ же тꙋ̀ марі́а и дрꙋга́а марі́а, сѣдѧ́щѣ пра́мѡ гро́ба (Мѳ. 27, 61).

⁴) Ѻнѣ́ же пристꙋ́пльше, ꙗ́стѣсѧ за но́зѣ єгѡ̀, и поклони́стѣсѧ ємꙋ̀ ... идꙋ́щема* же и́ма, сѐ нѣ́цыи ѿ кꙋстоді́н ... (Мѳ. 28, 9-11).

⁵) Пристра́шнымъ же бы́вшымъ* и́мъ (мѵроносицамъ) и покло́ншымъ* ли́ца на зе́млю, реко́ста къ ни́мъ: что̀ и́щете жива́гѡ съ ме́ртвыми; (Лк. 24, 5).

Подобнымъ же образомъ склоняются и причастія прошедшаго времени.

Примѣчанія къ падежамъ:

1. Послѣ причастнаго суффикса (ꙋщ, ѧщ, ш) въ именительномъ и винительномъ падежахъ одинаково употребляется написаніе и ѧ и ь, хотя въ нѣкоторыхъ изданіяхъ въ именительномъ падежѣ преимущественно стоитъ ь, тогда какъ въ винительномъ падежѣ ему противополагается ѧ.

2. Примѣры 4) и 5) показываютъ, что въ падежахъ двойств. и множ. чиселъ, кромѣ именит. и винит. падежей, произошло обобщеніе окончаній женскаго рода по мужескому (если имѣть въ виду древне-слав. формы).

3. Иногда краткія причастія средн. рода единственнаго числа имѣютъ окончаніе -що(-шо) вмѣсто -щє(шє): непостоѧ́нныхъ и тлѣ́нныхъ до́лꙋ влекꙋ́що ... (13 янв., 3-й канонъ преподобн., 3-я пѣснь); ны́нѣ ѿ земли̏ изда́вшосѧ чꙋде́съ зарю̀ испꙋща́етъ (5 іюля, пр. Сергія, 4-я стихира на Господи воззв.).

4. Въ именительномъ падежѣ муж. рода (и средняго) послѣ шипящихъ обычно пишется -ѧ (пишѧ̀, движѧ̀), но встрѣчается и древнее окончаніе -ѧ.

5. Причастія женскаго рода въ именит. падежѣ множ. числа могутъ имѣть окончаніе и -ѧ и -є (по мужескому роду): творѧ́щ-ѧ и творѧ́щ-є, сотво́рш-ѧ и сотво́рш-є.

Причастія полныя склоняются правильно по образцу прилагательныхъ полныхъ съ основой на шипящій (§ 57):

ед. ч.	муж. р.	средн. р.	женск. р.
И.	творѧ́й	творѧ́щєє	творѧ́щаѧ
Р.	творѧ́щагѡ		творѧ́щїѧ
Д.	творѧ́щемꙋ	как муж. р.	творѧ́щей
В.	творѧ́щїй (-аго)	творѧ́щєє	творѧ́щꙋю
Т.	творѧ́щимъ		творѧ́щею
П.	творѧ́щемъ	как муж. р.	творѧ́щей

дв. ч.

И. В	твора́щаѧ	твора́щїи	твора́щїи
Р. П.	твора́щꙋю	} для всѣхъ родовъ	
Д. Т.	твора́щима		

мн. ч.

И.	твора́щїи	твора́щаѧ	твора́щыѧ
Р.	твора́щихъ	} для всѣхъ родовъ	
Д.	твора́щымъ		
В.	твора́щыѧ(-ихъ)	твора́щаѧ	твора́щыѧ(-ихъ)
Т.	твора́щими		
П.	твора́щихъ	} для всѣхъ родовъ	

Страдательныя причастія.

§ 99. Страдательныя причастія *настоящаго времени* образуют-ся отъ основы настоящаго времени при помощи суффиксовъ -ом-, -ем-, -им-:

1) Глаголы 1-го несмягченнаго спряженія принимаютъ суф-фиксъ -ом-: нес-ꙋтъ — нес-о́м-ъ, -а, -о; зов-ꙋтъ — зов-ом-ъ, -а, -о.

Этотъ же суффиксъ принимаютъ и глаголы архаическаго спряженія вѣ́мъ и ꙗ́мъ: вѣд-ом-ъ, -а, -о; ꙗд-о́м-ъ, -а, -о.

2) Глаголы 1-го смягченнаго спряженія принимаютъ суф-фиксъ -ем-: пи́ш-ꙋтъ — пи́ш-ем-ь, -а, -о; зна́-ютъ — зна́-ем-ь, -а, -о.

3) Глаголы 2-го спряженія принимаютъ суффиксъ -им-: хвал-ѧтъ — хвал-и́м-ь, -а, -о; люб-ѧтъ — люб-и́м-ь, -а, -о.

Примѣчаніе. Глаголы съ суффиксомъ -нꙋ- не имѣютъ страдатель-наго причастія настоящ. времени, такъ какъ они являются глаголами либо совершеннаго вида, либо непереходными (двигнꙋти, со́хнꙋти).

Причастія мужескаго рода съ суффиксомъ -ем- или -им- въ именит. и винит. падежахъ единств. числа имѣютъ окончаніе -ь для отличія ихъ отъ формъ 1-го л. множ. числа: велича́емь, бꙋ́-димь, но несо́мъ; напр.: і̑ерꙋсали́мъ бꙋ́детъ попира́емь ꙗ̑зы́ки (Лк. 21, 24), но вѣ́домъ во і̑ꙋде́и бг҃ъ (Псал. 75, 2).

§ 100. Страдательныя причастія *прошедшаго времени* обра-зуются отъ основы неопредѣленнаго наклоненія постредствомъ суф-фиксовъ -н-, -ен-, -т-:

1) При помощи суффикса -н- образуются причастія отъ гла-головъ, у которыхъ основа неопредѣленнаго наклоненія оканчива-ется суффиксальными -а- или -ѣ-: сдѣла-ти — сдѣла-н-ъ, -а, -о; ви́-дѣ-ти — виде-н-ъ, -а, -о.

2) Посредствомъ суффикса -ен- образуются причастія отъ основъ неопредѣленнаго наклоненія, оканчивающихся:

а) на согласный: нести — несе́нъ, -а, -о; вести — веде́нъ, -а, -о; причемъ, гортанные г, к, передъ суффиксомъ, смягчаясь, чередуются съ ж, ч: рещи (рек-ти) — рече́нъ, -а, -о; возмощи (возмог-ти) — возмо́ж-енъ, -а, -о.

б) на -н-, который передъ суффиксомъ переходитъ въ ј, причемъ, въ результатѣ смягченія происходитъ чередованіе согласныхъ (если возможно): оу̓моли́ти — оу̓мол-е́нъ, -а, -о (изъ оу̓молјенъ); возлюби́ти — возлю́бл-енъ, -а, -о; роди́ти — рожд-е́нъ, -а, -о.

3) При помощи суффикса -т- образуются причастія отъ основъ неопредѣленнаго наклоненія, равныхъ корню, оканчивающихся на гласный: би́-ти — би́-т-ъ, -а, -о,; я̓-ти — я̓-тъ, -а, -о; распя́-ти — ра́спя-т-ъ, -а, -о; просте́р-ти — просте́р-т-ъ, -а, -о; скры́-ти — скры́-т-ъ, -а, -о.

Отъ глаголовъ съ основой-корнемъ на -н-, -ы- образуются причастія также при помощи суффикса -ен-, причемъ, ы передъ суффиксомъ переходитъ въ ов (§ 10, 3): би́-ти — бї-е́нъ, -а, -о; и̓спи́-ти — и̓спї-е́нъ, -а, -о; оу̓мы́-ти — оу̓мов-е́нъ, -а, -о; скры́-ти — сокров-е́нъ, -а, -о.

4) Нѣкоторыя причастія образуютъ свои формы при помощи суффикса -ен- отъ основы настоящаго времени: закла́ти, зако́лютъ — закол-е́нъ, -а, -о; но также могутъ быть образованы формы причастія и отъ основы неопредѣленнаго наклоненія: закла́-н-ъ, -а, -о;

5) Отъ глаголовъ съ основой въ неопредѣленномъ наклоненіи на -нꙋ- возможны слѣдующія образованія причастій:

а) при помощи суф. -т-: подви́гнꙋ-ти — подви́гнꙋ-т-ъ, -а, -о:

б) при помощи суффикса -ен-; если суффиксъ -нꙋ- находится послѣ согласнаго, то онъ обычно опускается: пости́гнꙋ-ти — пости́ж-енъ, -а, -о; при сохраненіи суффикса -нꙋ-, ꙋ утрачивается, и основа осложняется суффиксомъ -ов-: постигнов-е́нъ, -а, -о,; ѿри́н-нꙋ-ти — ѿринов-е́нъ, -а, -о.

Страдательныя причастія прошедшаго времени образуются преимущественно отъ глаголовъ совершеннаго вида.

Полныя формы страдательныхъ причастій образуются подобнымъ образомъ, какъ и полныя формы прилагательныхъ: люби́м-ь — люби́м-ый, -аа, -ое; несо́м-ъ — несо́м-ый, -аа, -ое; сотворе́н-ъ — сотворе́нн-ый, -аа, -ое; оу̓мове́н-ъ — оу̓мове́нн-ый, -аа, -ое.

Краткія и полныя страдательныя причастія склоняются по образцу именъ прилагательныхъ (см. § 53 и § 57).

Страдательныя формы глагола.

§ 101. Страдательныя формы глагола выражаются двумя способами:

а) либо при помощи возвратнаго мѣстоименія -см, прилагаемаго къ переходнымъ глаголамъ; б) либо сложными формами, состоящими изъ страдательныхъ причастій и связки (формъ отъ глагола бы́тн); производитель дѣйствія стоитъ при нихъ или въ творительномъ падежѣ, или же въ родительномъ съ предлогомъ ѿ: й крещáхѹсм* во їѡрдáнѣ ѿ негѡ̀, исповѣ́дѹюще грѣхѝ своѧ̀ (Мѳ. 3, 6); прéданн* же бѹ́дете* й роди́тели й брáтїею й рóдомъ й дрѹ́гн (Лк. 21, 16); тогда̀ йрⷭшедъ видѣ́въ, ꙗ́кѡ порѹ́ганъ* бы́сть* ѿ волхвѡ́въ, разгнѣ́васм ѕѣлѡ̀ (Мѳ. 2, 16). При сложныхъ страдательныхъ формахъ производитель дѣйствія можетъ быть и совсѣмъ не указанъ: всѧ́ко ѹ́бо дрéво, éже не твори́тъ плодà добрà, посѣкáемо* быбáетъ*, й во óгнь вметáемо* (Мѳ. 3, 10).

Страдат. причастіе въ сложныхъ формахъ всегда стоитъ въ именительномъ падежѣ.

Страдательныя формы временъ и наклоненій.

§ 102. Страдательныя сложныя формы, состоящія изъ причастій настоящаго времени, являются формами несовершеннаго вида; а состоящія изъ причастій прошедшаго времени, являются формами вида совершеннаго; напримѣръ: несóмъ бѹ́дѹ (несов. в.), принесéнъ бѹ́дѹ (соверш. в.).

Неопредѣленное наклоненіе: храни́мъ бы́тн (несоверш. вида)
сохранéнъ бы́тн (соверш. вида).

Настоящее время	храни́мъ є́смь, є̂сѝ, є́сть и т. д.
Будущее время	храни́мъ ⎱ сохранéнъ ⎰ бѹ́дѹ, бѹ́дешн, бѹ́детъ и т. д.
Аористъ	храни́мъ ⎱ сохранéнъ ⎰ бы́хъ, бы́сть и т. д. храни́мъ бѣ́хъ, бѣ̀ и т. д.
Имперфектъ	храни́мъ бѧ́хъ, бѧ́ше и т. д.
Перфектъ	сохранéнъ є́смь, є̂сѝ, є́сть и т. д.
Плюсквамперфектъ	сохранéнъ ⎰ бѣ́хъ, бѣ̀ и т. д. ⎱ бѧ́хъ, бѧ́ше и т. д. ⎰ бы́лъ є́смь, бы́лъ є̂сѝ, и т. д.
Сослагательное наклоненіе	храни́мъ ⎱ сохранéнъ ⎰ бы́лъ бы́хъ, бы̀ и т. д.
Повелительное наклоненіе	храни́мъ ⎱ сохранéнъ ⎰ бѹ́дн, бѹ́дева, бѹ́днта и т. д.

О значеніи этихъ формъ см. синтаксисъ.

Примѣры:

Рѣша же слышавшіи: то кто можетъ спасенъ быти (неопред. накл.) (Лк. 19, 26); можаше сіе мѵро продано быти (неопр. накл.) на мно́зѣ, и датися нищымъ (Мѳ. 26, 9); на сіе бо и труждаемся и поношаеми есмы (наст. вр.), іакw оупова́хомъ на бга жива (1 Тим. 4, 10); и бу́дете ненавидими (буд. вр.) ѿ всѣхъ имене моегw ра́ди (Лук. 21, 17); блюди́те, да не прельщени бу́дете (буд. вр.) (Лк. 21, 8); жива вве́ржена бы́ста (аор.) оба въ езеро огненное, горящее жупеломъ (Апок. 19, 20); не бо́йся, іакw постра́млена еси (перф.) ниже́ оусты́дися, іакw оукорена еси (перф.) (Исаіи 54, 4); wбрѣте же та́мw человѣка нѣкоего именемъ енеа, ѿ осми лѣтъ лежа́ща на одрѣ, иже бѣ разсла́бленъ (плюсквамперф.) (Дѣян. 9, 33); и жены нѣкіа, іаже бахУ исцѣлены (плюскв.) ѿ духwвъ злыхъ и недУгъ (Лук. 8, 2); аще бы ѿ міра сегw было бы ца́рство мое, слуги мои оубw подвиза́лися быша, да не преданъ былъ быхъ (сослаг. н.) іУдеwмъ (Iн. 18, 36).

Глаголы архаическаго спряженія.

§ 103. Къ архаическому спряженію относятся слѣдующіе глаголы быти — есмь, дати — дамъ, іасти — іамъ, вѣдѣти — вѣмъ, имѣти или има́ти — имамъ (см. § 81).

Эти глаголы своимъ спряженіемъ отличаются отъ глаголовъ основного спряженія лишь въ настоящемъ времени (или будущемъ простомъ) и въ повелительномъ наклоненіи; всѣ же прочія формы у нихъ образуются подобнымъ же образомъ, какъ и у основныхъ глаголовъ, за исключеніемъ аориста отъ глагола дати, имѣющаго формы древняго образованія: дахъ (вм. дадо́хъ), даде, да́хова и т. д. (ср. рѣхъ — рѣко́хъ, § 86).

Примѣчаніе 1-е. Глаголъ дати совершеннаго вида, а потому вмѣсто настоящаго времени имѣетъ будущее простое; форма же даю образована отъ да-я-ти.

Примѣчаніе 2-е. Если глаголъ іамъ принимаетъ приставку с, то іа переходитъ въ ѣ: с+іамъ = снѣмъ (изъ сън-ѣмъ).

Примѣчаніе 3-е. Глаголъ има́ти имѣетъ свою основу отъ іати (ср. пріа́ти — прiимУ).

Изъявительное наклоненіе

	будущее простое	настоящее время		
ед. ч. 1	да́-мъ	ꙗ̃-мъ	вѣ́-мъ	йм-а-мъ
2	да́-си	ꙗ̃-си	вѣ́-си	йм-а-ши
3	да́с-тъ	ꙗ̃с-тъ	вѣ́с-ть	йм-а-ть
дв. ч. 1	да́-ва, -вѣ	ꙗ̃-ва, вѣ	вѣ́-ва, вѣ	йм-а-ва, вѣ
2 и 3	да́с-та, -тѣ	ꙗ̃с-та, тѣ	вѣ́с-та, тѣ	йм-а-та, тѣ
мн. ч. 1	да́-мы	ꙗ̃-мы	вѣ́-мы	йм-а-мы
2	да́с-те	ꙗ̃с-те	вѣ́с-те	йм-а-те
3	дад-у́тъ, -ꙗ́тъ	ꙗ̃д-ꙗ́тъ	вѣ́д-ꙗтъ	йм-у́тъ

Повелительное наклоненіе

ед. ч. 2, 3	да́жд-ь	ꙗ̃жд-ь	вѣ́жд-ь	йм-ѣ́-й
дв. ч. 1	дад-и́-ва, вѣ	ꙗ̃д-и́-ва, вѣ	вѣ́д-и-ва, вѣ	йм-ѣ́-и-ва, вѣ
2 и 3	дад-и́-та, вѣ	ꙗ̃д-и́-та, вѣ	вѣ́д-и-та, вѣ	йм-ѣ́-и-та, вѣ
мн. ч. 1	дад-и́-мъ	ꙗ̃д-и́-мъ	вѣ́д-и-мъ	йм-ѣ́-и-мъ
2	дад-и́-те	ꙗ̃д-и́-те	вѣ́д-и-те	йм-ѣ́-й-те

Причастія настоящаго времени:

дѣйствительныя		страдательныя	
ꙗ̃мъ —	ꙗ̃ды́й *), -у́щъ	ꙗ̃до́мъ, -ый	
	ꙗ̃ду́щи, -у́щаꙗ	ꙗ̃до́ма, -аꙗ	
	ꙗ̃ду́ще, -у́щее	ꙗ̃до́мо, -ое	
вѣ́мъ —	вѣ́дый, -у́щъ	вѣ́домъ, -ый	
	вѣ́ду́щи, -у́щаꙗ	вѣ́дома, -аꙗ	
	вѣ́ду́ще, -у́щее	вѣ́домо, -ое	
ймамъ —	ймы́й, -у́щъ	нѣтъ	
	йму́щи, -у́щаꙗ		
	йму́ще, -у́щее		

Глаголъ да́мъ — соверш. вида, а потому причастія наст. вр. не имѣетъ. Причастія прош. вр. образуются обычно отъ основы неопр. н.

Глаголы, имѣющіе при образованіи своихъ формъ отклоненія отъ обычныхъ нормъ.

§ 104. Формы указаны только главныя или представляющія затрудненіе при ихъ образованіи (нѣкоторыя формы рѣдко употребляемыхъ глаголовъ не приведены за неимѣніемъ доказательствъ).

---

*) Какъ краткая, такъ и полная форма, см. § 95.

Б

блюсти, наст. вр. блюдꙋтъ, аор. (со)блюдохъ, прич. на -лъ (со)блюлъ (§ 97).

(про)бости), буд. пр. прободꙋтъ, аор. прободохъ, прич. на -лъ прободъ (§ 97).

брати, наст. вр. берꙋтъ, имперф. берахꙋ (?).

братисѧ, наст. вр. борѧтсѧ, аор. брахсѧ (брашасѧ, Псал. 128, 1), имп. борѧхсѧ (1 Кор. 15, 32), прич. на -лъ бралсѧ, стр. прич. пр. вр. поборенъ.

быти, наст. вр. есмь, буд. вр. бꙋдꙋ, повел. н. бꙋди, аор. быхъ, бѣхъ, имп. бѧхъ, прич. н. вр. сый, сꙋщн, прич. пр. вр. бывъ, бывшн, прич. на -лъ былъ (§ 81).

В

вести, наст. вр. ведꙋтъ, прич. на -лъ велъ (§ 97).

вити, наст. вр. вїютъ, аор. повихъ, 2-3 л. повитъ, стр. прич. пр. вр. повитъ.

видѣти, повел. н. виждь.

влещи, наст. вр. влекꙋтъ.

(ѿ)версти (Ін. 10, 21), буд. вр. ѿверзꙋтъ, аор. ѿверзохъ, прич. пр. вр. ѿверзъ, -шн, прич. на -лъ ѿверзлъ, стр. прич. пр. вр. ѿверстъ (ѿверсто, Ін. 1, 51).

(по)врещи (воврещи, Лк. 12, 49), буд. вр. повергꙋтъ (повергꙋ, Іезек. 6, 4), повел. н. повержн (не ѿвержн, Псал. 50), аор. повергохъ, дѣйст. прич. пр. вр. повергъ, -шн (Лк. 4, 35), прич. на лъ поверглъ, стр. прич. пр. вр. поверженъ.

вѣдѣти, наст. вр. вѣмъ, повел. н. вѣждь, дѣйст. прич. наст. вр. вѣдый, стр. прич. наст. вр. вѣдомъ.

(оу)вѧнꙋти, буд. вр. оувѧнꙋтъ, аор. оувѧдохъ.

Г

гаснꙋти, наст. вр. гаснꙋтъ, аор. оугасохъ.

(оу)глебнꙋти, буд. вр. оуглебнꙋ, аор. оуглебохъ.

(по)гребсти), буд. вр. погребꙋтъ, аор. погребохъ, кромѣ неопред. накл., всѣ формы безъ с въ основѣ.

гнати, въ осн. наст. вр. гон-: гоню (Филип. 3, 12), изгоню (Лк. 13, 32), повел. н. гоните (1 Сол. 5, 15), имп. гонѧхъ (Псал. 37, 21); въ осн. буд. вр. жен-: поженете (Лев. 26, 7), изженн (Гал. 4, 30); въ осн. неопред. н. гна-: аор. изгнахъ.

гибнꙋти, наст. вр. гиблю (Лк. 15, 17, отъ гиба-ти), буд. съ н: погибнетъ (Псал. 72, 27); дѣйст. прич. н. вр.: гибнꙋщѧ (1 Петр. 1, 7); гиблющее (Ін. 6, 27).

Д

да́ти, наст. вр. да́мъ, аор. да́хъ, 2-3 л. дадѐ.

(воз)дви́гнути, буд. воздви́гну, аор. воздви́гохъ.

довлѣ́ти, засвидѣтельствовано употребленіе только 3 л. ед. и мн. чиселъ н. вр.: довлѣ́етъ (Мѳ. 6, 34).

досто́итъ (Мр. 10, 2), употребляется только въ 3 л. ед. числа, имп. досто́аше.

дра́ти, наст. вр. деру́тъ.

дѣ́ати, кромѣ обычныхъ формъ, имѣетъ еще паралельныя формы съ основой -дѣжд-: возлѣжи́те (Псал. 133, 2), возлѣжу̀ (Псал. 62, 5), ѡдѣжемса (Мѳ. 6, 31).

ду́ти (малоупотребительный), д. прич. наст. вр. дма́са (Кол. 2, 18).

дхну́ти, буд. дхну́тъ (дхне́тъ, Псал. 147, 7), аор. дхну́хъ, 2-3 л. дхну̀ (Пятидесятн. п. 9), и безъ ну: и́здахо́хъ, 2-3 л. и́здаше (Мр. 15, 37); дѣйст. прич. пр. вр. дхну́въ, -ши (Дѣян. 27, 13); воздохну́ти, буд. воздохну́тъ, аор. воздохну́хъ, 2-3 л. воздохну̀ (Мр. 7, 34); дѣйст. прич. пр. вр. воздохну́въ, -ши (Мр. 8, 12).

Ж

жа́ти, наст. вр. жму́тъ.

жа́ти, наст. вр. жну́тъ.

(оу)жасну́тиса, буд. вр. оужа́сну́тса (Ис. 52, 14), аор. оужасо́хса.

жещи́, наст. вр. жгу́тъ, сожже́тъ (Лк. 3, 17), аор. зажго́хъ, зажжѐ (Мѳ. 22, 7), пов. н. разжзѝ, дѣйст. пр. н. вр. жги́й, дѣйст. прич. пр. вр. сожегъ, -ши; стр. прич. н. вр. жго́мъ (19 ноябр., на Госп. воззв.), стр. прич. пр. вр. сожже́нъ.

жва́ти, наст. вр. жую́тъ (?), аор. жва́хъ, имп. жва́хъ (жва́ху, Откр. 16, 10), стр. прич. наст. вр. сожва́емъ (Іов. 20, 18).

жи́ти, наст. вр. живу́тъ, аор. жи́хъ, и́ждихъ (Недѣля блудн. сына, сѣд. на 3-й п.), 2-3 л. ѡжинвѐ (Лк. 15, 24), имп. жива́хъ.

жре́ти (др. сл. жрьти, жьреши) — приносить жертву, наст. вр. жру́тъ, аор. пожрохъ, имп. жра́хъ, прич. на -лъ — пожёрлъ, стр. прич. н. вр. жремъ, -ый, стр. прич. пр. вр. пожре́нъ.

жре́ти (др. сл. жрѣти, жьрешн) — поглощать, прочія формы имѣетъ такія же, какъ и предыдущій глаголъ, кромѣ стр. прич. пр. вр. пожёртъ (пожёрты, Псал. 140, 6).

З

зва́ти, наст. зову́тъ, аор. воз-зва́хъ, имп. зова́хъ и зва́ху (Матѳ. 21, 9), дѣйств. прич. н. вр. зовы́й, -у́щи, стр. прич. н. вр. зово́мъ.

зда́ти, наст. зи́ждꙋтъ, имп. зда́хꙋ (Лк. 17, 28); дѣйст. прич. зи́жда, -ꙋщи (зи́ждай, Псал. 146, 2), стр. прич. зи́ждемь (Псал. 121, 3).

(про)за́бнꙋти, буд. вр. про-за́бнꙋтъ, аор. прозабо́хъ.

И

има́ти (имѣ́ти) происходитъ отъ ꙗ́ти, наст. и́мамъ, дѣйст. прич. н. вр. и́мый, прочія формы — отъ имѣ́ти: аор. воз-имѣ́хъ, имп. имѣ́ахъ, имѣ́аше (и има́ше) и т. д.

исче́знꙋти, буд. исче́знꙋтъ, аор. исчезо́хъ.

ити, наст. идꙋ́тъ, послѣ приставокъ по, пре, на и переходитъ въ й: буд. пойдꙋ́, прейдꙋ́, по́йдеши, пре́йдеши, на́йдетъ; аор. идо́хъ, имп. ида́хъ; дѣйст. прич. н. вр. иды́й, -ꙋщи; дѣйст. прич. пр. вр. ше́дъ, -ши; прич. на -лъ — ше́лъ, шли́; послѣ приставокъ из, воз, ѡб имѣетъ ы: изы́де, взы́де, ѡбы́де и т. д.

К

(вс)ки́снꙋти, буд. вски́снꙋтъ, аор. вски́сохъ, вски́се (Лк. 13, 21).

кла́ти, наст. ко́лютъ, имп. кола́хꙋ.

кла́ти, наст. клянꙋ́тъ, аор. кля́хъ, 2-3л. кля́тъ, имп. клена́хъ.

кова́ти, наст. кꙋю́тъ.

(при)коснꙋ́тиса, буд. прикоснꙋ́тса, аор. прикоснꙋ́хса, 2-3 л. прикоснꙋ́са (Мр. 5, 27).

кра́сти, наст. вр. крадꙋ́тъ, аор. крадо́хъ, имп. крада́хъ, дѣйст. прич. наст. вр. крады́й, -ꙋщи, прич. на -лъ — кра́лъ.

(вос)креснꙋти, буд вр. воскреснꙋ́тъ, аор. воскресо́хъ, дѣйст. прич. пр. вр. воскре́съ, -ши, прич. на -лъ — воскре́слъ.

кры́ти, наст. кры́ютъ, имп. кры́ахꙋ, стр. прич. пр. вр. сокрове́нъ, сокры́тъ.

Л

лга́ти, наст. лгꙋ́тъ (не лгꙋ́, Гал. 1, 20), буд. (съ j въ основѣ): солжꙋ́тъ, солжꙋ́ (Псал. 65, 3; Псал. 88, 36), дѣйст. прич. н. вр. лжꙋ́ще (Мѳ. 5, 11), (§ 83).

лещи́, буд. ла́гꙋтъ, аор. воз-лего́хъ.

лїа́ти, наст. лїю́тъ, повел. воз-ле́й.

(при)льпнꙋти, буд. вр. прильпнꙋ́тъ, аор. прильпо́хъ, прильпѐ (Псал. 21, 16).

в-лѣзти (Матѳ. 13, 2), буд. вр. влѣзꙋ́тъ, аор. влѣзо́хъ.

М

мле́ти — др. сл. млѣ́ти (со́млетнсѧ, 20 дек., п. 4) наст. вр. мелю́тх, аор. и̂змело́хх(?), 2-3 л. и̂змелѐ *), имп. мелѧ́хх (мелѧ́хꙋ, Числ. 11, 8), дѣ́йст. прич. н. вр. мелѧ̀, -ющн (Лк. 17, 35), и̂змеленх **).

(оу̂)мо́лкнꙋти, буд. оу̂мо́лкнꙋтх, аор. оу̂молко́хх (и̂змолчѐ, Пс. 68, 4).

мощн̀, наст. мо́гꙋтх, аор. мого́хх, имп. можѧ́хх, дѣ́йст. прич. н. вр. могі́й, -ꙋщн.

мы́ти, наст. мы́ютх, стр. прич. пр. вр. оу̂мове́нх (Матѳ. 15, 20).

мѧстн́сѧ, буд. смѧтꙋ́тсѧ (Псал. 67, 6), аор. смѧто́хсѧ (Псал. 76, 5).

Н

небрещн̀, наст. небрегꙋ́тх, аор. небрего́хх.

(оу̂)нзтн̀ (оу̂нзѧ́ти), буд. оу̂нзꙋ́тх, аор. оу̂нзо́шѧ (Псал. 37, 3); стр. прич. пр. вр. оу̂нзе́нх (Сл. Рожд. Хр., 2-й кан., п. 6, ирм.).

(прн)нн́кнꙋти, буд. прнннкнꙋ́тх, аор. прн-нннко́хх, 2-3 л. прнннн́че (Псал. 84, 12), прич. пр. вр. прнннн́кх, -шн (Ін. 20, 50).

Ѡ

ѡ̂блещн̀, буд. ѡ̂блекꙋ́тх, дѣ́йст. прич. пр. вр. ѡ̂бо́лкх, -шн, ѡ̂бле́кх, -шн, стр. прич. пр. вр. ѡ̂блече́нх (Мѳ. 11, 8), ѡ̂болче́нх (Мк. 5, 15).

П

пѧ́стн, буд. падꙋ́тх.

(вос)перꙋ́тх (буд.) — встрѣчается только въ буд. вр. (но восперѧ́ти — восперѧ́ю).

пн́тн, наст. пїю́тх, аор. пн́хх, 2-3 л. пн́тх.

плева́ти и плюва́ти (Марк. 14, 65), наст. плюю́тх.

прѧ́тн, буд. по-перꙋ́тх, имп. — не встрѣчается (но попнрѧ́ти — попнрѧ́ше).

подоба́ти, имѣетъ формы только въ 3 л. ед. ч.: наст. подоба́-етх, имп. подоба́ше.

простѐртн (Дѣян. 27, 30), буд. про́стрꙋ́тх, аор. простро́хх, дѣ́йст. прич. пр. вр. просте́рх, -шн, прич. на -лх — просте́рлх, стр. прич. пр. вр. просте́ртх.

---

*) Четьи-Минеи Димитрія Рост., 11 августа, житіе препп. Ѳеодора и Василія Печерскихъ.

**) Тамъ же.

пѣ́ти, наст. пою́тъ, имп. поꙗ́хꙋ, повел. н. по́й, стр. прич. пр. вр. пѣ́тъ.

пѧ́ти, наст. пнꙋ́тъ; дѣ́йст. прич. пр. вр. распе́нъ, -шꙇ (§ 97); стр. прич. пр. вр. ра́спѧтъ.

Р

расти́, наст. растꙋ́тъ, аор. расто́хъ (Лук. 8, 7), имперф. растѧ́хꙋ (Лук. 1, 80), прич. н. вр. растꙑ́й, -ꙋ́щꙇ, прич. пр. вр. возра́стъ, -шꙇ(?), пр. на -лъ возра́слъ.

рещи́, буд. рекꙋ́тъ (честна́ѧ бо рекꙋ́, Прич. 8, 6 — въ русск.: я буду говорить); аор. рѣ́хъ, реко́хъ, 2-3 л. речѐ; повел. рцы̀, рцы́те; стр. прич. наст. вр. реко́мъ, стр. прич. пр. вр. рече́нъ.

(ѡ̑б)-рѣ́сти (только приставочныя формы), буд. ѡ̑брѣ́тꙋ́тъ, ѡ̑брѧ́щꙋтъ; (с)-рѣ́тꙋ́тъ, (с)-рѧ́щꙋтъ; аор. ѡ̑брѣто́хъ, срѣто́хъ.

С

(ꙇ̑з)-со́хнꙋти, буд. и̑зсхнꙋ́тъ (и̑зсхнетъ, Зах. 11, 17), и̑зсшꙋ́тъ (Псал. 36, 2); аор. и̑зсхо́хъ (Псал. 101, 12), 2-3 л. и̑зсше (Псал. 128, 6); дѣ́йст. прич. пр. вр. и̑зсо́хъ, -шꙇ.

спа́ти, наст. спѧ́тъ.

ста́ти, буд. ста́нꙋ, повел. ста́нꙇ, аор. ста́хъ.

стла́ти, наст. сте́лютъ.

стрищи́ (Быт. 31, 19), наст. стригꙋ́тъ.

строга́ти, наст. стрꙋжꙋ́тъ, имп. стрꙋжа́хꙋ, стр. прич. н. вр. стрꙋ́жемь.

сѣсти, буд. сѧ́дꙋтъ, пов. сѧ́дꙇ, аор. сѣдо́хъ, д. прич. пр. вр. сѣдъ, -шꙇ, пр. на -лъ — сѣлъ.

сѣщи́, наст. сѣкꙋ́тъ.

(ꙋ̑)-сѣ́кнꙋти, буд. ꙋ̑сѣ́кнꙋ́тъ, аор. ꙋ̑сѣ́кнꙋхъ (Мр. 6, 16).

(ꙇ̑з)-сѧ́кнꙋти, буд. и̑зсѧ́кнꙋ́тъ, аор. и̑зсѧ́кнꙋхъ, 2-3 л. и̑зсѧ́кнꙋ (Мр. 5, 29) и и̑зсѧко́хъ, 2-3 л. и̑зсѧ́че (Быт. 8, 13).

Т

тещи́, наст. текꙋ́тъ, имп. теча́хꙋ, повел. тецы̀.

(по)-ткнꙋтисѧ, буд. поткнꙋ́тсѧ (по́ткнетсѧ, Іꙇн. 11, 10), аор. поткнꙋ́хсѧ.

(со)-тре́ти; стре́ти (Окт. 7 гл., воскр. п. 1); буд. сотрꙋ́тъ, аор. сотро́хъ, сотрѐ (Исх. 32, 20), дѣ́йст. прич. пр. вр. сте́ръ, -шꙇ, стр. прич. пр. вр. сотре́нъ (Канонъ Богоявл., ирм. п. 3); отъ сотры́ти: сотры́етъ (Ме. 21, 44), аор. сотры̀ (Псал. 104, 16).

Оу

оу́мре́ти, буд. оу́мрꙋ́тъ, аор. оу́мро́хъ, 2-3 л. оу́мре, дѣйст. прич. пр. вр. оу́ме́ръ, -шн, прич. на -лъ: оу́мерлъ.

оу́снꙋ́ти, буд. оу́снꙋ́тъ, аор. оу́снꙋ́хъ и оу́спо́хъ, 2-3 л. оу́спе, прич. пр. вр. оу́снꙋ́въ.

(ѡб)-ꙋ́ти, буд. ѡбꙋ́ютъ, аор. ѡбꙋ́хъ (ѡбꙋ́ша, 2 Пар. 28, 15); дѣйст. прич. ѡбꙋ́въ, -шн; стр. прич. ѡбꙋве́нъ (Мр. 6, 9).

Х

хотѣ́ти, наст. по 2-му спр. хощꙋ́, хотѧ́тъ (Ін. 6, 15), прочія формы по 1-му спр. хо́щешн, хо́щетъ (Мѳ. 20, 32), не хо́щете (Ін. 5, 40), хо́щꙋтъ (3 Мак. 3, 13).

Ц

цвѣ́сти, наст. цвѣтꙋ́тъ.

Ч

(не)-чезнꙋ́ти, буд. нсчезнꙋ́тъ, аор. нсчезо́хъ.

(по)-черпсти́ (Тріодь н. Самар.), съ с только въ основѣ неопр. н., буд. вр. почерпꙋ́тъ, повел. почерпн́ (конд. Препол.); аор. почерпо́хъ; дѣйст. прич. пр. вр. почерпъ, -шн; отъ черпа́ти наст. че́рплютъ (Пасх. Пятн.).

чести́, наст. чтꙋ́тъ, аор. что́хъ, имп. чтѧ́хъ, повел. чтн́, чте́мъ, чтн́те; дѣйст. прич. н. вр. чтый, -ꙋ́щн, стр. прич. н. вр. что́мъ, дѣйст. прич. пр. вр. поче́тъ, -шн, полн. почтый; стр. прич. пр. вр. почте́нъ.

Примѣчаніе. Это слово имѣетъ значеніе: читать и чтить. Въ болѣе позднее время для значенія «чтить» стало входить въ употребленіе слово чтити (подъ вліяніемъ русскаго языка); отсюда въ величаніи святымъ употребляются обѣ формы: чте́мъ и чтн́мъ.

(на, за)-ча́ти, буд. начнꙋ́тъ, аор. нача́хъ, 2-3 л. нача́тъ; дѣйст. прич. пр. вр. наче́нъ, -шн (Мр. 14, 72); стр. прич. пр. вр. нача́тъ (зача́тъ).

Ꙗ

ꙗ́сти, наст. ꙗ́мъ, дѣйст. прич. н. вр. ꙗдый, -ꙋ́щн, стр. прич. н. вр. ꙗдо́мъ, дѣйст. прич. пр. вр. ꙗдъ, -шн, стр. прич. пр. вр. снѣде́нъ.

ꙗ́-ти, образуетъ свои формы, большей частью приставочныя, отъ основъ е̂мл- (наст. вр.) и нм-, причемъ послѣ приставки по корневое н переходитъ въ й: наст. е̂млютъ (Лк. 6, 44), буд. по-ймꙋ́тъ (по́ймешн, Іез. 16, 61; по́йметъ, Мѳ. 5, 32); аор. ꙗ́хъ, поꙗ́хъ, 2-3 л. ꙗ́тъ, поꙗ́тъ (Ін. 19, 27, ꙗ́ша, Лк. 5, 6); имп. е̂млѧхъ; повел. понмн́, Мѳ. 2, 13, (и поймн́, Мѳ. 18, 16); дѣйст. прич. наст. вр. е̂млѧ; стр. прич. н. вр. е̂млемь; дѣйст. прич. пр. вр. е̂мъ, -шн;

стр. прич. пр. вр. і҆а́тъ, -а, -о; ѿ прі҆-а́ти: наст. прі҆е́млютъ (Матѳ. 7, 8), буд. прі҆и́м́ꙋтъ (Матѳ. 10, 14); прочія формы подобны первымъ: повел. прі҆е́мли (прі҆е́млите, Рим. 14, 1) и прі҆и́мⰻ; имп. прі҆и́ма́хъ (отъ прі҆и́ма́ти, но, повидимому, также прі҆е́млахъ); дѣйст. прич. пр. вр. прі҆е́мъ и прі҆и́мъ; ѿ взꙗ́ти: наст. взе́млютъ, буд. во́змꙋтъ; ѿ внꙗ́ти: наст. вне́млю; повел. вонмѝ и внемлѝ (Псал. 16, 1; Быт. 24, 6); 1 л. мн. ч. вонме́мъ; 2 л. мн. ч. внемли́те (Мѳ. 6, 1), подобнымъ образомъ этотъ глаголъ имѣетъ формы съ другими приставками.

Тексты для упражненій.

И҆ преходꙗ́щꙋ ѿтꙋ́дꙋ і҆н҃сови, по не́мъ и҆до́ста два̀ слѣпца̀, зовꙋ́ща и҆ глаго́люща: помилꙋ́й ны̀, (і҆и҃се) сн҃е дв҃довъ. Прише́дшꙋ же є҆мꙋ̀ въ до́мъ, пристꙋпи́ста къ немꙋ̀ слѣпца̀, и҆ гл҃а и҆́ма і҆и҃съ: вѣ́рꙋете ли, ꙗ҆́кѡ могꙋ̀ сіѐ сотвори́ти; гл҃го́ласта є҆мꙋ̀: є҆́й, гд҃и. Тогда̀ прикоснꙋ́сꙗ ѻ҆́чію и҆́хъ, глаго́ла: по вѣ́рѣ ва́ю бꙋ́ди ва́ма. и҆ ѿверзо́стасꙗ ѻ҆́чи и҆́ма. и҆ запретѝ и҆́ма і҆и҃съ, глаго́ла: блюди́та, да никто́же оу҆вѣ́сть. Ѻ҆на̀ же и҆зше́дша просла́виста є҆гѡ̀ по все́й землѝ то́й. Тѣ́ма же и҆сходꙗ́щема, сѐ приведо́ша къ немꙋ̀ чл҃вѣ́ка нѣ́ма бѣснꙋ́ема. и҆ и҆згна́нꙋ бѣ́сꙋ, проглаго́ла нѣмы́й: и҆ диви́шасꙗ наро́ди, глаго́люще, ꙗ҆́кѡ николи́же ꙗ҆ви́сꙗ та́кѡ во і҆и҃ли. Фарісе́е же глаго́лахꙋ: ѡ҆ кнꙗ́зѣ бѣсо́встѣмъ и҆зго́нитъ бѣ́сы. и҆ прохожда́ше і҆и҃съ гра́ды всꙗ̑ и҆ ве́си, оу҆чꙗ̀ на со́нмищахъ и҆́хъ, и҆ проповѣ́дал є҆ѵⰢⰢⰢⰢ лⰻⰻⰻⰻⰻ цр҃твіꙗ, и҆ цѣлꙗ̀ всꙗ́къ неⰴꙋ́гъ и҆ всꙗ́кꙋ ꙗ҆́зю въ лю́дехъ. Ви́дѣвъ же наро́ды, милосе́рдова ѡ҆ ни́хъ, ꙗ҆́кѡ бꙗ́хꙋ смꙗте́ни и҆ ѿве́ржени, ꙗ҆́кѡ ѻ҆́вцы не и҆мꙋ́щыꙗ па́стырꙗ (Мѳ. 9, 27-36). и҆ ꙗ҆́коже бы́сть во дни̑ нѡ́евы, та́кѡ бꙋ́детъ и҆ во дни̑ сн҃а чл҃вѣ́ческа: ꙗ҆дꙗ́хꙋ, пꙗ́хꙋ, женꙗ́хꙋсꙗ, посꙗгꙗ́хꙋ, до негѡ́же днѐ вни́де нѡ́е въ ковче́гъ: и҆ прі҆и́де пото́пъ, и҆ погꙋбѝ всꙗ̑. Та́кожде и҆ ꙗ҆́коже бы́сть во дни̑ лѡ́товы: ꙗ҆дꙗ́хꙋ, пꙗ́хꙋ, кꙋповꙗ́хꙋ, продаꙗ́хꙋ, саждꙗ́хꙋ, зⰴⰰ́хꙋ: во́нъже де́нь и҆зы́де лѡ́тъ ѿ содо́млꙗнъ, ѡ҆до́жди ка́мыкъ горꙗ́щъ и҆ ѻ҆́гнь съ нб҃сѐ и҆ погꙋбѝ всꙗ̑ (Лꙋк. 17, 27-29). А҆ще не бы̀ бы́лъ се́й ѿ бг҃а, не мо́глъ бы̀ твори́ти ничесо́же (Ін. 9, 33). Речѐ и҆̀мъ і҆и҃съ: а҆́ще бы́сте слѣпи́ бы́ли не бы́сте и҆мѣ́ли грѣха̀: ны́нѣ же глаго́лете, ꙗ҆́кѡ ви́димъ: грѣ́хъ оу҆́бо ва́шъ пребыва́етъ (Ін. 9, 41). Прі҆и́де жена̀ ѿ самарі́и почерпа́ти во́дꙋ. глаго́ла є҆́й і҆и҃съ: да́ждь мѝ пи́ти. Оу҆чн҃цы́ бо є҆гѡ̀ ѿшлѝ бꙗ́хꙋ во гра́дъ, да бра́шно кꙋ́пꙗтъ. Глаго́ла є҆мꙋ̀ жена̀: ка́кѡ ты̀ жидови́нъ сы́й ѿ менѐ пи́ти про́сиши, жены̀ самарꙗ́ныни сꙋ́щей; не прикаса́ютбосꙗ жи́дове самарꙗ́нѡмъ. Ѿвѣ́ща є҆́й і҆и҃съ и҆ речѐ є҆́й: а҆́ще бы̀ вѣ́дала є҆сѝ да́ръ бж҃ій, и҆ кто̀ є҆́сть глаго́лꙗй тѝ: да́ждь мѝ пи́ти: ты̀ бы̀ проси́ла оу҆ негѡ̀, и҆ да́лъ бы̀ тѝ во́дꙋ жи́вꙋ (Ін. 4, 7-10). и҆ бы́сть во є҆ди́нъ ѿ дні́й, и҆ то́й бѣ̀ оу҆чꙗ̀; и҆ бѣ́хꙋ сѣдꙗ́ще фарісе́е и҆ законо-

Ѹчи́телїе, и҆же бѣхѹ пришли ѿ всѧ́кїѧ ве́си галїле́йскїѧ и҆ і҆ꙋде́йскїѧ и҆ і҆ерꙋсали́мскїѧ: и҆ си́ла гдⷵнѧ бѣ и҆сцѣлѧ́ющи и҆хъ: и҆ се мꙋ́жїе носѧ́ще на ѻ҆дрѣ человѣ́ка, и҆же бѣ разсла́бленъ, и҆ и҆ска́хꙋ внести̏ є҆го̏ и҆ положи́ти пред ни́мъ (Лк. 5, 17-18). и҆ бѣ ве́сь гра́дъ собра́сѧ къ две́ремъ (Мр. 1, 33).

НАРѢЧІЕ.

§ 105. *Нарѣчіями* называются неизмѣняемыя слова, качественно или обстоятельственно опредѣляющія глаголъ, прилагательное или другое нарѣчіе. Напримѣръ: тꙋ́не* прїѧ́сте, тꙋ́не* дади́те (Мѳ. 10, 8); дѣви́ца же бѧ́ше доброзра́чна ѕѣлѡ̀* (Быт. 24, 16); и҆ ѕѣлѡ̀* заꙋ́тра* во є҆ди́нꙋ ѿ сꙋббѡ́тъ прїидо́ша на гро́бъ (Мр. 16, 2).

Въ составъ нарѣчій входятъ слова, образованныя отъ всѣхъ именныхъ частей рѣчи: существительныхъ, прилагательныхъ и числительныхъ, а также отъ мѣстоименій и страдательныхъ причастій.

Нарѣчія получили свое образованіе отъ разныхъ падежныхъ формъ, во многихъ случаяхъ потерявшихъ уже связь съ падежами, или при помощи суффиксовъ. Къ первымъ преимущественно относятся нарѣчія, образованныя отъ именъ существительныхъ, прилагательныхъ и числительныхъ; при помощи суффиксовъ были образованы нарѣчія, имѣющія общую основу съ мѣстоименіями.

Нарѣчія, образованныя отъ разныхъ падежныхъ формъ.

§ 106. Весьма значительную группу представляютъ нарѣчія, образованныя отъ именъ прилагательныхъ качественныхъ, отъ именит. падежа средн. рода ед. ч., причемъ конечное о пишется черезъ ѡ: ра́нѡ, ско́рѡ, по́зднѡ, прѧ́мѡ, кꙋ́пнѡ, пра́вѡ, хꙋ́дѡ, мно́гѡ, прилѣ́жнѡ, и҆звѣ́стнѡ, бога́тнѡ; слѣдующія нарѣчія оканчиваются на є: тꙋ́не, дале́че, дре́вле, є҆дина́че (отъ є҆дина́ко — "неужели", Матѳ. 15, 16).

Нарѣчія отъ прилагательныхъ могутъ оканчиваться и на ѣ — отъ предложнаго падежа, а нѣкоторыя изъ нихъ могутъ имѣть и ѡ, и ѣ: напримѣръ: до́брѣ, ѕлѣ, по́здѣ, прїискренⷩѣ, го́рькѡ — го́рьцѣ, досто́йнѡ — досто́йнѣ, мꙋ́дрѡ — мꙋ́дрѣ, безбѣ́днѡ — безбѣ́днѣ, тѧ́жкѡ — тѧ́жцѣ, бжⷵе́ственнѡ — бжⷵе́ственнѣ.

Подобно формамъ, образованнымъ отъ прилагательныхъ средн. рода имен. падежа, были образованы нарѣчія и отъ страдательныхъ причастій наст. и прошед. времени: нєви́димѡ, нєизрєче́ннѡ, нєсказа́ннѡ.

Наречія, образованныя отъ прилагательныхъ качественныхъ, могутъ имѣть и степени сравненія: вы́шє, ва́щє, ли́шшє, мно́жай_шє и т. д.

Формы сравнительной степени прилагательнаго и наречія омонимичны и различаются только по употребленію: сравнительная степень прилагательнаго относится къ имени существительному, тогда какъ сравнит. степень наречія относится къ глаголу-сказуемому: ѥму́жє прєда́ша мно́жайшє*, мно́жайшє* просѧ́тъ ѿ нє_гѡ̀ (Лк. 12, 48).

Наречія та́й, ѿта́й (тайно), ни́цъ — получили свое образованіе отъ именит. падежа прилагательныхъ (па́дъ ни́цъ, Лук. 5, 12). Наречіе ни́цъ при подлежащемъ во множественномъ числѣ можетъ имѣть формы ни́цъ и ни́цы, напримѣръ: падо́ша ни́цы (Ме. 17, 6), въ службѣ 6 августа: ни́цъ на лицѣ̀ зємлѝ покрыва́хѹсѧ (на Госп. воззв.); и̂ на зе́млю ни́цъ па́дахѹ (сѣдал. по каѳ.); и̂ ни́цы на зе́млю па́дшє (п. 8); ни́цы па́дшє (на хвалит.). Повидимому это наречіе находится въ переходной стадіи и можетъ разсматриваться также и какъ прилагательное, сохранившееся только въ именит. падежѣ, ср. падѐ ни́цъ, падо́ша ни́цы; падѐ ме́ртвъ, падо́ша ме́ртви.

Наречія, получившія образованіе отъ другихъ падежей именъ прилагательныхъ:

прєи́злиха, и̂зли́ха, и̂спе́рва, и̂здѣ́тска, свы́шє (отъ родит. пад.); нє по мно́гѹ (черезъ нѣкоторое время), пои́стиннѣ (отъ дат. пад.); вс́ѹє, ѡ̂деснѹ́ю, ѡ̂шѹ́юю, вои́стиннѹ (отъ винит. пад.); гре́чєски, є̂врє́й_ски, мѹ́жєски, же́нски, ма́тєрски (отъ твор. пад.); вско́рѣ, вма́лѣ, на мно́зѣ, наєди́нѣ — отъ числ. (отъ предл. пад.).

Наречія, получившія образованіе отъ разныхъ падежей именъ существительныхъ:

за́ѹтра (рано утромъ), вчєра̀, и̂сконѝ, ѿ ча́сти, и̂знача́ла, со_задѝ, до вє́рха, бєзпрєста́ни (Рим. 1, 9) (отъ родит. пад.); дне́сь (изъ де́нь се́й), ѹ̂́трѡ (утромъ), ве́чєръ, ѡ́крєстъ, внѹ́трь, вспѧ́ть, внеза́пѹ (отъ винит. пад.); посрєдѣ̀, порѧ́дѹ (отъ дат. пад.); то́чію, є̂ди́ною (отъ числ.), втори́цєю, трети́цєю, чєтвєри́цєю, сєдмєри́цєю, стори́цєю, мно́жицєю, полма̀ (дв. ч. отъ по́лъ) (отъ твор. пад.); горѣ̀, вєрхѹ̀, до́лѹ, мєждѹ̀ (дв. ч. отъ ме́жда), впрєдѝ, внѹтрѝ, вкѹ́пѣ, вмѣ́стѣ, кромѣ̀ (отъ сущест. кро́ма — "край"), послѣдѝ, вта́йнѣ, ѹ̂́трѣ (завтра) (отъ предл. пад.).

Наречія пе́рвоє (во-первыхъ), второ́є (во-вторыхъ), пе́рвѣє (отъ перядк. числ.); двакра́ты, трикра́ты, коликра́ты (отъ кратныхъ числ.). Нѣкоторыея наречія образуются отъ числительныхъ

при помощи суффикса -жды: є҆ди́ножды, два́жды, три́жды и т. д.,
и отъ мно́гъ: мно́гажды.

Примѣры:

Бди́те оу҆́бо: не вѣ́сте бо, когда̀ госпо́дь до́му прїи́детъ, ве́черъ*,
и҆лѝ полу́нощи*, и҆лѝ въ пѣ́тлоглаше́нїе, и҆лѝ оу҆́тру (Марк. 13, 35).
и҆ расте́шетъ є҆го̀ полма̀*, и҆ ча́сть є҆гѡ̀ съ невѣ́рными положи́тъ
(Мѳ. 24, 51); є҆ди́ною* глаго́лахъ, втори́цею* же не приложу̀ (Іова
39, 35); и҆ ста́вши при ногу̀ є҆гѡ̀ созадѝ*, пла́чущися, нача́тъ оу҆мы-
ва́ти но́зѣ є҆гѡ̀ слеза́ми (Лк. 7, 38); ше́дше рцы́те лису̀ тому̀: сѐ
и҆згоню̀ бѣ́сы и҆ и҆сцѣле́нїа творю̀ дне́сь* и҆ оу҆́трѣ*, и҆ въ тре́тїй скон-
ча́юся (Лук. 13, 32); дру́же, поса́ди вы́ше* (Лук. 14, 10).

Нарѣчія, образованныя отъ мѣстоименныхъ основъ.

§ 107. Мѣстоименныя нарѣчія при образованіи пользовались
слѣдующими суффиксами, къ которымъ въ нѣкоторыхъ нарѣ-
чіяхъ присоединяется еще союзъ же:

1) -дѣ, при помощи этого суффикса образуются нарѣчія со
значеніемъ мѣста: гдѣ, здѣ, вездѣ, и҆дѣ́же, ѻ҆ндѣ, и҆нудѣ.

2) -дъ: ѿню́дъ;

3) -ду: ѿкуду, ѿсю́ду, ѿту́ду, сю́ду и҆ сю́ду, всю́ду, ѿню́дуже
или ѿону́дуже, ѿобою́ду;

4) -уду: внѣ́уду, внутрьу́ду;

5) -гда: всегда̀, и҆ногда̀, когда̀, никогда̀, нѣ́когда, тогда̀, ѻ҆вогда̀;

6) -лѣ: ѿсе́лѣ, ѿто́лѣ, дото́лѣ, доко́лѣ, послѣ́, послѣ́жде, є҆лѣ̀
и҆ ѿне́лѣже, доне́лѣже, употребляемыя въ качествѣ союзныхъ словъ.

7) -ли: николи́же; -ль: ко́ль;

8) -ми: кольмѝ, є҆льмѝ, вельмѝ; -ма: є҆льма̀, весьма̀;

9) -мѡ: ка́мѡ, та́мѡ, сѣ́мѡ, ѻ҆ва́мѡ, ми́мѡ, то́кмѡ, а҆́може.

Нѣкоторыя нарѣчія образуются отъ мѣстоименій подобнымъ
способомъ какъ и отъ именъ прилагательныхъ средняго рода:
є҆ли́кѡ (ср. є҆ли́къ, є҆ли́ка, є҆ли́ко,) та́кѡ, ка́кѡ, вса́кѡ, се́ликѡ, то-
ли́кѡ, и҆на́кѡ, си́це.

Рядъ нарѣчій, связанныхъ съ корнями мѣстоименій или
предлоговъ, принадлежитъ къ безсуффиксному образованію: ту̀
(здѣсь, тамъ), вску́ю (зачѣмъ), ктому̀ (впредь), ѻ҆со́бь, пре́жде,
пото́мъ, ра́звѣ, вы́ну (изъ въ и҆ну̀ — всегда), во́нъ, внѣ̀, и҆звнѣ̀,
понѐ (по крайней мѣрѣ), на толи́цѣ, на коли́цѣ, кольмѝ, нико-
ли́же, да́же (изъ союзовъ да и же), та́же*) (потомъ, затѣмъ).

*) Марк. 4, 17.

Нарѣчія: а҆́бїе, ны́нѣ, не ѹ҆ (еще не), па́ки, є҆два̀, є҆щѐ, ни (равное русскому "ни", а также "нѣтъ"), не — относятся къ первообразнымъ. Нарѣчіе ѹ҆́жѐ состоитъ изъ нарѣчія ѹ҆ и союза же.

Разряды нарѣчій по значенію.

§ 108. По своему значенію нарѣчія раздѣляются на двѣ основныхъ группы: опредѣлительныя и обстоятельственныя.

1) *Опредѣлительныя* нарѣчія характеризуютъ дѣйствіе (глаголъ) и признакъ (прилагательное или нарѣчіе) со стороны его качества, количества и способа совершенія. Въ зависимости отъ этого опредѣлительныя нарѣчія подраздѣляются на слѣдующія:

а) Нарѣчія качественныя (отвѣчающія на вопросъ: какъ?): ху́дѡ, до́брѣ, ско́рѡ, досто́йнѡ, та́жкѡ, неизрече́ннѡ и т. д.; напр.: до́брѣ*, ѹ҆чи́телю, вои́стинну ре́клъ є҆сѝ (Мр. 12, 32); бѣ́ша всѝ а҆по́столи є҆динод́шнѡ* вќпѣ (Дѣян. 2, 1).

б) Нарѣчія количественныя и мѣры (отвѣчающія на вопросъ: сколько? на сколько? въ какой мѣрѣ?): є҆ди́ножды, два́жды, є҆ди́ною, мно́гажды, вельмѝ, є҆два̀, толи́кѡ, на мно́зѣ, вма́лѣ и т. д.; напр.: мно́жицею* бра́шасѧ со мно́ю ѿ ю҆́ности моеѧ̀ (Псал. 128, 1); коли́кѡ* нае́мникѡмъ ѻ҆ц҃а̀ моегѡ̀ и҆збыва́ютъ хлѣ́бы, а҆́зъ же гла́домъ ги́блю (Лк. 15, 17). Три́щи* па́лицами бїе́нъ бы́хъ, є҆ди́ною* ка́меньми наме́танъ бы́хъ, трикра́ты* кора́бль ѡ҆прове́ржесѧ со мно́ю (II Кор. 11, 25).

в) Нарѣчія образа дѣйствія (отвѣчающія на вопросъ: какъ? какимъ образомъ?): и҆злиха, вско́рѣ, понѐ, вма́лѣ, внеза́пꙋ, безпреста́нн, полма̀, не́гли, вта́йнѣ, ѡ҆́тай, та́й, гре́чески, м́жески ни́цъ (ни́цы), всꙋ́е, пои́стиннѣ, вои́стиннꙋ и т. д., напр.: ѻ҆нѝ же и҆злиха* дивлѧ́хꙋсѧ... (Мр. 10, 26); и҆ та́кѡ* па́дъ ни́цъ*, поклони́тсѧ бг҃ови, возвѣща́ѧ, ꙗ҆́кѡ вои́стиннꙋ* бг҃ъ съ ва́ми є҆́сть (I Кор. 14, 25); и҆ растѣ́шитъ є҆го̀ полма̀* (Матѳ. 24, 51); наче́нъ же пе́тръ, сказоваше и҆̀мъ поря́дꙋ* (Дѣян. 11, 4). Ка́кѡ* воспое́мъ пѣ́снь гд҃ню (Пс. 136, 4).

2) Къ *обстоятельственнымъ* нарѣчіямъ относятся нарѣчія, обозначающія обстоятельства времени или мѣста, при которыхъ совершается дѣйствіе, а также указывающія на причину дѣйствія. Въ зависимости отъ указаннаго значенія обстоятельственныя нарѣчія подраздѣляются на слѣдующія:

а) Нарѣчія времени (отвѣчаютъ на вопросъ: когда? съ какихъ поръ? до какихъ поръ?): дне́сь, за́втра, вчера̀, и҆зда́лека, послѣдѝ, ѹ҆́трѡ, ѹ҆́трѣ (завтра), всегда̀, ны́нѣ, при́снѡ и т. д., напр.: во є҆ди́нꙋ ѿ сꙋббѡ́тъ марі́а магдали́на прїи́де за́втра*, є҆щѐ сꙋ́щей тмѣ̀, на гро́бъ (Іоан. 20, 1); пото́мъ* же ꙗ҆ви́сѧ і҆а́кѡвꙋ ... Послѣдѝ* же всѣхъ... ꙗви́са й мнѣ̀ (I Кор. 15, 7-8); ѿсе́лѣ* бꙋ́детъ сн҃ъ чл҃вѣ́ческїй сѣда́й ѡ҆деснꙋ́ю си́лы бж҃їѧ (Лук. 22, 69).

б) Нарѣчія мѣста (отвѣчаютъ на вопросъ: гдѣ? куда? откуда? докуда?): здѣ̀, та́мѡ, ѻ҆́ндѣ, гдѣ̀, и҆дѣ́же (употребляется въ качествѣ относительнаго (союзнаго) слова), сю́дꙋ й сю́дꙋ, созадѝ, внѣꙋ́дꙋ, внꙋ́трьꙋдꙋ, впредѝ, и҆нꙋ́дѣ, а҆́може (употребляется въ качествѣ относительнаго слова) и т. д., напримѣръ: Пе́тръ же во слѣ́дъ и҆да́ше и҆здале́ча* (Лк. 22, 54); й и҆зше́дъ во́нъ* пла́каса го́рькѡ (Лк. 22, 62); тогда̀* а҆́ще кто̀ рече́тъ ва́мъ: сѐ здѣ̀ хр҃то́съ, и҆лѝ ѻ҆́ндѣ*: не и҆ми́те вѣ́ры (Матѳ. 24, 23); ѡ҆бозрѣ́вса же сѣ́мѡ и҆ ѻ҆ва́мѡ (Исх. 2, 12).

в) Нарѣчія причины (отвѣчающія на вопросъ: почему? отчего?) въ церковно-славянскомъ языкѣ представлены только лишь въ видѣ нѣсколькихъ словъ, напримѣръ: вскꙋ́ю* мѧ̀ ѿри́нꙋлъ е҆сѝ (Воскр. ирм., гл. 8, п. 5); почто̀* червле́ны ри́зы твоѧ̀ (Исаіи 63, 2).

Нарѣчія цѣли врядъ ли встрѣчаются.

Отдѣльно стоятъ отрицательныя частицы не и ни, присоединяемыя также къ нарѣчіямъ.

Нарѣчіе когда̀ можетъ имѣть значеніе вопросительное или неопредѣленное, напр.: рцы̀ на́мъ, когда̀ сїѧ̀ бꙋ́дꙋтъ; (Матѳ. 24, 3) — вопросительное; кто̀ ви́дѣ, кто̀ слы́ша, мертвеца̀ ѹ҆кра́дена когда̀ (когда-нибудь), (Окт., гл. 5-й, на Госп. воззв.) — неопредѣленное.

Правописаніе нарѣчій.

§ 109. Всѣ нарѣчія, оканчивающіяся на "о", пишутся через ѡ: та́йнѡ, ѻ҆́паснѡ, неизглаго́ланнѡ, ѹ҆́трѡ, ка́кѡ, толи́кѡ и т. д.

Нарѣчія, пишущіяся через ѣ въ концѣ слова:

Нарѣчія, образованныя отъ дательнаго или предложнаго падежа: пои́стиннѣ, ѹ҆́трѣ, вма́лѣ, вкꙋ́пѣ, вмѣ́стѣ, кромѣ̀, добрѣ̀, по́здѣ, ѕлѣ̀, го́рцѣ, прⷩи́скреннѣ и т. д., но всꙋ́е (отъ винит. пад.).

Нарѣчія съ суффиксами дѣ и лѣ: гдѣ̀, здѣ̀, ѻ҆́ндѣ, и҆нꙋ́дѣ, ѿсе́лѣ, ѿне́лѣже и т. д.

Нарѣчія, пишущіяся через е въ концѣ слова:

Оканчивающіяся на шипящій или смягченный губной передъ е: дале́че, е҆дина́че, дре́вле, до́бле; сюда же относятся и нарѣчія сравнительной степени: па́че, наипа́че, вѧ́ще, а также ѹ҆́не, тꙋ́не, си́це, но бо́лѣ, пребо́лѣ (въ ра́нахъ пребо́лѣ, II Кор. 11, 23).

ПРЕДЛОГЪ.

§ 110. *Предлогами* называются служебныя слова, которыя вмѣстѣ съ падежными окончаніями выражаютъ различныя отношенія между словами, напр.: грѧди по мнѣ, грѧди ко мнѣ, иди со мною и т. д.

Предлоги бываютъ первообразные, или непроизводные, и производные.

1) Къ предлогамъ съ *непроизводной* основой относятся слѣдующіе: без, воз из, ѻб, над, под, чрез, пред (предо), къ (ко), съ (со), въ (во), ѻ, ѿ, по, до, при, ѹ, за, на, ради, дѣла.

Примѣчаніе. Вышеуказанные предлоги съ еркомъ употребляются также и съ х (безх, изх, надх и т. д.). Ороографіи предлоговъ съ х придерживались кіевскія изданія.

Предлогъ ради обычно стоитъ послѣ слова, къ которому относится, хотя можетъ стоять и передъ нимъ; напр.: и бѹдете ненавидими ѿ всѣхъ имене моегѡ ради (Лук. 21, 17).

Предлогъ дѣла встрѣчается весьма рѣдко; стоитъ всегда послѣ слова, къ которому относится, напр.: насъ бо дѣла гавилсѧ еси чѹдотворецъ изѧщный (9 мая, кондакъ Св. Николаю); плоть насъ дѣла ѿ дѣвы прїѧтъ (Тріодь, четверопѣсн., суббота 4-я по Пасхѣ, п. 8).

Предлогъ воз употребляется обычно въ видѣ приставки (воз-, вз-), но иногда встрѣчается также и въ качествѣ предлога (на, за), напр.: и ѿ исполненїѧ егѡ мы вси прїѧхомъ и блгодать воз блгодать (Іоан. 1, 16). Воздаша ми лѹкаваѧ воз благаѧ (Псал. 34, 12).

2) Къ *производнымъ* относятся предлоги, происшедшіе отъ нарѣчій. Къ нарѣчнымъ предлогамъ относятся слѣдующіе: близъ, верхѹ, внѹтрь, внѣ, вмѣстѡ, вскрай, вослѣдъ, кромѣ, низѹ, послѣ, посредѣ, разви (кромѣ), среди, прѧмѡ, противѹ и нѣкоторые др.

Примѣры: воини же ведоша его внѹтрь* двора (Марк. 15, 16). Не можетъ градъ ѹкрытисѧ верхѹ* горы стоѧ (Матѳ. 5, 14). И той прохождаше сквозѣ* грады и веси (Лук. 8, 1). И дрѹгое паде посредѣ* тернїѧ (Лук. 8, 7).

Слово, къ которому относится нарѣчный предлогъ вмѣстѡ, часто пишется между въ и мѣстѡ, напр.: еда въ рыбы мѣстѡ змїю подастъ емѹ (Лук. 11, 11); радость же еѵѣ въ печали мѣстѡ подала еси (Воскр. служба).

Особенности въ употребленіи предлоговъ.

§ 111. Въ церковно-славянскомъ языкѣ предлоги большей частью управляютъ тѣми же падежами, что и въ русскомъ языкѣ. Къ особенностямъ употребленія предлоговъ церковно-славянскаго языка можно отнести слѣдующія:

1) къ въ значеніи "*у*": слово бѣ къ бгѹ (Іоан. 1, 1);

2) **до** — для выраженія направленія или предѣла движенія: **молаше ѐго̀ не ѡ̑блѣни́тиса прїѝти́ до ни́хъ** (Дѣян. 9, 38); **и̑ да́же до а́да ннзше́дшемꙋ** (Окт., Воскр., гл. 5, на Госп. воззв.);

3) **ѡ** — въ значеніи "*въ*": **ѡ ма́лѣ бы́лъ ѐсѝ вѣ́ренъ** (Мѳ. 25, 23); **цѣлꙋ́йте ѹ̑рва́на споспѣ́шника на́шего ѡ хрⷭ҇тѣ̀** (Рим. 16, 9); въ зна́-ченіи "*при*": **предвари́вшыа ѹ̑́тро ꙗ́же ѡ маріи** (Ѵпакои Пасхи); **и̑ по́асъ ѹ̑сме́нъ ѡ чре́слѣхъ свои́хъ** (Матѳ. 3, 4); въ значеніи "*за*": **ѡ ѹ̑пова́нїи и̑ ѡ воскрⷭ҇нїи ме́ртвыхъ а́зъ сꙋ́дъ прїе́млю** (Дѣян. 23, 6), ср. въ русск.: *за чаяніе воскресенія мертвыхъ...*; со значеніемъ дѣйствующаго лица или орудія (см. § 139): **ѡ се́мъ се́й стои́тъ пред ва́ми здра́въ** (Дѣян. 4, 10); со значеніемъ совмѣстности (=`"съ"`): **ѡ наде́ждѣ до́лженъ ѐсть ѡра́й ѡра́ти** (1 Кор. 9, 10);

4) **над** и **пред** могутъ управлять винительнымъ падежомъ: **прї-и́де над него̀** (Лук. 10, 33); также: Матѳ. 10, 24; **пред воевѡ́ды и̑ цари̑ веде́ни бꙋ́дете менѐ ра́ди** (Марк. 13, 9).

5) **по** — въ значеніи "*за*": **гряди́та по мнѣ̀** (Матѳ. 4, 19); въ значеніи "*послѣ*" (при выраженіи обстоятельства времени, какъ прошедшаго, такъ и будущаго): **по дне́хъ шести́хъ поꙗ́тъ...** (Матѳ. 17, 1); **по трїе́хъ дне́хъ воста́нꙋ** (Матѳ. 27, 63).

6) **за** — въ значеніи *отъ*, *мимо*: **и̑дѝ за мно́ю, сатано̀** (Матѳ. 4, 10).

Предлоги-приставки.

§ 112. Нѣкоторые предлоги употребляются въ качествѣ при-ставокъ, при образованіи новыхъ словъ, внося разные оттѣнки въ значеніе основного слова, напр.: **бе́з-ꙋ́мїе, без-зако́нїе, воз-да́ти, при-да́ти, и̑з-да́ти, со-нз-воли́ти, воз-со-зда́ти** и т. д.

Кромѣ предлоговъ, употребляются слѣдующія приставки, простыя и сложныя, для образованія новыхъ словъ съ разными оттѣнками въ значеніи: **раз-, про-, пре-, раз-про-, пре-про-**, напр.: **раз-би́ти, про-сла́вленъ, пре-про-сла́вленъ, раз-про-страни́ти, пре-въз-ы́до-ша** и т. д.

Послѣ предлоговъ **въ, къ, съ**, которые въ древній періодъ сла-вянскаго языка имѣли въ своемъ составѣ **н** (**вън, кън, сън**), сохра-няютъ **н** передъ словомъ, начинающимся гласнымъ: **въ не́мъ, къ немꙋ̀, съ ни́мъ**; ту же особенность сохраняютъ указанные предлоги, когда они переходятъ въ приставки: **внꙋши́ти** (изъ **вън-ꙋшити**), **сна́ти** (изъ **сън-ати**), **сни́дꙋ, вни́дꙋ, сниска́ти** и т. д.

Мѣстоименіе 3 лица (**ѻ́нъ, ѻ́на̀, ѻ́но̀**) по аналогіи съ выше-указаннымъ явленіемъ принимаетъ **н** и послѣ другихъ предлоговъ: **ѡ не́мъ, под ни́мъ, на него̀, ѹ̑ негѡ̀** и т. д.

Приставки, оканчивающіяся согласнымъ (за исключеніемъ ѿ, вз), при словахъ, начинающихся гласнымъ, отдѣляются еркомъ: и҆зѡбрази́ти, беззобра́зїе, ѿꙗ́тїѧ, поде́млю и т. д., но ѿе́млю, взе́млю.

У глаголовъ ꙗ҆ти, и҆мꙋ послѣ приставокъ пре-, про, по, на корневое н обычно переходитъ въ й: пре́йдꙋ, на́йдꙋ, по́йдꙋ; по́ймн и т. д., напр.: пре́йдемъ до виѳлее́ма (Лук. 2, 15); по́ймн съ собо́ю є҆щѐ є҆ди́наго и҆лѝ два̀ (Матѳ. 18, 16); ꙗ҆́кѡ дꙋ́хъ про́йде въ не́мъ (Псал. 102, 16); но встрѣчаются указанныя слова и съ н: воста́въ, поимѝ ѻ҆троча̀ и҆ ма́терь є҆гѡ̀ (Матѳ. 2, 13).

У глаголовъ, начинающихся на н (кромѣ формъ отъ ꙗ҆ти: и҆ма́ти, и҆мꙋ) послѣ приставокъ и҆з, вз, ѡ҆б корневое н переходитъ въ ы: и҆зы́де, взы́де, ѡ҆бы́де, взыска́ти, взыгра́ти, но ѡ҆бни́мемъ, напр.: и҆зъ тебе́ бо и҆зы́детъ во́ждь (Матѳ. 2, 6); и҆ и҆зы́щꙋтъ до́мъ тво́й (3 Цар. 20, 6); взыгра́сѧ младе́нецъ (Лук. 1, 44).

Приставки воз-, и҆з-, раз- передъ глухими согласными к, п, т, х, ц, ч мѣняютъ з на с (см. § 12, г): рцы̀ сло́во, и҆ и҆сцѣлѣ́етъ ѻ҆́трокъ мо́й (Лук. 7, 7); ѻ҆лтари̑ твоѧ̑ раскопа́ша (3 Цар. 19, 10).

С О Ю З Ъ.

§ 113. *Союзами* называются служебныя слова, употребляющіяся для связи членовъ предложенія, или же самихъ предложеній, напр.: варна́ва же и҆ са́vлъ возврати́стасѧ и҆зъ і҆ерꙋсали́ма во а҆нтїохі́ю (Дѣян. 12, 25); є҆ди́на пое́млетсѧ, и҆ є҆ди́на ѡ҆ставлѧ́етсѧ (Мѳ. 24, 41).

Союзы по своему морфологическому составу могутъ быть *простыми* и *сложными*, напр.: простые: и҆, а҆, но, же, ли и др., сложные: поне́же, ниже́, занѐ, и҆лѝ и др.

Сложные союзы получили образованіе отъ разныхъ частей рѣчи, напр.: и҆-лѝ, и҆́-бо, да́-же, ли-бо и др. (отъ простыхъ союзовъ); за-(н)е́-же, по-(н)е́-же, тѣ́м-же (отъ предлоговъ, мѣстоименій и союза); си-рѣ́чь, сі́-есть (отъ мѣстоименія съ существительнымъ и глаголомъ); ни-же́ (отъ отриц. нарѣчія и союза); до́ндеже (изъ до-н-де-же = до-нь-де-же) и т. д.

Союзы могутъ быть и *составные*: ѹ҆́бѡ — же, а҆́ще — ѻ҆ба́че, не то́чїю — но и т. д.

Виды союзовъ по употребленію.

§ 114. По своему употребленію въ рѣчи союзы дѣлятся на сочинительные и подчинительные.

1) *Сочинительные* союзы служатъ для соединенія однородныхъ членовъ предложенія, а также частей сложносочиненнаго предложенія.

По своему значенію сочинительные союзы раздѣляются на:

а) соединительные: и҆, ни, и҆ — и҆, ни — ни, нижѐ, не то́кмѡ — но и҆, та́кожде;

б) противительные: а҆, но, да, ѻ҆ба́че, же, не то́чїю — но, ѹ҆́бѡ — же;

в) раздѣлительные: и҆лѝ, ли́бо, любо, а҆́ще;

г) причинные: и҆́бо, бо;

д) заключительные: тѣ́мже, тѣ́мъ, ѹ҆́бо, тѣ́мже ѹ҆́бо, сегѡ̀ ра́ди;

е) пояснительные: си́есть, си́рѣчь.

Многіе изъ сочинительныхъ союзовъ могутъ начинать предложеніе, связывая его съ предыдущимъ предложеніемъ, заканчивающимся точкой.

2) *Подчинительные* союзы служатъ для связи предложеній: придаточнаго съ главнымъ.

Подчинительные союзы бываютъ слѣдующихъ видовъ:

а) причинные: поне́же, ꙗ҆́кѡ, занѐ, поели́кѹ, е҆да̀ ка́кѡ;

б) цѣли: да, дабы̀, ꙗ҆́кѡ да, чесѡ̀ ра́ди, да понѐ (да, по крайней мѣрѣ);

в) времени: е҆гда̀, ѿне́лѣже, доне́лѣже, до́ндеже, пре́жде да́же;

г) мѣста: и҆дѣ́же, а҆́може;

д) условные: а҆́ще, а҆́ще ли, а҆́ще ѹ҆́бѡ;

е) сравнительные: ꙗ҆́кѡ, ꙗ҆́коже, а҆́ки (какъ), а҆́ки бы (какъ будто), не́же, не́жели;

ж) уступительные: а҆́ще и҆ — но, а҆́ще и҆ — ѻ҆ба́че.

Союзы ли, е҆да̀ (развѣ) часто имѣютъ значеніе вопросительныхъ частицъ: хо́щеши ли цѣ́лъ бы́ти (Іоан. 5, 6); благодѹ́шествѹетъ ли кто̀; да пое́тъ (Іак. 5, 13); е҆да̀ и҆ вы̀ хо́щете и҆тѝ; (Іоан. 6, 67).

Союзы ли, бо, же ставятся послѣ перваго слова предложенія: ѹ҆до́бѣе бо е҆́сть (Лук. 18, 25).

§ 115. Союзныя функціи часто выполняютъ также нѣкоторыя нарѣчія и мѣстоименія, — они называются *союзными* или *относительными* словами. Въ качествѣ союзовъ употребляются слѣдующія нарѣчія и мѣстоименія: и҆дѣ́же, а҆́може, ка́кѡ, ѿкѹ́дѹ, кото́рый, каковы́й, е҆ли́къ, что̀ и др., напр.: и҆ а҆́може а҆́зъ и҆дѹ̀, вѣ́сте (Ін. 14, 4); вы̀ же не вѣ́сте, ѿкѹ́дѹ прихождѹ̀, и҆ ка́мѡ грядѹ̀ (Іоан. 8, 14); вопроша́ше ѹ҆́бо ѿ ни́хъ ѡ҆ ча́сѣ, въ кото́рый легча́е е҆мѹ̀ бы́сть (Іоан. 4, 52); да ѹ҆вѣ́сть, каковѹ̀ кѹ́плю сѹ́ть сотвори́ли (Лук. 19, 15); и҆ вс҄ѧ, е҆ли́ка а҆́ще воспро́сите... прі́имете (Матѳ. 21, 22); и҆ вы̀ не и҆щи́те, что̀ ꙗ҆́сте, и҆лѝ что̀ пі́ете (Лук. 12, 29). Къ союзнымъ словамъ нужно отнести также и относительныя мѣстоименія и҆́же, ꙗ́же, е́же, формы которыхъ обычно служатъ для выраженія атрибутивныхъ связей, напр.: прїи́детъ господи́нъ раба̀ того́ѡ въ де́нь, во́ньже* не ча́етъ, и҆ въ ча́съ, во́ньже* не вѣ́сть (Лук. 12, 46).

Особенности въ значеніи нѣкоторыхъ союзовъ.

§ 116. Нѣкоторые союзы, какъ это видно изъ предыдущихъ разрядовъ, могутъ имѣть нѣсколько значеній.

1) Союзъ ꙗ́кѡ можетъ имѣть слѣдующія значенія: *а)* = русскому *что*, при придаточныхъ предложеніяхъ дополнительныхъ: слы́шано бы́сть, ꙗ́кѡ въ дому̀ є҆́сть (Марк. 2, 1); *б)* = русскому *когда*: и҆ бы́сть ꙗ́кѡ и҆спо́лнишасѧ дні́е слу́жбы є҆гѡ̀, и҆́де въ до́мъ сво́й (Лук. 1, 23); *в)* съ причиннымъ значеніемъ (= русскому *такъ какъ*): дади́те на́мъ ѿ є҆ле́а ва́шегѡ, ꙗ́кѡ свѣти́льницы на́ши ᲂу҆гаса́ютъ (Матѳ. 25, 8); *г)* со значеніемъ цѣли въ сочетаніи съ союзомъ **да**: ѿкꙋ́дꙋ на́мъ въ пꙋсты́ни хлѣ́би толи́цы, ꙗ́кѡ да насы́титсѧ толи́къ наро́дъ (Матѳ. 15, 33); *д)* при предложеніи слѣдствія (= русскому *такъ что*): и҆ собра́сѧ па́ки наро́дъ, ꙗ́кѡ не мощѝ и҆̀мъ ни хлѣ́ба ꙗ́сти (Марк. 3, 20); *е)* со сравнительнымъ значеніемъ (= русскому *какъ*): и҆ бы́сть ꙗ́кѡ ме́ртвъ (Марк. 9, 26); *ж)* при числительныхъ для выраженія приблизительности: пребы́сть же марїа́мь съ не́ю ꙗ́кѡ трѝ мѣ́сѧцы (Лук. 1, 56).

2) Союзъ а҆́ще можетъ имѣть слѣдующія значенія: *а)* условное (= *если*): и҆ а҆́ще цѣлꙋ́ете дрꙋ́ги ва́ша то́кмѡ, что̀ ли́шше творитѐ (Матѳ. 5, 47); *б)* уступительное (= *хотя*): но а҆́ще и҆ внѣ́шній на́шъ человѣ́къ тлѣ́етъ, ѻ҆ба́че внꙋ́треннїй ѡ҆бновлѧ́етсѧ (2 Кор. 4, 16); *в)* раздѣлительное (= *ли, или*): а҆́ще престо́ли, а҆́ще гд҇ствїѧ, а҆́ще нача́ла, а҆́ще вла̑сти (Кол. 1, 16); *г)* въ соединеніи съ є҆ли́жды, а҆́може, и҆дѣ́же, є҆ли́ка, е҆́же имѣетъ значеніе русскаго *ни* въ выраженіяхъ *сколько ни, куда ни*: є҆ли́жды бо а҆́ще ꙗ́сте хлѣ́бъ се́й, и҆ ча́шꙋ сїю̀ пїе́те, сме́рть гд҇ню возвѣща́ете (1 Кор. 11, 26); проси́ ᲂу҆ менѐ, є҆гѡ́же а҆́ще хо́щеши (Марк. 6, 22).

3) Союзъ ᲂу҆́бѡ — же (= греческому μέν — δε) употребляется для выраженія противоположенія или сопоставленія, какъ цѣлыхъ предложеній, такъ и однородныхъ членовъ предложенія (иногда сопряженныхъ съ перечисленіемъ) напр.: всѝ ᲂу҆́бѡ теку́тъ, є҆ди́нъ же прїе́млетъ по́честь (1 Кор. 9, 24); нынѣ́ же мно́зи ᲂу҆́бѡ ᲂу҆́дове, є҆ди́но же тѣ́ло (1 Кор. 12, 20); пе́рвѣе ᲂу҆́бѡ чиста̀ є҆́сть, пото́мъ же ми́рна... (Іак. 3, 17); и҆ ѻ҆́вомꙋ ᲂу҆́бѡ дадѐ пѧ́ть тала̑нтъ, ѻ҆́вомꙋ же два̀, ѻ҆́вомꙋ же є҆ди́нъ (Матѳ. 25, 15); та́кожде и҆ вы̀ помышлѧ́йте себѐ ме́ртвыхъ ᲂу҆́бѡ бы́ти грѣхꙋ̀, живы́хъ же бг҃ви (Рим. 6, 11).

Союзъ ѹ҆бѡ (безъ соотносительнаго же) употребляется также въ качествѣ утвердительной частицы (= вѣдь, конечно, именно, -то): пе́рвое ѹ҆бѡ сло́во (Дѣян. 1, 1); подоба́ше ѹ҆бѡ, ѿ мꙋ́жїе, послꙋ́шавше менѐ не ѿвезти́сѧ ѿ кри́та (Дѣян. 27, 21); а҆́ще ѹ҆бѡ совершенство леѵі́тскимъ сщ҃е́нствомъ бы́ло... (Евр. 7, 11).

4) Союзъ ѹ҆бо имѣетъ слѣдующія значенія: а) (= οὖν, μέν οὖν) указываетъ на причинную, а иногда и на временную, связь съ предыдущимъ предложеніемъ, часто съ заключительнымъ значеніемъ (обычно соотвѣтствуетъ русскимъ союзнымъ словамъ: такимъ образомъ, итакъ, поэтому, тогда, затѣмъ, — хотя иногда на русскій языкъ и вовсе не переводятся); напр.: подоба́ше ѹ҆бо тебѣ̀ вда́ти сребро̀ моѐ торжнико́мъ (Матѳ. 25, 27) (въ русскомъ текстѣ: посему надлежало...); возми́те ѹ҆бо ѿ негѡ̀ тала́нтъ (Матѳ. 25, 28) (въ русск.: итакъ возьмите...); и҆̀же ѹ҆бо любе́знѡ прїѧ́ша сло́во є҆гѡ̀, крⷭ҇ти́шасѧ (Дѣян. 2, 41) (въ русск.: Итакъ...; въ англ.: Then... "тогда"). б) Въ заключительныхъ предложеніяхъ (= ἄρα, ἄρα οὖν, ἄρα γε) со значеніемъ итакъ, поэтому, обычно послѣ союза тѣ́мже, но можетъ и начинать предложеніе, напримѣръ: тѣ́мже ѹ҆бо вѣ́ра ѿ слꙋ́ха (Рим. 10, 17); тѣ́мже ѹ҆бо са́мъ а҆́зъ ѹ҆мо́мъ мои́мъ рабо́таю зако́нꙋ бж҃їю (Рим. 7, 25); тѣ́мже ѹ҆бо ѿ плѡ̑дъ и҆́хъ позна́ете и҆̀хъ (Матѳ. 7, 20); ѹ҆бо свобо́дни сꙋ́ть сы́нове (Матѳ. 17, 26). в) Въ условныхъ предложеніяхъ начинаетъ главное (= ἄρα): а҆́ще ли же а҆́зъ ѡ҆ дс҃ѣ бж҃їи и҆згоню̀ бѣ́сы, ѹ҆бо пости́же на ва́съ црⷭ҇твїе бж҃їе (Матѳ. 12, 28); а҆́ще бо зако́номъ пра́вда, ѹ҆бо хрⷭ҇то́съ тꙋ́не ѹ҆́мре (Гал. 2, 21). г) Въ вопросительныхъ предложеніяхъ (= οὖν, ἄρα): ѿкꙋ́дꙋ ѹ҆бо и҆́мать пле́велы; (Матѳ. 13, 27); хо́щеши ли ѹ҆бо, да ше́дше и҆сплеве́мъ ѧ̀; (Матѳ. 13, 28); ѹ҆бо разꙋмѣ́еши ли, ꙗ҆́же чте́ши; (Дѣян. 8, 30).

5) Союзъ же употребляется въ слѣдующихъ случаяхъ: а) съ противительнымъ значеніемъ, но слабѣе, чѣмъ но: вма́лѣ не сконча́ша менѐ на землѝ: а҆́зъ же не ѡ҆ста́вихъ за́повѣдей твои́хъ (Псал. 118, 87); б) съ соединительнымъ значеніемъ: и҆ глаго́ла и҆́ма: гряди́та по мнѣ̀, и҆ сотворю̀ вы̀ ловца̀ чл҃вѣ́кѡмъ. Ѻ҆на̀ же а҆́бїе ѡ҆ста́вльша мре́жи, по не́мъ и҆до́ста (Матѳ. 4, 19-20) (въ русск.: И они...), ср. также: Матѳ. 8, 10; 8, 31; Лук. 18, 41; в) вводитъ новый случай или возобновляетъ прерванное теченіе разсказа: во дни̑ же ѻ҆́ны прїи́де і҆ѡа́ннъ крⷭ҇ти́тель... (Матѳ. 3, 1); ходѧ̀ же при мо́ри галїле́йстѣмъ... (Матѳ. 4, 18); є҆гда̀ же прїи́де въ галїле́ю (Іоан. 4, 45); г) вводитъ вставочно-поясительный текстъ: бѣ́же и҆ме́нъ наро́да вкꙋ́пѣ ꙗ҆́кѡ сто̀ и҆ два́десѧть (Дѣян. 1, 16), ср. также: Марк. 7, 26; Дѣян. 12, 3; д) между сопоставительными предложеніями: слы́шасте, ꙗ҆́кѡ рече́но бы́сть дре́внимъ: не прелюбы̀ сотворѝ. А҆́зъ же глаго́лю ва́мъ... (Матѳ.

5, 27-28) (въ русск.: *А Я говорю*...); ср. также: Матѳ. 5, 31-32; 5, 33-34; 6, 16-17; 7, 3; *е)* въ качествѣ усилительной частицы: **вѡ́льнаѧ ѹ̑́стъ мои́хъ бл҃говолѝ же, гд҃и** (Псал. 118, 108); **бꙋ́ди же ми́ръ въ си́лѣ твое́й** (Псал. 121, 7).

МЕЖДОМЕТІЕ.

§ 117. Неизмѣняемыя слова, которыя служатъ для выраженія чувствъ и волевыхъ побужденій, называются *междометіями*.

Въ церковно-славянскомъ языкѣ употребляются слѣдующія междометія, выражающія удивленіе: **ѽ, ѽле**; скорбь: **ѹ̑вы̀, ѽ лю́тѣ, ѽхъ**; увѣреніе: **е́й**; упрекъ: **ѹ̑а̀** (ср. греч. *οὐά*); указаніе: **сѐ** (*вотъ*).

Междометіе **е́й** имѣетъ также значеніе утвердительной частицы *да*: **бꙋ́ди же сло́во ва́ше, е́й, е́й: нѝ, нѝ** (Матѳ. 5, 37); **и̑лѝ і̑ꙋде́евъ бг҃ъ то́кмѡ, а̑ не и̑ ꙗ̑зы́кѡвъ; е́й, и̑ ꙗ̑зы́кѡвъ** (Рим. 3, 29).

Сѐ присоединяется къ междометіямъ, но обычно имѣетъ значеніе указательно-вводной частицы, особенно въ сочетаніи съ союзомъ **и̑**, напр.: **и̑ сѐ мꙋ́жъ нарица́емый закхе́й** (Лук. 19, 2).

Междометія не входятъ въ связь съ членами предложенія. Нѣкоторыя междометія входятъ въ сочетаніе съ другими словами, составляя отдѣльныя фразы, являющіяся выраженіемъ чувствъ; эти слова могутъ стоять въ слѣдующихъ падежахъ: при **ѽ** одушевленныя имена стоятъ въ зват. п.: **ѽ же́но, ве́лїѧ вѣ́ра твоѧ̀!** (Мѳ. 15, 28); неодушевленныя въ род. п.: **ѽ пресла́внагѡ чꙋде́се!** (Четв. веч. Окт.); **ѽ мꙋ́жества твоегѡ̀! ѽ терпѣ́нїѧ твоегѡ̀!** (15 март. на Г. возв. 2-я стих.); но не всегда: **ѽ ди́вное чꙋ́до!** (Успеніе, на Г. возв. 1-я стих.); при **ѹ̑вы̀, ѽ лю́тѣ** — въ дательномъ падежѣ; при **ѽле** — въ родительномъ падежѣ. Междометія вмѣстѣ съ относящимися къ нимъ словами обособляются запятой или восклицательнымъ знакомъ.

Примѣры:

Ѽ ро́де невѣ́рный и̑ развраще́нный, доко́лѣ бꙋ́дꙋ съ ва́ми; (Матѳ. 17, 17). **Ѽле стра́шнагѡ та́инства! Ѽле бл҃гоꙋтро́бїѧ бж҃їѧ! ка́кѡ бж҃е́ственнагѡ тѣ́ла и̑ кро́ве бре́нїе причаща́юсѧ** (Канонъ причащ. п. 8). **Сѣ́де а̑да́мъ пря́мѡ раѧ̀, и̑ свою̀ наготꙋ̀ рыда́ѧ пла́каше: ѹ̑вы̀ мнѣ̀, пре́лестїю лꙋка́вою ѹ̑вѣща́ннꙋ бы́вшꙋ и̑ ѡ̑кра́денꙋ и̑ сла́вы ѹ̑дале́нꙋ!** (Недѣля сыроп.). **Ѽ лю́тѣ мно́жествꙋ ꙗ̑зы́кѡвъ мно́гихъ! а̑́ки мо́ре волнꙋ́ющеесѧ, та́кѡ смѧте́тесѧ** (Исаіи 17, 12). **И̑ вси̑ мѡави́тане ѹ̑слы́шаша, ꙗ̑́кѡ и̑зыдо́ша трѝ цари̑ бра́тисѧ съ ни́ми, и̑ возопи́ша ѿвсю́дꙋ препоѧ́саннїи ѻ̑рꙋ́жїемъ, и̑ рѣ́ша: ѽхъ: и̑ ста́ша ѹ̑ предѣ́ла** (4 Цар. 3, 21). **Да взы́щитсѧ кро́вь всѣ́хъ прⷬ҇ро́къ, пролива́емаѧ ѿ**

сложе́нїѧ мі́ра, ѿ ро́да сегѡ̀, ... є҆́й глаго́лю ва́мъ, взы́щетсѧ ѿ ро́да сегѡ̀ (Лк. 11, 50-51). Оу҆а̀, разорѧ́ай цр҃ковь и҆ треми́ де́ньми созида́ай (Марк. 15, 29). И҆ сѐ, ѕвѣзда̀, ю҆́же ви́дѣша на восто́цѣ, и҆дѧ́ше пред ни́ми (Матѳ. 2, 9).

СИНТАКСИСЪ.

§ 118. Отдѣлъ грамматики, изучающій составленіе предложеній и словосочетаній и ихъ виды, называется *синтаксисомъ*.

Предложеніе.

§ 119. *Предложеніемъ* называется сочетаніе словъ, выражающее законченную мысль.

Какъ и въ русскомъ языкѣ, въ предложеніи церковно-славянскаго языка различаемъ главные члены предложенія: *подлежащее* и *сказуемое;* а также въ составѣ предложенія могутъ быть и второстепенные члены предложенія: *дополненіе, опредѣленіе* и *обстоятельственныя слова.*

Предложеніе, состоящее только изъ главныхъ членовъ предложенія, является *нераспространеннымъ:* Ѓ бы́сть свѣ́тъ (Быт. 1, 3). Нераспространенныя предложенія въ церковно-славянскомъ языкѣ почти не встрѣчаются.

Предложеніе, имѣющее въ своемъ составѣ и второстепенные члены предложенія, является *распространеннымъ:* Авраа́мъ роди́ Їсаа́ка (Матѳ. 1, 2).

Предложеніе, какъ нераспространенное, такъ и распространенное, имѣющее въ своемъ составѣ оба главныхъ члена (подлежащее и сказуемое), называемъ *двусоставнымъ.* Предложеніе, имѣющее въ своемъ составѣ только одинъ главный членъ (напр., безличныя предложенія), называемъ *односоставнымъ.*

Второстепенные члены предложенія относятся либо къ подлежащему, либо къ сказуемому; такимъ образомъ въ предложеніи различаемъ два состава: *составъ подлежащаго* и *составъ сказуемаго.*

По своей структурѣ предложенія раздѣляются на *простыя* и *сложныя.* Къ *сложнымъ* предложеніямъ относятся тѣ, которыя состоятъ изъ двухъ или болѣе предложеній, соединенныхъ между собой по способу сочиненія или подчиненія.

Виды связей въ предложеніи.

§ 120. Въ предложеніи (простомъ или сложномъ) различаются два основныхъ типа синтактической связи — *сочиненіе* и *подчиненіе*.

По способу сочиненія вступаютъ въ связь синтаксически равноправные и независимые другъ отъ друга члены предложенія (простого и сложнаго): ми́лость и и́стина (срѣто́стаса) (Пс. 84, 11). При подчиненіи въ связь вступаютъ синтаксически неравноправные и одни отъ другихъ зависящіе члены предложенія; напр.: люби́ти пра́вдꙋ, до́мъ моли́твы.

Въ *подчиненіи* различаются три вида синтаксическихъ связей: согласованіе, управленіе и примыканіе.

Согласованіемъ является такой видъ подчинительной связи, при которомъ зависимое слово уподобляется въ своей формѣ основному слову, напр.: ди́вное чꙋ́до (согл. въ родѣ, пад. и числѣ), ꙋченицы̀ возврати́шаса (согл. въ лицѣ и числѣ).

Управленіемъ является такой видъ подчинительной связи, при которомъ зависимое слово ставится въ томъ падежѣ, котораго требуетъ основное слово (съ предлогомъ или безъ предлога); причемъ, при измѣненіи основного слова, зависимое слово остается въ той же самой формѣ; напр.: чтꙋ̀ кни́гꙋ, чте́ши кни́гꙋ; строе́ніе до́мꙋ, строе́ніа до́мꙋ; приста́вникъ до́мꙋ, приста́вника до́мꙋ.

Примыканіемъ является такой видъ подчинительной связи, при которомъ зависимое слово связывается съ основнымъ только по смыслу (въ подобную связь входятъ обычно нарѣчія); напр.: прїа́ти тꙋ́не, ѕѣлѡ̀ краси́нъ, ѕѣлѡ̀ зау́тра.

Словосочетаніе.

§ 121. Слова въ предложеніи, вступая въ связь между собою, образуютъ *словосочетанія*.

Въ основѣ словосочетанія лежатъ лексическія функціи, т. е. одно слово распространяется другимъ для уточненія его значенія; такимъ образомъ въ каждомъ словосочетаніи есть слово основное и слово или слова поясняющія его, напр.: до́брый ра́бъ, ра́бъ основное слово, до́брый — поясняющее.

Словосочетанія образуются при помощи подчинительной связи, а потому его члены связаны между собою по способу согласованія, управленія или примыканія, напримѣръ: ра́бъ бж҃їй (согласованіе), ра́бъ жива́гѡ бг҃а (управленіе), итѝ ско́рѡ (примыканіе).

Словосочетанія могутъ быть простыми и сложными. Къ сложнымъ относятся тѣ, которыя могутъ быть разложены на два или болѣе словосочетаній, напр.: нєбє́сныхъ во́инствъ а҆рхїстрати́зи состоитъ изъ двухъ словосочетаній: а҆рхїстрати́зи во́инствъ и во́инствъ нєбє́сныхъ.

ПРОСТОЕ ПРЕДЛОЖЕНІЕ.

Подлежащее.

§ 122. *Подлежащимъ* называется главный предметъ, о которомъ говорится въ предложеніи; подлежащее отвѣчаетъ на вопросъ: *кто? что?*, напримѣръ: Прїи́дє жєна̀* ѿ самарі́и почєрпа́ти во́дꙋ (Іоан. 4, 5).

Чаще всего подлежащее выражается именительнымъ падежомъ имени существительнаго, но можетъ быть выражено именительнымъ падежомъ и другихъ склоняемыхъ частей рѣчи:

а) Подлежащее, выраженное именемъ существительнымъ: Оу҆чєннцы̀* жє оу҆жаса́хꙋса ѡ҆ словєсѣ́хъ є҆гѡ̀ (Марк. 10, 24); сє̀ грѧдє́тъ ча́съ* (Іоан. 16, 32).

б) Подлежащее, выраженное мѣстоименіемъ: Ѻ҆нѝ* жє нача́ша скорбѣ́ти (Марк. 14, 19); кто̀* прикоснꙋ́сѧ мнѣ̀; (Марк. 5, 31); Никто́жє* оу҆бѡ ꙗ҆вѣ̀ глаго́лашє ѡ҆ нє́мъ (Іоан. 7, 13); Нє бѣ̀ то́й* свѣ́тъ (Іоан. 1, 8). Подлежащее, выраженное 1-мъ и 2-мъ лицомъ личныхъ мѣстоименій, обычно опускается. Это происходитъ по той причинѣ, что личныя окончанія глаголовъ уже указываютъ на лицо; къ тому же 1-е и 2-е л. являются участвующими въ разсказѣ, а потому при отсутствіи личныхъ мѣстоименій рѣчь обладаетъ большей ясностью, чѣмъ при пропускѣ мѣстоименія 3-го лица, напр.: ви́дѣхомъ бо ѕвѣздꙋ̀ є҆гѡ̀ на восто́цѣ (Матѳ. 2, 2); и҆дꙋ̀ ры́бы лови́ти (Іоан. 21, 3); сі́мѡнє і҆ѡ́нинъ, лю́бишн ли мѧ̀; (Іоан. 21, 16).

1-е и 2-е л. личныхъ мѣстоименій въ качествѣ подлежащаго употребляются только тогда, когда требуется выдѣлить лицо изъ ряда другихъ возможныхъ лицъ или противопоставить одно дѣйствующее лицо другому, напр.: Слы́шастє, ꙗ҆́кѡ рєчє́но бы́сть дрє́внимъ: нє оу҆бїє́ши... А҆́зъ* жє глаго́лю ва́мъ... (Матѳ. 5, 21-22); ты̀* вѣ́си, ꙗ҆́кѡ люблю̀ тѧ̀ (Іоан. 21, 17).

в) Подлежащее часто выражается субстантивированнымъ (въ качествѣ существительнаго) прилагательнымъ, обычно полной формой, но можетъ быть выражено и краткой, напр.: Юрѡ́дивыѧ* жє мꙋ́дрымъ рѣ́ша... Ѿвѣща́ша жє мꙋ́дрыѧ*, глаго́лющє... (Матѳ. 25, 8-9); Рєчє̀ бєзꙋ́менъ* въ сє́рдцѣ своє́мъ: нѣ́сть бг҃ъ (Псал. 13, 1).

г) Подлежащее можетъ быть выражено субстантивированнымъ причастіемъ, какъ дѣйствительнымъ такъ и страдательнымъ, обычно въ его полной формѣ. Характерной особенностью церковно-славянскаго языка является довольно частое употребленіе въ качествѣ подлежащаго дѣйствительнаго причастія, что гораздо рѣже встрѣчается въ русскомъ языкѣ; напр.: сѐ и҆зы́де сѣ́ѧй* (Ѳ. 13, 3) (въ русск.: *сѣятель*); сѐ прибли́жисѧ предаѧ́й* мѧ̀ (Матѳ. 26, 46); Ше́дша же по́сланнаѧ*, ѡ҆брѣто́ста... (Лук. 19, 32).

д) Подлежащее можетъ быть выражено именемъ числительнымъ, однимъ или въ сочетаніи съ существительнымъ, а также субстантивированнымъ порядковымъ числительнымъ, напр.: возврати́шасѧ же се́дмьдесѧтъ* съ ра́достїю (Лук. 10, 17); Се́дмь* бра́тїй* бѣ̀ (Марк. 12, 20); и҆ приложи́шасѧ въ де́нь то́й дꙋ́шъ* ꙗ҆́кѡ три́ ты́сѧщи* (Дѣян. 2, 41); и҆ вторы́й* поѧ́тъ ю҆̀ (Марк. 12, 21).

е) Подлежащее можетъ быть выражено словосочетаніемъ, состоящимъ изъ словъ є҆ди́нъ, мно́зи, нѣ́цыи и др., соединенныхъ съ другимъ словомъ предлогомъ ѿ (или безъ предлога), напр.: є҆ди́нъ* ѿ ва́съ предастъ мѧ̀ (Матѳ. 26, 21); сѐ нѣ́цыи* ѿ кꙋстѡді́и при-ше́дше во гра́дъ, возвѣсти́ша а҆рхїере́ѡмъ всѧ̑ бы́вшаѧ (Матѳ. 28, 11); Нача́ша глаго́лати є҆мꙋ̀ є҆ди́нъ* кі́йждо* и҆́хъ* (Матѳ. 26, 22).

ж) Въ качествѣ подлежащаго можетъ выступать и неопредѣленное наклоненіе, съ предметнымъ значеніемъ, а потому передъ нимъ обычно стоитъ мѣстоименіе є҆́же со значеніемъ члена, хотя можетъ и отсутствовать (соотвѣтствуетъ члену *τὸ* въ греческомъ текстѣ): что̀ є҆́сть, є҆́же* и҆зъ ме́ртвыхъ воскре́снꙋти* (Марк. 9, 10); є҆́же* не ѹ҆мове́нныма рꙋка́ма ꙗ҆́сти*, не скверни́тъ человѣ́ка (Матѳ. 15, 18); Мнѣ̀ бо є҆́же* жи́ти хрⷭ҇то́съ: и҆ є҆́же* ѹ҆мре́ти, прїѡбрѣ́тенїе є҆́сть (Филип. 1, 21); лꙋ́чше бо є҆́сть жени́тисѧ*, не́жели разжиза́тисѧ* (1 Кор. 7, 9); Мнѣ́ же прилѣплѧ́тисѧ* бго́ви бла́го є҆́сть (Псал. 72, 28).

з) Подлежащее можетъ быть выражено несклоняемой частью рѣчи съ предметнымъ значеніемъ, предъ которой ставится мѣстоименіе є҆́же въ значеніи члена (въ греческомъ *τὸ*); или же косвеннымъ падежомъ съ предлогомъ также въ сочетаніи съ є҆́же: бꙋ́ди же ва́мъ, є҆́же* є҆́й, є҆́й*, и҆ є҆́же* нѝ, нѝ* (Іак. 5, 12); и҆́бо є҆́же* ѡ҆ мнѣ̀*, кончи́нꙋ и҆́мать (Лук. 22, 37).

Примѣчаніе. Въ подобныхъ сочетаніяхъ, какъ въ послѣднемъ примѣрѣ, вряд ли можно усматривать придаточное предложеніе-подлежащее съ опущеннымъ сказуемымъ, такъ какъ это копія греческой конструкціи: *Καὶ γὰρ τὸ περὶ ἐμοῦ τέλος ἔχει.*

и) Мѣстоименія, а иногда и субстантивированныя имена прилагательныя и причастія, употребленныя съ собирательнымъ зна-

ченіемъ въ качествѣ подлежащаго, въ церковно-славянскомъ язы-
кѣ (по образцу греческаго) стоятъ въ именит. падежѣ средняго
рода множ. числа, напримѣръ: **сїѧ*** бо **сꙋ́щаѧ*** въ ва́съ и̂ мнѡ́жа-
цамсѧ*, не пра́зныхъ нижѐ безпло́дныхъ сотворѧ́тъ вы̀... (2 Петра
1, 8); Невѝдимаѧ* бо є̂гѡ̀, ѿ созда́нїѧ мі́ра творе́ньми помышлѧ́ема
вѝдима сꙋ́ть (Рим. 1, 20).

Сказуемое.

§ 123. *Сказуемымъ* называется то, что говорится о подлежа-
щемъ предложенія; сказуемое отвѣчаетъ на вопросы: *что дѣла-
етъ(ся)? каковъ? кто онъ? что такое?* Напримѣръ: Сѐ грѧде́тъ*
ча́съ (Іоан. 16, 32); а̂́зъ бо є̂́смь* ста́ръ* (Лук. 1, 18); не бѣ̀* то́й
свѣ́тъ* (Іоан. 1, 8) пло́дъ же дꙋхо́вный є̂́сть* любы̀*... (Гал. 5, 22).

Сказуемое бываетъ слѣдующихъ видовъ: *простое, составное
именное, составное глагольное* и *сложное.* Простое сказуемое мо-
жетъ быть выражено простыми спрягаемыми формами и спрягае-
мыми формами сложными, къ которымъ относятся:

перфектъ (є̂́смь сотвори́лъ, § 88),
плюсквамперфектъ (бѣ́хъ сотвори́лъ, § 89),
будущее сложное (и̂ма́мъ твори́ти, § 85)
сослагательное наклоненіе (сотвори́лъ бы́хъ, § 91).

При указательно-вводной частицѣ сѐ (вотъ) или и̂ сѐ (и вотъ)
сказуемое отъ глагола быти (въ настоящ., прош. или буд. вр.)
часто опускается, напримѣръ: Сѐ мы̀ дне́сь (*есмы*) въ пресле́нїи
на́шемъ (Вар. 3, 8); И̂ сѐ ва́мъ (*есть* или *будетъ*) зна́менїе (Лук.
2, 12). Сказуемое (отъ бы́ти) въ прошедшемъ времени опускается,
повидимому, для того, чтобы представить какой-либо случай, какъ
бы предъ глазами происходящій, для большей живости: И̂ сѐ
(*бысть*) гла́съ съ небесѐ, глаго́лѧ (Матѳ. 3, 17); И̂ сѐ (*бяше*) мꙋ́жъ,
нарица́емый закхе́й (Лук. 19, 2); И̂ ви́дѣхъ, и̂ сѐ (*бяше*) ко́нь бѣ́лъ
(Апок. 6, 2); иногда въ предложеніяхъ безъ сѐ: А̂́гг҃льскїѧ си́лы
(*бяху*) на гро́бѣ твое́мъ, и̂ стрегꙋ́щїи ѡ̂мертвѣ́ша (Воскр. тр. 6 гл.).
При сѐ могутъ подразумѣваться иногда и другіе глаголы, напр.:
Сѐ (*слышу*) гла́съ во́пла дще́ре люде́й мои́хъ ѿ землѝ и̂здале́ча (Іер.
8, 19); Сѐ а̂́зъ (*есмь, гряду*) на проро́ки (Іер. 23, 31).

Сказуемое отъ бы́ти часто опускается еще: *а)* въ вопросахъ:
что̀ къ тебѣ̀; (Іоан. 21, 22); ка́ѧ мѝ по́льза; (1 Кор. 15, 31);
что̀ сло́во сїѐ; (Лук. 4, 36); *б)* при выраженіи пожеланія (подразу-
мѣваются, повидимому, формы отъ бы́ти въ пов. или желат. н.):
ми́ръ ва́мъ (Іоан. 20, 19); гдⷭ҇ь съ тобо́ю (Лук. 1, 28); Благослове́нїе

гдⷭне на ва́съ (Лит.); є҆му́же сла́ва во вѣ́ки вѣкѡ́въ (1 Пет. 1, 5); бгⷭу же бл҃годаре́нїе (1 Кор. 15, 57; 2 Кор. 8, 16; 9, 15); *в)* при словѣ и҆́мѧ: и҆́мѧ є҆му̀ і҆ѡа́ннъ (І҆оан. 1, 6); є҆́й же и҆́мѧ геѳсима́нїа (Марк. 14, 32).

Составное именное сказуемое.

§ 124. *Составное именное сказуемое* состоитъ изъ *глагола-связки* и *именной части* сказуемаго. Въ качествѣ связки обычно употребляются формы отъ глагола бы́ти. Роль этой связки чисто грамматическая, т. е. она лишь связываетъ именную часть сказуемаго съ подлежащимъ и указываетъ на наклоненіе и личныя временны́я формы. Именная часть сказуемаго указываетъ на то, что говорится о подлежащемъ. Напримѣръ: прⷪ҇ро́къ* є҆сѝ* ты̀; (І҆оан. 4, 19); ты̀ є҆сѝ* цр҃ь* і҆и҃левъ (І҆оан. 1, 49); бѣ́* же вара́вва разбо́йникъ* (І҆оан. 18, 40); вы̀ є҆стѐ* со́ль* землѝ (Матѳ. 5, 13).

Глаголъ-связка настоящаго времени въ составномъ сказуемомъ обычно не опускается, хотя и встрѣчаются формы безъ связки, напримѣръ: бл҃же́ни рабѝ ті́и (Лук. 12, 37), ср. бл҃же́ни су́ть рабѝ ті́и (Лук. 12, 38); ю҆нцы̀ моѝ и҆ оу҆пита́нная и҆сколе́на, и҆ всѧ̑ гото́ва (Лук. 22, 4).

При указательно-вводной частицѣ сѐ связка (не только въ настоящемъ, но и въ прошед. вр.) большей частью опускается, напр.: и҆ со́нъ ви́дѣ: и҆ сѐ лѣ́ствица оу҆твержде́на на землѝ (Быт. 28, 12) (= бѧ́ше оу҆твержде́на); и҆ сѐ му́жїе носѧ́ще на ѻ҆дрѣ̀ человѣ́ка, и҆́же бѣ̀ разсла́бленъ (Лук. 5, 18) (= бѧ́хꙋ носѧ́ще); и҆ сѐ по́лнъ сла́вы до́мъ гдⷭнь (І҆ез. 43, 5) (= бѧ́ше по́лнъ). Связка въ прошедшемъ времени опускается, повидимому, для большей живости описываемаго случая (§ 123).

Иногда встрѣчаются примѣры опущенія связки въ повел. накл.: Прему́дрость. Про́сти (Лит.) (= бꙋ́дите про́сти); Братолю́бїемъ дрꙋ́гъ ко дрꙋ́гꙋ любе́зни (Рим. 12, 10) (= бꙋ́дите любе́зни); Про́клѧтъ всѧ́къ (Гал. 3, 10); Бл҃гослове́но црⷭтво (Лит.).

Связка опускается при словахъ го́ре, вре́мѧ, потре́ба, употребляемыхъ въ безличномъ значеніи, напр.: Го́ре ва́мъ (Матѳ. 23, 13); вре́мѧ пла́кати, и҆ вре́мѧ смѣѧ́тисѧ (Эккл. 3, 4), см. § 175, 3) *г)*.

Въ слѣдующихъ примѣрахъ, повидимому, также опущена связка: рахи́ль пла́чꙋщисѧ ча̑дъ свои́хъ и҆ не хотѧ́ше оу҆тѣ́шитисѧ, ꙗ҆́кѡ не сꙋ́ть (Матѳ. 2, 18) (= бѧ́ше пла́чꙋщисѧ); взе́млеши є҆го́же не положѝ, и҆ жне́ши є҆го́же не сѣ́ѧлъ (Лук. 19, 21-22) (= не сѣ́ѧлъ є҆сѝ), ср. Лук. 7, 18. Въ подновленныхъ изданіяхъ Евангелія: не сѣ́ѧлъ є҆сѝ.

Въ качествѣ связки употребляются также слѣдующіе глаголы, выражающіе: проявленіе или обнаруженіе признака: **бывати, ꙗвлѧтисѧ, показатисѧ, познатисѧ, видѣтисѧ**; переходъ изъ одного состоянія въ другое или сохраненіе прежняго состоянія: **содѣлатисѧ, ѡстатисѧ, ѡставатисѧ, пребывати, ѡбрѣстисѧ** и нѣкот. др.; называнія: **называтисѧ, нарещисѧ, почитатисѧ** и нѣкот. др. (нѣкоторые изъ указанныхъ глаголовъ могутъ быть и въ сложной страдательной формѣ: **видимъ бѣ, ꙗвленъ бѣ** и т. д.). Эти глаголы, выполняя функціи связки, сохраняютъ за собой отчасти и свое лексическое значеніе, а потому называются *полузнаменательной* связкой *). Примѣры:

Мати* оу҆бѡ позналасѧ* є҆си*, паче є҆стества, бц҃е, пребыла* же є҆си* дв҃а*, паче слова и҆ разꙋма (Догмат. 7 гл.); **Бл҃жени миротворцы: ꙗ҆кѡ тіи сн҃ове* бж҃іи нарекꙋтсѧ** (Матѳ. 5, 9); **видѣнъ* бысть* невещественъ** (6 авг. п. 4).

Примѣчаніе. Формы отъ глагола **быти**, а также и нѣкоторые другіе вышеуказанные глаголы, употребляющіеся въ качествѣ связокъ, употребляются также и съ полнымъ лексическимъ значеніемъ какъ самостоятельныя сказуемыя: **Бѣ* же ѳіліппъ ѿ виѳсаі́ды** (Іоан. 1, 44); **Бг҃ъ ꙗ҆ви́сѧ во плоти** (1 Тим. 3, 16).

Въ качествѣ связки могутъ употребляться и нѣкоторые глаголы съ полнымъ лексическимъ значеніемъ — они называются *знаменательной* связкой. Къ нимъ относятся глаголы со значеніемъ движенія или состоянія: **и҆ти, ходити, посылатисѧ, возвратитисѧ, стоѧти, лежати, сѣдѣти, встати, родитисѧ, жити, оу҆мрети** и др., напримѣръ: **слѣпъ* роди́сѧ** (Іоан. 9, 2); **нагъ* и҆зыдохъ* ѿ чрева матере моеѧ, нагъ и҆ ѿидꙋ* тамѡ** (Іов. 1, 21); **встани* на ногꙋ твою праⷡ** (Дѣян. 14, 10); но **ѻбаче проповѣдница* (въ качествѣ *проповѣдницы*) посылаетсѧ* твоимъ оу҆ченникѡⷨ** (Еванг. стихира 8); **такѡ дв҃а* (*дѣвою*) родила* є҆си и҆ дв҃а пребыла є҆си** (Догматикъ 2 гл.); **Бг҃ъ* бо пріидохъ* за бл҃гоꙋтробіе а҆дама ѡчи́стити ѿ паденіѧ** (5 янв. на хвалитехъ 1-я ст.)

Именная часть составного сказуемаго.

§ 125. Именная часть составного сказуемаго можетъ быть выражена всѣми склоняемыми частями рѣчи, стоящими въ церковнославянскомъ языкѣ всегда въ именительномъ падежѣ, напримѣръ:

а) *Существительнымъ*: **вы є҆сте* свѣтъ* міра** (Матѳ. 5, 14); **дв҃а* пребыла* є҆си** (Догматикъ 2 гл.); **и҆ ты, ѻ҆троча, прⷪркъ* вышнѧгѡ наречешисѧ** (Лук. 1, 76).

———

*) См. значеніе термина «знаменательный» въ § 18.

Примѣчаніе. Иногда въ видѣ исключенія встрѣчается именная часть сказуемаго въ творительномъ падежѣ: **и̑ ма́ти по рождествѣ̀ па́ки пребы́сть* дѣ́бою*** (Окт. нед. веч. 5 гл. богор. на стиховнѣ).

б) Мѣстоименіемъ: **и̑ мо̑а̑ вс̑а̑ тво̑а̑* сꙋ́ть, и̑ тво̑а̑ мо̑а̑*** (Іоан. 17, 10); **а̑зъ* е̑́смь*, не бо́йтесѧ** (Іоан. 6, 20).

в) Прилагательнымъ: **бꙋ́дите* ѹ̑́бо совершенн*, ꙗ̑́коже ѻ̑ц҃ъ ва́шъ совершенъ* е̑́сть*** (Матѳ. 5, 48); **се́й ве́лій* наречетсѧ* въ ц҃ртвіи нб҃е́снѣмъ** (Матѳ. 5, 19).

г) Причастіемъ: сюда относятся сложныя страдательныя формы (§ 102): **и̑ ни ко е̑ди́ной и̑хъ посланъ* бы́сть* и̑лїа̀** (Лук. 4, 26); и описательныя временныя формы (§ 90): **и̑ бѣ* проповѣ́дая* на со́нмищахъ галїле́йскихъ** (Лук. 4, 44). Въ качествѣ именной части составного сказуемаго можетъ быть также и полное причастіе (субстантивированное): **вѣ́дѧше бо и̑скони і҃съ, кі́и сꙋ́ть* не вѣ́рꙋющіи*, и̑ кто̀ е̑́сть* предаѧ́й* е̑го̀** (Іоан. 6, 64).

д) Числительнымъ: **и̑ да бꙋ́дꙋтъ* ѻ̑́смь* столпы̀, и̑ стѡ́ала и̑хъ сре́брана шестьна́десать*** (Исх. 26, 25).

Числительныя, выражающія *возрастъ* или *мѣру*, могутъ стоять въ родительномъ падежѣ: **и̑ е̑гда̀ бы́сть* двоюна́десѧти* лѣ́тъ*** (отрокъ Іисусъ) (Лук. 2, 42); **долгота̀ ѻ̑по́ны е̑ди́ныѧ да бꙋ́детъ* три́десѧти* лакте́й*** (Исх. 26, 8).

е) Неопредѣленнымъ наклоненіемъ, со значеніемъ предметности, а потому передъ нимъ ставится мѣстоименіе **е̑́же** въ значеніи члена (въ греч. текстѣ *τὸ*): **тво́е бо е̑́сть, е̑́же ми́ловати и̑ спаса́ти ны̀, бж҃е на́шъ** (Утреня, возгласъ).

Составное глагольное сказуемое.

§ 126. *Составное глагольное* сказуемое состоитъ изъ спрягаемой личной формы глагола въ сочетаніи съ неопредѣленнымъ наклоненіемъ. Спрягаемый личный глаголъ въ данномъ сочетаніи имѣетъ ослабленное лексическое значеніе и является вспомогательнымъ. Вспомогательными глаголами составного глагольнаго сказуемаго могутъ быть слѣдующіе:

1) Глаголы, обозначающіе начало или конецъ дѣйствія: **на-ча́ти, сконча́ти, преста́ти**: **и̑ нача́ша* моли́ти* е̑го̀ ѿитѝ ѿ предѣ̑лъ и̑хъ** (Мар. 5, 17); **ны́нѣ же сі́е твори́ти* сконча́йте*** (2 Кор. 8, 11); **преста́ша* би́ти* па́вла** (Дѣян. 21, 32).

Примѣчаніе. Составное глагольное сказуемое, состоящее изъ вспомогательнаго глагола со значеніемъ продолженія дѣйствія въ сочетаніи съ неопредѣленнымъ наклоненіемъ, въ церковно-славянскомъ языкѣ обычно не употребляется, но вмѣсто такого глагольнаго сочетанія употребляются описательныя временныя формы (§ 90, § 161), напримѣръ: (Апостолы) **не преста́ах*** **оу҆ча́ще*** **и҆ благовѣ́ствоующе*** **і҆и҃са хрⷭ҇та̀**, Дѣян. 5, 42 (ср. въ русск. не переставали учить и благовѣствовать ...), но иногда: **пребоу́демъ хрⷭ҇та̀ ви́дѣти** (вм. **ви́дяще**), Ексапостиларій 4-й.

2) Глаголы съ модальнымъ значеніемъ: *а)* выражающіе способность, возможность или должествованіе: **мощѝ, и҆мѣ́ти, оу҆мѣ́ти**; *б)* выражающіе волеизъявленія: **хотѣ́ти, жела́ти, и҆ска́ти** (въ значеніи *желать*), **тща́тися, дерзноу́ти, покоуша́тися, смѣ́ати, ѿрека́тися** (отказываться); *в)* выражающіе внутреннія переживанія: **надѣ́ятися, боя́тися** и нѣкоторые другіе, напримѣръ: **вы̀ спасти́ся*** **не мо́жете*** (Дѣян. 27, 31); **кля́твы же ра́ди и҆ за возлежа́щихъ не восхотѣ́*** **ѿрещѝ*** **е҆й** (Марк. 6, 26); **е҆гда̀ же хотя́ше*** **де́нь бы́ти*** (Дѣян. 27, 33); **Рахи́ль пла́чоущися ча́дъ свои́хъ, и҆ не хотя́ше*** **оу҆тѣ́шитися***, **я҆́кѡ не соу́ть** (Матѳ. 2, 18); **си́це же тща́хся*** **бл҃говѣсти́ти*** (Рим. 15, 20); **а҆́бїе взыска́хомъ*** **и҆зы́ти*** **въ македо́нїю** (Дѣян. 16, 10); **покоуша́хоуся*** **въ виѳѷни́ю поитѝ*** (Дѣян. 16, 7); **Никто́же смѣ́аше*** **прилѣпля́тися*** **и҆мъ** (Дѣян. 5, 13); **оу҆боя́ся*** **та́мѡ и҆тѝ*** (Матѳ. 2, 22).

Сложное сказуемое.

§ 127. *Сложнымъ сказуемымъ* является сказуемое, состоящее изъ трехъ (или четырехъ) членовъ. Большей частью оно является комбинаціей составного именного и составного глагольнаго сказуемаго, напр.: **е҆да̀ и҆ вы̀ оу҆ченицы̀*** **е҆гѡ̀ хо́щете*** **бы́ти***; (Іоан. 9, 27); **вѣ́рою, мѡѷсе́й вели́къ бы́въ, ѿве́ржеся*** **нарица́тися*** **сы́нъ дще́ре фараѡ́новы** (Евр. 11, 24); **можа́ше*** **бо сїе мѵ́ро про́дано*** **бы́ти*** **на мно́зѣ** (Матѳ. 26, 9); **по зако́ноу на́шемоу до́лженъ*** **е҆́сть*** **оу҆мре́ти** (Іоан. 19, 7); **нѣ́смь*** **досто́инъ*** **нарещи́ся*** **сы́нъ*** **тво́й** (Лук. 15, 19).

Согласованіе сказуемаго съ подлежащимъ.

§ 128. *а)* При подлежащемъ, обозначающемъ два предмета, сказуемое ставится обычно въ двойственномъ числѣ, хотя, подъ вліяніемъ русскаго языка, и встрѣчаются отклоненія отъ этого правила, напримѣръ: **я҆́кѡ ви́дѣстѣ о҆́чи моѝ спасе́нїе твоѐ** (Лук. 2, 30); **человѣ́ка два̀ внидо́ста въ це́рковь помоли́тися** (Лук. 18, 10); также: **Не двѣ́ ли пти́цы цѣ́нятся е҆ди́нымъ а҆сса́рїемъ;** (Матѳ. 10, 29).

б) Сказуемое, стоящее при подлежащемъ, выраженномъ именемъ существительнымъ съ собирательнымъ значеніемъ, имѣетъ тенденцію къ согласованію по смыслу, т. е. можетъ стоять во мн. числѣ. Въ Священномъ Писаніи употребляются слѣдующія имена существительныя съ собирательнымъ значеніемъ: бра́тїѧ, наро́дх, гра́дх, до́мх, мно́жество, собра́нїе.

Сказуемое при бра́тїѧ всегда стоитъ во множ. числѣ, напр.: цѣлꙋютх вы̀ бра́тїѧ всѧ̀ (1 Кор. 16, 20); прїидо́ша бра́тїѧ їѡ́сифова (Быт. 45, 16) см. § 37, 12.

При прочихъ указанныхъ словахъ сказуемое, непосредственно стоящее, сравнительно рѣдко употребляется во множественномъ числѣ; обычно непосредственно стоящія сказуемыя имѣютъ форму единств. числа, а сказуемыя отдаленныя, обычно находящіяся въ придаточныхъ предложеніяхъ, имѣютъ форму множеств. числа. Во множественномъ числѣ при указанныхъ словахъ употребляются также и обстоятельственныя причастія (= русск. дѣепричастію).

Примѣры: Сказуемыя, непосредственно стоящія — во множ. числѣ; собирательное существительное — обычно въ сочетаніи съ другимъ существительнымъ, обозначающимъ лицъ: Мно́гх наро́дх сщеннникѡ́вх послꙋ́шахꙋ вѣ́ры (Дѣян. 6, 7); ѡ̀ не́мже всѐ мно́жество їꙋде́й стꙋжа́хꙋ мѝ (Дѣян. 25, 24); И воста́вше всѐ мно́жество и҆́хх, ведо́ша є҆го̀ кх пїла́тꙋ (Лук. 23, 1); Собра́нїе їꙋде́йское ѹ҆ пїла́та испроси́ша распѧ́ти тѧ̀, гдⷭ҇и (Вел. Пятокъ, антифонъ 13). Сказуемыя ближайшія — въ единств. числѣ, сказуемыя отдаленныя и обстоятельственныя причастія — во множ. числѣ: и҆ сѐ ве́сь гра́дх и҆зы́де вх срѣ́тенїе і҆и҃сꙋови: и҆ ви́дѣвше є҆го̀, моли́ша ... (Матѳ. 8, 34); И молѧ̀ є҆го̀ ве́сь наро́дх страны̀ гадари́нскїѧ ѿитѝ ѿ ни́хх, ꙗ҆́кѡ стра́хомх ве́лїимх ѡ҆держи́ми бѣ́хꙋ (Лук. 8, 37); Но наро́дх се́й, и҆́же не вѣ́сть зако́на, про́клѧти сꙋ́ть (Іоан. 7, 49); вѣ́сте до́мх стефани́новх, ꙗ҆́кѡ є҆́сть нача́токх а҆хаі́и, и҆ вх слꙋже́нїе ѹ҆чини́ша себѐ (1 Кор. 16, 15), также Іоан. 6, 2; Дѣян. 5, 16; Марк. 3, 9; Дѣян. 15, 12.

в) При подлежащемъ, выраженномъ количественнымъ числительнымъ, съ именемъ существительнымъ при немъ или безъ него, сказуемое стоитъ во множественномъ числѣ, напримѣръ: срѣто́ша є҆го̀ де́сѧть прокаже́ныхх мꙋже́й (Лук. 17, 12); и҆ слы́шавше де́сѧть, негодова́ша ѡ҆ ѻ҆бою̀ бра́тꙋ (Матѳ. 20, 24).

г) Именная часть составного именного сказуемаго согласуется (по возможности) со своимъ подлежащимъ въ родѣ, числѣ и падежѣ, напр.: бѣ́ста ѻ҆́ба на̑га (Быт. 2, 25).

Числительное є҆ди́нх, будучи именной частью составного сказуемаго, при выраженіи единичности, ставится въ единственномъ числѣ средняго рода: и҆ сі́и трѝ є҆ди́но сꙋ́ть (1 Іоан. 5, 8); А҆́зх и҆ ѻ҆ц҃х є҆ди́но є҆смѝ (Іоан. 10, 30).

Согласованіе сказуемаго съ нѣсколькими подлежащими.

§ 129. Согласованіе сказуемаго при нѣсколькихъ однородныхъ подлежащихъ (съ соединительными союзами при нихъ или безъ союзовъ), имѣющихъ форму единственнаго числа или единственнаго и множественнаго:

а) Сказуемое, предшествующее подлежащимъ (един.+ един. или един.+ множ.), согласуется съ первымъ, кромѣ случаевъ, указанныхъ въ пунктѣ *г)*, напр.: до́ндеже пре́йдетъ нбо и҆ ѕемлѧ̀ (Матѳ. 5, 18); ꙗ҆́кѡ преста̀ до́ждь и҆ гра́дъ и҆ гро́ми (Исх. 9, 34); Зва́нъ же бы́сть і҆и҃съ и҆ ѹ҆ченицы̀ є҆гѡ̀ на бра́къ (Іоан. 2, 2); также: Іоан. 18, 15; Іоан. 20, 3; Дѣян. 11, 14; Дѣян. 16, 31; Рим. 16, 21; 2 Тим. 1, 15.

б) Сказуемое, стоящее между первымъ и послѣдующими подлежащими (единств.+ единств. или единств.+ множ.), согласуется съ первымъ, напр.: то́й влѣ́зе въ кора́бль и҆ ѹ҆ченицы̀ є҆гѡ̀ (Лук. 8, 22); да и҆ сѣ́ѧй вкꙋ́пѣ ра́дꙋетсѧ и҆ жнѧ́й (Іоан. 4, 36).

в) Сказуемое, стоящее послѣ подлежащихъ (един.+ един.), можетъ имѣть форму какъ единственнаго, такъ и множественнаго числа:

При подлежащихъ, выраженныхъ предметами неодушевленными, одного грамматическаго рода и вещественно близкихъ, сказуемое преимущественно стоитъ въ единственномъ числѣ; при подлежащихъ разнаго грамматическаго рода — во множественномъ числѣ, напримѣръ: и҆ гра́дъ и҆ до́ждь не бꙋ́детъ ктомꙋ̀ (Исх. 9, 29); также Исх. 9, 33; лёнъ и҆ ꙗ҆чме́нь побитъ є҆́сть (Исх. 9, 31); зла́то ва́ше и҆ сребро̀ проржа́вѣ (Іак. 5, 3); но также: ми́лость и҆ и҆́стина пред̾и́детъ пред̾ лице́мъ твои́мъ (Псал. 88, 15); разнаго грамматическаго рода: пшени́ца и҆ жи́то не поби́ты (Исх. 9, 32); и҆ вѣ́тръ и҆ мо́ре послꙋ́шаютъ є҆гѡ̀ (Марк. 4, 41), но также: нбо и҆ ѕемлѧ̀ мимои́детъ (Матѳ. 24, 35); нбо и҆ ѕемлѧ̀ пре́йдетъ (Марк. 13, 31).

Сказуемое стоитъ въ единственномъ числѣ при подлежащихъ (единств.+ единств.), выражающихъ разрозненность дѣйствія, т. е. когда подлежащія не представляютъ совмѣстнаго дѣйствія, и сказуемое относится какъ бы къ каждому въ отдѣльности, напр.: всѧ́ка го́ресть и҆ гнѣ́въ, и҆ ꙗ҆́рость, и҆ кли́чь, и҆ хꙋла̀, да во́зметсѧ ѿ ва́съ (Ефес. 4, 31); блꙋ́дъ же и҆ всѧ́ка нечистота̀ и҆ лихои́мство нижѐ да и҆менꙋ́етсѧ въ ва́съ (Ефес. 5, 3); нечести́вый и҆ грѣ́шный гдѣ̀ ꙗ҆ви́тсѧ (1 Петр. 4, 18); благода́ть ва́мъ и҆ ми́ръ да ѹ҆мно́житсѧ въ позна́нїи бга (2 Петр. 1, 2).

г) При совокупности дѣйствія подлежащихъ (един.+ един. или един.+ множ.), что обычно бываетъ, когда подлежащія обозначають лицъ, сказуемое согласуется съ подлежащими во множ. или двойственномъ числѣ, независимо отъ мѣста: будетъ ли оно стоять передъ подлежащими или послѣ нихъ, напр.: Ӥ пред него пріндоста* Ӏа́кwвъ ӥ Ӏѡа́ннъ (Марк. 10, 35); Пріндо́ша* же къ немꙋ̀ ма́ти ӥ бра́тїа є҆гѡ̀ (Лук. 8, 19); вкꙋ́пѣ же пе́тръ ӥ Ӏѡа́ннъ восхожда́ста* во ст҃и́лище (Дѣян. 3, 1), также Лук. 23, 12; Дѣян. 5, 24; Дѣян. 17, 14.

д) Если подлежащія (един.+ един. или един.+ множ.) находятся между обстоятельственнымъ причастіемъ (= русск. дѣепричастію) и спрягаемой формой глагола (сказуемымъ), то, согласно греческому тексту, причастіе согласуется въ единственномъ числѣ, а спрягаемый глаголъ — во множественномъ, напр.: воста́въ* же а҆рхїере́й ӥ всѝ, ӥ҆же съ ни́мъ сꙋ́щаа є҆ресь саддꙋке́йскаа, и҆спо́лнишаса* за́висти (Дѣян. 5, 17); прише́дъ* же а҆рхїере́й ӥ и҆же съ ни́мъ, созва́ша* собо́ръ (Дѣян. 5, 21); Ѿвѣща́въ* же пе́тръ ӥ а҆пⷧ҇и рѣ́ша* (Дѣян. 5, 29). Подобное согласованіе возможно и въ обратномъ порядкѣ, т. е. спрягаемый глаголъ согласуется въ единств. числѣ, а причастіе во множественномъ (или двойственномъ), напримѣръ: Ӥ бѣ* Ӏẃсифъ ӥ ма́ти є҆гѡ̀ чꙋдѧ́щаса* (Лук. 2, 33).

е) При подлежащемъ (един.+ един.), соединенныхъ раздѣлительнымъ союзомъ и҆лѝ, сказуемое стоитъ въ единственномъ числѣ, напр.: Ӏѡ́та є҆ди́на, и҆лѝ є҆ди́на черта̀ не пре́йдетъ* ѿ зако́на (Матѳ. 5, 19); всѧ́къ гра́дъ и҆лѝ до́мъ раздѣли́выйса на сѧ̀ не ста́нетъ (Матѳ. 12, 25); А҆́ще ли рꙋка̀ твоѧ̀, и҆лѝ нога̀ твоѧ̀ соблажнѧ́етъ тѧ̀ (Матѳ. 18, 8); также 1 Кор. 14, 24; Гал. 1, 8; Ефес. 5, 5; исключеніе: А҆́ще же бра́тъ и҆лѝ сестра̀ на́ги бꙋ́дꙋтъ (Ӏак. 2, 15).

ж) При взаимномъ залогѣ сказуемое ставится во множественномъ (или двойственномъ) числѣ, напр.: Ми́лость ӥ и҆́стина срѣто́стѣса, пра́вда ӥ ми́ръ ѡ҆блобыза́стаса (Псал. 81, 11).

з) Если формы сказуемаго отмѣчають родъ (напр. въ двойств. числѣ или въ нѣкоторыхъ формахъ составного сказуемаго), то согласованіе сказуемаго въ двойств. и множ. числѣ съ подлежащими разнаго грамматическаго рода происходить въ преимущественномъ родѣ, напр.: пра́вда ӥ ми́ръ ѡ҆блобыза́стаса (Псал. 81, 11).

Опредѣленіе.

§ 130. *Опредѣленіемъ* называется второстепенный членъ предложенія, указывающій на признакъ предмета и отвѣчающій на вопросъ: какой? чей? который? Напримѣръ: Бл҃гі́й* человѣ́къ ѿ бл҃га́гѡ* сокро́вища се́рдца своегѡ̀ и҆зно́ситъ бл҃го́е (Лук. 6, 45); бѣ̀ же фїли́ппъ ѿ виѳсаі́ды, ѿ гра́да а҆ндре́ова* ӥ петро́ва* (Ӏоан. 1, 44);

Па́ки же и҆зше́дъ въ шесты́й*, и҆ девя́тый* ча́съ, сотвори́ та́коже (Матѳ. 20, 5).

Слово, къ которому относится опредѣленіе, называется *опредѣляемымъ*.

Въ зависимости отъ грамматической связи между опредѣленіемъ и опредѣляемымъ, опредѣленія могутъ быть, какъ и въ русскомъ языкѣ, *согласованными* или *несогласованными*.

1) Согласованныя опредѣленія выражаются обычно именемъ прилагательнымъ, а также эквивалентными ему причастіями, мѣстоименіями и числительными, напр.: и҆ бли́зъ бѣ̀ па́сха і҆ꙋде́йска* (Іоан. 2, 13); є҆ди́нъ же ѿ ѡ҆бѣ́шеною* ѕлодѣ́ю хꙋ́лаше є҆гò (Лук. 23, 39); вѣ́ра твоа̀* спасé тѧ (Лук. 18, 42); и҆ въ тре́тій* де́нь воскре́снетъ (Лук. 18, 33).

Опредѣленія могутъ быть выражены прилагательнымъ какъ въ полной, такъ и въ краткой формѣ (см. § 171).

2) При нѣсколькихъ опредѣляемыхъ согласованное опредѣленіе обычно согласуется съ ближайшимъ, напр.: во всѧ́къ* гра́дъ и҆ мѣ́сто (Лук. 10, 1); и҆ соверше́нъ* ва́шъ дꙋ́хъ и҆ дꙋша̀ и҆ тѣ́ло непоро́чно въ прише́ствіе гдⷵа на́шегѡ і҆и҃са хрⷵта̀ да сохрани́тсѧ (1 Сол. 5, 23); въ не́же да́рове и҆ же́ртвы приносѧ́тсѧ не могꙋ́щыѧ* по со́вѣсти соверши́ти слꙋжа́щаго (Евр. 9, 9); слы́шавъ любо́вь твою̀* и҆ вѣ́рꙋ (Филим. 5).

3) Несогласованныя опредѣленія выражаются косвенными падежами именъ существительныхъ и другихъ склоняемыхъ частей рѣчи (въ значеніи существительныхъ). Для выраженія опредѣленія чаще всего употребляется родительный падежъ безъ предлога, напримѣръ: и҆зы́ди ско́рѡ на распꙋ́тїѧ и҆ сто́гны гра́да* (Лук. 14, 21); и҆ посла̀ раба̀ своегò въ го́дъ ве́чери* (Лук. 14, 17); го́дъ ѳѷмїа́ма* (Лук. 1, 10); ро́гъ спасе́нїѧ* (Лук. 1, 69).

Особенно часто встрѣчаются подобныя опредѣленія въ богослужебномъ текстѣ, напр.: Ра́дꙋйсѧ свѧти́телей* тро́ица, цр҃кве* вели́каѧ забра́ла, столпѝ бл҃гоче́стїѧ*, вѣ́рныхъ* ꙋ҆твержде́нїе, є҆реті́чествꙋющихъ* низпаде́нїе (30 янв., на хвалитехъ).

4) Во многихъ случаяхъ опредѣленіе, выраженное родительнымъ падежомъ, способно замѣняться именемъ прилагательнымъ, напримѣръ: бѧ́ше же дале́че ѿ негѡ̀ ста́до свині́й мно́го пасо́мо... ста́до свино́е (Матѳ. 8, 30-31); ѿ маммѡ́ны непра́вды (Лук. 16, 9) и въ непра́веднѣмъ и҆мѣ́нїи (Матѳ. 16, 11).

5) Иногда вмѣсто родительнаго падежа съ опредѣлительнымъ значеніемъ, встрѣчается дательный: лицемѣ́ри, лицè небꙋ̀* и҆ землѝ* вѣ́сте и҆скꙋша́ти (Лук. 12, 56); моли́тесѧ ᲂу҆́бо гдⷵнꙋ жа́твѣ* (Матѳ.

10, 2); пристáвникъ дóмꙋ (Лук. 16, 3), впрочемъ дóмꙋ можно раз-
сматривать и какъ родит. падежъ.

6) Опредѣленія со значеніемъ принадлежности могутъ быть
выражены также родительнымъ падежомъ, а изрѣдка и датель-
нымъ, напр.: прїи́де господи́нъ рабъ* тѣхъ (Матѳ. 25, 19); послѝ въ
дóмъ ѻ҆ц҃а́* моегѡ̀ (Лук. 16, 27); предае́тсѧ въ рꙋ́ки грѣ́шникѡвъ*
(Матѳ. 26, 45); дат. пад.: вы́ же сотвори́сте и҆ верте́пъ разбóйникѡмъ*
(Матѳ. 21, 13), также Лук. 19, 46; и҆ старѣ́йшины лю́демъ* (Лук.
19, 47); занѐ дрꙋ́гъ е҆мꙋ̀ е҆́сть (Лук. 11, 8); въ рꙋ́цѣ человѣ́кѡмъ
(Матѳ. 17, 22), ср. въ рꙋ́цѣ человѣ́къ грѣ́шникъ (Лук. 24, 7).

Поскольку въ церковно-славянскомъ языкѣ значеніе индиви-
дуальной принадлежности по возможности выражается притяжа-
тельнымъ прилагательнымъ, то должно отмѣтить слѣдующія слу-
чаи, въ которыхъ употребляется родительный (иногда дательный)
падежъ: а) когда опредѣленія выражены субстантивированными
прилагательными или причастіями, а также личными мѣстоиме-
ніями (въ данномъ случаѣ образованіе притяжательнаго прилага-
тельнаго невозможно): мнóгѡ бо мóжетъ моли́тва пра́веднагѡ*
(Іак. 5, 16); ѿ гла́са поношáющагѡ и҆ ѡ҆клеветáющагѡ* (Псал. 43,
17); и҆ ст҃о и҆́мѧ е҆гѡ̀* (Лук. 1, 49); въ видѣ исключенія: се́й нѣ́сть
е҆гѡ́въ (Рим. 8, 9); б) когда слово, выражающее принадлежность,
имѣетъ при себѣ поясни́тельныя слова, т. е. является вмѣстѣ съ
тѣмъ и опредѣляемымъ, напримѣръ: ѿ ве́си марі́ины* и҆ ма́р,ѳы*
сестры̀ е҆ѧ̀ (Іоан. 11, 1), второе опредѣленіе съ притяжательнымъ
значеніемъ выражено родительнымъ падежомъ, такъ какъ при-
тяжательное прилагательное вносило бы неясность въ текстъ. Ср.
также: ѿ дóмꙋ и҆ ѻ҆те́чества дави́дова* (Лук. 2, 4), но въ домꙋ̀ дави́да*
ѻ҆́трока своегѡ̀* (Лук. 1, 69). Впрочемъ, въ видѣ исключенія, встрѣ-
чаются притяжательныя прилагательныя-опредѣленія съ поясни-
тельными словами при нихъ, напр.: Тогда̀ собрáшасѧ а҆рхїере́е и҆ кни́ж_
ницы и҆ ста́рцы людсті́и во дворъ а҆рхїере́овъ*, глаго́лемагѡ каїа́фы
(Матѳ. 26, 3); съ женáми и҆ марі́ею м҃трі́ю і҆и҃совою*, и҆ съ брáтїею е҆гѡ̀
(Дѣян. 1, 14); и҆ ѿверго́стесѧ е҆гѡ̀ пред лице́мъ піла́товымъ*, сꙋ́ждшꙋ
ѻ҆́номꙋ пꙋсти́ти (Дѣян. 3, 13).

7) Несогласованныя опредѣленія могутъ быть выражены и
косвенными падежами съ предлогомъ, причемъ при такихъ опре-
дѣленіяхъ обычно стоятъ мѣстоименія и҆́же, ꙗ҆́же, е҆́же, хотя значи-
тельно рѣже встрѣчаются указанныя опредѣленія и безъ мѣсто-
именій, напр.: и҆ воскресе́ніе, е҆́же ѿ ме́ртвыхъ* (Лук. 20, 35); И҆стре_
би́въ е҆́же на на́съ* рꙋкописа́ніе оу҆че́ньми (Кол. 2, 14); не и҆мы́й моеѧ̀
пра́вды, ꙗ҆́же ѿ закóна* (Филип. 3, 9), также Дѣян. 3, 16; 26, 18;
26, 22; Гал. 1, 22; безъ мѣстоименій: бѣ̀ въ сóнмищахъ человѣ́къ въ

дꙋсѣ* нечи́стѣ* (Марк. 1, 23); бра́тїѧ ѡ̀ гдѣ* (Филип. 1, 14); и҆ма́мъ ꙋ́бо похвалꙋ̀ ѡ̀ хрⷭ҇тѣ* і҆и҃сѣ* (Рим. 15, 17).

Эти словосочетанія съ мѣстоименіями являются передачей греческихъ словосочетаній со членомъ, ср. 1-й примѣръ: καὶ τῆς ἀναστάσεως τῆς ἐκ νεκρῶν (Лук. 20, 35), но, собственно, только мѣстоименіе ꙗ҆́же (ж. р.), когда оно относится къ имени существительному въ винит. падежѣ, ярко выражаетъ значеніе члена, напр.: Мѡѷсе́й бо пи́шетъ пра́вдꙋ, ю́же (а не ꙗ҆́же) ѿ зако́на (Рим. 10, 5).

8) Несогласованныя опредѣленія могутъ быть выражены неопредѣленнымъ наклоненіемъ, напр.: и҆зы́де повелѣ́нїе ѿ ке́сарѧ а́ѵгꙋ́ста написа́ти* всю̀ вселе́ннꙋю (Лук. 2, 1); и҆спо́лнишасѧ дні́е роди́ти* є҆́й (Лук. 2, 6), (см. § 142, 12).

9) Притяжательныя прилагательныя въ церковно-славянскомъ языкѣ въ нѣкоторыхъ случаяхъ, выходя за рамки своего обычнаго употребленія, могутъ выражать не принадлежность, а имѣть значеніе объекта (дополненія), напримѣръ: ѹ҆слы́шавъ и҆́рѡдъ четвертовла́стникъ слꙋ́хъ і҆и҃совъ (Матѳ. 14, 1), т. е. слухъ о Іисусѣ; По преда́нїи же і҆ѡа́нновѣ (Марк. 1, 14) = послѣ того, какъ былъ преданъ Іоаннъ; ре́вность бж҃їю и҆́мꙋтъ (Рим. 10, 2) = имѣютъ ревность о Богѣ.

Приложеніе.

§ 131. *Приложеніемъ* является опредѣленіе, выраженное именемъ существительнымъ, согласующимся съ опредѣляемымъ словомъ въ падежѣ и числѣ.

Употребленіе приложеній въ церковно-славянскомъ языкѣ въ общемъ ничемъ не отличается отъ ихъ употребленія въ языкѣ русскомъ, за исключеніемъ той особенности, что приложенія въ церковно-славянскомъ текстѣ обособляются запятой сравнительно рѣдко. Примѣры: Слы́шавъ же и҆́рѡдъ ца́рь* смꙋти́сѧ (Матѳ. 2, 3); ви́дѣша ѻ҆троча̀ съ марі́ею ма́терїю* є҆гѡ̀ (Матѳ. 2, 11); и҆ сѐ мꙋ́жъ мꙋ́рїнъ є҆ѵнꙋ́хъ* си́ленъ* кандакі́и цари́цы* мꙋ́рїнскїѧ (Дѣян. 8, 27), ср. русскій текстъ: *и вотъ, мужъ еѳіоплянинъ, евнухъ, вельможа Кандакіи, царицы Еѳіопской...*

Приложенія со словами и҆́менемъ, ро́домъ, мꙋ́жъ: і҆ꙋде́анинъ же нѣ́кто а҆поллѡ́съ* и҆́менемъ, а҆лекса́ндранинъ* ро́домъ, мꙋ́жъ* слове́сенъ, прїи́де во є҆ф́есъ (Дѣян. 18, 24); є҆ди́нъ ѿ а҆рхісѷнагѡ́гъ, и҆́менемъ і҆аі́ръ* (Марк. 5, 22).

Дополненіе.

§ 132. *Дополненіемъ* называется второстепенный членъ предложенія, обозначающій объектъ (предметъ) дѣйствія или признака. Дополненіе отвѣчаетъ на вопросы косвенныхъ падежей, напр.: **Й посла вѣстника* пред лицемъ* своимъ** (Лук. 9, 52).

Дополненіе въ большинствѣ случаевъ относится къ глаголамъ, но можетъ относиться и къ именамъ существительнымъ и прилагательнымъ.

а) Дополненіе обычно выражается именемъ существительнымъ въ косвенныхъ падежахъ, напр.: **Не носите влагалища*, ни пиры*, ни сапогшвъ*** (Лук. 10, 4); но можетъ быть выражено и другими частями рѣчи, употребленными въ значеніи имени существительнаго, напримѣръ: *мѣстоименіемъ:* **Слышаай васъ*, мене* слышаетъ** (Лук. 10, 16); *прилагательнымъ:* **Юрюдивыл же мудрымъ* рѣша** (Матѳ. 25, 8); *причастіемъ:* **идите же паче къ продаюцымъ*, й купите себѣ** (Матѳ. 25, 9); *числительнымъ:* **тріе на два*, й два на три*** (Лук. 12, 52).

б) Дополненіе можетъ быть выражено неопредѣленнымъ наклоненіемъ: **повелѣ принести* главу егю** (Марк. 6, 27).

в) Дополненіе можетъ быть выражено словосочетаніемъ съ количественнымъ значеніемъ: **й призвавъ единаго* ш ѿрокъ*, вопрошаше** (Лук. 15, 26); **человѣкъ нѣкій имаше два* сына*** (Матѳ. 21, 28).

г) Дополненіе можетъ быть выражено и особымъ словосочетаніемъ съ предметнымъ значеніемъ; предъ нимъ въ такихъ случаяхъ стоитъ мѣстоименіе **еже** въ значеніи члена: **на еже* по подобію* возведи древнею добротою возюбразитися** (Паннихида); **еже по подобію** является спеціальнымъ понятіемъ — терминомъ.

д) Дополненіе можетъ быть выражено указательнымъ мѣстоименіемъ со словосочетаніемъ при немъ, состоящимъ изъ относительныхъ мѣстоименій **иже, ꙗже, еже** и косвеннаго падежа съ предлогомъ, напр.: **Имамъ ѹбо похвалу ш хртѣ іисѣ въ тѣхъ*, ꙗже* къ бгу*** (Рим. 15, 17).

Приглагольныя дополненія.

§ 133. Дополненіе при глаголахъ бываетъ двухъ видовъ: прямое и косвенное.

Прямымъ дополненіемъ является дополненіе, которое относится къ переходнымъ глаголамъ въ винительномъ падежѣ безъ предлога (см. § 72), напр.: **лиси ꙗзвины* имутъ, й птицы нбесныл гнѣзда*** (Матѳ. 8, 20).

При переходныхъ глаголахъ съ отрицаніемъ дополненіе обычно ставится въ родительномъ падежѣ: Тро́сти* сокрꙋше́нны не пре̑ло́митъ, и̑ ле́на* внѣ́мшаса не ѹ̑гаси́тъ (Матѳ. 12, 20); Ниже́ влива́ютъ вїна̀* но́ва въ мѣ́хн ве́тхн (Матѳ. 9, 17).

Примѣчаніе. Въ нѣкоторыхъ случаяхъ, однако, встрѣчается дополненіе и въ винительномъ падежѣ послѣ переходныхъ глаголовъ съ отрицаніемъ: не дади́те ст҃а́а псѡ́мъ (Матѳ. 7, 6).

При страдательномъ залогѣ объектъ прямого дополненія становится подлежащимъ, а производитель дѣйствія (подлежащее при дѣйствительномъ залогѣ) — дополненіемъ въ родительномъ падежѣ съ предлогомъ ѿ или въ творительномъ падежѣ (см. §§ 73, 102), напр.: и̑ ви́дѣнъ бы́сть ѿ неѧ̀* (Марк. 16, 11); Прїи̑до́ша же и̑ мытари̑ крⷭти́тиса ѿ негѡ̀* (Лук. 3, 12); и̑́мже* держи́мн бѣ́хомъ (Рим. 7, 6).

Дополненіе въ прочихъ косвенныхъ падежахъ, а также въ винительномъ падежѣ съ предлогомъ, называется *косвеннымъ*, напр.: Пре́дани же бꙋ́дете и̑ роди́тели* и̑ бра́тїею* и̑ ро́домъ* и̑ дрꙋ́гн* (Лук. 21, 16).

О дополненіи, выраженномъ неопредѣленнымъ наклоненіемъ, см. § 143, 2).

Дополненія при именахъ существительныхъ и прилагательныхъ.

§ 134. Имена существительныя могутъ имѣть при себѣ дополненіе, главнымъ образомъ, въ тѣхъ случаяхъ, когда они образованы отъ глаголовъ или соотносительны съ ними по значенію. Чаще всего дополненіе при именахъ существительныхъ выражается родительнымъ падежомъ (родительнымъ объекта), напр.: жа́лость домꙋ́* твоегѡ̀ снѣ́де мѧ, Іоан. 2, 17 (т. е. сожалѣніе о домѣ Твоемъ); и̑ проповѣ́даа є̑ѵⷢлїе црⷭтвїа*, Матѳ. 4, 23 (= о царствіи); И̑ за ѹ̑множе́нїе беззако́нїа*, и̑зса́кнетъ любы̀ мно́гихъ (Матѳ. 24, 12); И̑́стинный по́стъ є̑́сть, ѕлы́хъ* ѿчꙋжде́нїе, воздержа́нїе ѧзы́ка*, ꙗ̑́рости* ѿложе́нїе, похоте́й* ѿлꙋче́нїе (1-я седм. Вел. Поста, понед. веч.).

Въ нѣкоторыхъ случаяхъ родительный падежъ замѣняется дательнымъ: Оу̑слы́шати и̑́мате бра̑ни и̑ слы̑шанїа бра́немъ* (Матѳ. 24, 6); творца̀ нбꙋ́* и̑ землѝ*, види̑мымъ* же всѣ̑мъ* и̑ неви́димымъ* (Сѵмв. вѣры); и̑ всѧ́комꙋ бла́гꙋ* промы́сленникъ и̑ пода́тель (Утр. мол. 3-я).

Дополненіе можетъ быть какъ при прилагательныхъ предикативныхъ, такъ и опредѣлительныхъ (въ придаточномъ краткомъ предложеніи), а иногда и при субстантивированныхъ, напримѣръ:

на́гъ є҆́смь черто́га* (В. Кан. п. 4); Кра́сенъ добро́тою* па́че сынѡ́въ человѣ́ческихъ (Псал. 44, 3); и҆ свѣти́ло є҆гѡ̀ подо́бно ка́мени* драго́мꙋ (Апок. 21, 11); Сотвори́те ᲂу҆́бо плоды̀ досто́йны покаѧ́нїѧ* (Лук. 3, 8); и҆спо́лнь благода́ти* и҆ и҆́стины* (І҆оан. 1, 14); ѽ несмы́сленнаѧ и҆ кѡ́снаѧ се́рдцемъ* (Лук. 24, 25); ѽ и҆сполне́нїе всѧ́кїѧ льсти* и҆ всѧ́кїѧ ѕло́бы* (Дѣ́ѧн. 13, 10).

Особенности въ употребленіи падежей, выражающихъ дополненіе.

§ 135. *Винительный падежъ.* Мѣстоименія, имена прилагательныя и причастія съ *собирательнымъ* значеніемъ въ винительномъ падежѣ, а также и въ другихъ косвенныхъ падежахъ, подобно какъ и въ именительномъ падежѣ (§ 120) употребляются во множественномъ числѣ средняго рода, напр.: є҆гда̀ ᲂу҆́зрите сїѧ̑* быва́ющаѧ* (Лук. 21, 31); и҆ вси лю́дїе ра́доваахꙋсѧ ѡ҆ всѣ́хъ* сла́вныхъ* быва́ющихъ* ѿ негѡ̀ (Лук. 13, 17).

Имена существительныя (или другія склоняемыя части рѣчи, употребляемыя въ значеніи существительныхъ), обозначающія названія предметовъ одушевленныхъ, имѣютъ въ единственномъ числѣ винительный падежъ сходный съ родительнымъ, но во множественномъ числѣ у нихъ винительный падежъ обычно сходенъ съ именительнымъ, но можетъ быть сходенъ и съ родительнымъ (§ 22, § 35, 1), § 40, 4), напр.: раздѣли́тсѧ ѻ҆те́цъ на сы́на*, и҆ сы́нъ на ѻ҆тца̀* (Лук. 12, 53); взыска́ти и҆ спастѝ поги́бшаго* (Лук. 19, 10); нача́тъ и҆згони́ти продаю́щыѧ* въ не́й и҆ кꙋпꙋ́ющыѧ* (Лук. 19, 45).

Глаголы подража́ти, гони́ти (въ смыслѣ *слѣдовать чему*), слы́шати, внꙋши́ти (изъ вън+ꙋш-ити), воспомина́ти, также помина́ти, помышлѧ́ти (въ смыслѣ *воспоминанія*) обычно требуютъ послѣ себя винительнаго падежа, напр.: прⷪ҇ро́ка* і҆ѡ́нꙋ* подража́ѧ вопїю̀ (Ирмосъ, гл. 1-й, п. 6-я); но ты̀ подража́ла є҆сѝ тогѡ̀ стра́стнаѧ и҆ любосла́стнаѧ стремле́нїѧ* (В. кан. п. 7), но также и дательнаго падежа: подража́йте вѣ́рѣ* и҆́хъ (Евр. 13, 7); сегѡ̀ произволе́нїю* подража́й (В. Кан. п. 4); гони́ же пра́вдꙋ*, бл҃гоче́стїе*, вѣ́рꙋ*... (1 Тим. 6, 11); і҆ѡа́ннъ слы́шавъ во ᲂу҆зи́лищи дѣла̀* хрⷭ҇то́ва (Матѳ. 11, 2); моле́нїе* моѐ внꙋшѝ (Псал. 38, 13). Помина́йте женꙋ̀* лѡ́товꙋ (Лук. 17, 32); помина́ѧ сле́зы* твоѧ̀ (2 Тим. 1, 4); дѣѧ̑нїѧ* твоѧ̑, ꙗ҆́же содѣ́лала є҆сѝ, помышлѧ́й (В. Кан. п. 4).

§ 136. Характерной особенностью церковно-славянскаго языка является употребленіе такъ называемаго *двойного винительнаго падежа.* Первый винительный падежъ является прямымъ дополненіемъ, а второй выступаетъ въ видѣ предикативнаго пополненія

сказуемаго; онъ называется *вторымъ винительнымъ предикатив-*
нымъ (ср. § 124, многіе глаголы, являющіеся полузнаменатель-
ной связкой въ составномъ именномъ сказуемомъ, въ дѣйстви-
тельномъ залогѣ требуютъ послѣ себя двухъ винительныхъ паде-
жей). Въ русскомъ языкѣ второму винительному соотвѣтствуетъ
творительный падежъ.

Второй винительный по своему происхожденію является ни-
чѣмъ инымъ, какъ предикативнымъ членомъ глагола ꙗⷩⷯтн, при
конструкціи винительнаго съ неопредѣленнымъ наклоненіемъ (см.
§ 143, 3), напр.: ѡⷭⷲⷣиша ꙷⷢⷯ* ꙼ⷶⷭⷣтн повиⷩⷩⷶ* смерⷮⷯ, Марк. 14, 64;
только при нижеуказанныхъ глаголахъ, какъ являющихся полу-
знаменательными, ꙗⷩⷯтн, становится излишнимъ, а потому исче-
заетъ, напр.: Что мѧ глаголеши (꙼ⷶⷭⷣтн) блага, Марк. 10, 18 (но
иногда и съ ꙼ⷶⷭⷣтн: Кого мѧ глаголютⷯ человⷯⷲ⷟цы ꙼ⷶⷭⷣтн, Марк. 8, 27).

Глаголы, при которыхъ бываетъ второй винительный падежъ,
согласно ихъ употребленію, можно раздѣлить на двѣ группы:

I. Имѣющіе значеніе "*дѣлать, называть или считать кого
кѣмъ (или какимъ)*: 1) сотворнⷮⷯтн, прїѧтн, положнⷮⷯтн, поставнⷮⷯтн,
ꙗвнⷮⷯтн, ꙋготовⷶⷮⷯтн, датн, даровⷶⷮⷯтн, показⷶⷮⷯтн, возвыⷭⷣⷯтн; 2) рещн,
нарнцⷶⷮⷯтн, нсповѣдⷶⷮⷯтн, глаголⷶⷮⷯтн, глашⷶⷮⷯтн; 3) нмѣⷮⷯтн, вмѣнⷶⷮⷯтн,
помышлⷶⷮⷯтн, непщевⷶⷮⷯтн, представлⷶⷮⷯтн и др.

При этихъ глаголахъ прямое дополненіе, главнымъ образомъ,
представляетъ *лицо* и выражается обычно мѣстоименіемъ, но так-
же и существительнымъ (или субстантивированными прилагатель-
нымъ или причастіемъ), а второй винительный указываетъ на
должность, званіе, вещь или *качество* и выражается существи-
тельнымъ или прилагательнымъ (и причастіемъ), какъ правило,
въ краткой формѣ, хотя во множественномъ числѣ это не всегда
соблюдается, напримѣръ:

1) вы́ же сотворнⷭⷣте ꙷⷢⷯ* пещерꙋ* разбоⷩⷩⷯнкѡⷨⷯ (Лук. 19, 46);
н сотворⷶⷮⷯтⷯ ꙷⷢⷯ* царѧ* (Іоан. 6, 15); н запꙋстⷯⷲ⷟вшꙋ* сотворⷶⷮⷯтⷯ ꙷⷨ*
н нагꙋ* (Апок. 17, 16); ꙼браⷥⷯ* прінмнⷮⷯте, братїѧ моѧ, злостраданїⷶ
н долготерпⷯⷲ⷟нїⷶ, пророⷲ⷟кн* (Іак. 5, 10); ꙷⷢⷯже* положн наслⷯⷲ⷟днⷲ⷟ка*
всⷯⷨⷯ (Евр. 1, 2); кто мⷶ* поставⷯ сꙋдїю* н дⷯⷲ⷟лнⷮⷯⷲ⷟ла* над вамн
(Лук. 12, 14); поставⷯ ꙷⷢⷯ* жнвꙋ* (Дѣян. 9, 41); бгⷯ ны́* послⷶⷩⷩⷯⷯⷲ⷟кн*
ꙗвⷯ (1 Кор. 4, 9); ꙋготовⷶⷮⷯтⷯ гⷣⷲ⷟внⷯ людн* совершⷯⷲ⷟ны* (Лук. 1, 17);
вⷯⷲ⷟ческнхⷯ творцⷶ на рꙋкꙋ твоею понⷯⷲ⷟шн, сего* намⷯ твонмн молнⷮ_
вамн блгопрⷯⷲ⷟мⷯⷲ⷟ⷩⷩⷯⷶ* давⷶⷯ (30 янв. п. 5); ꙷхⷯже* дарꙋн стⷯⷲ⷟мⷯ твонмⷯ
цⷯⷲ⷟рквамⷯ, вⷯ мнⷯⷲ⷟рⷯ, цⷯⷲ⷟лыхⷯ*, честныхⷯ*, здравыхⷯ*... (Литург.);
странна* мꙋкн всⷯⷲ⷟кїⷶ покажн мⷶ* (Утрен. молитвы); сего* бгⷯ
начⷶⷯⷲ⷟льннка* н спⷭⷣа* возвыⷭⷣⷯ десннцею своею (Дѣян. 5, 31);

2) а́ще ѻ́ныхъ* речѐ богѡ́въ* (Іоан. 10, 35); и̂ нарица́хꙋ є̑* и̂́менемъ ѻ̂тца̀ є̂гѡ̀, заха́рїю* (Лук. 1, 59); а́ще кто̀ є̂гò* и̂сповѣ́сть хр͠та̀* (Іоан. 9, 22); не ктомꙋ̀ ва́съ* глаго́лю рабы̀*... ва́съ* же реко́хъ дрꙋ́ги* (Іоан. 15, 15); Что̀ мѧ̀* глаго́леши бла́га* (Марк. 10, 18); вы̀ глаша́ете мѧ̀* оу̂чи́телѧ* и̂ г͠да̀* (Іоан. 13, 13);

3) нижѐ и̂́мамъ дꙋ́шꙋ* мою̀ че́стнꙋ* себѣ̀ (Дѣян. 20, 24); сїѧ̑* вмѣни́хъ хр͠та̀ ра́ди тщетꙋ̀* (Филип. 3, 7); поне́же вѣ́рна* непщева̀ ѡ̂бѣтова́вшаго* (Евр. 11, 11). Второй винительный въ нѣкоторыхъ случаяхъ можетъ сочетаться съ союзами ꙗ́кѡ, ꙗ́коже, а́ки: Та́кѡ на́съ* да непщꙋ́етъ человѣ́къ, ꙗ́кѡ слꙋ́гъ* хр͠то́выхъ и̂ стро́йтелей* та́йнъ б͠жіихъ (1 Кор. 4, 1); Но во все́мъ представлѧ́ющихъ себѐ* ꙗ́коже б͠жіѧ слꙋги̑* (2 Кор. 6, 4); и̂ не а́ки врага̀* и̂мѣ́йте є̂го̀* (2 Сол. 3, 15).

4) При глаголахъ со значеніемъ зависимаго движенія или состоянія: ѿпꙋсти́ти, посла́ти, препроводи́ти, возврати́ти, привестѝ, возста́вити, спаса́ти, соблюстѝ и др. "кого, какимъ (или къмъ)" также можетъ быть двойной винительный падежъ: и̂ богатѧ́щыѧсѧ* ѿпꙋстѝ тщы̀* (Лук. 1, 53); и̂ послѝ ми а́г͠гла* ми́рна, храни́телѧ* и̂ наста́вника* дꙋшѝ и̂ тѣлꙋ̀ моемꙋ̀ (Молит. на сонъ гряд., 4-я); ѿ є́же покры́ти и̂̀хъ*, и̂ невреди́мыхъ* соблюстѝ ѿ всѣ́хъ вра́жіихъ на́вѣтѡвъ и̂ ѡ̂бстоѧ́нїй, и̂ безпа́костныхъ* препроводи́ти и̂ возврати́ти (Молебенъ путьшеств.); мꙋ́жи* же и̂ жены̀* свѧ́заны* приведе́тъ во і̂ерꙋсали́мъ (Дѣян. 9, 2); возста́ви же на́съ* во вре́мѧ моли́твы, оу̂тверждє́ны* въ за́повѣдехъ твои́хъ, и̂ па́мѧть* сꙋде́бъ твои́хъ въ себѣ̀ тве́рдꙋ* и̂мꙋ́ща* (Повечеріе); ѿ мі́рскихъ напа́стей спаса́й ны̀* невреди́мы* (Окт. 3 гл., четв. п. 6); и̂ на́съ* неѡсꙋжде́ны* сохранѝ во сщ͠еннодѣ́йствїи б͠же́ственныхъ твои́хъ та́йнъ (Литургія, проском.).

Если выше указанные глаголы имѣютъ при себѣ отрицаніе, то при нихъ ставится два родительныхъ падежа: Не твори́те до́мꙋ* ѻ̂ц͠а̀ моегѡ̀ до́мꙋ* кꙋ́пленагѡ (Іоан. 2, 16).

При глаголѣ проси́ти можетъ быть второй *родительный* предикативный, напр.: Днѐ всегѡ̀ (быти) соверше́нна*, свѧ́та*, ми́рна* и̂ безгрѣ́шна*, оу̂ г͠да̀ про́симъ (Лит.), въ данномъ случаѣ испрашивается не совершенный, святой... день, а то, чтобы день былъ совершеннымъ, святымъ и проч., ср. анг. текстъ: For this whole day, that it may be perfect, holy, peaceful and sinless, let us entreat the LORD.

При глаголахъ со значеніемъ "возвести кого во что (*званіе, должность*)" также ставится два винительныхъ падежа, причемъ второй винительный имѣетъ при себѣ предлогъ въ: воздви́же и̂́мъ дави́да* въ царѧ̀* (Дѣян. 13, 22); Пома́захъ тѧ̀* въ царѧ̀* над ї̂и͠лемъ (4 Цар. 9, 3); и̂ воспита̀ и̂̀* себѣ̀ въ сы́на* (Дѣян. 7, 21).

II. Ко *второй* группѣ относятся глаголы со значеніемъ чувственнаго или духовнаго воспріятія и знанія: 1) *воспріятія* вида́ти, зра́ти, слы́шати; 2) *познанія* вѣ́дати, свѣ́дати, ѡ̑брѣсти, иску́сити, разумѣ́ти; 3) *мнѣнія* мнѣ́ти, и̑мѣ́ти, и̑сповѣ́дати (тѣ же, что и въ 1-й группѣ) и под.

При этихъ глаголахъ прямое дополненіе выражается также какъ и при глаголахъ 1-й группы мѣстоименіемъ или существительнымъ, а второй винительный — обычно краткимъ причастіемъ. Эта конструкція втораго винительнаго нѣсколько иного характера, чѣмъ при глаголахъ 1-й группы, и въ нѣкоторыхъ случаяхъ можетъ разсматриваться, какъ упрощенная замѣна придаточнаго предложенія дополнительнаго, напр.: ви́диши наро́дъ ѡу̑гнета́ющъ тѧ̀ (Марк. 5, 31), ср. въ русскомъ текстѣ: *Ты видишь, что народъ тѣснитъ Тебя*; мнѧ̀ и̑збѣ́гша ѡу̑зники (Дѣян. 16, 27), русск.: *думая, что узники убѣжали*. Если второй винительный соотносителенъ съ составнымъ именнымъ сказуемымъ придаточнаго дополнительнаго предложенія, то онъ выражается существительнымъ или прилагательнымъ (или страдат. причастіемъ) въ сочетаніи съ причастіями сы́й, бы́въ, напр.: ѿ мно́гихъ лѣ́тъ су́ща* тѧ̀* су́дїю* пра́ведна ꙗ̑зы́ку сему̀ свѣ́дый, Дѣян. 24, 10, (= *зная, что ты много лѣтъ былъ праведнымъ судьей*); ꙗ̑́кѡ вѣ́даху его̀* хрⷭ҇та̀* су́ща* (Марк. 1, 34), русск.: *что они знаютъ, что Онъ Христосъ*.

Между глаголами первой и второй группы, однако, нѣтъ строгаго разграниченія, а потому, какъ при нѣкоторыхъ глаголахъ 1-й группы второй винительный можетъ быть выраженъ причастіемъ, такъ и наоборотъ, при глаголахъ 2-й группы второй винительный можетъ быть выраженъ прилагательнымъ (безъ причастій сы́й, бы́въ). Примѣры: 1) ви́дѣвше его̀* ходѧ́ща* по мо́рю (Марк. 6, 49); ви́дѧщымъ нѣмы́ѧ* глаго́лющѧ*, бѣ́дныѧ* здра́вы*, хромы́ѧ* ходѧ́щѧ*, и̑ слѣпы́ѧ* ви́дѧщѧ* (Матѳ. 15, 31); мы̀ слы́шахомъ его̀* глаго́лющѧ* (Марк. 14, 58); 2) вѣ́дый его̀* му́жа* пра́ведна и̑ ст҃а (Марк. 6, 20); и̑ прише́дъ ѡ̑брѧ́щетъ (домъ) пра́зденъ*, поме́тенъ* и̑ ѡу̑кра́шенъ* (Матѳ. 12, 44); его́же и̑ску́сихомъ во мно́гихъ мно́гащи встанли́ва* су́ща* (2 Кор. 8, 22); разумѣ́йте посла́нника* и̑ ст҃и́тела* и̑сповѣ́данїѧ на́шегѡ і̑и҃са* хрⷭ҇та̀*: вѣ́рна* су́ща* сотво́ршему̀ его̀ (Евр. 3, 1-2); 3) и̑мѣ́й мѧ̀* ѿрече́на* (Лук. 14, 18); всѧ́къ ду́хъ, и̑́же и̑сповѣ́дуетъ і̑и҃са* хрⷭ҇та̀* во пло́ти прише́дша*, ѿ бг҃а е҆́сть (1 Іоан. 4, 2).

§ 137. *Родительный падежъ.* Къ особенностямъ употребленія родительнаго падежа нужно отнести родительный *раздѣлительный*, или *партитивный*. Родительный раздѣлительный можетъ быть приглагольнымъ и пріименнымъ.

Родительный раздѣлительный приглагольный употребляется въ тѣхъ случаяхъ, когда дѣйствіе охватываетъ предметъ не полностью, а лишь частично. Этотъ родительный падежъ обычно употребляется послѣ глаголовъ напита́ти, насы́тити, напоѧ́ти, вкꙋ́сити, причасти́тисѧ, напо́лнити и др. безъ предлога (что не всегда совпадаетъ съ употребленіемъ въ русскомъ языкѣ) или съ предлогомъ ѿ, напримѣръ: насы́ти мѧ̀ го́рести, напои́ мѧ же́лчи (Плачъ Іер. 3, 15), ср. въ русскомъ: *Онъ пресытилъ меня горечью, напоилъ меня полынью;* и҆ хлѣ́ба небе́снагѡ насы́ти ѧ̀ (Псал. 104, 40); напо́лни ро́гъ тво́й єле́а (1 Цар. 16, 1); Пїѧ́й ѿ воды̀ сеѧ̀, вжа́ждетсѧ па́ки (Іоан. 4, 13); жела́ше насы́титисѧ ѿ крꙋпи́цъ (Лук. 16, 21). Также и послѣ нѣкоторыхъ другихъ глаголовъ: Кото́рагѡ же ва́съ ѻ҆ц҃а̀ воспро́ситъ сн҃ъ хлѣ́ба* (Лук. 11, 11); ѹ҆слы́шимъ ст҃а́гѡ єѵⷢ҇лїа* (Служебникъ).

Родительный раздѣлительный приименный, обозначаетъ совокупность предметовъ или лицъ (или другихъ живыхъ существъ), отъ которыхъ берется часть; употребляется съ предлогомъ ѿ или мѣстоименіемъ кі́йждо, или же безъ нихъ, напр.: є҆ди́нъ ѿ ва́съ* преда́стъ мѧ̀... нача́ша глаго́лати є҆мꙋ̀ є҆ди́нъ кі́йждо, и҆́хъ* (Матѳ. 26, 21-22); и҆ сѐ є҆ди́нъ ѿ сꙋ́щихъ* со і҆и҃сомъ (Матѳ. 26, 51); сѐ нѣ́цыи ѿ кꙋстѡді́и* (Мѳ. 28, 11); посла̀ два̀ ѹ҆ченика̀* свои́хъ (Лук. 19, 29); И҆ бы́сть во є҆ди́нъ ѿ дне́й* ѻ҆́нѣхъ (Лук. 20, 1); а҆́зъ бо є҆́смь мні́й а҆пⷭ҇лѡвъ* (1 Кор. 15, 9); кото́рый ѹ҆́бо є҆ю̀* (Лук. 7, 42); кото́рагѡ ѿ ва́съ* ѻ҆се́лъ и҆лѝ во́лъ (Лук. 14, 5). Въ нѣкоторыхъ случаяхъ нѣтъ даже слова, указывающаго на часть, берущуюся отъ совокупности предметовъ; но которая можетъ подразумѣваться иногда изъ личной формы глагола, напр.: Рѣ́ша же ѿ ѹ҆ченика̀* є҆гѡ̀ къ себѣ̀ (Іоан. 16, 17), т. е. *нѣкоторые изъ учениковъ;* и҆ ѹ҆мертвѧ́тъ ѿ ва́съ* (Лук. 21, 16), т. е. *нѣкоторыхъ изъ васъ;* Внемли́те же ѿ человѣ́къ* (Матѳ. 10, 17), т. е. *нѣкоторымъ изъ человѣковъ.* Такія конструкціи встрѣчаются и безъ ѿ: и҆ не бꙋ́детъ та́мѡ льва̀, нижѐ ѕвѣре́й* лю́тыхъ взы́детъ на́нь ˮ(Исаіи 35, 9, паремія на водоосв.) (ср. греческій: οὐδὲ τῶν θηρίων τῶν πονηρῶν), т. е. *какой-нибудь изъ звѣрей;* но въ обычномъ изданіи Библіи: ни ѿ ѕвѣре́й ѕлы́хъ. Насы́тишасѧ сынѡ́въ* и҆ ѡ҆ста́виша ѡ҆ста́нки младе́нцемъ свои́мъ (Псал. 16, 14) (ср. греч.: Ἐχορτάσθησαν υἱῶν), т. е. *нѣкоторые или многіе изъ сыновей.*

Примѣчаніе. Однако выраженіе во є҆ди́нꙋ ѿ сꙋббѡ́тъ (Матѳ. 28, 1) не значитъ **въ одну изъ субботъ** — это неудачный переводъ еврейскаго идіоматическаго выраженія, которое значитъ **въ первый день недѣли.**

Въ нѣкоторыхъ случаяхъ значеніе части выражается предложнымъ падежомъ съ предлогомъ въ: болитъ ли ктò въ вáсъ (Іак. 5, 14).

При глаголахъ смотрѣти, слýшати дополненіе часто ставится въ родительномъ падежѣ: смотрите крінъ сéльныхъ (Матѳ. 6, 28); Смотрите врáнъ (Лук. 12, 24); послýшайте словéсъ моихъ (Числ. 12, 6); послýшай ѻ҆правдáнїй и҆ сýдѡвъ (Втор, 4, 1).

При глаголахъ со значеніемъ *удаленія, лишенія*: бѣгати, лишáтися, рѣшити (*освобождать*), свободити, ѿпýстити, боáтися, трепетáти, о҆ужасáтися, плáкати, рыдáти и под., ставится дополненіе въ родительномъ падежѣ (*родительный отложительный падежъ*) безъ предлога или съ предлогомъ ѿ. Безпредложныя сочетанія не всегда совпадаютъ съ употребленіемъ подобныхъ сочетаній въ русскомъ языкѣ, напр.: бѣгай дýше моя̀ грѣхà*: бѣгай содóмы* и҆ гомóрры*, бѣгай плáмене* всякагѡ безслове́снагѡ желáнїя (В. Канонъ, п. 3); трепéщу стрáшнагѡ дне́* сýднагѡ (Нед. мытаря и фар., утр.); ѻ҆чуждéни житїя̀* і҆и҃лева (Ефес. 2, 12); плáкаху вси, и҆ рыдáху ея̀* (Лук. 8, 52); не плáчитеся ѡ҆ мнѣ̀, ѻ҆бáче себè* плáчите и҆ чáдъ* вáшихъ (Лук. 23, 28).

§ 138. *Дательный падежъ.* Глаголы сýдити, бранити, ругáтися, поносити, насиловати, смѣятися, терпѣ́ти, ѡ҆долѣ́ти, о҆у҆вѣ́ровати (= *повѣрить*), стужáти, хотѣ́ти (въ нѣкот. случаяхъ) и нѣкоторые другіе обычно принимаютъ дополненіе въ дательномъ падежѣ (въ русск. яз. въ другихъ падежахъ) напр.: сýди и҆́мъ*, бж҃е (Псал. 5, 11); хóщетъ сýдити вселéннѣй* (Дѣян. 17, 31); не бранѝте и҆́мъ* (Марк. 10, 14); ругáхуся е҆мỳ* (Матѳ. 9, 24); разбóйника распятая съ ни́мъ поношáста е҆мỳ* (Матѳ. 27, 44); да не когдà посмѣ́ютса нáмъ* (Быт. 38, 23); докóлѣ терплю̀ вáмъ* (Матѳ. 17, 17); и҆ вратà а҆́дѡва не ѡ҆долѣ́ютъ е҆́й* (Матѳ. 16, 18); и҆ ѡ҆долѣ́въ и҆́мъ* (Дѣян. 19, 16); да о҆у҆вѣ́руютъ тѝ* (Исх. 4: 5, 8, 9); а҆́зъ видѣ́хъ тугỳ, е҆́юже е҆гѵ́птане стужáютъ и҆́мъ* (Исх. 3, 9); а҆́ще хóщетъ е҆мỳ* (Матѳ. 27, 43); расточѝ я҆зы́ки хотáщыя бранемъ* (Псал. 67, 31).

При выраженіи значенія *у такого-то* съ оттѣнкомъ принадлежности обычно употребляется дательный падежъ: а҆хлáвỳ* бѣша се́дмьдесятъ сн҃ы въ самарíи (4 Цар. 10, 1); человѣ́кỳ* нѣ́коему богáтỳ о҆у҆гобзи́са ни́ва (Лук. 12, 16); вострепетà давíдỳ* се́рдце е҆гѡ̀ (1 Цар. 24, 6); вску́ю бáше и҆мѣ́нїе безýмномỳ* (Притч. 17, 16).

При глаголахъ со значеніемъ *говорить* дательный падежъ, обычно безпредложный, можетъ быть и съ предлогомъ къ: рече́ же къ вінаре́ви (Лук. 13, 7); гл҃áше же и҆ ко зва́вшемỳ е҆гò (Лук. 14, 12); также: Лук. 14: 23, 25; 15: 3, 22.

Въ книгахъ Свящ. Писанія нерѣдко встрѣчается идіоматическое выраженіе, состоящее изъ двухъ дательныхъ падежей при мѣстоименіи **что** (**ннчто́же**), со значеніемъ вроде русск. выраженія: *Что тебѣ до меня?* напр.: **что мнѣ й тебѣ; йдн̀ къ проро́комъ ѻ̂ц҃а̀ твоегѡ̀** (4 Цар. 3, 13); **ннчто́же тебѣ̀ й пра́ведннкꙋ томꙋ̀** (Матѳ. 27, 19).

§ 139. *Творительный падежъ.* Дополненіе въ творительномъ падежѣ въ основныхъ своихъ значеніяхъ, орудійномъ и соціативномъ (совмѣстности), въ общемъ не отличается отъ употребленія въ русскомъ языкѣ: **йꙁ̀ъ пома́за ѻ̂чн бре́ніемъ* слѣпомꙋ̀** (Іоан. 11, 6); **прїндо́ша сваще́ннцы й кнн́жнцы со ста́рцы*** (Лук. 20, 1).

При обозначеніи *купли*, *продажи* или *уплаты* названіе цѣны ставится въ творительномъ падежѣ: **йже бѣ̀ до́лженъ емꙋ̀ сто́мъ* пѣ́наꙁь** (Матѳ. 18, 28).

§ 140. *Предложный падежъ.* Предложный падежъ имѣетъ во многомъ сходное съ русскимъ употребленіе. Къ особенностямъ церк.-славянскаго языка можно отнести слѣдующіе случаи:

Названіе цѣны при продажѣ можетъ стоять въ предложномъ падежѣ: **Чесѡ̀ ра́дн мѵ́ро сїѐ не про́дано бы́сть на тре́хъ стѣ́хъ* пѣ́наꙁь** (Іоан. 12, 5).

Съ предлогомъ **ѿ** можетъ имѣть значеніе близкое къ орудійному творительнаго падежа: **ѿ не́мъ* бо жнве́мъ, й двн́жемса й е̂смы̀** (Дѣян. 17, 28); **не ѿ хлѣ́бѣ* е̂ди́номъ жн́въ бꙋ́детъ человѣ́къ** (Матѳ. 4, 4).

Нѣкоторыя значенія въ церк.-славянскомъ языкѣ передаются предложнымъ падежомъ, тогда какъ въ русскомъ языкѣ другими падежами: **потерпн̀ на мнѣ̀*, й всѧ̀ тн̀ воꙁда́мъ** (Матѳ. 18, 26), т. е. *потерпи по о ношенію ко мнѣ;* **дадѣ̀ йм̀ъ вла́сть на дꙋсѣ́хъ* нечн́стыхъ** (Матѳ. 10, 1).

Обстоятельство.

§ 141. *Обстоятельствомъ* называется второстепенный членъ предложенія, обозначающій обстоятельство, при которомъ проявляется дѣйствіе или состояніе, напр.: **й нача́ша вкꙋ́пѣ* ѿрнца́тнса всн̀** (Лук. 14, 18); **а̂ꙁъ же гла́домъ* гн́блю** (Лук. 15, 17).

Обычной формой выраженія обстоятельствъ являются нарѣчія. Обстоятельства могутъ быть выражены также и косвенными падежами именъ существительныхъ и неопредѣленнымъ наклоненіемъ. Особое мѣсто занимаютъ имена прилагательныя и причастія съ обстоятельственнымъ значеніемъ.

Обстоятельства обычно относятся къ сказуемому: доко́лѣ* терплю̀ вы̀ (Марк. 9, 19); бѣ̀ бо ве́лїй ѕѣлѡ̀* (Марк. 16, 4); но могутъ относиться и къ другимъ членамъ предложенія, однако очень рѣдко: и̇ ѕѣлѡ̀* за́ꙋтра во е̇ди́нꙋ ѿ сꙋббѡ́тъ (Марк. 16, 2).

По своему значенію обстоятельства могутъ быть раздѣлены на слѣдующіе виды: 1) обстоятельства времени, 2) мѣста, 3) цѣли, 4) причины, 5) образа дѣйствія, 6) мѣры.

Способы выраженія обстоятельствъ, какъ нарѣчіями, такъ и косвенными падежами именъ существительныхъ, во многомъ сходны со способами выраженій обстоятельствъ въ русскомъ языкѣ. Изъ всѣхъ видовъ обстоятельствъ значительно разнятся отъ способовъ выраженія обстоятельствъ въ русскомъ языкѣ лишь обстоятельства времени и мѣста и обстоятельства, выраженныя неопредѣленнымъ наклоненіемъ.

§ 142. 1) *Обстоятельства времени.* Обстоятельство времени отвѣчаетъ на вопросы: *когда? какъ долго? во сколько времени?*

Обстоятельства времени могутъ быть выражены нарѣчіями: Бди́те ꙋ́бо: не вѣ́сте бо, когда̀ гдⷭь до́мꙋ прїи́детъ, ве́черъ*, и̇лѝ полꙋ́нощи*, и̇лѝ въ пѣтлоглаше́нїе, и̇лѝ ꙋ́трѡ* (Марк. 13, 35).

Обстоятельства времени могутъ быть выражены всѣми косвенными падежами:

а) родительнымъ: и̇ пройдꙋ̀ зе́млю е̇гѵ́петскꙋ́ю сеѧ̀ но́щи* (Исх. 12, 12);

б) дательнымъ: а̇рхїере́й сы́й лѣтꙋ̀* томꙋ̀ (Іоан. 11, 49);

в) винительнымъ, съ предлогомъ въ со значеніемъ *опредѣленнаго* времени и безъ предлога со значеніемъ *мѣры* времени: И̇ въ тре́тїй* де́нь* бра́къ бы́сть въ ка́нѣ галїле́йстѣй (Іоан. 2, 1); Ꙗ̇коже бо бѣ̀ і̇ѡ́на во чре́вѣ ки́товѣ трѝ* дни̑* и̇ трѝ* но́щи* (Матѳ. 12, 40); И̇ ми́лость твоѧ̀ поже́нетъ мѧ̀ всѧ̑* дни̑* живота̀ моегѡ̀ (Псал. 22, 6);

г) творительнымъ, со значеніемъ *опредѣленнаго* времени: и̇ воста́етъ но́щїю* и̇ дні́ю* (Марк. 4, 27); со значеніемъ *мѣры* времени: четы́редесѧть* и̇ шестїю* лѣ́тъ* созда́на бы́сть це́рковь сїѧ̀, и̇ ты̀ ли тремѝ* де́ньми* воздви́гнеши ю̀; (Іоан. 2, 20);

д) предложнымъ съ предлогомъ въ и по: Бж҃е мо́й, воззовꙋ̀ во дни̑*, и̇ не ꙋ̇слы́шиши, и̇ въ нощѝ*, и̇ не въ безꙋ́мїе мнѣ̀ (Псал. 21, 3); По дне́хъ* шести́хъ* поѧ́тъ і̇и҃съ петра̀, и̇ і̇а́кѡва, и̇ і̇ѡа́нна (Матѳ. 17, 1); по двою̀ дню̀* па́сха бꙋ́детъ (Матѳ. 26, 2).

Обстоятельства времени могутъ быть выражены также и словосочетаніями: ѿ дне́й* до дне́й* и̇схожда́хꙋ дще́ри і̇сра́илевы пла́кати ѡ̇ дще́ри і̇еф̾ѳа́ѧ галааді́тина (Суд. 11, 40).

2) *Обстоятельства мѣста.* Обстоятельства мѣста отвѣчаютъ на вопросы: *гдѣ? куда? откуда?*

Обстоятельства мѣста могутъ быть выражены нарѣчіями: Тꙋ́* ꙋ́бо пѧткà рáди їꙋдéйска, ꙗ́кѡ близꙁ* бѧ́ше гро́бъ, положи́ша і҃са (Іоан. 19, 42).

Обстоятельства мѣста могутъ быть выражены косвенными падежами именъ существительныхъ:

а) На вопросъ, *гдѣ?* — предложнымъ падежомъ съ предлогами въ, при, на: є҆́сть во і҆ерꙋсали́мѣхъ* ѻ҆́вчаѧ кꙋпѣ́ль (Іоан. 5, 2); сѣдѧ́ше при мо́ри* (Матѳ. 13, 1); и҆ ве́сь наро́дъ на бре́зѣ* стоѧ́ше (Матѳ. 13, 2); — дательнымъ падежомъ съ предлогомъ по: бы́сть же и҆дꙋ́щымъ и҆̀мъ по пꙋти́* (Лук. 9, 57).

б) На вопросъ, *куда?* — винительнымъ падежомъ съ предлогомъ въ: і҃съ ѿи́де во страны̑* тꙋ́рскїѧ и҆ сїдѡ́нскїѧ (Матѳ. 15, 21); родительнымъ падежомъ съ предлогомъ до, причемъ, если глаголъ имѣетъ приставку до-, то родительный падежъ употребляется обычно безъ предлога: Пре́йдемъ до виѳлеéма (Лук. 2, 15); виѳлеéма же доше́дше (Рождество, п. 7).

в) На вопросъ, *откуда?* — родительнымъ падежомъ съ предлогомъ ѿ: Бѣ́ же фїлі́ппъ ѿ виѳсаі́ды*, ѿ грáда* а҆ндрео́ва и҆ петро́ва (Іоан. 1, 44).

3) *Обстоятельства цѣли;* отвѣчаютъ на вопросы: *для чего? съ какой цѣлью?* Обычно выражаются неопредѣленнымъ наклоненіемъ (см. § 143, 8) или косвеннымъ падежомъ съ предлогомъ, напр.: и҆ ведо́ша є҆го̀ на пропѧ́тїе* (Матѳ. 27, 31).

4) *Обстоятельства причины;* отвѣчаютъ на вопросы: *почему? отчего?* Могутъ быть выражены нарѣчіемъ, косвеннымъ падежомъ съ предлогомъ или неопредѣленнымъ наклоненіемъ (см. § 143, 10), напр.: почто́* мѧ забы́лъ є҆сѝ; и҆ вскꙋ́ю* сѣ́тꙋѧ хождꙋ̀; (Псал. 41, 10); ѻ҆́чи моѝ и҆знемого́стѣ ѿ нищеты̀* (Псал. 87, 10).

5) *Обстоятельства образа дѣйствія;* отвѣчаютъ на вопросы: *какъ? какимъ образомъ?* Могутъ быть выражены нарѣчіями качественными и образа дѣйствія: ѕлы́хъ ѕлѣ́* погꙋби́тъ (Матѳ. 21, 41); и҆ расте́шитъ є҆го̀ полмà* (Матѳ. 24, 51); косвеннымъ падежомъ съ предлогомъ: И҆ и҆зше́дше скѡ́рѡ ѿ гро́ба со стрáхомъ* и҆ рáдостїю* ве́лїею, теко́стѣ возвѣсти́ти ꙋ҆чеником̑ѡ є҆гѡ̀ (Матѳ. 28, 8); речѐ въ себѣ̀*, глаго́лѧ... (Лук. 7, 39); сравнительными оборотами съ союзами ꙗ́кѡ, ꙗ́ки: бѣ́ же зрáкъ є҆гѡ̀ ꙗ́кѡ мо́лнїа*, и҆ ѡ҆дѣѧ́нїе є҆гѡ̀ бѣ́ло ꙗ́кѡ снѣ́гъ* (Матѳ. 28, 3).

6) *Обстоятельства мѣры;* отвѣчаютъ на вопросы: *какъ много? въ какой мѣрѣ?* Могутъ быть выражены нарѣчіями или со-

четаніями числительнаго, или опредѣленнаго мѣстоименія съ существительнымъ, напр.: а҆ми́нь, а҆ми́нь глаго́лю тебѣ̀, не возгласи́тъ а҆ле́кторъ, до́ндеже ѿве́ржешисѧ менѐ три́щи* (Іоан. 13, 38); ѿ дне́й до дне́й и҆схожда́хꙋ дще́ри і҆сра́илевы пла́кати ѡ҆ дще́ри і҆еф̑ѳа́ѧ галаадíтина четы́ре* дни̑* въ лѣ́тѣ (Суд. 11, 40); ве́сь* де́нь* сѣ́тꙋѧ хожда́хъ (Псал. 37, 7).

Употребленіе неопредѣленнаго наклоненія.

§ 143. 1) Неопредѣленное наклоненіе большей частью входитъ въ сочетаніе съ спрягаемыми формами глагола (а также причастiемъ), выражая значеніе дополненія или обстоятельства. Въ сочетаніи неопредѣленнаго наклоненія съ спрягаемыми формами глагола бываютъ слѣдующіе особенности: если субъектъ дѣйствія, обозначеннаго неопредѣленнымъ наклоненіемъ, совпадаетъ съ субъектомъ дѣйствія управляющаго глагола, то такое неопредѣленное наклоненіе называется *простымъ*, напр.: хотѧ́ше минꙋ́ти и̑хъ (Марк. 6, 48), субъектъ дѣйствія минꙋ́ти совпадаетъ съ субъектомъ дѣйствія хотѧ́ше, т. е. *Онъ*. Если субъектъ дѣйствія неопредѣленнаго наклоненія и субъектъ дѣйствія управляющаго глагола различны, то такое неопредѣленное наклоненіе равняется. придаточному предложенію, напр.: и̑ повелѣ̀ наро́дюмъ возлещѝ на землѝ = *(Господь) повелѣлъ, чтобы народъ возлегъ*. При такой конструкціи предложенія съ неопредѣленнымъ наклоненіемъ субъектъ дѣйствія неопредѣленнаго наклоненія является объектомъ дѣйствія управляющаго глагола, причемъ субъектъ дѣйствія неопредѣленнаго наклоненія въ данномъ случаѣ стоитъ либо въ винительномъ падежѣ: и̑ молѧ́ше є҆го̀* ѿврати́ти* ѕло́бꙋ а҆ма́новꙋ (Есѳирь 8, 3), либо въ дательномъ: (Богъ) повелѣва́етъ человѣ́кюмъ* всѣ̑мъ всю́дꙋ ка́ѧтисѧ* (Дѣян. 17, 30). Такая конструкція въ первомъ случаѣ называется *винительнымъ съ неопредѣленнымъ наклоненіемъ*, во второмъ — *дательнымъ съ неопредѣленнымъ наклоненіемъ*. Приведенные примѣры по своей конструкціи совпадаютъ съ употребленіемъ подобныхъ сочетаній въ русскомъ языкѣ, однако область употребленія какъ винительнаго, такъ и дательнаго съ неопредѣленнымъ наклоненіемъ въ церк.-славянскомъ языкѣ гораздо шире, чѣмъ въ русскомъ.

2) *Неопредѣленное наклоненіе въ качествѣ дополненія.* Простое неопредѣленное наклоненіе обычно употребляется при "полузнаменательныхъ" глаголахъ (какъ нача́ти, мощѝ, хотѣ́ти, и҆ска́ти, смѣ́ти, боѧ́тисѧ и под.) въ качествѣ дополнительнаго глагольнаго

члена, образуя вмѣстѣ съ ними составныя глагольныя формы сказуемаго (§ 126).

При нѣкоторыхъ глаголахъ, если они имѣютъ самостоятельное значеніе (а не вспомогательное), неопредѣленное наклоненіе простое можетъ разсматриваться также какъ дополненіе (въ такихъ случаяхъ неопредѣленное наклоненіе можно замѣнить именемъ существительнымъ), напр.: ѕвѣздою оучахꙋсѧ* тебѣ кланѧтисѧ* солнцꙋ правды, Рожд., троп. (= учились поклоненію Тебѣ); совѣщаша* оубити* ꙗхъ, Дѣян. 5, 33; да сподобитесѧ* оубѣжати* всѣхъ сихъ хотѧщихъ быти, Лук. 21, 36; забыша* хлѣбы взѧти* Матѳ. 16, 5; что ꙗкѡ согласистасѧ* искꙋсити* дха гдꙗ; Дѣян. 5, 9.

3) *Винительный съ неопредѣленнымъ наклоненіемъ* въ русскомъ языкѣ употребляется обычно послѣ глаголовъ: *упросить, заставить* и под. (*прошу васъ остаться дома*), тогда какъ въ церковно-славянскомъ языкѣ такая констукція можетъ быть и послѣ многихъ другихъ глаголовъ дѣйствительнаго залога: ѡставити, творити, хотѣти, нарицати, глаголати и др., напр.: и не ѡстави по себѣ ни единаго* ити* (Марк. 5, 37); и глꙋхіѧ* творитъ слышати*, и нѣмыѧ* глаголати* (Марк. 7, 37); и сотвори его* прозрѣти* (Марк. 8, 25); не хощꙋ же васъ*, братіе, не вѣдѣти* ѡ оумершихъ (1 Сол. 4, 13). Неопредѣленное наклоненіе глагола быти обычно имѣетъ при себѣ предикативный членъ въ винительномъ падежѣ (*второй винительный предикативный*): ѡсꙋдиша его* быти* повинна* смерти (Марк. 14, 64); кого мѧ* глаголютъ человѣцы быти* (Марк. 8, 27). Второй винительный предикативный можетъ быть и при неопредѣленномъ наклоненіи отъ нѣкоторыхъ другихъ глаголовъ (обозначающихъ "*дѣлать или называть кого кѣмъ*", ср. § 136): и мнѣ бгъ показа ни единаго* скверна* или нечиста* глаголати* человѣка (Дѣян. 10, 28). Второй винительный предикативный при неопредѣленномъ наклоненіи (не быти, а другомъ), можетъ быть также въ тѣхъ случаяхъ, когда второй винительный-причастіе + неопредѣленное наклоненіе соотносительны съ составнымъ глагольнымъ сказуемымъ (§ 126) или второй винительный + неопредѣленное наклоненіе соотносительны съ именнымъ сказуемымъ съ полузнаменательной или полнознаменательной связкой (§ 124), при конструкціи придаточнаго предложенія, напр.: они же чаахꙋ его* имꙋща* возгорѣтисѧ*, или пасти* внезапꙋ мертва*, Дѣян. 28, 6 (ср. они же чаахꙋ, ꙗкѡ онъ ꙗматъ* возгорѣтисѧ* или падетъ* внезапꙋ мертвъ*).

4) Значеніе винительнаго съ неопредѣленнымъ наклоненіемъ можетъ имѣть и неопредѣленное наклоненіе (равное придаточно-

му предложенію), субъектъ дѣйствія котораго одинаковъ съ субъектомъ дѣйствія управляющаго глагола, причемъ субъектъ дѣйствія неопредѣленнаго наклоненія обычно не повторяется второй разъ, хотя и можетъ находиться въ возвратномъ залогѣ (-см) управляющаго глагола или неопредѣленнаго наклоненія (въ русскомъ языкѣ, вмѣсто подобной конструкціи, употребляются придаточныя предложенія), напр.: вса́кх, и́же ѹбїе́тх вы̀, возмни́тсѧ слꙋ́жбꙋ приноси́ти бг҃ꙋ (Іоан. 16, 2), ср. русскій текстъ: *всякій, убивающій васъ, будетъ думать, что онъ тѣмъ служитъ Богу.* Но благода́тїю гд҃а і҃иса хр҃та̀ вѣ́рꙋемх спасти́сѧ (Дѣян. 15, 11); бг҃а и́сповѣ́дꙋютх вѣ́дѣти (Тит. 1, 16); Вх хра́мѣ стоѧ́ще сла́вы твоеѧ̀ на нб҃сѝ стоѧ́ти мни́мх (Великопостн. утреня).

Примѣчаніе. Въ слѣдующемъ примѣрѣ вмѣсто неопредѣленнаго наклоненія стоитъ краткое дѣйствительное причастіе (остатокъ, по-видимому, древняго возможнаго употребленія причастія): Оу҆боѧ́вше-сѧ же и̏ пристра́шни бы́вше, мнѧ́хꙋ дꙋ́хх ви́дѧще (Лук. 24, 37); но въ подновленныхъ изданіяхъ Евангелія — ви́дѣти.

Субъектъ дѣйствія неопредѣленнаго наклоненія при вышеуказанной констукціи, однако, можетъ быть выраженъ возвратнымъ мѣстоименіемъ въ винительномъ падежѣ, что можетъ быть, когда данная констукція выражена неопредѣленнымъ наклоненіемъ бы́ти, причемъ при бы́ти обычно находится предикативный членъ, *второй винительный предикативный,* напр.: Оу҆пова́ѧ же себѐ во-жда̀ бы́ти слѣпы́мх, свѣ́тх сꙋ́щымх во тмѣ̀, наказа́телѧ без-ꙋ́мнымх, ѹ҆чи́телѧ младе́нцемх (Рим. 2, 19-20); глаго́лѧ нѣ́коего бы́ти себѐ вели́ка (Дѣян. 8, 9); притворѧ́щихх себѐ пра́ведники бы́ти (Лук. 20, 20). Предикативный членъ можетъ быть и въ косвенномъ падежѣ съ предлогомъ: Глаго́лѧй себѐ во свѣ́тѣ бы́ти (1 Іоан. 2, 9), ср. въ русск.: *Кто говоритъ, что онъ во свѣтѣ.*

5) При страдательномъ залогѣ управляющаго глагола субъектъ дѣйствія неопредѣленнаго наклоненія находится въ именительномъ падежѣ (если есть налицо), такимъ образомъ получается *именительный съ неопредѣленнымъ наклоненіемъ,* а предикативный членъ при бы́ти — *второй именительный предикативный,* напр.: е҆́ю же свидѣ́тельствованх бы́сть бы́ти пра́ведникх (Евр. 11, 4); Но ꙗ҆́коже и҆скꙋси́хомсѧ ѿ бг҃а вѣ́рни бы́ти прїѧ́ти благовѣ́ст-вова́нїе (1 Сол. 2, 4).

6) *Дательный съ неопредѣленнымъ наклоненіемъ* въ церк.-славянскомъ языкѣ очень часто примѣняется при безличныхъ констукціяхъ со значеніемъ логическаго субъекта: не добро̀ бы́ти человѣ́кꙋ е҆ди́номꙋ (Быт. 2, 18). Особенно часто употребляется дательный съ неопредѣленнымъ наклоненіемъ при глаголахъ

бы́сть (= случилось, см. § 160) и подоба́етъ (въ безличномъ зна-
ченіи): бы́сть же оу҆мре́ти* ни́щемꙋ*, и҆ несе́нꙋ бы́ти* а҆́гг҃лы на ло́но
а҆враа́мле (Лук. 16, 22); бы́сть же внегда̀ бы́ти* а҆поллосꙋ въ кори́нѳѣ
(Дѣян. 19, 1); ꙗ҆́кѡ подоба́етъ сн҃ꙋ* человѣ́ческомꙋ мно́гѡ пострада́ти
(Марк. 8, 31).

Дательный съ неопредѣленнымъ наклоненіемъ можетъ быть
также и при личныхъ глаголахъ, напр.: и҆ прїидо́ша саддꙋке́е къ
немꙋ̀, и҆̀же глаго́лютъ воскресе́нїю не бы́ти* (Марк. 12, 18); но хотѧ́тъ
ва́мъ* ѡ҆брѣ́зоватисѧ (Гал. 6, 13); не хощꙋ̀ же не вѣ́дѣти* ва́мъ*,
бра́тїе, ꙗ҆́кѡ мно́жицею восхотѣ́хъ прїити̑ къ ва́мъ (Рим. 1, 13). Два
послѣднихъ примѣра одинаково могли бы быть выражены и вини-
тельнымъ съ неопредѣленнымъ наклоненіемъ, ср. предыдущій 3)
пунктъ.

При глаголахъ подоба́етъ, повелѣ́ти, бл҃говоли́ти, моли́ти (*кого,
быть къ кому какимъ*), да́ти и под. можетъ быть два дательныхъ
съ неопредѣленнымъ наклоненіемъ, второй *дательный предикатив-
ный* при бы́ти (въ русскомъ языкѣ въ подобныхъ конструкціяхъ
бываетъ творительный предикативный): Подоба́етъ оу҆́бо є҆пі́скопꙋ*
бы́ти* непоро́чнꙋ*, є҆ди́ныѧ жены̀ мꙋ́жꙋ, тре́звенꙋ* цѣломꙋ́дрꙋ*...
(1 Тим. 3, 2); и҆ повели́тъ є҆мꙋ̀ гд҃ь властели́нꙋ* бы́ти* над̾ людьмѝ
свои́ми (1 Цар. 13, 14); ты́ же глаго́ли... ста́рцемъ* тре́звеннымъ*
бы́ти*... (Тит. 2, 1-2); бл҃говоли̑ оу҆́бо, гд҃и, бы́ти на́мъ слꙋжи́телемъ*
но́вагѡ твоегѡ̀ завѣ́та (Литург. Василія В.) Ю҆́ношы та́кожде моли̑
цѣломꙋ́дрствовати... рабы̑, свои́мъ господе́мъ* повинова́тисѧ, во
всѣ́мъ бл҃гоꙋго́днымъ* бы́ти*, непрекослѡ́вными* (Тит. 2: 6, 9); ты̑
сподо́билъ є҆сѝ на́съ бы́ти* (*намъ*) слꙋжи́телемъ* ст҃а́гѡ твоегѡ̀ же́рт-
венника (Литург. Василія В.); гд҃ь даде́ тѧ жерца̀ вмѣ́стѡ і҆ѡда́
жерца̀, бы́ти* приста́вникꙋ* въ домꙋ̀ гд҃ни, всѧ́комꙋ человѣ́кꙋ* про-
рица́ющꙋ... (Іер. 29, 26).

Субъектъ дѣйствія неопредѣленнаго наклоненія въ нѣкоторыхъ
случаяхъ можетъ отсутствовать: ѻ҆на́ же крѣплѧ́шесѧ та́кѡ бы́ти*
(Дѣян. 12, 15), ср. глаго́лющіе си́мъ* та́кѡ бы́ти* (Дѣян. 24, 9);
сїѧ̑ же подоба́ше твори́ти* и҆ ѻ҆́нѣхъ не ѡ҆ставлѧ́ти* (Матѳ. 23, 23);
тѣ́мже потре́ба повинова́тисѧ* (Рим. 13, 5); внемли́те (*себѣ*) ми́лосты-
ни ва́шеѧ не твори́ти* (*вамъ*) пред̾ человѣ́ки (Матѳ. 6, 1).

Синтаксическимъ конструкціямъ церк.-славянскаго текста, ви-
нительному и дательному съ неопредѣленнымъ наклоненіемъ, въ
греческомъ текстѣ соотвѣтствуетъ винительный съ неопредѣлен-
нымъ наклоненіемъ.

7) *Неопредѣленное наклоненіе въ качествѣ обстоятельства.*
Неопредѣленное наклоненіе со значеніемъ обстоятельства употребля-

ется для выраженія обстоятельствъ *цѣли, слѣдствія, причины* или *времени*. Указанныя обстоятельства могутъ быть выражены какъ *простымъ* неопредѣленнымъ наклоненіемъ (§ 143, 1): и҆дꙋ̀ ры́бы лови́ти* (Іоан. 21, 3), такъ и *винительнымъ* или *дательнымъ* съ неопредѣленнымъ наклоненіемъ (§ 143, 1): да посыла́етъ а҆́хъ* проповѣ́дати* (Марк. 3, 14); предаꙗ́ше и҆́мъ* храни́ти* ꙋ҆ста́вы (Дѣян. 16, 4).

8) Неопредѣленное наклоненіе для выраженія *цѣли* употребляется обычно послѣ глаголовъ со значеніемъ движенія*) (и҆тѝ, приходи́ти и под.), а также зависимаго движенія или состоянія (посла́ти, призва́ти, поста́вити, преда́ти, и҆збра́ти и под.) и нѣкот. др., напримѣръ: ви́дѣхомъ бо ѕвѣздꙋ̀ є҆гѡ̀ на восто́цѣ, и҆ прїидо́хомъ поклони́тисѧ* є҆мꙋ̀ (Матѳ. 2, 2); и҆ посла́ша во ꙋ҆зи́лище привестѝ* и҆́хъ (Дѣян. 5, 21); и҆лѝ ѡ҆ꙋбо́жити* призва́сте ны̀; (Суд. 14, 15); въ не́мже ва́съ дх҃ъ ст҃ы́й поста́ви є҆пі́скопы, пастѝ* цр҃ковь гд҃а и҆ бг҃а (Дѣян. 20, 28); преда́въ четы́ремъ четвери́цамъ во́иншвъ стрещѝ* є҆гѡ̀ (Дѣян. 12, 4); покажѝ, є҆го́же и҆збра́лъ є҆сѝ ѿ сею̀ двою̀ є҆ди́наго, прїѧ́ти* жре́бїй слꙋже́нїѧ сегѡ̀ и҆ а҆п҃тольства (Дѣян. 1, 24-25); бꙋ́ди мѝ въ бг҃а защи́тителѧ, и҆ въ мѣ́сто крѣ́пко спастѝ* мѧ (Псал. 70, 3); но́щь и҆ де́нь преизли́ха молѧ́щесѧ ви́дѣти* лицѐ ва́ше (1 Сол. 3, 10).

Неопредѣленное наклоненіе со значеніемъ обстоятельства *цѣли* отъ глаголовъ, употребляющихся въ качествѣ полузнаменательной связки въ именномъ составномъ сказуемомъ, можетъ имѣть при себѣ предикативный членъ (въ имен. пад.), напримѣръ: происхо́дитъ пло́тїю въ виѳлее́мскомъ верте́пѣ роди́тисѧ... ви́дѣтисѧ* же младе́нецъ* (20 дек., сѣд.); а неопредѣленное наклоненіе отъ глаголовъ со значеніемъ *дѣлать, называть* (*кого кѣмъ*) можетъ имѣть второй винительный предикативный, напр.: прїи́де бо влⷣка, тѧ̀ многоча́днꙋ* содѣ́лати* (24 дек., п. 1-я).

Неопредѣленное наклоненіе, выражающее обстоятельство *цѣли*, можетъ быть замѣнено желательнымъ наклоненіемъ, что допускается въ тѣхъ случаяхъ, когда субъекты главнаго глагола и неопредѣленнаго наклоненія разные, хотя встрѣчается замѣна и простого неопредѣленнаго наклоненія, т. е. съ субъектомъ въ управляющемъ глаголѣ, напр.: и҆́са же би́въ предадѐ и҆́мъ, да̀ є҆го̀ про́пнꙋтъ* (Матѳ. 27, 26); и҆ посла́ша фарїсе́є и҆ а҆рхїере́є слꙋгѝ, да* и҆́мꙋтъ* є҆го̀ (Іоан. 7, 32); ꙗ҆́кѡ и҆́детъ на гро́бъ, да* пла́четъ* та́мѡ (Іоан. 11, 31).

---

*) Въ древне-славянскомъ языкѣ послѣ глаголовъ со значеніемъ движенія для выраженія обстоятельства цѣли употреблялся супинъ, напр.: и҆доꙋ рыбъ лови́тъ (Іоан. 21, 3).

Неопредѣленное наклоненіе со значеніемъ обстоятельства *цѣли* можетъ употребляться въ сочетаніи съ є҆́же или во є҆́же (= русскому *чтобы* или *для того чтобы*), которыя въ данномъ случаѣ имѣютъ значеніе союзныхъ словъ, а неопредѣленное наклоненіе съ зависимыми словами является краткимъ придаточнымъ предложеніемъ. При помощи є҆́же, а особенно во є҆́же неопредѣленное наклоненіе со значеніемъ цѣли можетъ присоединяться къ глаголамъ съ разнымъ значеніемъ. Примѣры: да помрача́тсѧ о҆́чи и҆́хъ, є҆́же не ви́дѣти* (Псал. 68, 24); ꙗ҆́кѡ предстà ѡ҆десну́ю ᲂу҆бо́гагѡ, є҆́же спастѝ* ѿ гонѧ́щихъ ду́шꙋ мою̀ (Псал. 108, 31); и҆ ѡ҆ се́мъ молю́сѧ, да любо́вь ва́ша є҆щѐ па́че и҆ па́че и҆збы́точествᲂуетъ въ ра́зумѣ и҆ во всѧ́комъ чꙋ́вствіи, во є҆́же и҆скꙋша́ти* ва́мъ лꙋ́чшаѧ (Филип. 1, 9-10); ва́мъ пе́рвѣе бг҃ъ воздви́гій о҆́трока своего̀ і҆и҃са, послà є҆гò блгⷭ҇овѧ́ща ва́съ, во є҆́же ѿврати́тисѧ* ва́мъ комꙋ́ждо ѿ ѕло́бъ ва́шихъ (Дѣян. 3, 26).

Неопредѣленное наклоненіе со значеніемъ обстоятельства *цѣли*, сохраняя значеніе придаточнаго предложенія, можетъ употребляться и съ опущеніемъ вышеуказанныхъ союзныхъ словъ, причемъ, неопредѣленное наклоненіе вмѣстѣ съ зависимыми словами отдѣляется запятой, напр.: и҆ вше́дъ внꙋ́трь, сѣдѧ́ше со слꙋга́ми, ви́дѣти кончи́нꙋ (Матѳ. 26, 58), ср. въ русск. *чтобы видѣть конецъ;* и҆ воздви́же ру́кꙋ свою̀ на нѧ̀, низложи́ти ѧ҆̀ въ пꙋсты́ни (Псал. 105, 26); ѡ҆ѕло́би ѻ҆ц҃ы̀ на́ши, ᲂу҆мори́ти младе́нцы и҆́хъ (Дѣян. 7, 19).

Обстоятельство *цѣли* можетъ быть выражено неопредѣленнымъ наклоненіемъ съ союзомъ ꙗ҆́кѡ: свѧжи́те и҆́хъ въ снопы̀ ꙗ҆́кѡ сожещѝ* ѧ҆̀ (Матѳ. 13, 30); а҆́зъ (є҆́смь) бг҃ъ и҆зведы́й тѧ̀ ѿ страны̀ халде́йскіѧ ꙗ҆́кѡ да́ти* тебѣ̀ зе́млю сію̀ наслѣ́довати (Быт. 15, 17).

9) Обстоятельство *слѣдствія* чаще всего выражается дательнымъ съ неопредѣленнымъ наклоненіемъ съ союзомъ ꙗ҆́кѡ (же) и имѣетъ значеніе краткаго придаточнаго предложенія, напр.: во́лны влива́хꙋсѧ въ кора́бль, ꙗ҆́кѡ ᲂу҆жѐ погрꙋжа́тисѧ* є҆мꙋ́* (Марк. 4, 37); и҆ и҆сцѣлѝ є҆гò, ꙗ҆́кѡ слѣпо́мꙋ* и҆ нѣмо́мꙋ* глаго́лати*, и҆ глѧ́дати* (Матѳ. 12, 22); и҆ бы́сть ꙗ҆́кѡ ме́ртвъ, ꙗ҆́коже мнѡ́зѣмъ глаго́лати*, ꙗ҆́кѡ ᲂу҆́мре (Марк. 9, 26).

Однако значеніе *слѣдствія* можетъ быть выражено и неопредѣленнымъ наклоненіемъ, имѣющемъ субъектъ дѣйствія въ управляющемъ глаголѣ, т. е. *простымъ*, напр.: а҆́ще и҆́мамъ всю̀ вѣ́рꙋ, ꙗ҆́кѡ и҆ го́ры преставлѧ́ти* (1 Кор. 13, 2); и҆́же мі́ръ тво́й та́кѡ возлюби́лъ є҆сѝ, ꙗ҆́коже сн҃а твоего̀ є҆диноро́днаго да́ти* (Литург. І҆н. Зл.); и҆ а҆́бїе собра́шасѧ мно́зи, ꙗ҆́коже ктомꙋ̀ не вмѣща́тисѧ* ни при две́рехъ (Марк. 2, 2).

Неопредѣленное наклоненіе со значеніемъ *слѣдствія* можетъ употребляться и безъ союза ꙗкѡ, сохраняя при этомъ значеніе придаточнаго предложенія, напр.: Не оу҆клони̑ се́рдце моѐ въ словеса̀ лꙋка́вствїѧ, непщева́ти* вины̀ ѡ҆ грѣсѣ́хъ (Псал. 140, 4); почто̀ и҆спо́лни сатана̀ се́рдце твоѐ, солга́ти* дх҃ꙋ ст҃о́мꙋ (Дѣян. 5, 3); не ѡ҆би́дливъ бо бг҃ъ, забы́ти* дѣла̀ ва́шегѡ и҆ трꙋда̀ любвѐ (Евр. 6, 10); также: Ап. 5, 5; Лук. 1, 54; Ап. 16, 9.

Обстоятельство *слѣдствія* можетъ быть выражено неопредѣленнымъ наклоненіемъ съ союзомъ во е҆́же (со значеніемъ кратка́го придаточнаго предложенія): Неви́димаѧ бо є҆гѡ̀, ѿ созда́нїѧ мі́ра творе́ньми помышлѧ́ема ви́дима сꙋ́ть, и҆ присносꙋ́щнаѧ си́ла є҆гѡ̀ и҆ бж҃ество̀: во е҆́же бы́ти и҆̀мъ безѿвѣ́тнымъ (Рим. 1, 20), ср. въ русск.: *такъ что они безотвѣтны*. Также: вѣ́рою, разꙋмѣва́емъ соверши́тисѧ вѣ́кѡмъ глаго́ломъ бж҃їимъ, во е҆́же (и҆з҆) неꙗвлѧ́емыхъ ви́димымъ бы́ти (Евр. 11, 3); Рим. 1, 24.

10) Обстоятельство *причины* выражается дательнымъ съ неопредѣленнымъ наклоненіемъ съ союзомъ занѐ и имѣетъ значеніе кратка́го придаточнаго предложенія, напр.: Взы́де же и҆ і҆ѡ́сифъ ѿ галїле́и, и҆з гра́да назаре́та, во і҆ꙋде́ю, во гра́дъ дв҃довъ, и҆́же нарица́етсѧ виѳлее́мъ, занѐ бы́ти* є҆мꙋ̀* ѿ до́мꙋ и҆ ѻ҆те́чества дв҃дова (Лук. 2, 4); Слы́шащымъ же и҆̀мъ сїѧ̑, приложь речѐ при́тчꙋ, занѐ бли́з є҆мꙋ̀* бы́ти* і҆ерꙋсали́ма... (Лук. 19, 11).

11) Обстоятельство *времени* выражается дательнымъ съ неопредѣленнымъ наклоненіемъ съ союзами внегда̀, пре́жде да́же, до́ндеже и имѣетъ значеніе кратка́го придаточнаго предложенія, напр.: Ко гд҃ꙋ, внегда̀ скорбѣ́ти* ми̑*, воззва́хъ (Псал. 119, 1); ꙗ҆́кѡ внегда̀ оу҆мре́ти* є҆мꙋ̀*, не во́зметъ всѧ̑ (Псал. 48, 18); пре́жде да́же гора́мъ* не бы́ти* и҆ созда́тисѧ* земли̑* и҆ вселе́ннѣй*, и҆ ѿ вѣ́ка и҆ до вѣ́ка ты̀ є҆сѝ (Псал. 59, 2); Со́лнце приложи́тсѧ во тьмꙋ̀, и҆ лꙋна̀ въ кро́вь, пре́жде да́же не прїити̑* дню̀* гд҃ню вели́комꙋ и҆ просвѣще́нномꙋ (Дѣян. 2, 20); и҆ и҆да́ше и҆ды́й и҆ проро́чествꙋѧ, до́ндеже прїити̑* є҆мꙋ̀* въ навада́ꙋ и҆́же въ ра́мѣ (1 Цар. 19, 23); и҆ проходѧ̀ бл҃говѣствова́ше градѡ́мъ всѣ̑мъ, до́ндеже прїити̑* є҆мꙋ̀* въ кесарі́ю (Дѣян. 8, 40).

12) Неопредѣленное наклоненіе, будучи по происхожденію застывшей падежной формой отглагольнаго имени существительнаго, можетъ употребляться съ предметнымъ значеніемъ, выступая въ качествѣ разныхъ членовъ предложенія, подобно имени существительному, а потому передъ нимъ въ такихъ случаяхъ стоитъ мѣстоименіе е҆́же въ значеніи члена, хотя можетъ и отсутствовать.

Неопредѣленное наклоненіе можетъ выступать:

Въ качествѣ *подлежащаго* (см. § 121, ж), что бываетъ чаще всего при безличной конструкціи сказуемаго. Безличная форма сказуемаго въ такихъ случаяхъ большей частью бываетъ выражена прилагательнымъ средняго рода въ положительной или сравнительной степени со связкой (или иногда безъ связки), напримѣръ: Бла́го є҆́сть ѹ҆пова́ти* на гд҃а, не́жели ѹ҆пова́ти* на кнѧ́зи (Псал. 117, 9); добрѣ́йше ти є҆́сть вни́ти* въ живо́тъ хро́мѹ и҆лѝ бѣ́днѹ (Матѳ. 18, 8); также: Мнѣ́ бо є҆́же жи́ти*, хрⷭ҇то́съ: и҆ є҆́же ѹ҆мре́ти*, прїѡбрѣ́тенїе є҆́сть (Филип. 1, 21).

Въ качествѣ *прямого дополненія*: ꙗ҆́кѡ ва́мъ дарова́сѧ... не то́кмѡ є҆́же въ него̀ вѣ́ровати*, но и҆ є҆́же по не́мъ страда́ти* (Филип. 1, 29);

Въ сочетаніи съ предлогомъ и҆ є҆́же можетъ выражать падежныя отношенія на подобіе именъ существительныхъ (є҆́же при выраженіи предложнаго падежа иногда отсутствуетъ): въ качествѣ *дополненія*: и҆́же ѿ небытїѧ̀ во є҆́же бы́ти приведы́й всѧ́ческаѧ (= въ бытїѐ), Литург. Іоан. Зл.; за є҆́же люби́ти мѧ̀ (= за любо́вь ко мнѣ̀), Вел. Пятн. 6-й ч.; вмѣ́стѡ є҆́же люби́ти мѧ̀ (= вмѣ́стѡ любвѐ ко мнѣ̀), Псал. 108, 4; ѡ҆ є҆́же поми́ловати рабѡ́въ свои́хъ (= ѡ҆ поми́лованїи рабѡ́въ свои́хъ), Молебенъ путьшеств.; ѡ҆ є҆́же посла́ти и҆̀мъ а҆́гг҃ла ми́рна... (тамъ же); но также: ѡ҆ прости́ти и҆̀мъ... (Панихида); ѡ҆ неѡсѹжде́ннымъ предста́ти (тамъ же); со значеніемъ *обстоятельства причины*: ꙗ҆́коже є҆́сть пра́ведно мнѣ̀ сїѐ мѹ́дрствовати ѡ҆ всѣ́хъ ва́съ, за є҆́же и҆мѣ́ти* мѝ въ се́рдцѣ ва́съ, Филип. 1, 7; И҆счезо́стѣ о҆́чи мои̑, ѿ є҆́же ѹ҆пова́ти* мѝ на бг҃а моегѡ̀, Псал. 68, 4, (= ѿ ѹ҆пова́нїѧ), ср. въ русск.: *истомились глаза мои отъ ожиданія Бога (моего)*; со значеніемъ *обстоятельства цѣли*: ко є҆́же вожделѣ́ти* є҆ѧ̀, Матѳ. 5, 28.

Однако, если къ є҆́же присоединяется сослагательная частица бы, предметное значеніе пересиливается глагольнымъ и такое сочетаніе можно разсматривать какъ *краткое* придаточное предложеніе (§ 196, III), напр.: вмѣ́стѡ є҆́же бы глаго́лати: а҆́ще гдⷭ҇ь восхо́щетъ, Іак. 4, 15 (ср. русск.: *Вмѣсто того, чтобы вамъ говорить...*)

Въ качествѣ прямого дополненія съ оттѣнкомъ предметности употребляются также ꙗ҆́сти, пи́ти: дади́те и҆̀мъ вы ꙗ҆́сти (Матѳ. 14, 16); да́ждь мѝ пи́ти (Іоан. 4, 7).

13) При нѣкоторыхъ прилагательныхъ (какъ досто́инъ, дово́ленъ, си́ленъ, гото́въ и др.) неопредѣленное наклоненіе можетъ разсматриваться какъ *косвенное дополненіе*, напр.: да бѹ́детъ всѧ́къ человѣ́къ ско́ръ* ѹ҆слы́шати* (= на слышаніе), и҆ ко́сенъ* глаго́лати*

(= на глаголаніе), Іак. 1, 19, ср. въ русск.: *всякій человѣкъ да будетъ скоръ на слышаніе, медленъ на слова;* достоннⷤ есн гдⷩ прїѧ́тн* (пріятія) славꙋ̀ й чⷭ҇ть й снлꙋ (Ап. 4, 11); ꙗ҆же дово́льнн* бꙋ́дꙋтⷤ й й҆ны́хⷤ наꙋчн́тн* (къ наученію) (2 Тим. 2, 2); а҆ще снленⷤ* е҆́сть срѣ́стн* (къ срѣтенію) сⷤ десѧ́тїю ты́сѧщⷤ (Лук. 14, 31); Сѐ тре́тїе гото́вⷤ* е҆́смь прїнтн̀* (на пришествіе) кⷤ ва́мⷤ (2 Кор. 12, 14).

Если при указанныхъ прилагательныхъ (обычно со связкой) стоитъ неопредѣленное наклоненіе отъ полузнаменательныхъ глаголовъ или бы́тн съ предикативнымъ членомъ при нихъ, то такое словосочетаніе можно разсматривать какъ особый видъ сложнаго сказуемаго (см. § 127), напр.: о҆у́жѐ нѣ́смь* досто́ннⷤ* нарещн́сѧ* сынⷤ* тꙋ̀й (Лук. 15, 21); впрочемъ неопредѣленное наклоненіе можетъ разсматриваться, повидимому, также и какъ дополненіе, ср. *недостоинъ названія сына.*

14) Неопредѣленное наклоненіе при именахъ существительныхъ имѣетъ значеніе *опредѣлительное* (§ 130, 8), напр.: Бж҃е на́шⷤ, е҆́же спаса́тн* (= спасе́нїѧ), Литург. Васил. В.; Сѐ даю̀ ва́мⷤ вла́сть настꙋпа́тн* на ꙩ҆мїю̀... Лук. 10, 19. При бы́тн или неопредѣленномъ наклоненіи отъ полузнаменательныхъ глаголовъ всегда̀ бываетъ предикативный членъ — въ именительномъ падежѣ: ꙗ҆́кꙍ вѣ́рꙋ й҆мать здра́вⷤ* бы́тн* (Дѣ́ян. 14, 9); или *второй дательный предикативный*, напр.: дадѐ й҆мⷤ ꙩ҆́бласть ча́дꙍмⷤ* бж҃їнмⷤ (имъ) бы́тн* (Іоан. 1, 12). Субъектъ (*имъ*) дѣйствія глагола бы́тн опускается, ввиду того, что онъ совпадаетъ съ объектомъ (й҆мⷤ) дѣйствія дадѐ.

Съ *опредѣлительнымъ* значеніемъ неопредѣленное наклоненіе можетъ быть въ сочетаніи и съ союзными словами е҆́же, во е҆́же, ꙍ е҆́же, ка́кꙍ (что можно разсматривать какъ краткое придаточное предложеніе), напр.: Мл҃тва, е҆́же бл҃гословн́тн нꙋ́выѧ покро́вцы (Требн., заглавіе); Мл҃тва, во е҆́же бл҃гословн́тн сꙗда́ (тамъ же); Мл҃тва, ꙍ е҆́же бл҃гословн́тн мре́жн (тамъ же); Чннⷤ, ка́кꙍ прїнма́тн прнходѧ́щнхⷤ ко правосла́внѣй цр҃кн ꙩ҆ ри́мско-лати́нскагꙍ вѣроиспо-вѣ́данїѧ (тамъ же). Съ опредѣлительнымъ значеніемъ можетъ употребляться дательный съ неопредѣленнымъ наклоненіемъ (со значеніемъ краткаго придаточнаго предложенія), напр.: Мл҃твы вⷤ пе́рвый де́нь, по внегда̀ родн́тн женѣ̀ ꙩ҆троча̀ (Требн., заглавіе).

15) Неопредѣленное наклоненіе съ самостоятельной функціей глагола въ церковно-славянскомъ языкѣ не употребляется. Однако есть нѣсколько случаевъ (согласно греческому тексту), когда, при выраженіи повелѣнія или желанія, неопредѣленное наклоне-

ніе стоитъ одно, напр.: **нич<0x33>с<0x33>же возми́те на п<0x8B>ть**... **ни по дв<0x8B>**
ри́з<0x8B> им<0x8B>ти* (Лук. 9, 3); **кла́вдій лѵсіа держа́вному иге́мону фили́з<0x8B>**
ра́доватиса* (Дѣян. 23, 26), въ этомъ примѣрѣ должно подразу-
мѣвать **жела́етъ**; **Ра́доватиса*** **съ ра́д<0x8B>ющнмиса, и пла́кати*** **съ плач<0x8B>-**
щнми (Рим. 12, 15), здѣсь также должно подразумѣвать опущен-
ный личный глаголъ; можно допустить, что этотъ примѣръ имѣетъ
отношеніе къ слову **Глаго́лю** въ 3-мъ стихѣ. Также: Дѣян. 15, 23;
Іак. 1, 1.

Обособленные члены предложенія.

§ 144. *Обособленныя дополненія.* Падежныя формы именъ су-
ществительныхъ въ сочетаніи съ союзами **то́кмω, ра́зв<0x8B>, кром<0x8B>**
со значеніемъ *ограниченія* могутъ разсматриваться какъ обособлен-
ныя *дополненія*, которыя и отдѣляются запятой, напр.: **Ктом<0x8B> ни-**
кого́же ви́д<0x8B>ша, то́кмω <0x2C>иса <0x2C>еди́наго съ собо́ю (Марк. 9, 8); **Гад<0x8B>щихъ**
же б<0x8B> м<0x8B>жей гакω па́ть ты́сащъ, ра́зв<0x8B> же́нъ и д<0x8B>те́й (Матѳ. 14, 21);
П<0x8B>стыннымъ непреста́нное бж<0x33>е́ственное жела́ніе быва́етъ, мíра с<0x8B>щымъ
с<0x8B>етнагω кром<0x8B> (Окт., степенна гл. 1-й). Иногда словосочетаніе
съ **вм<0x8B>стω** можетъ также разсматриваться какъ обособленное до-
полненіе и отдѣляться запятой: **вм<0x8B>стω <0x2C>еже люби́ти ма́, <0x2C>wболга́х<0x8B>**
ма́ (Псал. 108, 4).

Обособленныя обстоятельства. Обстоятельства мѣста и вре-
мени могутъ имѣть при себѣ уточняющія обстоятельства, которыя
могутъ разсматриваться какъ *обособленныя.* Такія обстоятельства
отдѣляются запятыми, напр.: **идо́ша въ галіле́ю, въ го́р<0x8B>, а́може по-**
вел<0x8B> имъ <0x2C>исъ (Матѳ. 28, 16); **и пришедш<0x8B> <0x2C>ем<0x8B> на <0x2C>онъ полъ, въ**
стран<0x8B> гергесинск<0x8B>ю, ср<0x8B>то́ста <0x2C>его̀ два б<0x8B>сна (Матѳ. 8, 28); **И бы́сть**
по возвраще́нін л<0x8B>та, во вре́ма исхожде́нıа царе́й (на бра́нь), и посла̀
дави́дъ іѡа́ва (2 Цар. 11, 1); **Но въ ты́а дни, по ско́рби то́й, со́лнце**
поме́ркнетъ (Марк. 13, 24).

Обстоятельственныя опредѣленія.

§ 145. Нѣкоторыя прилагательныя, стоящія всегда въ краткой
формѣ, относятся не только къ подлежащему, но и къ сказуемому
и имѣютъ значеніе *обстоятельственное*, напр.: **Тридне́венъ*** **вос-**
кре́слъ <0x2C>еси, хрт<0x33>е <0x2C>w гро́ба (Окт., воскр. гл. 6, на хвалит.). Подобныя
опредѣленія соотносительны съ причастными оборотами, имѣю-
щими значеніе краткихъ придаточныхъ предложеній, ср. **сы́й** (*буду-*
чи) **тридне́венъ, воскре́слъ <0x2C>еси**... Также: **Въ пе́рсть смертн<0x8B>ю сошедъ,**
влко, смертн<0x8B>ю держа́в<0x8B> разр<0x8B>шилъ <0x2C>еси, и ме́ртвъ* **тридне́венъ*** **вос-**
кресъ, въ нетл<0x8B>ніе ма́ <0x2C>wбле́клъ <0x2C>еси (Воскр. гл. 1-й, п. 3), ср. **сы́й**

(*будучи*) ме́ртвъ триднéвенъ, воскрéсъ, въ нетлѣ́нïе… (ср. въ русскомъ языкѣ: *Терекъ воетъ, д и к ъ* * *и злобенъ**, *межъ утесистыхъ громадъ*, Лерм., Дары Терека; *Но равнодушно ей, з а д у м ч и в ъ* *, *онъ внимаетъ*, Пушк.).

Въ нѣкоторыхъ случаяхъ подобныя обстоятельственныя опредѣленïя могутъ быть переведены на русскïй языкъ нарѣчïями, напр.: ви́дѧ же си́лы и҆ зна́менïѧ вéлïѧ быва́ема, ѹ҆жа́сенъ* дивлѧ́шесѧ (Дѣян. 8, 13), т. е. *въ ужасъ*; ѿонѹ́дꙋже небéсныѧ си́лы, зрѧ́щех а҆пⷭлѡмъ стра́шливи* (т. е. *со страхомъ*) глагóлахꙋ (Цв. Трïодь, 6 седм., субб., на утр., на стих.).

Обстоятельственныя причастïя.

§ 146. Краткïя причастïя, единичныя или съ зависимыми словами, могутъ относиться къ сказуемому и обстоятельственно опредѣлять его — ихъ можно назвать *обстоятельственными причастïями*. Такïя причастïя, если при нихъ есть зависимыя слова, обычно имѣютъ значенïе, равное придаточному предложенïю обстоятельственному. Поскольку эти причастïя относятся къ сказуемому, а слѣдовательно имѣютъ связь и съ подлежащимъ, то употребляются только въ именительномъ падежѣ (во всѣхъ числахъ и родахъ). Обстоятельственныя причастïя по своему значенïю и употребленïю (за исключенïемъ нѣкоторыхъ особенностей) равны русскимъ дѣепричастïямъ, напримѣръ: во дни ѻ҆́ны прïи́де і҆ѡа́ннъ кр҃ти́тель, проповѣ́даѧ* въ пꙋсты́ни і҆ꙋдéйстѣй (Матѳ. 3, 1); ѻ҆на́ же а҆́бïе ѡ҆ста́вльша* (*дв. ч.*) мрє́жи, по нéмъ и҆до́ста (Матѳ. 4, 20).

Можно отмѣтить слѣдующïе виды обстоятельственныхъ причастïй:

1) Обстоятельственныя причастïя дѣйствительныя настоящаго времени: ѻ҆ни́ же помышлѧ́хꙋ въ себѣ̀, глагóлюще*: ꙗ҆́кѡ хлѣ́бы не взѧ́хомъ (Матѳ. 16, 7); въ четвéртꙋю же стра́жꙋ нóщи и҆де къ ни́мъ і҆и҃съ, ходѧ̀* по мóрю (Матѳ. 14, 25).

Примѣчанïе. Въ текстѣ: и҆ хотѧ́щꙋ (вм. хотѧ̀) е҆гò ѹ҆би́ти, ѹ҆боѧ́сѧ нарóда (Матѳ. 14, 5), форму обстоятельственнаго причастïя хотѧ́щꙋ должно считать неправильной, т. к. она употребляется съ опредѣлит. значенïемъ, ср.: и҆ не хотѧ̀* е҆ѧ̀ ѡ҆бличи́ти, восхотѣ̀ та́й пꙋсти́ти ю҆̀ (Матѳ. 1, 19).

2) Обстоятельственныя причастïя дѣйствительныя прошедшаго времени: а҆́зъ пришéдъ* и҆сцѣлю̀ е҆гò (Матѳ. 8, 7); и҆ пристꙋ́пль* е҆ди́нъ кни́жникъ, речé е҆мꙋ̀… (Матѳ. 8, 19); и҆ пришéдше* ѹ҆чєницѝ е҆гѡ̀, возбꙋди́ша е҆гò (Матѳ. 8, 25); кто́ же ѿ ва́съ пеки́сѧ* (вм. краткой формы, § 95), мóжетъ приложи́ти возрастꙋ своемꙋ̀ ла́коть е҆ди́нъ; (Матѳ. 6, 27).

3) Обстоятельственныя причастія страдательныя настоящаго времени: оукорѧ́еми, бл҃гословлѧ́емъ: гони́ми, терпи́мъ: ху́лими, оутѣ_ша́емсѧ (1 Кор. 4, 12-13), т. е. *Будучи укоряемы, благословляемъ; будучи гонимы, терпимъ; будучи хулимы, утѣшаемся;* но церковно-славянскія страдательныя обстоятельств. причастія (какъ настоящаго, такъ и прошедшаго времени) не имѣютъ при себѣ связки-дѣйствительнаго причастія настоящаго времени отъ глагола бы́ти (сы́й, су́щи).

4) Обстоятельственныя причастія страдательныя прошедшаго времени: Да не па́дше и̂ ѡ̂блѣни́вшесѧ, но бо́дрствую̂ще и̂ воздви́_жени* въ дѣ́ланїе, ѡ̂браща́емсѧ гото́ви (Утр. молитва 5-я); посредѣ́ же ѻ̂гнѧ̀ вве́ржени*, ѡ̂роша́еми поѧ́ху (Ирмосъ 2 гл., п. 7).

Обстоятельственное причастіе прошедшаго времени можетъ быть и составнымъ, со связкой-дѣйст. причастіемъ прошедшаго времени отъ бы́ти (бы́въ, бы́вши): Слы́шавше же и̂ бы́вше* и̂спо́лнени* ѩ́рости, вопїа́ху... (Дѣян. 19, 28); Мно́гѡ у̂бо па́че, ѡ̂правда́ни* бы́вше* ны́нѣ кро́вїю є̂гѡ̀, спасе́мсѧ и̂́мъ ѿ гнѣ́ва (Рим. 5, 9).

5) Поскольку обстоятельственныя причастія имѣютъ значе_ніе побочнаго сказуемаго, то, аналогично составнымъ сказуемымъ, они могутъ имѣть также составныя формы, состоящія изъ формъ причастія отъ глагола бы́ти (сы́й, бы́въ) и именной части, напр.: Сі́и человѣ́цы возмуща́ютъ гра́дъ на́шъ, і̂у̂де́е* су́ще* (Дѣян. 16, 20); А̂ще у̂бо вы̀ лука́ви* су́ще*, оу̂мѣ́ете даѧ̑нїѧ бл҃га̑ даѧ́ти ча́дѡмъ ва́шымъ (Матѳ. 7, 11); Бг҃а и̂сповѣ́дуютъ вѣ́дѣти, а̀ дѣ́лы ѿме́щутсѧ є̂гѡ̀, ме́рзцы* су́ще* и̂ непокори́ви*, и̂ на всѧ́ко дѣ́ло бл҃го́е неиску́сни* (Тит. 1, 16); и̂ тре́петенъ* бы́въ*, припадѐ къ па́vлу и̂ си́лѣ (Дѣян. 16, 29); И̂́бо до́лжни* су́ще* бы́ти* оу̂чи́тели* лѣ́тъ ра́ди, па́ки тре́_буете оу̂чи́тисѧ (Евр. 5, 12). Такія составныя формы можно назвать *составнымъ обстоятельственнымъ причастіемъ.*

Въ качествѣ связки-причастія могутъ быть также и страда_тельныя причастія, образованныя отъ глаголовъ, имѣющихъ спо_собность быть полузнаменательной связкой (§ 123), напримѣръ: А̂гг҃льскаѧ спе́съ ра́дость бы́въ, ны́нѣ и̂ печа́ли си̑мъ бы́лъ є̂сѝ вино́венъ, ви́димь* пло́тїю бездыха́ненъ* ме́ртвъ* (В. Субб. статія 1, ст. 36), т. е. *будучи видимъ бездыханнымъ, мертвымъ плотью.*

6) Кругъ употребленія обстоятельственныхъ причастій нѣ_сколько шире, чѣмъ кругъ употребленія дѣепричастій въ рус_скомъ языкѣ. Такъ, напримѣръ, русскимъ сочетаніямъ: пойду посмотрю, встану и пойду, возьму и сдѣлаю — въ церковно-славян_скомъ языкѣ соотвѣтствуютъ выраженія съ обстоятельственнымъ

причастіемъ: **шє́дъ посмотрю̀** (Исх. 3, 3), **воста́въ идꙋ̀** (Лук. 15, 18), **взє́мъ сотворю̀** (Матѳ. 13, 33), см. § 147, 2).

7) Единичныя обстоятельственныя причастія въ церковно-славянскомъ языкѣ разсматриваются какъ простое обстоятельство и запятой не отдѣляются, напр.: **шє́дше* испыта́йте изв҃ѣ́стнѡ ѿ ѻ҆т-роча́ти** (Матѳ. 2, 8); **посредѣ̀ же ѻ҆гнѧ̀ вве́ржени, ѡ҆рошае́ми* поѧ́хꙋ** (Ирмосъ).

Примѣчаніе. Обстоятельственныя причастія, какъ **глаго́лѧ, зовы́й** — всегда отдѣляются запятой, такъ какъ чужая рѣчь, слѣдующая за ними, имѣетъ значеніе дополненія, напр.: **а҆́бїе же речѐ и҆́мъ і҆и҃съ, гла-го́лѧ: дерза́йте** (Матѳ. 14, 27).

Плеонастическія выраженія.

§ 147. 1) Въ книгахъ Священнаго Писанія нерѣдко встрѣ-чаются особыя *плеонастическія* (отъ πλεονασμός — *излишество*) выраженія, состоящія изъ личнаго глагола (сказуемаго) въ соче-таніи съ обстоятельственнымъ причастіемъ наст. времени (§ 146, 1) или существительнымъ въ творительномъ падежѣ (въ греч. *въ дательномъ*), произведенными отъ того же самаго слова, которымъ выраженъ личный глаголъ. Подобный фигуративный оборотъ упо-требляется для того, чтобы подчеркнуть и усилить содержаніе, выраженное личнымъ глаголомъ, напр.: **ревнꙋ́ѧ* поревнова́хъ* по гд҃ѣ бз҃ѣ вседержи́тели** (3 Цар. 19, 14); **разоре́ніемъ* разори́ши* и҆ сокрꙋше́ніемъ* сокрꙋши́ши* ка́пища и҆́хъ** (Исх. 23, 24).

Эти выраженія являются копіей подобныхъ выраженій гре-ческаго текста. Въ греческомъ же текстѣ Свящ. Писанія они явля-ются передачей еврейскаго INFINITIVE ABSOLUTE*), а потому эти плео-настическія выраженія встрѣчаются, главнымъ образомъ, въ кни-гахъ Ветхаго Завѣта, а въ книгахъ Новаго Завѣта встрѣчаются преимущественно въ тѣхъ случаяхъ, когда цитируется текстъ изъ Ветхаго Завѣта, хотя бываютъ примѣры и безъ отношенія къ Ветхозавѣтному тексту, напр.: **слꙋ́хомъ* оу҆слы́шите*, и҆ не и҆́мате разꙋмѣ́ти: и҆ зрѧ́ще* оу҆́зрите*, и҆ не и҆́мате ви́дѣти** (Матѳ. 13, 14, изъ Исаіи 6, 9); **не запреще́ніемъ* ли запрети́хомъ* ва́мъ не оу҆чи́ти ѡ҆ и҆́мени се́мъ** (Дѣян. 5, 28); также: Дѣян. 7, 34; Евр. 6, 14.

2) Въ текстѣ Священнаго Писанія довольно часто встрѣча-ются также плеонастическія выраженія, состоящія изъ обстоятель-ственнаго причастія (наст. или прош. времени) и личнаго глагола (сказуемаго), близкаго по смыслу къ своему компоненту. Эти со-

---

*) A Greek Grammar of the New Testament, by Robert W. Funk, § 422.

четанія относятся либо къ еврейскимъ, либо къ греческимъ идіоматическимъ выраженіямъ. Чаще всего употребляются слѣдующія сочетанія: ѿвѣщавъ глаго́ла, ѿвѣща глаго́лѧ, речѐ глаго́ла, написа́ глаго́ла, воста́въ и҆ду̀, и҆зы́де проходѧ̀ и др. подобныя: Пїла́тъ же ѿвѣща́* и҆мъ, глаго́ла* (Марк. 15, 9); Ѻна́ же ѿвѣща́вши* глаго́ла* е҆му̀ (Марк. 7, 28); ѿвѣща́въ* и҆мъ речѐ* (Лук. 17, 20); воста́въ* и҆ду̀* ко ѻ҆ц҃у̀ моему̀ (Лук. 15, 18); и҆зы́де* проходѧ̀* по рѧ́ду гала́тїйскую страну̀ и҆ фру́гїю (Дѣян. 18, 23); е҆го́же взе́мши* жена̀ скры̀* въ са́тѣхъ тре́хъ му́кн (Матѳ. 13, 33).

Подобныя плеонастическія выраженія могутъ состоять также и изъ двухъ личныхъ глаголовъ, напр.: ѿвѣща́ша и҆ рѣ́ша е҆му̀ (Іоан. 18, 30); и҆ свидѣ́тельствова и҆ речѐ (Іоан. 13, 21); и҆са́їа же дерза́етъ и҆ глаго́летъ (Рим. 10, 20); ѻ҆нъ же ѿве́ржесѧ и҆ речѐ (Іоан. 18, 25).

Порядокъ словъ въ предложеніи.

§ 148. *Мѣсто подлежащаго, сказуемаго, дополненія и обстоятелства въ предложеніи.* Порядокъ слѣдованія въ предложеніи подлежащаго, сказуемаго, дополненія и обстоятельства въ общемъ подобенъ тому, что и въ русскомъ языкѣ. Бываетъ, однако, порядокъ словъ въ предложеніи, который должно отнести къ чисто греческой конструкціи, не свойственной славянской рѣчи:

Въ предложеніяхъ типа опредѣленій именная часть сказуемаго иногда ставится впереди подлежащаго, напр.: и҆ бг҃ъ бѣ̀ сло́во (Іоан. 1, 1); съ точки зрѣнія русской рѣчи слово бг҃ъ воспринимается какъ подлежащее, но на самомъ дѣлѣ подлежащимъ является сло́во, а бг҃ъ представляетъ собой именную часть составного сказуемаго. Въ греческомъ текстѣ подобная неясность устраняется тѣмъ, что при подлежащемъ стоитъ членъ, тогда какъ при именной части сказуемаго — нѣтъ: καὶ Θεὸς ἦν ὁ λόγος. Также: д҃хъ (е҆сть) бг҃ъ (= Богъ есть Духъ), Іоан. 4, 24; бг҃ъ бо въ человѣ́цѣхъ, человѣ́къ бг҃ъ воздаѧ́нїемъ (= Богъ воздаяніемъ человѣкъ), 21 дек., м. веч., богор., м. Петра.

Подобнымъ образомъ и второй винительный предикативный иногда предшествуетъ винительному-прямому дополненію напр.: и҆ ѻ҆ц҃а̀ своего̀ глаго́лаше бг҃а, καὶ Πατέρα ἴδιον ἔλεγεν τὸν Θεόν (= и Бога называлъ Своимъ Отцомъ), Іоан. 5, 18; человѣ́къ быва́етъ бг҃ъ, да бг҃а а҆да́ма содѣ́лаетъ (= Богъ становится человѣкомъ, чтобы Адама содѣлать богомъ), 24 марта, богор. на веч. При выраженіи двухъ винительныхъ падежей прилагательными (или причастіями), предикативный винительный выражается краткой формой, что можетъ быть признакомъ, устраняющимъ неясность, напр.: нарекꙋ́ не лю́ди моѧ̀, лю́ди моѧ̀: и҆ невозлю́бленꙋю, возлю́бленꙋ* (Рим. 9, 25). Слѣдующій текстъ акаѳиста Божіей Матери: ра́дꙋйсѧ, любомꙋ́дрыѧ немꙋ́дрыѧ ꙗ҆вля́ющаѧ: ра́дꙋйсѧ, хитрослове́сныѧ безслове́сныѧ ѡ҆блича́ющаѧ (Икосъ 9) правильнѣе было бы написать: ра́дꙋйсѧ, любомꙋ́дрыѧ немꙋ́дры* ꙗ҆вля́ющаѧ: ра́дꙋйсѧ, хитрослове́сныѧ безслове́сны* ѡ҆блича́ющаѧ.

Мѣсто опредѣленія въ предложеніи.

§ 149. Краткія прилагательныя-опредѣленія обычно стоятъ послѣ опредѣляемаго, но могутъ стоять и передъ нимъ, напр.: не мо́жетъ дре́во добро̀ плоды̀ ѕлы̀ твори́ти, ни дре́во ѕло̀ плоды̀ добры̀ твори́ти (Матѳ. 7, 18); а҆́ще бо вни́детъ въ со́нмище ва́ше мꙋ́жъ, зла́тъ пе́рстень носѧ̀, въ ри́зѣ свѣ́тлѣ, вни́детъ же и҆ ни́щь въ хꙋ́дѣ ѻ҆де́ждѣ (Іак. 2, 2).

Полныя прилагательныя-опредѣленія (а также причастія) одинаково могутъ стоять, какъ передъ опредѣляемымъ, такъ и послѣ него, напр.: вни́дите ѹ҆́зкими враты̀: ꙗ҆́кѡ простра́ннаѧ врата̀ и҆ широ́кій пꙋ́ть вводѧ́й въ па́гꙋбꙋ (Матѳ. 7, 13); согрѣши́хъ преда́въ кро́вь непови́ннꙋю (Матѳ. 27, 4); ка́мень же́рновный (Марк. 9, 42); мѡѷсе́й повелѣ́ кни́гꙋ распꙋ́стнꙋю написа́ти (Марк. 10, 4).

Притяжательныя прилагательныя и мѣстоименія (сюда входятъ также и притяжательныя прилагательныя съ суф. -ск-), какъ правило, слѣдуютъ за опредѣляемымъ (возможно, что въ этомъ сказалось вліяніе греческаго языка, въ которомъ значеніе принадлежности выражается родительнымъ падежомъ, стоящимъ за опредѣляемымъ), напр.: те́ща же сі́мѡнова* лежа́ше ѻ҆гне́мъ жего́ма (Марк. 1, 30); во дни̑ нѡ́евы* (Матѳ. 24, 37); сы́на подаре́мнича* (Матѳ. 21, 5); къ горѣ̀ є҆леѡ́нстѣй* (Матѳ. 21, 1); ѻ҆́чи на́ши* (Матѳ. 20, 33); ѹ҆срамѧ́тсѧ сн҃а моегѡ̀* (Матѳ. 21, 37).

Притяжательное мѣстоименіе, однако, встрѣчается и впереди опредѣляемаго: сїѐ твори́те въ моѐ* воспомина́нїе (Лук. 22, 19); бра́тїе, бл҃говоле́нїе ѹ҆́бѡ моегѡ̀* се́рдца (Рим. 10, 1); слы́шасте бо моѐ* житїѐ (Гал. 1, 13).

При двухъ опредѣлительныхъ полныхъ прилагательныхъ (или причастіяхъ) опредѣляемое слово часто ставится посрединѣ: кто̀ ѹ҆́бо є҆́сть вѣ́рный ра́бъ и҆ мꙋ́дрый (Лук. 12, 42); лꙋка́вый ра́бе и҆ лѣни́вый (Матѳ. 25, 26).

Два или болѣе опредѣлительныхъ прилагательныхъ или причастій, стоящихъ послѣ опредѣляемаго, часто носятъ на себѣ силу логическаго удареній, т. е. имѣютъ нѣсколько подчеркнутое значеніе: до́брѣ, ра́бе благі́й и вѣ́рный (Матѳ. 25, 21); ра́дуетсѧ ра́достїю неизглаго́ланною и препросла́вленною (1 Петра, 1, 8); пре́жде да́же не прїити дни́ гд҃ню вели́кому и просвѣще́нному (Дѣян. 2, 20); въ наслѣ́дїе нетлѣ́нно и нескве́рно и неувѧда́емо (1 Петра, 1, 4).

Въ нѣкоторыхъ случаяхъ и одиночныя согласованныя опредѣленія, стоящія послѣ опредѣляемаго, могутъ нести на себѣ логическое удареніе, напр.: і҃исе, си́ло непобѣди́маѧ: і҃исе, ми́лосте безконе́чнаѧ. і҃исе, красото̀ пресвѣ́тлаѧ: і҃исе, любы̀ неизрече́ннаѧ (Акаѳ., икосъ 3).

Два или болѣе полныхъ прилагательныхъ или причастій, слѣдующихъ за опредѣляемымъ, могутъ имѣть значеніе добавочной характеристики; въ такихъ случаяхъ они обычно обособляются запятой: та́кω изво́ли вни́ти и въ до́мъ смире́нныѧ моеѧ̀ дꙋши́, прокаже́нныѧ* и грѣ́шныѧ* (Молитва ко причащ. 2-я); си́це ѹмилосе́рдисѧ и ѡ мнѣ̀ грѣ́шнемъ, приходѧ́щемъ и прикаса́ющемтисѧ (тамъ же); бл҃гознамени́тыѧ трꙋбы̀ проповѣ́данїѧ, стра́шныѧ* и достослы́шанныѧ* (30 янв., на Господи воззв.).

§ 150. *Несогласованныя* опредѣленія, выраженныя родительнымъ падежомъ, обычно слѣдуютъ за опредѣляемымъ: вре́мѧ плодѡ́въ (Матѳ. 21, 13); во дни́ написа́нїѧ (Дѣян. 5, 37).

Несогласованное опредѣленіе (въ родит. пад.), имѣющее при себѣ согласованное опредѣленіе, обычно предшествуетъ опредѣляемому: небе́сныхъ вои́нствъ а҆рхїстрати́зи (Тропарь понедѣльника).

Однако возможны разныя комбинаціи сочетанія несогласованныхъ опредѣленій (въ родит. пад.) съ опредѣляемымъ, особенно въ стихирахъ, напр.: це́ркве* вели́каѧ забра́ла; заключе́ннꙋю слова̀* две́рь; добротѡ́чныѧ присножиꙟ́тныѧ дꙋ́ха* па́стырїе и ѹчи́телїе (30 янв., на хвалитехъ); земнꙋ́ю тро́ицꙋ ст҃ы́хъ і҆ера́рхѡвъ* да восхва́лимъ (30 янв., на литіи).

Несогласованныя опредѣленія, выраженныя косвенными падежами съ предлогомъ въ сочетаніи съ и́же, ꙗ́же, е́же, могутъ быть какъ послѣ опредѣляемаго, такъ и передъ нимъ, напримѣръ: Ста́рцы и́же въ ва́съ* молю̀ (1 Петра 5, 1); паси́те е́же въ ва́съ* ста́до бж҃їе (1 Петра 5, 2).

Несогласованныя опредѣленія съ и́же, ꙗ́же, е́же, стоящія послѣ опредѣляемаго, обычно обособляются запятой (хотя и не всегда), но предшествующія — не обособляются, напр.: но и во всѧ́ко мѣ́сто вѣ́ра ва́ша, ꙗ́же къ бг҃у*, изы́де (Сол. 1, 8); но также: ꙗ́кω сло́во на́ше е́же къ ва́мъ* не бы́сть ей и ни (2 Кор. 1, 18); По е́же во а҆́дъ* соше́ствїи*, и е́же из ме́ртвыхъ* воскресе́нїи (Окт., Утр. стих. 10-я).

Употребленіе отрицаній «не» и «ни».

§ 151. *Частица* нє. 1) Отрицательная частица нє, какъ и въ русскомъ языкѣ, можетъ стоять при любомъ членѣ предложенія, хотя большей частью употребляется при сказуемомъ, напр.: и̑ и́же не собира́етъ со мно́ю, расточа́етъ (Матѳ. 12, 30); Не се́й ли є́сть текто́новъ сн҃ъ; не ма́ти ли є̑гѡ̀ нарица́етсѧ маріа́мь; (Матѳ. 13, 55).

2) Частица нє можетъ употребляться въ предложеніяхъ съ ограничительнымъ значеніемъ, напр.: Се́й не и̑зго́нитъ бѣ́сы, то́кмѡ ѡ̑ вєельзеву́лѣ кнѧ́зѣ бѣсо́встѣмъ (Матѳ. 12, 24); Та́ть не прих́о́дитъ, ра́звѣ да ѹ̑кра́детъ и̑ ѹ̑бі́етъ и̑ погу́битъ (Іоан. 10, 10).

3) Частица нє можетъ входить въ союзное сочетаніе да нє (когда̀) въ придаточныхъ предложеніяхъ причины или цѣли съ отрицаніемъ, напр.: да нє когда̀ восторга́ющіе пле́велы, восто́ргнете ку́пнѡ съ ни́ми (и̑) пшени́цу (Матѳ. 13, 29); да нє когда̀ ѹ̑сну́ въ сме́рть, да нє когда̀ рече́тъ вра́гъ мо́й... (Правильникъ, веч. мол.); да нє кто̀ поплы́въ, и̑збѣ́гнетъ (Дѣян. 27, 42).

4) При нѣкоторыхъ глаголахъ съ отрицательнымъ значеніемъ (запрети́ти, возбрани́ти) зависящее отъ нихъ неопредѣленное наклоненіе (согласно греческому тексту) встрѣчается съ отрицаніемъ нє, причемъ, частица нє не измѣняетъ отрицательнаго смысла, напр.: Не запреще́ніемъ ли запрети́хомъ ва́мъ не ѹ̑чи́ти ѡ̑ и́мени се́мъ (Дѣян. 5, 28); также Дѣян. 5, 40; Кто̀ ва́мъ возбрани́ не покора́тисѧ и́стинѣ (Гал. 5, 7); є̑два̀ ѹ̑ста́виста наро́ды не же́рти и́ма (Дѣян. 14, 18).

5) Для обозначенія предѣла дѣйствія употребляется сочетаніе не ктому̀ (= болѣе не, уже не): не взалчу́тъ ктому̀, ниже́ вжа́ждутъ (Откр. 7, 16); и̑ не ктому̀ ѡ̑ставлѧ́ете є̑го̀ что̀ твори́ти (Марк. 7, 12); также: Воскр. кондакъ гл. 7.

При двухъ глаголахъ (или обстоятельственное причастіе + личный глаголъ), имѣющихъ взаимное отношеніе причины и слѣдствія, можетъ стоять только одно отрицаніе: да не вѣ́ровавше* спасу́тсѧ* (Лук. 8, 12); Нѣ́сть бо та́йно, є́же не ꙗ̑вле́но бу́детъ: ниже́ ѹ̑та́ено, є́же не позна́етсѧ*, и̑ въ ꙗ̑вле́ніе прїи́детъ* (Лук. 8, 17); а́ще не ѡ̑брати́тесѧ*, и̑ бу́дете* ꙗ̑кѡ дѣ́ти, не вни́дете въ ца́рство нбⷭ҇ное (Матѳ. 18, 3).

7) Двойное отрицаніе придаетъ утвердительный смыслъ, напр.: не возмо́жно є́сть не прїити̑ собла́знѡмъ (Лук. 17, 1), т. е. *придутъ*; и̑ ꙗ̑коже не не ѹ̑досто́илъ є̑сѝ вни́ти (Мол. ко причащ.), т. е. *удостоилъ*; никто́же да не вѣ́руетъ (Окт., ексапост. 3), т. е. *всякій да вѣруетъ* (ср. § 152, 3).

8) Частица **не** иногда стоитъ не при словѣ, къ которому относится, напр.: **й не ꙗ́сти йм҃ꙋ б҃ѣ когда̀** (Марк. 6, 31), вм. **й ꙗ́сти йм҃ꙋ не б҃ѣ когда̀**; **а́ще не сі́н пребꙋ́дꙋтъ** (Дѣян. 27, 31), вм. **а́ще сі́н не пребꙋ́дꙋтъ**.

§ 152. *Частица* **ни**. Основное значеніе отрицательной частицы **ни** — это значеніе отрицательно-соединительнаго союза, причемъ, въ зависимости отъ порядка слѣдованія, частица **ни** имѣетъ значеніе *"не и"* или *"и не"*:

1) Если сказуемое съ отрицаніемъ **не** предшествуетъ, частица **ни** имѣетъ значеніе *"не и"*, *"не и — и"*, напр.: **Не вреди́те ни землѝ, ни мо́ря, ни древе́съ** (Апок. 7, 3); передъ первымъ словомъ перечисленія частица **ни** можетъ опускаться: **Не стѧжи́те зла́та, ни сребра̀, ни мѣ́ди при поꙗсѣ́хъ ва́шихъ, ни пи́ры въ пꙋ́ть, ни двою̀ ри́зꙋ, ни сапѡ́гъ, ни же́злꙗ** (Матѳ. 10, 9-10).

2) Если же сказуемое (или спрягаемая часть составного сказуемаго) слѣдуетъ послѣ слова (или словъ) съ частицей **ни**, то отрицаніе **не** въ такихъ случаяхъ *отсутствуетъ*, напримѣръ: **йже ни ви́дѣти мо́гꙋтъ, ни слы́шати, ни ходи́ти**, ср. въ русск.: *которые не могутъ ни видѣть, ни слышать, ни ходить* (Апок. 9, 20); **ꙗ́кѡ ни на зако́нъ і҃ꙋде́йскій, ни на це́рковь, ни на ке́сарѧ что̀ согрѣши́хъ** (Дѣян. 25, 8), но если переставить сказуемое напередъ, то отрицаніе **не** нужно поставить: **ꙗ́кѡ не согрѣши́хъ что̀** (*что-либо*) **ни на зако́нъ і҃ꙋде́йскій, ни на це́рковь, ни на ке́сарѧ. ꙗ́кѡ ни сме́рть, ни живо́тъ, ни а́г҃гли, ни нача́ла, нижѐ си́лы, ни настоѧ́щаѧ, ни грѧдꙋ́щаѧ, ни высота̀, ни глꙋбина̀, ни йна тва́рь ка́ѧ возмо́жетъ на́съ разлꙋчи́ти ѿ любвѐ бж҃їѧ** (Рим. 8, 38-39), но — со спрягаемой частью составного сказуемаго впереди перечисленія: **ꙗ́кѡ не возмо́жетъ ни сме́рть, ни живо́тъ, ни а́г҃гли . . . ни йна ка́ѧ тва́рь на́съ разлꙋчи́ти . . .** Такая конструкція, когда сказуемое слѣдуетъ *послѣ* слова съ частицей **ни**, имѣетъ значеніе *"и не"*. Можно отмѣтить еще слѣдующіе случаи такого употребленія:

Единичное **ни** можетъ употребляться при существительномъ, мѣстоименіи или нарѣчіи; напр.: **ни во і҃и҃л то́лики вѣ́ры ѡбрѣто́хъ**, ср. въ русск.: *и* въ израиль не* нашелъ я такой вѣры* (Матѳ. 8, 10); **й ни тѣ́ма вѣ́ры ꙗ́ша**, русск.: *но и* имъ не* повѣрили* (Марк. 16, 13); **й ни та́кѡ ра́вно бѣ̀ свидѣ́тельство йхъ**, русск.: *Но и* такое свидѣтельство ихъ не* было достаточно* (Марк. 14, 59).

Но если единичному **ни** предшествуетъ сказуемое, то отрицаніе **не** употребляется (какъ указано въ пунктѣ 1), причемъ **ни** имѣетъ нѣсколько подчеркнутое значеніе — *"даже"*, *"даже и"*, напр.: **не хотѧ́ше ни о́чїю возвестѝ** (Лук. 18, 13); **ꙗ́кѡ не мощи́** и́мꙗ ни хлѣ́ба ꙗ́сти (Марк. 3, 20); ꙗ́коже ктомꙋ̀ не вмѣща́тисѧ ни при две́рехъ (Марк. 2, 2).

Двукратное ни (= "и не, и не") употребляется при тѣхъ же частяхъ рѣчи, какъ и единичное: Ни со́лнцꙋ же, ни ѕвѣзда́мъ ꙗ́вльшымсѧ на мно́ги днѝ (Дѣян. 27, 20); ни се́й согрѣшѝ, ни роди́телѧ є҆гѡ̀ (Іоан. 9, 2); Ѻ҆ба́че ни мꙋ́жъ без женꙑ̀, ни жена̀ без мꙋ́жа (1 Кор. 11, 11); можетъ употребляться также и при глагольныхъ формахъ: є҆гда̀ бо и҆з ме́ртвыхъ воскре́снꙋтъ, ни же́нѧтсѧ, ни посѧга́ютъ (Марк. 12, 25); прїи́де бо і҆ѡа́ннъ ни ꙗ́дꙑй, ни пїѧ̀й (Матѳ. 11, 18), ср. ни хлѣ́ба ꙗ́дꙑй, ни вїна̀ пїѧ̀ (Лук. 7, 34); ср. русскія выраженія: "ни тотъ, ни этотъ", "ни дать, ни взять".

3) Отрицательныя мѣстоименія и нарѣчія: никто́же, ничто́же, никі́й же, ни кото́рый, николи́же, никогда́же, нигдѣ́же, никамо́же и числительное ни є҆ди́нъ (же) имѣютъ подобное же употребленіе, т. е., если сказуемое слѣдуетъ послѣ нихъ, то отрицаніе не устраняется, напр.: и҆ никомꙋ́же ничто́же рѣ́ша: боѧ́хꙋбосѧ (Марк. 16, 8); никі́й же ра́бъ мо́жетъ двѣма̀ господи́нома рабо́тати (Лук. 16, 13); ни кото́рый прⷪ҇ро́къ прїѧ́тенъ є҆́сть во ѻ҆те́чествѣ свое́мъ (Лук. 4, 24); и҆ мнѣ̀ николи́же да́лъ є҆сѝ козла́те (Лук. 15, 29); ни гла́са є҆гѡ̀ ни- гда́же слы́шасте, ни видѣ́нїѧ є҆гѡ̀ ви́дѣсте (Іоан. 5, 37); се́й же ни є҆ди́нагѡ ѕла̀ сотворѝ (Лук. 23, 41); если же сказуемое предшествуетъ, то отрицаніе не употребляется, напр.: Не могꙋ̀ а҆́зъ ѡ҆ себѣ̀ твори́ти ничесѡ́же (Іоан. 5, 30); ѹ҆таи́тисѧ бо є҆мꙋ̀ ѿ си́хъ не вѣ́рꙋю ничесомꙋ́же (Дѣян. 26, 26); въ не́мже не бѣ̀ никто́же никогда́же положе́нъ (Лук. 23, 53); и҆ не восхи́титъ и҆́хъ никто́же ѿ рꙋкѝ моеѧ̀ (Іоан. 10, 28), но: и҆ никто́же мо́жетъ восхи́тити и҆́хъ ѿ рꙋки ѻ҆ц҃а̀ моегѡ̀ (Іоан. 10, 29); не и҆сходи́лъ ра́бъ тво́й никамо́же (4 Цар. 5, 25); зна́менїѧ не сотворѝ ни є҆ди́нагѡ (Іоан. 10, 41); однако иногда, въ видѣ исключенія, встрѣчается отрицаніе не и при сказуемомъ, слѣдующемъ послѣ указанныхъ отрицательныхъ словъ, напр.: и҆ ничесѡ́же є҆мꙋ̀ не глаго́лютъ (Іоан. 7, 26), также: Іоан. 16, 29.

4) При отрицаніи не, сочетаніе ниже́ имѣетъ значеніе "даже не"; имъ часто заканчивается повторяющееся ни, напр.: Не косни́сѧ, ниже́ вкꙋсѝ, ниже́ ѡ҆сѧжѝ (Кол. 2, 21); Не прере́четъ, ни возопїе́тъ, ниже́ ѹ҆слы́шитъ кто̀ на распꙋ́тїахъ гла́са є҆гѡ̀ (Матѳ. 12, 19).

5) Частица ни имѣетъ также значеніе отрицательнаго отвѣта "нѣтъ", напр.: ни: да не когда̀ восторга́юще плѣ́велы … (Матѳ. 13, 29).

Обращеніе.

§ 153. *Обращеніемъ* является слово или сочетаніе словъ, называющее лицо (или предметъ), къ которому обращена рѣчь.

Чаще всего обращеніе выражается именемъ существительнымъ въ звательномъ падежѣ, напр.: оу҆чи́телю, гдѣ̀ живе́ши; (Іоан. 1, 38).

Обращеніе можетъ быть выражено также и субстантивированными прилагательными и причастіями. Краткія прилагательныя и страдательныя причастія выражаютъ обращеніе звательнымъ падежомъ съ особой формой (см. § 171, 7). Полныя прилагательныя и причастія (какъ страдательныя, такъ и дѣйствительныя) выражаютъ обращеніе посредствомъ формы, тождественной съ именительнымъ падежомъ, напр.: безꙋ́мне, въ сїю̀ но́щь дꙋ́шꙋ твою̀ и҆стѧ́жꙋтъ ѿ тебѐ (Лук. 12, 20); возлю́бленнїи, молю̀ ꙗ҆́кѡ приш�е́льцевъ и҆ стра́нникѡвъ (1 Петр. 2, 11).

Обращеніе является *нераспространеннымъ*, если выражено однимъ словомъ, и *распространеннымъ*, если выражено сочетаніемъ словъ. Составъ распространеннаго обращенія можетъ быть весьма разнообразнымъ, напр.: ѽ ро́де невѣ́рный и҆ развраще́нный, доко́лѣ бꙋ́дꙋ съ ва́ми; (Матѳ. 17, 17); ѽ и҆сполненне всѧ́кїѧ льсти и҆ всѧ́кїѧ ѕло́бы, сы́не дїа́воль, вра́же всѧ́кїѧ пра́вды, не преста́неши ли развраща́ѧ пꙋти̑ гдⷭ҇ни пра̑выѧ; (Дѣян. 13, 10).

Обращеніе часто распространяется краткимъ придаточнымъ предложеніемъ, напр.: и҆́же ѡ҆ всѣ́хъ бл҃гі́й гдⷭ҇и, сла́ва тебѣ̀ (Троп. В. Четв.); стра́стїю твое́ю, хрⷭ҇тѐ, ѡ҆мрачи́вый со́лнце, и҆ свѣ́томъ твоегѡ̀ воскрⷭ҇нїѧ, просвѣти́вый всѧ́ческаѧ, прїимѝ на́шꙋ вече́рнюю пѣ́снь, чл҃вѣколю́бче (Воскр. гл. 3-й, на стих.). Чаще всего краткое придаточное предложеніе само является обращеніемъ, такъ какъ мѣстоименіе 2-го лица, къ которому относится краткое придаточное предложеніе, въ такихъ случаяхъ всегда опускается, напр.: (Ты) и҆́же свѣ́тъ невече́рній ро́ждшаѧ, дꙋ́шꙋ мою̀ ѡ҆слѣ́пшꙋю просвѣтѝ (Утр. мол. 8-я); (Ты) и҆́же бога́тый въ ми́лти, во́лею погребле́сѧ є҆сѝ (Воскр. гл. 2-й, п. 8); (Ты) на дре́вѣ распны́йсѧ, и҆ и҆зъ ме́ртвыхъ воскресы́й, и҆ сы́й въ нѣ́дрѣхъ ѻ҆́ч҃ихъ, ѡ҆чи́сти грѣхѝ на́шѧ (Воскр. гл. 2-й, на Госп. воззв.).

Междометіе ѽ, часто прилагаемое къ обращенію, усиливаетъ звательность его, напр.: ѽ всепѣ́таѧ ма́ти (Акаѳ.).

Употребленіе временъ.

Настоящее время.

§ 154. Въ церковно-славянскомъ языкѣ формы настоящаго времени въ основномъ имѣютъ подобное же употребленіе, какъ и въ русскомъ языкѣ. Можно отмѣтить слѣдующія значенія формъ настоящаго времени:

1) Формы настоящаго времени выражаютъ дѣйствіе, совпадающее съ моментомъ рѣчи, напр.: а́зъ требꙋ́ю* тобо́ю крести́тисѧ, и҆ ты́ ли грѧде́ши* ко мнѣ̀ (Матѳ. 3, 14).

2) Настоящее время можетъ употребляться при картинномъ описаніи прошедшаго событія. Такое настоящее время называется *историческимъ* (или *описательнымъ*), напр.: Тогда̀ прихо́дитъ* і҆и҃съ ѿ галїле́и на і҆ѻрда́нъ ко і҆ѡа́ннꙋ крⷭти́тисѧ ѿ негѡ̀ (Матѳ. 3, 13).

3) Настоящее время можетъ употребляться для выраженія дѣйствія, являющагося постояннымъ свойствомъ предмета или лица, напр.: И҆спыта́й и҆ ви́ждь, ꙗ҆́кѡ прⷪро́къ ѿ галїле́и не прихо́дитъ* (Іоан. 7, 52); всѧ̑ ѹ҆̀бо, є҆ли̑ка а҆́ще рекꙋ́тъ ва́мъ (*фарисеи*) блюстѝ, соблюда́йте и҆ твори́те: по дѣлѡ́мъ же и҆́хъ не твори́те: глаго́лютъ* бо, и҆ не творѧ́тъ*. свѧзꙋ́ютъ* бо бремена̀ тѧ̑жка и҆ бѣ́днѣ носи́ма, и҆ возлага́ютъ* на плеща̀ человѣ́ческа: пе́рстомъ же свои́мъ не хотѧ́тъ* дви́гнꙋти и҆́хъ (Матѳ. 23, 3-4).

4) Формами настоящаго времени отъ глаголовъ движенія (и҆дꙋ̀, грѧдꙋ̀) можетъ быть выражено дѣйствіе ближайшаго будущаго времени, напр.: воста́въ и҆дꙋ̀* ко ѻ҆ц҃ꙋ моемꙋ̀ (Лук. 15, 18); и҆дѝ же ко бра́тїи мое́й, и҆ рцы̀ и҆̀мъ: восхождꙋ̀* ко ѻ҆ц҃ꙋ моемꙋ̀ и҆ ѻ҆ц҃ꙋ ва́шемꙋ (Іоап. 20, 17); є҆́й, грѧдꙋ̀* ско́рѡ (Апок. 22, 20).

5) Въ церковно-славянскомъ языкѣ встрѣчается употребленіе формъ настоящаго времени отъ нѣкоторыхъ глаголовъ (не только отъ глаголовъ движенія) въ значеніи будущаго, что опредѣляется контекстомъ (см. § 84), напр.: и҆̀мже ѿпꙋ́стите грѣхѝ, ѿпꙋ́стѧтсѧ и҆̀мъ: и҆ и҆̀мже держитѐ*, держа́тсѧ* (Іоан. 20, 23).

Будущее время.

§ 155. Формы будущаго времени простого употребляются для обозначенія будущаго времени совершеннаго вида, напримѣръ: и҆́же сотвори́тъ и҆ наꙋчи́тъ, се́й ве́лїй наречетсѧ въ ца́рⷭтвїи небе́снѣмъ (Матѳ. 5, 19).

Формы будущаго времени сложнаго употребляются для обозначенія будущаго времени несовершеннаго вида, причемъ связки не теряютъ вполнѣ своего лексическаго значенія и, кромѣ указанія на будущее время, вносятъ еще и добавочное значеніе: и́мамъ — можетъ вносить значеніе долженствованія или необходимости: и́мать* пострада́ти* ѿ ни́хъ (Матѳ. 17, 12); и́же а́ще не прїи́метъ цр҃твїа бж҃їа, ꙗ́кѡ ѻ́троча̀, не и́мать* вни́ти* въ нѐ (Лук. 18, 17); є̀гда̀ и́мꙋтъ всѧ̀ сїѧ̀ сконча́тисѧ* (Марк. 13, 4); но въ слѣдующемъ примѣрѣ: и́ и́мѣ́ти* и́маши сокро́вище на небеси́ (Матѳ. 19, 21), и́маши приближается къ чистой связкѣ. Связка хо́щꙋ вноситъ оттѣнки желанія, особенно проявленіе воли, судьбы, промысла или стихіи: мꙋ́жїе, ви́ждꙋ, ꙗ́кѡ съ досажде́нїемъ и́ мно́гою тщето́ю, не то́кмѡ бре́мене и́ кораблѧ̀, но и́ дꙋ́шъ на́шихъ хо́щетъ* бы́ти* пла́ванїе (Дѣян. 27, 10); что̀ ᲂу҆́бѡ сїѐ хо́щетъ бы́ти (Дѣян. 2, 12). Связка на́чнетъ — кромѣ указанія на начало дѣйствія въ будущемъ, можетъ еще указывать и на неизбѣжность или долженствованіе дѣйствія: и́ тогда̀ на́чнеши* со стыдо́мъ послѣ́днее мѣ́сто держа́ти* (Лук. 14, 9), т. е. "придется быть" на послѣднемъ мѣстѣ.

Иногда встрѣчается въ качествѣ связки и глаголъ бꙋ́дꙋ въ сочетаніи съ неопредѣленнымъ наклоненіемъ, напр.: и́ а́ще бꙋ́детъ* ѡ҆брѣсти́* ю̀ (Матѳ. 18, 12), въ русскомъ текстѣ: и если случится найти ее; господствовати бꙋ́детъ рꙋка̀ моѧ̀ (Псалтирь, пѣснь 1-я).

Аористъ.

§ 156. Аористъ выражаетъ простое дѣйствіе, предшествовавшее моменту повѣствованія, безъ какой-либо характеризаціи дѣйствія, т. е. безъ обозначенія длительности или недлительности или временной отдаленности дѣйствія.

Аористъ можетъ быть образованъ отъ глаголовъ, какъ несовершеннаго, такъ и совершеннаго вида, а потому аористъ совершеннаго вида указываетъ на предѣлъ длительности, т. е. законченность дѣйствія; однако это свойство не аориста, но вида глагола (и́ти — и́дохъ, прїити — прїидо́хъ).

Функція аориста — вести разсказъ. Повѣствователь пользуется аористомъ для выраженія основныхъ дѣйствій случая или событія. Аористу присуща живость случившагося, отражающая прямую заинтересованность повѣствователя.

Входѧ́щꙋ же є҆мꙋ̀ въ нѣ́кꙋю весь, срѣто́ша[1] его̀ де́сать прокаже́нныхъ мꙋже́й и́же ста́ша[2] и҆зда́леча: и́ ті́и вознесо́ша[3] гла́съ, глаго́люще: і҆и҃се наста́вниче, поми́лꙋй ны̀. И҆ ви́дѣвъ рече́[4] и́мъ: ше́дше покажи́тесѧ свѧще́нникѡмъ: и́ бы́сть[5] и҆дꙋ́щымъ и́мъ ѡ҆чи́стишасѧ[6] (Лук. 17, 12-14).

Цѣпь основныхъ дѣйствій этого случая выражена аористами

[1], [2], [3], [4], [5], [6]

Имперфектъ (преходящее).

§ 157. Имперфектъ выражаетъ дѣйствіе, соотносительное съ другимъ основнымъ дѣйствіемъ (или фактомъ), выраженнымъ обычно аористомъ, а иногда и предикативнымъ причастіемъ.

Аористъ ведетъ разсказъ, а имперфектъ, вклиняясь, вноситъ къ основному дѣйствію другое — добавочное, разъясняющее или сопровождающее дѣйствіе.

Имперфектъ не всегда можетъ быть соотносительнымъ съ отдѣльнымъ дѣйствіемъ случая; оно можетъ выражать дѣйствіе, соотносительное съ общими обстоятельствами случая или событія, и его соотносительность воспринимается тогда только изъ контекста; въ такомъ случаѣ для удобства можно было бы прибавить "въ то время".

Примѣръ совмѣстнаго употребленія аориста и имперфекта:

И оу҆слы́ша [1] ца́рь и҆́рѡдъ: (ꙗ҆вѣ бо бы́сть и҆́мѧ є҆гѡ̀) и҆ глаго́лаше, [2] ꙗ҆́кѡ і҆ѡа́ннъ крⷭти́тель ѿ ме́ртвыхъ воста̀, и҆ сегѡ̀ ра́ди си́лы дѣ́ютсѧ ѡ҆ не́мъ. И҆ні́и глаго́лахꙋ, [3] ꙗ҆́кѡ и҆лїѧ̀ є҆́сть: и҆ні́и же глаго́лахꙋ, [4] ꙗ҆́кѡ прⷪро́къ, и҆лѝ ꙗ҆́кѡ є҆ди́нъ ѿ прⷪрѡ́къ. Слы́шавъ же и҆́рѡдъ речѐ, [5] ꙗ҆́кѡ, є҆го́же а҆́зъ оу҆сѣ́кнꙋхъ і҆ѡа́нна, то́й є҆́сть: то́й воста̀ ѿ ме́ртвыхъ. То́й бо и҆́рѡдъ посла́въ, ꙗ҆́тъ [6] і҆ѡа́нна, и҆ свѧза̀ [7] є҆го̀ въ темни́цѣ, и҆рѡдїа́ды ра́ди жены̀ фїли́ппа бра́та своегѡ̀, ꙗ҆́кѡ ѡ҆жени́сѧ [8] є҆́ю. Глаго́лаше [9] бо і҆ѡа́ннъ и҆́рѡдови: не досто́итъ тебѣ̀ и҆мѣ́ти женꙋ̀ (фїли́ппа) бра́та твоегѡ̀. И҆рѡдїа́ же гнѣ́вашесѧ [10] на негѡ̀, и҆ хотѧ́ше [11] є҆го̀ оу҆би́ти: и҆ не можа́ше. [12] И҆́рѡдъ бо боѧ́шесѧ [13] і҆ѡа́нна, вѣ́дый є҆го̀ мꙋ́жа пра́ведна и҆ ст҃а, и҆ соблюда́ше [14] є҆го̀: и҆ послꙋ́шавъ є҆гѡ̀, мнѡ́га творѧ́ше, [15] и҆ въ сла́дость є҆гѡ̀ послꙋ́шаше [16] (Марк. 6, 14-20).

Аористы [1, 5, 6, 7, 8] представляютъ канву основныхъ дѣйствій случая. Глаго́лаше [2] соотносительно съ оу҆слы́ша [1]: аористъ [1] совер. вида указываетъ на законченное дѣйствіе; имперфектъ [2] раскрываетъ результатъ дѣйствія аориста. Имперфекты [3, 4,] вносятъ побочныя свѣдѣнія и соотносительны съ общими обстоятельствами этого случая, т. е. со слухомъ о дѣлахъ Спасителя. Имперфекты [10, 11, 12, 13, 14, 15, 16] соотносительны съ аористами ꙗ҆́тъ [6] и свѧза̀ [7] и являются поясняющими, по какой причинѣ Св. Іоаннъ Креститель былъ заключенъ въ темницу.

Соотносительность почти всегда совпадаетъ съ одновременностью. Можно отмѣтить слѣдующіе случаи употребленія имперфекта:

1) Сопровождающее дѣйствіе:

По си́хъ и҆́де і҆и҃съ на ѡ҆́нъ по́лъ мо́рѧ галїле́и тїверїа́дска: И҆ по не́мъ и҆дѧ́ше наро́дъ мно́гъ (Іоан. 6, 1-2).

Имперфектъ и҆да́ше соотносителенъ съ и҆де.

2) Дѣйствіе имперфекта независимое:

И҆до́ста же па́ки къ себѣ̀ ѹ҆ченика̀. Марі́а же стоѧ́ше ѹ҆ гро́ба внѣ̀ пла́чѹщи (Іоан. 20, 10-11).

Имперфектъ стоѧ́ше соотносителенъ съ и҆до́ста, т. е. въ то время, какъ апостолы ушли, Марія стояла (оставалась) у гроба.

Ма́рѳа ѹ҆бо є҆гда̀ ѹ҆слы́ша, ꙗ҆́кѡ і҆и҃съ грѧде́тъ, срѣ́те є҆го̀: марі́а же до́ма сѣдѧ́ше (Іоан. 11, 20).

Имперфектъ сѣдѧ́ше соотносителенъ и одновремененъ съ основнымъ дѣйствіемъ, выраженнымъ аористомъ срѣ́те.

3) Дѣйствіе имперфекта, какъ слѣдствіе. Онъ слѣдуетъ за аористомъ совершеннаго вида и раскрываетъ результатъ дѣйствія аориста:

И҆ а҆́бїе прозрѣ̀ и҆ вслѣ́дъ є҆гѡ̀ и҆да́ше, сла́вѧ бг҃а (Лук. 18, 43); По си́хъ же прїи́де і҆и҃съ и҆ ѹ҆ченицы̀ є҆гѡ̀ въ жидо́вскѹю зе́млю: и҆ тѹ̀ живѧ́ше съ ни́ми и҆ креща́ше (Іоан. 3, 22).

Дѣйствія имперфектовъ соотносительны съ дѣйствіями аористовъ.

4) Дѣйствіе имперфекта служитъ фономъ для дѣйствія аориста:

Ꙗ҆́коже пла́кашесѧ, приниче во гро́бъ (Іоан. 20, 11). Ꙗ҆́коже и҆дѧ́хѹ пѹте́мъ, прїидо́ша на нѣ́кѹю во́дѹ (Дѣян. 8, 36). И҆ бы́сть, є҆гда̀ молѧ́шесѧ, видѣ́нїе лица̀ є҆гѡ̀ и҆́но, и҆ ѡ҆дѣѧ́нїе є҆гѡ̀ бѣ́ло блиста́ѧсѧ (Лук. 9, 29).

Дѣйствіе имперфекта въ качествѣ фона можетъ быть представлено въ болѣе распространенномъ видѣ:

Жи́знь во гро́бѣ возлежа́ше,[1] и҆ печа́ть на ка́мени надлежа́ше,[2] ꙗ҆́кѡ царѧ̀ спѧ́ща во́ини стрежа́хѹ[3] хрⷭ҇та̀: и҆ а҆́гг҃ли сла́вахѹ,[4] ꙗ҆́кѡ бг҃а безсме́ртна, жены̀ же взыва́хѹ:[5] воскре́се гдⷭ҇ь, подаѧ̀ мі́рови ве́лїю ми́лость (Октоихъ, воскр., 7-й гл., сѣдаленъ на утр.).

Имперфекты [1, 2, 3, 4, 5] этого примѣра соотносительны съ обстоятельствами смерти и воскресенія Христова. Они являются контрастнымъ фономъ для аориста воскре́се.

5) Имперфекты съ поясняющимъ значеніемъ:

По си́хъ и҆де і҆и҃съ на ѻ҆́нъ по́лъ мо́рѧ галїле́и тїверїа́дска: и҆ по не́мъ и҆дѧ́ше наро́дъ мно́гъ, ꙗ҆́кѡ ви́дахѹ зна́менїѧ є҆гѡ̀, ꙗ҆́же творѧ́ше над недѹ́жными (Іоан. 6, 1-2).

Ви́дахѹ и҆ творѧ́ше соотносительны съ дѣятельностью Спасителя и съ имперфектомъ и҆дѧ́ше и являются поясняющими.

Тогда̀ у̑бо вни́де и҆ дру́гі́й о҆у̑ченни́къ, прише́дый пре́жде ко гро́бꙋ, и҆ ви́дѣ и҆ вѣ́рова. Не о҆у̑ бо вѣ́дахꙋ писа́ні́а, ꙗ҆́кѡ подоба́етъ є҆мꙋ̀ и҆зъ ме́ртвыхъ воскре́снꙋти (Іоан. 20, 8-9).

Не вѣ́дахꙋ соотносительно съ ви́дѣ и҆ вѣ́рова и является поясняющимъ.

Ѡ҆бра́щся же пе́тръ ви́дѣ о҆у̑ченника̀, є҆го́же люба́ше і҆и҃съ, во слѣ́дъ и҆дꙋ́ща (Іоан. 21, 20).

Имперфектъ люба́ше является поясняющимъ.

6) Имперфекты при описаніи деталей случая или событія:

И҆ поꙗ́ша ю҆нца̀ и҆ сотвори́ша (та́кѡ), и҆ призыва́хꙋ[1] и҆́мѧ ваа́лово ѿ о҆у̑тра до полꙋ́дне, и҆ рѣ́ша: послꙋ́шай на́съ, ваа́ле, послꙋ́шай на́съ, и҆ не бѣ̀ гла́са ни послꙋша́ні́а. и҆ риста́хꙋ[2] о҆́колѡ же́ртвенника, є҆го́же сотвори́ша... и҆ зова́хꙋ[3] гла́сомъ вели́кимъ, и҆ кроа́хꙋсѧ[4] по о҆бы́чаю своемꙋ̀ ножа́ми, и҆ мно́зи би́шасѧ би́чми, до проли́ті́а кро́ве свое́ѧ. И҆ прорица́хꙋ,[5] до́ндеже пре́йде ве́черъ (3 Цар. 18, 26-29).

Имперфекты [1, 2, 3, 4, 5] выражаютъ детали этого случая, и соотносительны съ фактомъ жертвоприношенія Ваалу — поꙗ́ша и сотвори́ша.

7) Имперфекты описательныя съ характеризующимъ значеніемъ:

Бы́сть же на вся́кой дꙋши́ стра́хъ, мно́га бо чꙋдеса̀ и҆ зна́мені́а а҆п҃толы бы́ша во і҆ерꙋсали́мѣ. стра́хъ же вѣ́лі́й бѧ́ше[1] на всѣ́хъ и҆́хъ. всѝ же вѣ́ровавшіи бѧ́хꙋ[2] вкꙋ́пѣ, и҆ и҆мѧ́хꙋ[3] всѧ̑ о҆́бща. И҆ стѧжа́ні́а и҆ и҆мѣ́ні́а прода́ѧхꙋ,[4] и҆ роздаѧ́хꙋ[5] всѣ́мъ, є҆го́же а҆́ще кто̀ тре́боваше:[6] По всѧ̑ же дни̑ терпѧ́ще є҆динодꙋ́шнѡ въ цр҃кви, и҆ ломѧ́ще по домѡ́мъ хлѣ́бъ, прі́има́хꙋ[7] пищꙋ̀ въ ра́дости и҆ въ простотѣ̀ се́рдца, Хвалѧ́ще бг҃а и҆ и҆мꙋ́ще бл҃года́ть о҆у̑ всѣ́хъ люде́й. Гд҃ь же прилага́ше[8] по всѧ̑ дни̑ спаса́ющыⱖсѧ (Дѣ́ян. 2, 43-47).

Аористы бы́сть и бы́ша приводятъ факты, а имперфекты [1, 2, 3, 4, 5, 6, 7, 8] детализируютъ, характеризуя первое общество христіанъ. Имперфекты соотносительны съ бы́сть и бы́ша.

8) Имперфекты съ повторяющимся значеніемъ:

Е҆́сть же во і҆ерꙋсали́мѣхъ о҆́вчаѧ кꙋпѣ́ль, ꙗ҆́же глаго́летсѧ є҆вре́йски виѳесда̀, пѧ́ть притвѡ́ръ и҆мꙋ́щи. Въ тѣ́хъ слежа́ше[1] мно́жество болѧ́щихъ, слѣпы́хъ, хромы́хъ, сꙋхи́хъ, ча́ющихъ движе́ні́а воды̀. А҆́гг҃лъ бо гд҃ень на вся́ко лѣ́то схожда́ше[2] въ кꙋпѣ́ль, и҆ возмꙋща́ше[3] во́дꙋ: и҆ и҆́же пе́рвѣе влаза́ше[4] по возмꙋще́ні́и воды̀, здра́въ быва́ше,[5] ꙗ҆ци́мъ же недꙋ́гомъ ѡ҆держи́мъ быва́ше[6] (Іоан. 5, 2-4).

Имперфектъ слежа́ше[1] указываетъ на длительность дѣйствія; прочіе имперфекты [2, 3, 4, 5, 6] указываютъ на повторность дѣйствія. Всѣ имперфекты соотносительны съ фактомъ исцѣленія при купѣли, воспринимаемымъ изъ контекста, такъ что можно было бы прибавить "въ то время".

9) Довольно часто имперфектъ употребляется какъ вводное слово для чужой рѣчи (обычно слова глаго́лаше, вопїа́ше, взыва́ше и др.): й глаго́лаше и̑мъ: и̑дѣ́же а́ще вни́дите въ до́мъ, тꙋ̀ пребыва́йте (Марк. 6, 10).

Перфектъ (прошедшее совершенное).

§ 158. Перфектъ выражаетъ ретроспективную направленность говорящаго, т. е. воззрѣніе назадъ. Отсюда перфектъ не развиваетъ дѣйствія, но поставляетъ процессъ, имъ обозначаемый, *внѣ основного контекста*, составляющаго дѣйствіе разсказа и отражающаго живое участіе говорящаго; иначе говоря перфектъ *объективизируетъ**) процессъ, имъ обозначаемый. Такимъ образомъ говорящій пользуется перфектомъ для выраженія тѣхъ дѣйствій или фактовъ, которые въ его сознаніи имѣютъ объективное значеніе. Для болѣе легкаго пониманія, значеніе объективности въ перфектѣ можно было бы перефразировать словами: "это неоспоримый фактъ" или "какъ всѣмъ это хорошо извѣстно"**).

Опорной точкой "воззрѣнія назадъ" является настоящее время, на что указываетъ связка (е́смь, е́си, е́сть …). Отсюда перфектъ большей частью встрѣчается въ сочетаніи съ настоящимъ или будущимъ временемъ.

Поскольку перфектъ обозначаетъ процессъ внѣ развитія его во времени, то, кромѣ значенія объективности, дѣйствіе перфекта еще можетъ имѣть значеніе результата въ моментъ высказыванія, иногда съ характеризующимъ значеніемъ по отношенію къ субъекту (подлежащему).

Формы перфекта могутъ быть какъ совершеннаго такъ и несовершеннаго вида, въ зависимости отъ основы неопредѣленнаго наклоненія.

Примѣры:

1) Предста́ша[1] ца́рїе зе́мстїи, й кнѧ́зи собра́шасѧ[2] вкꙋ́пѣ: на гда̀, й на хрта̀ е̑гѡ̀. Собра́шасѧ[3] бо вои́стиннꙋ во гра́дѣ се́мъ на ста́го о̑́трока твоегѡ̀ і̑и̑са, е̑го́же пома́залъ е̑си̑, и̑́рѡдъ же й понті́йскїй пїла́тъ, съ ꙗ̑зы́ки й людьми̑ і̑и̑левыми (Дѣян. 4, 26-27).

---

*) C. H. Van Schooneveld. A Semantic Analysis of the Old Russian Finite Preterite System." 1959 p. 92.

**) Ibid. p. 95.

Здѣсь аористы [1,2,3], развивающіе дѣйствіе, составляютъ основной контекстъ разсказа; дѣйствіе перфекта находится внѣ этого контекста и представляетъ собою объективный фактъ — є҆го́же пома́залъ є҆сѝ. Перфектъ выражаетъ дѣйствіе раннѣе дѣйствія аористовъ, однако оно имѣло такое же важное значеніе и въ моментъ высказыванія.

2) Занѐ, разꙋ́мное бж҃їе, ꙗ҆вѣ́ є҆́сть въ ни́хъ: бг҃ъ бо ꙗ҆ви́лъ є҆́сть и҆̀мъ (Рим. 1, 19).

Дѣйствіе перфекта является объективнымъ фактомъ; результатъ его налицо въ моментъ высказыванія — ꙗ҆вѣ́ є҆́сть...

3) Оу҆чи́тель прише́лъ є҆́сть и҆ гласи́тъ тѧ̀ (Іоан. 11, 28).

4) Во грѣсѣ́хъ ты̀ роди́лсѧ є҆сѝ ве́сь, и҆ ты́ ли ны̀ оу҆чи́ши; (Іоан. 9, 34).

5) Ꙗ҆кѡ бри́твꙋ и҆з҆ѡщре́нꙋ сотвори́лъ є҆сѝ ле́сть. Возлюби́лъ є҆сѝ ѕло́бꙋ па́че бл҃гости́нн... возлюби́лъ є҆сѝ всѧ̑ глаго́лы потѡ̑пныѧ, ѧ҆зы́къ льсти́въ. Сегѡ̀ ра́ди бг҃ъ разрꙋши́тъ тѧ̀ до конца̀... (Псал. 51, 4-7).

Въ этихъ примѣрахъ, кромѣ значенія объективности по отношенію къ говорящему, примѣръ 3) указываетъ на результатъ къ моменту высказыванія: въ примѣрахъ 4) и 5) дѣйствія перфекта являются характеризующими, ихъ можно было бы перефразировать "каковъ есть?".

Примѣчаніе. Въ простонародномъ языкѣ существуютъ особыя причастныя выраженія: «онъ пришодце (есть пришедши)», ср. примѣръ 3), «онъ поѣмши (есть поѣвши)». Эти выраженія, повидимому, не что иное, какъ формы перфекта съ результативнымъ значеніемъ, только составленныя изъ дѣйствительнаго причастія на -ш. Формы же со связкой прошедшаго времени: «когда мы пришли, онъ былъ уставши» — можно разсматривать, какъ плюсквамперфектъ. Формы со связкой будущаго времени — будущее результативное, напримѣръ: «Нешто я неѣмши буду».

§ 159. Исходя отъ значенія объективности перфекта, какъ рѣчи о фактѣ извѣстномъ, случаи его употребленія можно распредѣлить по слѣдующимъ группамъ *):

I. Случай извѣстенъ всѣмъ, кромѣ того, къ кому обращена рѣчь. Встрѣчается при убѣжденіи:

7) Тве́рдѡ оу҆́бо да разꙋмѣ́етъ ве́сь до́мъ і҆и҃левъ, ꙗ҆кѡ и҆ гд҃а и҆ хрⷭ҇та̀ є҆го̀ бг҃ъ сотвори́лъ є҆́сть,[1] сегò і҆и҃са, є҆го́же вы̀ распѧ́сте[2] (Дѣян. 2, 36).

---

*) Ibid. p. 95.

Говорящій убѣждаетъ къ принятію объективнаго факта,[1] очевиднаго для говорящаго. Дѣйствіе перфекта[1] произошло ранѣе аориста[2] (основного контекста), однако его значеніе имѣло силу и въ моментъ высказыванія.

8) Іѡа́ннъ ѹ҆́бѡ крести́лъ є҆́сть водо́ю, вы́ же и҆́мате крести́тисѧ дꙋ́хомъ ст҃ы́мъ (Дѣян. 11, 16).

9) И҆ ви́дѣлъ є҆си́ є҆го̀, и҆ глаго́лѧй съ тобо́ю, то́й є҆́сть (Іоан. 9, 37).

Сюда же можно отнести примѣры 2) и 3).

II. Случай обычно извѣстенъ всѣмъ, кромѣ говорящаго. Встрѣчается какъ заключеніе мысли:

10) Ѹ҆чи́телю, до́брѣ ре́клъ є҆си́ (Лук. 20, 39).

11) Слы́шавъ же сїѧ̑ і҆и҃съ, речѐ є҆мꙋ̀: є҆щѐ є҆ди́нагѡ не доконча́лъ є҆си́ (Лук. 18, 22).

III. Случай обычно извѣстенъ всѣмъ, кромѣ говорящаго и того, къ кому рѣчь обращена. Встрѣчается, какъ выраженіе сомнѣнія: что бываетъ въ прямомъ или косвенномъ вопросѣ, или въ условныхъ предложеніяхъ.

12) Ке́сарѧ ли наре́клъ є҆си́, къ ке́сарю по́йдеши (Дѣян. 26, 16).

13) Кто̀ ѹ҆́бѡ є҆́сть, и҆ что̀ є҆́сть сотвори́лъ; (Дѣян. 21, 33).

14) И҆ бы́сть, є҆гда̀ возврати́сѧ, прїи́мъ ца́рство, речѐ пригласи́ти рабы̑ ті̑н, и҆̀мже дадѐ сребро̀, да ѹ҆вѣ́сть, каковꙋ̀ кꙋ́плю сꙋ́ть сотвори́ли (Лук. 19, 15).

IV. Случай обычно всѣмъ извѣстенъ, включая говорящаго и того, къ кому рѣчь обращена. Встрѣчается при подтвержденіи:

15) Поклоню́сѧ ко хра́мꙋ свято́мꙋ твоемꙋ̀, и҆ и҆сповѣ́мсѧ и҆́мени твоемꙋ̀ ѿ ми́лости твое́й и҆ и҆́стинѣ твое́й: ꙗ҆́кѡ возвели́чилъ є҆си́ над̾ всѣ́ми и҆́мѧ твоѐ свято́е (Псал. 137, 2).

16) И҆скꙋси́лъ є҆си́ се́рдце моѐ, посѣти́лъ є҆си́ но́щію: и҆скꙋси́лъ мѧ̀ є҆си́, и҆ не ѡ҆брѣ́тесѧ во мнѣ̀ непра́вда (Псал. 16, 3).

Послѣдній типъ перфекта особенно употребителенъ въ богослужебномъ текстѣ, такъ какъ обычно перечисляются добродѣтели святого или милости Божія по отношенію къ человѣку, имѣющія объективное значеніе въ сознаніи говорящаго, что обыкновенно выражается 2-мъ лицомъ. Отсюда, — повидимому, отъ частаго употребленія, — 2-е лицо перфекта почти совсѣмъ вытѣснило 2-е лицо аориста и имперфекта. Въ богослужебномъ текстѣ 2-е лицо аориста и имперфекта встрѣчается въ видѣ исключенія, хотя въ дониконовскомъ текстѣ оно употреблялось такъ же часто, какъ и 2-е лицо перфекта.

Современный текстъ:

Рⷪди́лсѧ є҆сѝ ꙗ҆́кѡ са́мъ восхотѣ́лъ є҆сѝ, ꙗ҆ви́лсѧ є҆сѝ ꙗ҆́кѡ са́мъ и҆зво́лилъ є҆сѝ: пострада́лъ є҆сѝ пло́тїю бже̑ на́шъ, и҆з ме́ртвыхъ воскрⷭлъ є҆сѝ попра́въ сме́рть. вознесе́лсѧ є҆сѝ во сла́вѣ, всѧ́ческаѧ и҆сполнѧ́ѧй, и҆ посла́лъ є҆сѝ на́мъ дх҃а бже́ственнаго, є҆́же воспѣва́ти и҆ сла́вити твоѐ бжⷭтво̀ (Служба Вознесенїю, на стиховнѣ вечера).

Текстъ патрїарха Іосифа:

Рⷪди́сѧ ꙗ҆́кѡ са́мъ восхотѣ̀, ꙗ҆ви́лсѧ є҆сѝ ꙗ҆́кѡ са́мъ и҆зво́ли, пострада̀ пло́тїю бже̑ на́шъ. и҆змр҃твыхъ воскрⷭе, попра́въ сме́рть. вознесе́сѧ во сла́вѣ, и҆́же всѧ́ческаѧ и҆сполнѧ́ѧй. и҆ посла́лъ є҆сѝ на́мъ дх҃ъ бже́ственныи, воє́же воспѣва́ти и҆ сла́вити твоѐ бжⷭтво̀.

2-е лицо аориста и имперфекта сохранилось неприкосновеннымъ только въ богослужебномъ Евангеліи (и то не во всѣхъ изданіяхъ), а въ небогослужебныхъ церковно-славянскихъ изданіяхъ Евангелія 2-е лицо аориста и имперфекта замѣнено 2-мъ лицомъ перфекта.

Напримѣръ, по богослужебному тексту:

Є҆гда̀ бѣ̀[1] ю҆́нъ, поѧса́шесѧ[2] са́мъ, и҆ хожда́ше,[3] а҆́може хотѧ́ше:[4] є҆гда́ же состарѣ́ешисѧ, и҆ воздѣ́жеши рꙋ́цѣ твои̑, и҆ и҆́нъ тѧ̀ поѧ́шетъ, и҆ веде́тъ, а҆́може не хо́щеши (Іоан. 21, 18).

Аористъ бѣ̀[1] вводитъ въ разсказъ новое дѣйствіе; имперфекты[2, 3, 4] соотносительны съ бѣ̀ и являются детализирующими.

Въ небогослужебныхъ изданіяхъ вмѣсто 2-го лица аориста[1] и имперфектовъ[2, 3, 4] стоятъ перфекты, что нарушаетъ систему прошедшихъ временъ: Є҆гда̀ бы́лъ є҆сѝ ю҆́нъ, поѧса́лсѧ є҆сѝ са́мъ, и҆ ходи́лъ є҆сѝ, а҆́може хотѣ́лъ є҆сѝ...

О значеніи формъ бы́хъ, бѣ́хъ, бѧ́хъ.

§ 160. Формы отъ бы́хъ и бѣ́хъ, какъ по формѣ такъ и по значенію, являются аористомъ, только формы отъ бы́хъ имѣютъ совершенный видъ, а формы отъ бѣ́хъ — несовершенный:

И҆́же по мнѣ̀ грѧды́й, предо мно́ю бы́сть: ꙗ҆́кѡ пе́рвѣе менѐ бѣ̀ (Іоан. 1, 15).

Бы́сть выражаетъ состояніе съ указаніемъ на предѣлъ длительности, тогда какъ бѣ̀ выражаетъ состояніе вообще, безъ указанія на предѣлъ длительности.

Всѧ̑ тѣ́мъ бы́ша,[1] и҆ без негѡ̀ ничто́же бы́сть,[2] є҆́же бы́сть[3] (Іоан. 1, 3).

Аористы[1, 2, 3] имѣютъ значеніе законченнаго дѣйствія (ср. русскій текстъ: Все черезъ Него начало быть, и безъ Него ни что не начало быть, что начало быть).

Въ нача́лѣ бѣ̀ [1] сло́во, и҆ сло́во бѣ̀ [2] къ бг҃ꙋ, и҆ бг҃ъ бѣ̀ [3] сло́во (Іоан. 1, 1).

Аористы [1, 2, 3] выражаютъ состояніе вообще, подобно, какъ и въ первомъ примѣрѣ.

3-е лицо аориста совершеннаго вида — бы́сть, довольно часто употребляется въ значеніи безличнаго предложенія, выраженнаго однимъ словомъ (ср. въ англійскомъ текстѣ: and it came to pass), что соотвѣтствуетъ русскому “случилось”: и҆ бы́сть є҆гда̀ благослоⷡ҇ла́ше и҆̀хъ, ѿстꙋпѝ ѿ ни́хъ, и҆ возноша́шесѧ на не́бо (Лук. 24, 51).

Формы отъ бѧ́хꙋ употребляются со всѣми особенностями, свойственными имперфекту, т. е. они выражаютъ дѣйствія, соотносительныя основному: бѣ̀ [1] же і҆ѡа́ннъ кⷭ҇тѧ̀ во є҆нѡ́нѣ бли́зъ салі́ма, ꙗ҆́кѡ во́ды мно́ги бѧ́хꙋ [2] тꙋ̀ (Іоан. 3, 23).

Бѧ́хꙋ [2] выражаетъ дѣйствіе, соотносительное основному, выраженному аористомъ [1] и является поясняющимъ.

Плюсквамперфектъ (давнопрошедшее время).

§ 161. Плюсквамперфектъ выражаетъ дѣйствіе, предшествовавшее другому прошедшему дѣйствію. Связка плюсквамперфекта (бѣ́хъ или бѧ́хъ) указываетъ на нѣкоторый моментъ въ прошломъ, а причастіе на -лъ указываетъ на нѣкоторое дѣйствіе, происходившее въ еще болѣе раннее время, но представленное въ моментъ, указанный связкой, уже какъ результатъ. Связка плюсквамперфекта бѣ́хъ (аористъ) и бѧ́хъ (имперф.) сохраняютъ свое временное значеніе, а потому плюсквамперфектъ имѣетъ два вида употребленія.

а) Связка бѣ́хъ всегда стоитъ въ цѣпи аористовъ, которые передаютъ дѣйствіе разсказа, представляя новыя дѣйствія или факты: слѣдовательно, причастіе на -лъ со связкой бѣ́хъ указываетъ на предыдущее дѣйствіе, находящееся въ цѣпи аористовъ. Напримѣръ:

1) Мно́гꙋ же вре́мени минꙋ́вшꙋ, и҆ сꙋ́щꙋ ᲂу҆жѐ не безбѣ́днꙋ пла́ванію, зане́же и҆ по́стъ ᲂу҆жѐ бѣ̀ преше́лъ, совѣ́товаше па́ѵелъ... (Дѣян. 27, 9).

Плюсквамперфектъ бѣ̀ преше́лъ вводитъ новое сообщеніе. Бѣ̀ находится въ цѣпи съ дѣйствіями, на которыя указываютъ предикативныя причастія минꙋ́вшꙋ, сꙋ́щꙋ (дател. самост.); преше́лъ указываетъ на то, что къ тому времени (бѣ̀) постъ уже окончился; совѣ́товаше (имперф.) указываетъ на дѣйствіе одновременное и соотносительное съ главнымъ (подразумѣваемымъ — минꙋ́вшꙋ).

Другіе примѣры:

2) Иже въ мимошѐдшыѧ ро́ды ѡ҆ста́вилъ* бѣ̀* всѧ̑ ꙗ҆зы́ки ходи́ти въ пꙋте́хъ и҆́хъ (Дѣ́ян. 14, 16).

3) И҆ нѣ́кто мꙋ́жъ въ лѷ́стрехъ немощенъ нога́ма сѣдѧ́ше, хро́мъ ѿ чре́ва ма́тере своеѧ̀ сы́й, и҆́же николи́же бѣ̀* ходи́лъ* (Дѣ́ян. 14, 8).

4) Се́й не бѣ̀* приста́лъ* совѣ́тꙋ и҆ дѣ́лꙋ и҆́хъ, ѿ а҆рїмаѳе́а гра́да і҆ꙋде́йска, и҆́же ча́ѧше и҆ са́мъ ца́рствїѧ бж҃їѧ (Лꙋ́к. 23, 51).

5) Мы́ же прише́дше въ кора́бль, ѿвезо́хомсѧ въ а҆ссо́нъ, ѿкꙋ́дꙋ хотѧ́ще поѧ́ти па́ѵла: та́кѡ бо на́мъ бѣ̀* повелѣ́лъ*, хотѧ̀ са́мъ пѣ́шъ и҆тѝ (Дѣ́ян. 20, 13).

6) Ты́сѧщникъ же ѹ҆боѧ́сѧ, разꙋмѣ́въ, ꙗ҆́кѡ ри́млѧнинъ є҆́сть, и҆ ꙗ҆́кѡ бѣ̀* є҆го̀ свѧза́лъ* (Дѣ́ян. 22, 29).

Часто плюсквамперфектъ въ сочетаніи съ не ѹ҆̀ указываетъ на предыдущее неосуществившееся дѣйствіе.

7) И҆ска́хꙋ ѹ҆̀бо да и҆́мꙋтъ є҆го̀: и҆ никто́же возложѝ на́нь рꙋ́ки, ꙗ҆́кѡ не ѹ҆̀ бѣ̀* прише́лъ* ча́съ є҆гѡ̀ (І҆оа́н. 7, 30).

8) Не ѹ҆́же́ бо бѣ̀* прише́лъ* і҆и҃съ въ ве́сь, но бѣ̀ на мѣ́стѣ, и҆дѣ́же срѣ́те є҆го̀ ма́рѳа (І҆оа́н. 11, 30).

9) И҆ никто́же ꙗ҆́тъ є҆го̀, ꙗ҆́кѡ не ѹ҆̀ бѣ̀* прише́лъ* ча́съ є҆гѡ̀ (І҆оа́н. 8, 20).

б) Связка бѧ́хꙋ выражаетъ дѣйствіе соотносительное съ основнымъ дѣйствіемъ (обычно выраженнымъ аористомъ), а потому плюсквамперфектъ этого типа обладаетъ всѣми свойствами имперфекта. Напримѣръ:

10) Сїѧ̑ реко́ша роди́телѧ є҆гѡ̀, ꙗ҆́кѡ боѧ́шасѧ жидѡ́въ: ѹ҆же́ бо бѧ́хꙋ сложи́лисѧ жидове, да а҆́ще кто̀ є҆го̀ и҆сповѣ́сть хрⷭ҇та̀, ѿлꙋче́нъ ѿ со́нмища бꙋ́детъ (І҆оа́н. 9, 22).

Связка бѧ́хꙋ соотносительна основному дѣйствію (реко́ша, боѧ́шасѧ); сложи́лисѧ указываетъ на предыдущее дѣйствіе, результатъ котораго ощущался въ то время (бѧ́хꙋ). Плюсквамперфектъ имѣетъ поясняющее значеніе.

11) И҆ ꙗ҆́коже хотѧ́хꙋ [1] се́дмь дні́й сконча́тисѧ, и҆́же ѿ а҆сі́и і҆ꙋде́и ви́дѣвше є҆го̀ во ст҃и́лищи, нава́диша [2] ве́сь наро́дъ, и҆ возложи́ша [3] на́нь рꙋ́цѣ… Бѧ́хꙋ бо ви́дѣли [4] трофі́ма є҆фе́сѧнина во гра́дѣ съ ни́мъ, є҆го́же мнѧ́хꙋ [5] ꙗ҆́кѡ въ це́рковь ввѐлъ є҆́сть [6] па́ѵелъ (Дѣ́ян. 21, 27-29).

Основное дѣйствіе этого случая выражено аористами [2,3]; имперфектъ хотѧ́хꙋ [1] является фономъ (смотр. § 157, 4), на которомъ произошло дѣйствіе аористовъ [2,3]; связка бѧ́хꙋ и мнѧ́хꙋ [5] соотносительны съ дѣйствіями аористовъ [2,3], выражаютъ одновременное съ ними дѣйствіе и являются поясняющими; слѣдовательно, плюсквамперфектъ ьа́хꙋ вид́ѣли [4] является поясняющимъ, съ указаніемъ на предыдущее результативное дѣйствіе; вѣ́лѧ є́сть [6] выражено перфектомъ потому что въ сознаніи іудеевъ этотъ случай имѣлъ объективное значеніе, какъ несомнѣнный фактъ (“всѣмъ это хорошо извѣстно”).

12) Глаго́ла є́й і҆и҃съ: да́ждь ми пи́тн. ѹ҆ченицы̀ бо є҆гѡ̀ ѿшлѝ ьа́хꙋ во гра́дъ, да бра́шно кꙋ́пѧтъ (Іоан. 4, 8).

Плюсквамперфектъ ѿшлѝ ьа́хꙋ своей связкой соотносителенъ и одновремененъ съ основнымъ дѣйствіемъ — разговоръ съ самарянкой (глаго́ла).

13) Сосѣ́ди же, и҆ и҆̀же ьа́хꙋ вид́ѣли є҆го̀ пре́жде, ꙗ҆́кѡ слѣ́пъ бѣ̀, глаго́лахꙋ: не се́й ли є҆́сть сѣдѧ́й и просѧ́й; (Іоан. 9, 8).

14) Во слѣ́дъ же ше́дшыѧ жены̀, ꙗ҆́же ьа́хꙋ пришлѝ съ ни́мъ ѿ галіле́и, видѣ́ша гро́бъ, и҆ ꙗ҆́кѡ положе́но бы́сть тѣ́ло є҆гѡ̀ (Лук. 23, 55).

Ьа́хꙋ вид́ѣли своей связкой соотносительно съ аористомъ бѣ̀; ьа́хꙋ пришлѝ соотносительно своей связкой съ аористомъ видѣ́ша; употреблены съ поясняющимъ значеніемъ.

15) Ꙗ҆́кѡ причте́нъ бѣ̀ съ на́ми, и҆ прїѧ́лъ бѧ́ше жре́бїй слꙋ́жбы сеѧ̀ (Дѣян. 1, 17).

Причте́нъ бѣ̀ плюсквамперфектъ страдательнаго залога, благодаря связкѣ-аористу, вводитъ въ основной контекстъ новый случай; прїѧ́лъ бѧ́ше своей связкой соотносительно съ связкой бѣ̀ и выражаетъ поясняющую деталь.

Будущее предварительное.

§ 162. Будущее предварительное вышло изъ употребленія церковно-славянскаго языка и встрѣчается, какъ исключеніе. Формы будущаго предварительнаго состоятъ изъ причастія на -лъ и связки бꙋ́дꙋ, бꙋ́деши и т. д. Оно имѣетъ значеніе будущаго дѣйствія, предшествующаго другому будущему дѣйствію и употребляется съ союзомъ а҆́ще, напр.: и҆ а҆́ще грѣхѝ бꙋ́детъ* сотвори́лъ*, ѿпꙋ́стѧтсѧ є҆мꙋ̀ (Іак. 5, 15, Богосл. Апостолъ).

Описательная (перифрастическая) форма временъ.

§ 163. Описательныя временныя формы, состоящія изъ формъ глагола бы́ти (связка) и дѣйствительнаго причастія настоящаго времени, употребляются, чтобы подчеркнуть особую нѣкоторую длительность или постоянство дѣйствія, или въ нѣкоторыхъ случаяхъ въ большей степени для выраженія состоянія, чѣмъ дѣйствія.

Ѝ бѣ* проповѣдаѧ* на со́нмищахъ и҆́хъ, по все́й галїле́и, и҆ бѣсы и҆згонѧ́* (Марк. 1, 39). Ѝ бѧ́хꙋ* оу҆́ченницы і҆ѡа́нновы и҆ фарїсе́йстїи постѧ́щесѧ* (Марк. 2, 18). Ѝ а҆́ще на него̀ надѣ́ѧсѧ* бꙋ́дꙋ*, бꙋ́детъ мнѣ̀ во ѡ҆свѧще́нїе. Ѝ оу҆пова́ѧ* бꙋ́дꙋ* на него̀, и҆ спасꙋ́сѧ и҆́мъ (Вел. повечеріе, "Съ нами Богъ").

Подобная форма довольно часто встрѣчается, когда представлены два одновременныхъ дѣйствія: основное дѣйствіе, выраженное аористомъ, а другое, соотносительное ему, — имперфектомъ, причемъ описательную форму принимаетъ либо аористъ, либо имперфектъ.

Описательная форма аориста:

Ѝ є҆гда̀ и҆злива́шесѧ кро́вь стефа́на свидѣ́телѧ твоегѡ̀, и҆ са́мъ бѣ́хъ* стоѧ̀* и҆ соизволѧ́ѧ* оу҆бїе́нїю є҆гѡ̀, и҆ стрегі́й* ри҄зъ оу҆бива́ющихъ є҆гѡ̀ (Дѣян. 22, 20). Не се́рдце ли на́ше горѧ̀* бѣ̀* въ на́съ, є҆гда̀ глаго́лаша на́ма на пꙋти́, и҆ є҆гда̀ сказова́ше на́ма писа҄нїѧ (Лук. 24, 32).

Описательная форма имперфекта:

Ѝ є҆гда̀ взира́юще [1] бѧ́хꙋ [1] на не́бо, и҆дꙋщꙋ є҆мꙋ̀, и҆ сѐ мꙋ́жа два̀ ста́ста [2] пред ни́ми во ѻ҆де́жди бѣлѣ̀ (Дѣян. 1, 10).

Въ данномъ примѣрѣ описательная форма имперфекта [1] подчеркиваетъ контрастность фона, на которомъ произошло дѣйствіе аориста.[2]

Полузнаменательныя связки не преста́ти (или не престаѧ́ти), пребыва́ти, прилѣжа́ти, не ѡ҆скꙋдѣва́ти указываютъ на продолженіе дѣйствія, а преста́ти, соверши́ти — на конецъ дѣйствія. Этимъ описательнымъ формамъ съ указанными связками въ русскомъ языкѣ часто соотвѣтствуютъ словосочетанія, состоящія изъ личныхъ формъ глагола (отъ *не переставать, продолжать, перестать, окончить*) и неопредѣленнаго наклоненія, напримѣръ: не престаѧ́хꙋ* оу҆ча́ще* и҆ благовѣствꙋ́юще* (Дѣян. 5, 42), въ русскомъ текстѣ: *не переставали учить и благовѣствовать;* человѣ́къ се́й не преста́етъ глаго́лы хꙋ́льныѧ глаго́ла* (Дѣян. 6, 13), въ русск.: *не перестаетъ говорить хульныя слова;* Пе́тръ же пребыва́ше* толкі́й (вм. толкы̀, § 95), Дѣян. 12, 16, въ русск.: *продолжалъ стучать;* ꙗ҆́коже преста̀* глаго́лѧ*, речѐ къ сі́мѡнꙋ (Лук. 5, 4), въ русск.: *когда пересталъ учить*... Ѝ бы́сть, є҆гда̀ совершѝ* і҆и҃съ заповѣ́даѧ* ѻ҆бѣманаде́сѧте оу҆ченико́ма свои́ма, пре́йде ѿтꙋ́дꙋ оу҆чи́ти (Матѳ. 11, 1), въ русск.: *И когда окончилъ Іисусъ наставленіе (наставлять).*

Примѣчаніе. Съ нѣкоторыми изъ указанныхъ связокъ встрѣчаются сочетанія и съ неопредѣленнымъ наклоненіемъ, напримѣръ: и҆ не пресⷮа́нетъ твори́ти плода̀ (Іерем. 17, 8); пресⷮа́ша би́ти па́ѵла (Дѣян. 21, 32).

Описательныя временныя формы почти точно соотвѣтствуютъ такимъ же формамъ въ греческомъ текстѣ. Ср. 2-й примѣръ: Καὶ ἦσαν οἱ μαθηταὶ Ἰωάννου καὶ οἱ φαρισαῖοι νηστεύοντες (Марк. 2, 18).

Примѣчаніе. Эти описательныя времена по своей формѣ и значенію близки къ англійскимъ continuous forms, напримѣръ: й са́мъ бѣ́хъ* стоѧ̀* й сонзволѧ́ѧ* ѹ̓бі́енїю є̓гѡ̀ — I also was* standing* by, and consenting* unto his death (Дѣян. 22, 20).

Страдательныя формы.

§ 164. Страдательныя формы состоятъ изъ страдательныхъ причастій и связки. Причастіе страдательное настоящаго времени выражаетъ признакъ, находящійся въ дѣйствіи (несо́мъ); причастіе страдательное прошедшаго времени выражаетъ признакъ, какъ результатъ прошедшаго дѣйствія (принесе́нъ); поэтому для выраженія незаконченнаго процесса употребляется причастіе настоящаго времени (несо́мъ бу́дꙋ, є̓́смь или бѣ́хъ), а для выраженія процесса законченнаго (результативнаго) употребляется причастіе прошедшаго времени (принесе́нъ бу́дꙋ). Причастіе страдательное прошедшаго времени несовершеннаго вида выражаетъ процессъ начавшійся, но продолжающій быть въ дѣйствіи (несе́нъ). Въ страдательныхъ временны́хъ формахъ глагола причастіе указываетъ на процессъ законченный (принесе́нъ) или незаконченный (несо́мъ), а связка указываетъ на отношеніе его къ дѣйствію во времени (къ настоящему времени, будущему или прошедшему).

Настоящее время и имперфектъ.

§ 165. Поскольку настоящее время и имперфектъ по своему значенію не могутъ выражать законченнаго дѣйствія, то ихъ страдательныя формы образуются только изъ причастія настоящаго времени, къ которому присоединяется связка є̓́смь для настоящаго времени, и бѧ́хъ — для имперфекта.

Примѣры.

Настоящее время: На сїѐ бо й труждаемсѧ й поношаемн є̓смы̀, ꙗ̓́кѡ ѹ̓повахомъ на бга жива (1 Тим. 4, 10).

Имперфектъ: Бы́сть ропта́нїе є̓ллинѡвъ ко є̓вреѡмъ, ꙗ̓́кѡ пре. зира́емн быва́хꙋ во вседне́внѣмъ служе́нїи вдовицы ꙗ̓́хъ (Дѣян. 6, 1)

Аористъ.

§ 166. Причастія страдательныя, настоящаго и прошедшаго времени, въ сочетаніи съ ᲁᲁ́Ხᲃ (совершенный видъ) должны разсматриваться, какъ страдательныя формы аориста. Сочетаніе страдательнаго причастія настоящаго времени съ ᲁᲈ́Ხᲃ (несоверш. видъ) также является страдательной формой аориста.

Примѣры.

Ꙗ҆́кѡ кнѧ́зь мі́ра сегѡ̀ ѡ҆сꙋ́жденъ бы́сть (Іоан. 16, 11). Е҆ли̑ка бо преднапи́сана бы́ша, въ на́ше наказа́нїе пренаписа́шесѧ (Рим. 15, 4). Слы́шасте, ꙗ҆́кѡ рече́но бы́сть дре́внимъ: не ѹ҆бі́еши (Матѳ. 5, 21). Бѣ́хъ же не зна́емъ лице́мъ цр҃квамъ і҆ꙋде́йскимъ, ꙗ҆́же ѡ҆ хр҃тѣ̀ (Гал. 1, 22). Вда́вшесѧ волна́мъ, носи́ми бѣ́хомъ (Дѣян. 27, 15).

Перфектъ.

§ 167. Перфектъ страдательнаго залога образуется изъ сочетанія причастія страдательнаго прошедшаго времени и связки е҆́сть. Въ формахъ перфекта дѣйствительному причастію на -лъ противополагается страдательное причастіе на -нъ, -тъ, поскольку у нихъ есть общіе признаки, обозначающіе: 1) процессъ объективнаго факта, и 2) начало процесса до момента высказыванія *). Однако между ними, кромѣ залога, есть значительная разница въ значеніи. Въ причастіи на -лъ значеніе результата бываетъ только отчасти, а главное его значеніе — объективизированное дѣйствіе въ прошломъ; это обстоятельство послужило тому, что въ русскомъ языкѣ оно приняло значеніе прошедшаго времени изъявительнаго наклоненія. Въ причастіи страдательномъ значеніе результата гораздо сильнѣе, чѣмъ въ причастіи на -лъ, отсюда страдательныя причастія легко пріобрѣтаютъ качественное значеніе и близки къ прилагательнымъ.

Примѣры.

Вси́ бо согрѣши́ша и҆ лише́ни* сꙋ́ть* сла́вы бж҃їѧ (Рим. 3, 23). Ничто́же бо е҆́сть* покрове́но*, е҆́же не ѿкры́етсѧ (Матѳ. 10, 26). Ва́мъ же и҆ вла́си главні́и вси́ и҆зочте́ни* сꙋ́ть* (Матѳ. 10, 30).

Въ формахъ перфекта страдательное причастіе указываетъ на объективный фактъ, результатъ котораго налицо въ моментъ высказыванія.

Въ русскомъ языкѣ страдательныя причастія прошедшаго времени сказуемыя (безъ связки) имѣютъ то же самое значеніе.

---

*) Ibid. p. 152.

Ср. 1-й примѣръ: "потомучто всѣ согрѣшили и *лишены* славы Божіей" (Рим. 3, 23).

Плюсквамперфектъ.

§ 168. Плюсквамперфектъ образуетъ свои формы отъ страдательнаго причастія прошедшаго времени и связки бѣхъ или бѧхъ. Въ формахъ плюсквамперфекта разница между дѣйствительнымъ залогомъ и страдательнымъ та же что и въ перфектѣ, т. е. заключается въ значеніи причастія. Подобно какъ и плюсквамперфектъ дѣйствительнаго залога, формы страдательнаго залога, въ зависимости отъ связки, могутъ употребляться со значеніемъ аориста или имперфекта.

Примѣры.

Ѡбрѣте же тáмw человѣ́ка нѣ́коего и́менемъ єнéа, ѿ ѻ́сми лѣ́тъ лежáща на ѻ́дрѣ, и́же бѣ* разслáбленъ* (Дѣян. 9, 33).

Связка бѣ находится въ ряду съ другимъ аористомъ (ѡбрѣ́те), страдательное причастіе указываетъ на результатъ къ моменту, на который указываетъ связка (бѣ).

Бѧхꙋ же свѣщы̀ мнѡ́ги въ гóрницѣ, и҆дѣ́же бѣ́хомъ* сóбрани* (Дѣян. 20, 8).

Имперфектъ бѧхꙋ имѣетъ поясняющее, детализирующее значеніе и соотносителенъ съ аористомъ-связкой (бѣ́хомъ); страдательное причастіе указываетъ на результатъ къ моменту, указанному связкой.

Во і҆ѻппíи же бѣ нѣ́каѧ оу҆ченница и҆́менемъ тавіѳа, ꙗ҆́же сказáема глагóлетсѧ сéрна: сïѧ̀ бѧ́ше* и҆спóлнена* блги́хъ дѣ́лъ и҆ ми́лостынь, ꙗ҆́же творяше (Дѣян. 9, 36).

Связка бѧ́ше соотносительна съ аористомъ бѣ; страдательное причастіе указываетъ на результатъ предыдущаго объективнаго факта (благотворительность) къ моменту, указанному связкой (бѧ́ше); плюсквамперфектъ имѣетъ поясняющее, характеризующее значеніе.

Є҆щé бо ни на є҆ди́наго и҆́хъ бѣ пришéлъ, тóчїю крещéни* бѧ́хꙋ* во и҆́мѧ гда і҆и҃са (Дѣян. 8, 16).

Плюсквамперфектъ съ бѣ вводитъ новое сообщеніе — указываетъ на неосуществившійся фактъ; плюсквамперфектъ съ бѧхꙋ имѣетъ значеніе поясняющее.

Плюсквамперфектъ можетъ быть образованъ также и при помощи связки бы́лъ є҆́смь (перфектъ дѣйствительнаго залога), причемъ связка сохраняетъ свое значеніе — объективнаго факта въ прошломъ, напримѣръ: е҆ми́сѧ за вѣ́чнꙋю жи́знь, въ ню́же зва́нъ бы́лъ е҆си̑ (1 Тим. 6, 12).

Поскольку связка (безразлично бѣ́хъ, бѧ́хъ или бы́лъ е҆смь), выражаетъ отступку въ прошедшее время на одну временную ступень, то можно сказать, что страдательныя причастія прошедшаго времени со связкой *былъ* въ русскомъ языкѣ вполнѣ могутъ соотвѣтствовать плюсквамперфекту церковно-славянскаго языка, хотя и безъ того специфическаго различія въ употребленіи, которое имѣется между связками (бѣ́хъ, бѧ́хъ или бы́лъ е҆смь). Ср. 3-й примѣръ: "она была исполнена добрыхъ дѣлъ" (Дѣян. 9, 36). 4-й примѣръ: "только были они крещены во имя Господа Іисуса" (Дѣян. 8, 16).

Будущее время, сослагательное наклоненіе, повелительное наклоненіе.

§ 169. Употребленіе страдательныхъ формъ *будущаго* времени, *сослагательнаго* и *повелительнаго* наклоненія подобно употребленію ихъ въ русскомъ языкѣ.

Церковно-славянскій членъ и его употребленіе.

§ 170. Относительныя мѣстоименія и҆́же, ꙗ҆́же, е҆́же въ церковно-славянскомъ языкѣ могутъ имѣть значеніе членовъ. Указанныя мѣстоименія въ значеніи членовъ могутъ имѣть формы: въ единственномъ и множественномъ числахъ, въ именительномъ и винительномъ падежахъ. Конструкціи со членами въ церковно-славянскомъ языкѣ должно отнести къ грецизмамъ.

Мѣстоименія-члены употребляются въ слѣдующихъ случаяхъ:

1) При неопредѣленномъ наклоненіи для выраженія предметности (см. § 143, 12), напр.: мнѣ̀ бо е҆́же жи́ти, хрⷭ҇то́съ: и҆ е҆́же оу҆мре́ти, прїѡбрѣ́тенїе е҆́сть (Филип. 1, 21), ср. въ русск.: "Ибо для меня жизнь — Христосъ, и смерть — пріобрѣтеніе". гдⷭ҇и, во е҆́же помощѝ мѝ вонмѝ (= въ помощь мою), Псал. 39, 14, ср. въ русск.: "Господи! поспѣши на помощь мнѣ".

2) Передъ неизмѣняемыми словами, которыя въ такихъ случаяхъ пріобрѣтаютъ значеніе предметности, напр.: да бꙋ́детъ оу҆ менѐ е҆́же е҆́й е҆́й, и҆ е҆́же нѝ нѝ (2 Кор. 1, 17).

3) Часто ставится е҆́же передъ цитатами или косвеннымъ вопросомъ: а҆́гг҃лъ оу҆́бѡ принесѐ дѣ́въ, е҆́же ра́дꙋйсѧ, пре́жде твоегѡ̀ зача́тїѧ, хрⷭ҇тѐ (Окт., эксапост. 2-й, богор.); и҆́бо ве́сь зако́нъ во е҆ди́номъ словесѝ и҆сполнѧ́етсѧ, во е҆́же: возлю́биши бли́жнѧго твоегѡ̀ ꙗ҆́коже себѐ

(Гал. 5, 14); а҆́нъ же рече́ є҆мꙋ̀: є҆́же а҆́ще что̀ мо́жеши вѣ́ровати, всѧ̑ возмѡ́жна вѣ́рꙋющемꙋ (Марк. 9, 23); также: Рим. 13, 9; Евр. 12, 27; Лук. 1, 62.

4) Передъ выраженіями, состоящими изъ косвенныхъ падежей съ предлогами, которыя въ такихъ случаяхъ выступаютъ какъ нѣчто единое, принимая значеніе опредѣленія (§ 130, 7), или подлежащаго (§ 122, з) или дополненія (§ 132, г), напр.: Мѡѷсе́й бо пи́шетъ пра́вдꙋ, ю҆́же* ѿ зако́на* (Рим. 10, 5); кр҇то́мъ твои́мъ ѹ҆праздни́лъ є҆сѝ, ю҆́же* ѿ дре́ва* клѧ́твꙋ (Окт., недѣля гл. 2-й, веч.); є҆́же* по ѻ҆́бразꙋ* соблю́дъ невреди́мо, ѹ҆́мъ влⷣкꙋ на стра́сти пагꙋ̑бныѧ по́стнически поста́вивъ, во є҆́же* по подо́бїю* ꙗ҆́кѡ мо́щно возше́лъ є҆сѝ (Служба общ., преподобн., веч.).

5) Опредѣлительныя причастія съ зависимыми словами часто имѣютъ при себѣ мѣстоименіе-членъ. Въ данномъ случаѣ членъ указываетъ на то или другое лицо, всѣмъ хорошо извѣстное въ связи со случаемъ или событіемъ, на которое указываетъ причастіе, напр.: ѻ҆́крестъ ста́ша, и҆́же ѿ і҆ерꙋсали́ма сше́дшіи і҆ꙋде́и (Дѣян. 25, 7), т. е. тѣ самые, которые пришли изъ Іерусалима и о которыхъ говорится въ стихахъ 2 и 5. Въ этомъ смыслѣ особенно характерны праздничные отпусты, напр.: и҆́же въ верте́пѣ роди́выйсѧ, и҆ въ ꙗ҆́слехъ возлеги́й, на́шегѡ ра́ди спасе́нїѧ...; и҆́же во і҆ѻрда́нѣ крести́тисѧ и҆зво́ливый ѿ і҆ѡа́нна...; и҆́же на горѣ̀ ѳавѡ́рстѣй преѡбрази́выйсѧ во сла́вѣ... и т. д. (Служебн.); также: а҆́зъ є҆́смь хлѣ́бъ живо́тный, и҆́же сше́дый съ нб҃сѐ (Іоан. 6, 51); и҆́же ѿ ѻ҆ц҃а̀ и҆сходѧ́щаго, и҆́же со ѻ҆ц҃е́мъ и҆ сн҃омъ спокланѧ́ема и҆ ссла́вима (Сѷмволъ вѣры).

Такое причастное словосочетаніе со членомъ можетъ управляться предлогомъ, напр.: того̀ ѹ҆́бѡ молѝ при́снѡ, ѡ҆ и҆́же вѣ́рою покланѧ́ющихсѧ, ѿ всѧ́кагѡ навѣ́та вра́жїѧ и҆зба́витисѧ (Окт., эксапост. 8-й, богор.).

Подобнымъ образомъ и передъ прилагательными, имѣющими при себѣ зависимыя слова, можетъ стоять членъ, напр.: и҆́же ѡ҆ всѣ́хъ благі́й гд҃и, сла́ва тебѣ̀ (Вел. Четв., троп.); и҆́же въ ме́ртвыхъ свобо́дь (Воскр. гл. 6, на Госп. воззв.).

Примѣчаніе. Собственно греческимъ членнымъ причастіямъ соотвѣтствуютъ церковно-славянскія полныя причастія (см. § 170); однако во многихъ случаяхъ полныя причастія, какъ указано выше, принимаютъ еще и мѣстоименіе-членъ. Въ видѣ исключенія, однако, и краткія причастія съ зависимыми словами встрѣчаются съ мѣстоименіемъ-членомъ, что буквально соотвѣтствуетъ греческому тексту, напр.: ты̀ є҆сѝ, и҆́же всѣ́мъ пода́л, хрⷭ҇те, воскресе́нїе (ср. греч.: Σὺ εἶ ὁ πᾶσιν παρέχων, Χριστέ, τὴν ἀνάστασιν), Воскр. конд. гл. 6-й; и҆́же херꙋві́мы та́йнѡ ѡ҆бразꙋ́юще... (Литург.); и҆́же земны̑ѧ сла́дѡсти не

ВОЗЛЮ́БЛЬШЕ СТРОТОТЕ́РПЦЫ, НЕБЕ́СНЫМЪ БЛАГИ́МЪ СПОДО́БНШАСА (Окт., гл. 2-й, въ нед. веч., на стих.).

Употребленіе краткихъ и полныхъ именъ прилагательныхъ и причастій.

§ 171. Имена прилагательныя и причастія по своему употребленію могутъ быть трехъ видовъ: субстантивированныя (или предметныя) — употребляемыя вмѣсто именъ существительныхъ, опредѣлительныя (или аттрибутивныя) — являющіяся опредѣленіемъ имени существительнаго и предикативныя — относящіяся къ сказуемому.

Имена прилагательныя и причастія опредѣлительныя могутъ быть и краткія и полныя.

Какъ уже указывалось въ § 49, полныя прилагательныя (и причастія) получились отъ указательныхъ мѣстоименій и̑, ꙗ̑, є̑, которыя первоначально присоединялись къ именамъ прилагательнымъ и имѣли приблизительно такое значеніе, какое имѣютъ опредѣлительные члены въ иностранныхъ языкахъ. Такимъ образомъ употребленіе полныхъ формъ прилагательныхъ и причастій связано съ категоріей опредѣленности, тогда какъ употребленіе краткихъ формъ — съ категоріей неопредѣленности. Однако въ церковно-славянскомъ языкѣ эта категорія опредѣленности или неопредѣленности не является четко выраженной. Впрочемъ, при сравненіи текстовъ, церковно-славянскаго съ греческимъ, греческимъ членнымъ прилагательнымъ и причастіямъ большей частью соотвѣтствуютъ церковно-славянскія полныя формы именъ прилагательныхъ и причастій.

Можно отмѣтить слѣдующіе случаи употребленія краткихъ и полныхъ прилагательныхъ и причастій.

1) Краткія формы субстантивированныхъ прилагательныхъ и прилагательныхъ опредѣлительныхъ, стоящихъ обычно послѣ опредѣляемаго, указываютъ на какой-нибудь предметъ новый, впервые упомянутый, или неопредѣленный, тогда какъ полныя формы указываютъ на предметъ прежде упомянутый или общеизвѣстный, напримѣръ: сѐ привєдо́ша къ немꙋ̀ чл҃вѣ́ка нѣ́ма*, бѣснꙋ́єма*. Й и҆згна́нꙋ бѣ́сꙋ, прогл҃го́ла нѣмы́й* (ср. греческій текстъ: ἰδού, προσήνεγκαν Αὐτῷ ἄνθρωπον κωφὸν δαιμονιζόμενον. Καὶ ἐκβληθέντος τοῦ δαιμονίου, ἐλάλησεν ὁ κωφός), Матѳ. 9, 32-33; Й привєдо́ша къ немꙋ̀ слѣпа... й є҆́мъ за рꙋ́кꙋ слѣпа́го (Марк. 8, 22-23); И҆мꙋ́ща дꙋ́ха нѣ́ма... запрети̑ дꙋ́хꙋ нечи́стомꙋ (Марк. 9: 17, 25); Іак. 2, 2-3: ни́щъ ...ни́щемꙋ; ср. также: ѿ вѣ́ка нѣ́сть слы́шано, ꙗ҆́кѡ кто̀ ѿве́рзе

Ѻ́чи слѣпꙋ̀ рожде́нꙋ*, Іоан. 9, 32 (въ неопредѣленномъ значеніи — хотя слѣпꙋ̀ здѣсь скорѣе предикативнаго происхожденія, ср.: роди́са слѣ́пъ, рожде́нъ слѣ́пъ, слѣпꙋ̀ рожде́нꙋ) и не можа́ше ли се́й ѿве́рзый ѻ̓́чи слѣпо́мꙋ*, сотвори́ти, да и̓ се́й не ѹ̓́мретъ; Іоан. 11,. 37 (здѣсь имѣется въ виду всѣмъ извѣстный случай исцѣленія слѣпо-рожденнаго).

Подобнымъ образомъ употребляются и прилагательныя срав-нительной степени — съ опредѣленнымъ значеніемъ: Честнѣ́йшꙋю* херꙋві̑мъ и̓ славнѣ́йшꙋю* без̾ сравне́нїа серафі̑мъ (Достойно есть); Превы́шшаа* а҆́гг҃лъ, мі́рскагѡ ма̀ превы́шша слития̀ сотворѝ (Утрен. молитвы, 8-я); съ неопредѣленнымъ значеніемъ: Бре́мене па́че себѐ не воздви́жи, и̓ крѣ́пльшꙋ* и̓ богатѣ́йшꙋ* себѐ не прїѡбща́йса, Прем. Сирах. 13, 2, (§ 58).

2) Субстантивированныя прилагательныя съ родовымъ (т. е. ни́щїй, бога́тый какъ представители всего рода) или единичнымъ значеніемъ употребляются полныя, напримѣръ:

Съ родовымъ значеніемъ: нече́сти́вый и̓ грѣ́шный гдꙵѣ ꙗ̓ви́тса (1 Петр. 4, 18); слѣпі́и прозира́ютъ, хроми́и хо́дать, прокаже́нїи ѡ̓чища́ютса, глꙋси́и слы́шатъ, ме́ртвїи востаю́тъ, ни́щїи бл҃говѣствꙋ́_ютъ (Лук. 7, 22); вы̀ же ѹ̓кори́сте ни́щаго. не бога́тїи ли насилꙋ́ютъ ва́мъ (Іак. 2, 6).

Съ единичнымъ значеніемъ: вѣ́мъ та̀, кто̀ е̓сѝ, ст҃ы́й* (Іисусъ Христосъ) бж҃їй, Лук. 4, 34; и̓ ѹ̓би́ша предвозвѣ́сти́вшыа ѡ̓ при-ше́ствїи првнагѡ (Іисуса Христа), Дѣян. 7, 52; но и̓зба́ви на́съ ѿ лꙋка́вагѡ (діавола), Матѳ. 6, 13; ꙗ̓́кѡ сотвори́ мнѣ̀ велѝчїе си́ль-ный (Богъ), Лук. 1, 49.

Но въ слѣдующихъ примѣрахъ съ неопредѣленнымъ значе-ніемъ: и̓збавла́ай ни́ща и̓з̾ рꙋкѝ крѣ́пльшихъ е̓гѡ̀, и̓ ни́ща, и̓ ѹ̓бо́га ѿ расхища́ющихъ е̓го̀ (Псал. 34, 10); и̓лѝ ни́щъ прїи́де ко мнѣ̀, и̓ презрѣ́хъ е̓го̀ (Вечерн. молитвы).

Также и опредѣлительныя прилагательныя при существи-тельныхъ съ родовымъ значеніемъ употребляются полныя, напр.: Бл҃гі́й* человѣ́къ ѿ бл҃гагѡ сокро́вища и̓зно́ситъ бл҃га́: и̓ лꙋка́вый* человѣ́къ ѿ лꙋка́вагѡ сокро́вища и̓зно́ситъ лꙋка́ваа (Матѳ. 12, 35).

3) Опредѣлительныя прилагательныя, стоящія при именахъ существительныхъ, обозначающихъ какіе-либо общеизвѣстныя уч-режденія или понятія изъ области вѣры, употребляются полныя, напр.: бж҃е́ственнаа лїтꙋ́ргіа, недѣ́ла свѣтоно́снаа, свѣ́тлаа седми́ца, жи́знь вѣ́чнаа, цр҃тво нб҃е́сное и т. д.

4) Краткая форма опредѣлительныхъ прилагательныхъ мо-жетъ стоять и въ тѣхъ случаяхъ, когда нѣтъ необходимости ука-

зывать на опредѣленность, такъ какъ опредѣленность заключается
въ лексическомъ значеніи самого слова. Къ таковымъ относятся
прежде всего притяжательныя имена прилагательныя:

Притяжательныя прилагательныя (указывающія на принад-
лежность одному лицу, на вопросъ *чей?*) употребляются только
въ краткой формѣ, напр.: Ѡсанна снꙋ давідовꙋ*: блгословенъ грѧдый
во ймѧ гдне* (Матѳ. 21, 9); мꙋжа марінна* (Матѳ. 1, 16); а́гг҃лъ гдⷭнь*
(Матѳ. 1, 20);

Притяжательныя прилагательныя на -ск- (указывающія на
принадлежность къ группѣ лицъ или на отношеніе къ мѣстонахо-
жденію) употребляются обычно въ полной формѣ (опредѣленность
выражена морфологически), но могутъ имѣть также и краткія,
напр.: Гдѣ̀ є́сть рожде́йсѧ цар҃ь іꙋде́йскїй (Матѳ. 2, 2); страна̀ їорда́н-
скаѧ (Матѳ. 3, 5); но также: ѿ назаре́та галіле́йска (Матѳ. 21, 11);
при є҆зе́рѣ геннисаре́тстѣ (Лук. 5, 1); во странꙋ̀ гадари́нскꙋ (Лук.
8, 26).

5) При словѣ бг҃ъ (имѣющемъ опредѣленность въ лексиче-
скомъ значеніи слова) прилагательныя обычно стоятъ въ полной
формѣ, но могутъ принимать и краткую, напр.: Ко гра́дꙋ бг҃а жива́гѡ
(Евр. 12, 22); но также: ꙗ҆́кѡ оу҆пова́хомъ на бг҃а жи́ва (1 Тим. 4, 10);
2 Кор. 6, 16.

6) Въ звательномъ падежѣ краткую форму могутъ имѣть
только прилагательныя *мужескаго* рода ед. числа: *а)* субстанти-
вированныя прилагательныя (или страдательныя причастія) имѣ-
ютъ только краткую форму: те́мже, неизслѣ́дованне, со стра́хомъ
зовꙋ̀ ти (Акаѳ. Іисусу Сладч., икосъ 2-й); и҆ спасѝ, бл҃же, дꙋ́шы
на́шѧ (Царю Небесный); *б)* опредѣлительныя — краткую и пол-
ную форму: Многоми́лостиве и҆ всеми́лостиве бж҃е мо́й (Утрен. мо-
литвы, 8-9); Ѽ ро́де невѣ́рный и҆ развраще́нный (Матѳ. 17, 17);
фарїсе́е слѣпы́й (Матѳ. 23, 26); причемъ краткія формы обычно
предшествуютъ опредѣляемому, а полныя — слѣдуютъ за опредѣ-
ляемымъ, но возможно употребленіе и въ обратномъ порядкѣ
(§ 54): Ѽ человѣ́че сꙋе́тне (Іак. 2, 20).

Въ женскомъ (и среднемъ) родѣ единственнаго числа и во
множественномъ числѣ во всѣхъ родахъ имена прилагательныя и
причастія (какъ субстантивированныя, такъ и опредѣлительныя)
въ звательномъ падежѣ употребляются только въ полной формѣ.

7) Субстантивированныя прилагательныя и причастія съ со-
бирательнымъ значеніемъ выражаются обычно полной формой мно-
жественнаго числа средняго рода, напримѣръ: невозмѡ́жнаѧ* оу҆
человѣ́кꙇ возмѡ́жна сꙋ́ть оу҆ бг҃а (Лук. 18, 27); и҆ вси̂ лю́дїе ра́довахꙋ

са ѿ всѣхъ славныхъ* бывающихъ* ѿ негѡ (Лук. 13, 17); но (съ неопредѣленнымъ значеніемъ): стра́нна* бо нѣкая влага́еши во ѹше́са на́ша (Дѣян. 17, 20).

Субстантивированныя прилагательныя, имѣющія отношеніе къ нѣкоторому опредѣленному понятію, съ общимъ или абстрактнымъ значеніемъ, употребляются въ полной формѣ въ среднемъ родѣ единственнаго числа, напр.: и́же мно́гое*, не ѹмно́жилъ є́сть, и ма́лое* не ѹма́лилъ (2 Кор. 8, 15); Не по повелѣ́нїю глаго́лю, но за и́ныхъ тща́нїе и ва́шея любвѐ и́стинное* искуша́я (2 Кор. 8, 8); До́брое* же творѧ́ще да не стужа́емъ сѝ... да дѣ́лаимъ бл҃го́е* ко всѣ́мъ (Гал. 6, 9-10).

9) Субстантивированныя причастія употребляются обычно только въ полной формѣ, напр.: сѐ прибли́жисѧ предаѧ́й* мѧ̀ (Матѳ. 26, 46); всѧ́къ бо просѧ́й* прїе́млетъ, и и́щай* ѡбрѣта́етъ, и толку́щему* ѿве́рзетсѧ (Матѳ. 7, 8); благослови́те клену́щыѧ* вы̀ (Лук. 6, 29); И́змове́нный* не тре́буетъ, то́кмѡ но́зѣ ѹмы́ти (Іоан. 13, 10).

Субстантивированныя страдательныя причастія, посколько они близки къ именамъ прилагательнымъ, могутъ имѣть краткую форму; напримѣръ, при обозначеніи предмета, впервые упомянутаго: И прїи́де къ нему̀ прокаже́нъ* (Марк. 1, 40); Матѳ. 8, 2; Матѳ. 9, 2; Марк. 2, 3.

Изъ двухъ субстантивированныхъ причастій, соединенныхъ союзомъ, если они выражаютъ одно и то же лицо, первое ставится въ полной формѣ, а второе — въ краткой (возможно, что въ этомъ сказалось вліяніе греческаго языка, въ которомъ въ подобныхъ случаяхъ стоитъ одинъ общій членъ передъ первымъ причастіемъ) напримѣръ: Блаже́ни не ви́дѣвшїи* и вѣ́ровавше* (Іоан. 20, 29); Та́кѡ собира́яй* себѣ̀, а̀ не въ бг҃а богатѣ́й* (Лук. 12, 21); также: Лук. 11, 28; Матѳ. 13, 19; Матѳ. 7, 26; Матѳ. 23, 24.

10) Опредѣлительныя причастія обычно употребляются полныя, но также встрѣчаются и краткія (главнымъ образомъ страдательныя причастія); напримѣръ, *полныя*: Тѣ́мже ѹ́бо ни хотѧ́щагѡ*, ни теку́щагѡ*, но милу́ющагѡ бг҃а (Рим. 9, 16); Я́кѡ скорбь мѝ є́сть ве́лїѧ, и не престаю́щаѧ* болѣ́знь се́рдцу моему̀ (Рим. 9, 2); Тѣ́мже ѡслабле́нная* колѣ́на испра́вите (Евр. 12, 12); ра́дуетесѧ ра́достїю неизглаго́ланною* и просла́вленною* (1 Петр. 1, 8); *краткія*: да иску́ше́нїе ва́шея вѣ́ры многоче́стнѣйше зла́та гибну́ща*, о́гнемъ же иску́шена, ѡбрѧ́щетсѧ въ похвалу̀ (1 Петр. 1, 7); созда́нїе ѿ бг҃а и́мамы, хра́мину неруⷦкотворе́ну* (2 Кор. 5, 1);

Тѣ́мже ца́рство непоколеби́мо* прїе́млюще, да и҆́мамы бл҃года́ть (Евр.
12, 28).

11) Опредѣлительныя причастія при личныхъ мѣстоименіяхъ
употребляются обычно краткія (страдательныя причастія встрѣ-
чаются и полныя), напр.: **ꙗ҆́кѡ лѣня́щаꙗ́сѧ менѐ на твоѐ ѻ҆угожде́нїе**
(Веч. молитвы, 4-я); **да́рꙋй мѝ воста́вшꙋ словесе́мъ твои́мъ поꙋчи-**
тисѧ (тамъ же); **ѻ҆умерщвле́на мѧ̀ страстьмѝ ѡ҆живѝ** (Утр. мол., 8-я).
Однако, если причастіе указываетъ больше на лицо, чѣмъ на
дѣйствіе, то употребляется полное, напр.: **и҆ призовѝ мѧ ѻ҆уныва́ю-**
щаго (Акаѳ. Іисусу Сл., кондакъ 12).

12) О употребленіи опредѣлительныхъ причастій и прилага-
тельныхъ, стоящихъ вмѣсто сказуемаго въ краткихъ придаточныхъ
предложеніяхъ, см. § 196, 1).

13) Изъ двухъ краткихъ формъ причастія въ именительномъ
падежѣ мужеск. рода (§§ 95, 96), формы съ суффиксами -щ, -ш
употребляются обычно въ опредѣлительномъ значеніи, а формы
безъ суффикса — въ значеніи предикативномъ (§ 172, 4). Краткія
формы причастія въ именит.-винительномъ пад. средняго рода на
-що, -шо имѣютъ подобное же опредѣлительное примѣненіе, напр.:
Предпра́зднственный дне́сь мꙋ́ченикѡвъ наста̀ де́нь: рож́дественный на́мъ
преднаписꙋ́ющъ* де́нь, ѿ со́лнца со́лнце, ѿ дв҃ы бг҃а ꙗ҆́вльшаꙗ́ плѻ́тїю
проповѣ́дающъ* (23 дек., на Госп. воззв.); **Торжествꙋ́ющій свѣ́тлѡ**
жела́ющъ* тѧ̀ гра́дъ (24 февр., п. 3-я); **невеще́ственъ сы́й пре́жде, но**
послѣ́жде сло́во ѡ҆дебелѣ́вшо* плѻ́тїю (Рожд. Христво, п. 3-я); при-
частіе средняго рода иногда встрѣчается и въ субстантивирован-
номъ значеніи: **Смотрѧ́ющїе пребыва́ющихъ, мꙋ́дрїи, присносꙋ́щное,**
непостоѧ́нныхъ и҆ тлѣ́нныхъ до́лꙋ влекꙋ́що* ѿринꙋ́сте (13 янв., 3 ка-
нонъ, п. 3-я).

§ 172. *Имена прилагательныя и причастія предикативныя.*
Имена прилагательныя и причастія, когда они становятся преди-
кативными, употребляются, какъ правило, въ краткой формѣ.
Можно отмѣтить слѣдующія положенія, въ которыхъ имена при-
лагательныя и причастія являются предикативными:

1) Къ предикативнымъ, въ тѣсномъ смыслѣ этого слова, от-
носятся прилагательныя и причастія, являющіяся именной частью
составного сказуемаго (§ 125, *в), г)*, напримѣръ: *прилагательныя:*
вѣ́ренъ е҆́сть и҆ пра́веденъ (1 Ін. 1, 9); **по́лни сꙋ́ть косте́й** (Мѳ. 23, 27);
страдательныя причастія: **ѿ бг҃а рожде́нъ е҆́сть** (1 Іоан. 5, 1);
веде́ни бꙋ́дете менѐ ра́ди (Матѳ. 10, 18); *дѣйствительныя прича-*
стія, описательныя формы (§§ 90, 163): **бѣ́ бо ѻ҆учѧ̀ и҆̀хъ, ꙗ҆́кѡ**

вла́сть и҆мы́й (Марк. 1, 22); не преста̀ ѡ҆блобыза́ющи ми́ но́зѣ (Лук. 7, 45); ѡ҆брѣ́тесѧ и҆мꙋ́щи во чре́вѣ (Матѳ. 1, 18).

Прилагательныя или причастія, являясь именной частью сказуемаго, могутъ, однако, стоять и въ полной формѣ, если они употреблены въ значеніи именъ существительныхъ (т. е. являются субстантивированными), напр.: кто̀ є҆́сть бли́жнїй мо́й (Лук. 10, 29); вѣ́дѧше бо и̓сконѝ і҆и҃съ, кі́и сꙋ́ть не вѣ́рꙋющїи, и̓ кто̀ є҆́сть преда́ѧй є҆го̀ (Іоан. 6, 64).

2) При двойномъ винительномъ падежѣ, второй винительный предикативный (§ 136, § 143, 3), 8), напр.: и̓ запꙋстѣ́вшꙋ* сотворѧ́тъ ю̀ и̓ на́гꙋ* (Апок. 17, 16); ѡ҆сꙋди́ша є҆го̀ бы́ти пови́нна* сме́рти (Марк. 14, 64). При двухъ родительныхъ падежахъ, второй родительный предикативный (§ 136): хрⷭ҇тїа́нскїѧ конч҄ины живота̀ на́шегѡ, безболѣ́зненны*, непосты́дны*, ми́рны*... про́симъ (Просит. ект.). При двухъ дательныхъ падежахъ, второй дательный предикативный (§ 143, 6): подоба́етъ ᲂу҆́бо є҆пі́скопꙋ бы́ти непоро́чнꙋ*... тре́звенꙋ*, цѣломꙋ́дрꙋ*... (1 Тим. 3, 2).

3) Обстоятельственныя прилагательныя (§ 145), напримѣръ: тридне́венъ* воскрⷭ҇лъ є҆сѝ, хрⷭ҇тѐ ѿ гро́ба (Окт., воскр., гл. 6, на хвал.).

4) Обстоятельственныя причастія (§ 146), напр.: и̓ возопи́въ*, и̓ мно́гѡ прꙋжа́всѧ*, и̓зы́де (Марк. 9, 26).

5) Причастіе дательнаго самостоятельнаго (§ 197), напр.: и̓ вше́дшꙋ* є҆мꙋ̀ въ до́мъ, ᲂу҆ченицы̀ є҆гѡ̀ вопроша́хꙋ є҆го̀ є҆ди́наго (Марк. 9, 28).

6) Имя прилагательное и страдательное причастіе при дѣйствительныхъ причастіяхъ-связкахъ — опредѣлительныхъ: сы́й, сꙋ́щаѧ, бы́вый, бы́вшаѧ; обстоятельственныхъ: сы́й, сꙋ́щь, бы́въ, бы́вши (§ 146, 4), 5), § 196, б), напр.: херꙋві́мѡвъ свѣтлѣ́йшꙋ*, и̓ серафі́мѡвъ честнѣ́йши* сꙋ́щаѧ (мол. по акаѳ.); и̓ бїю́ще и҆́хъ со́вѣсть не́мощнꙋ* сꙋ́щꙋ (1 Кор. 8, 12); и̓ тре́петенъ* бы́въ, припадѐ къ па́ѵлꙋ и̓ сі́лѣ (Дѣян. 16, 29).

При причастіяхъ-связкахъ (опредѣлительныхъ или обстоятельственныхъ) отъ полузнаменательныхъ глаголовъ (ср. § 124): ꙗ҆вле́йсѧ, ꙗ҆́вльсѧ, показа́выйсѧ, показа́всѧ, пребыва́ѧй, пребыва́ѧ и под., напримѣръ: ѡ҆́бразы несвѣ́тлы, и̓ сѣ́ни приведе́ны... ви́дѣвше сло́ва, но́ва* ꙗ҆́вльшагосѧ ѿ вра́тъ заключе́нныхъ (Рожд. п. 9).

При причастіяхъ (опредѣлительныхъ или обстоятельственныхъ) отъ глаголовъ, при которыхъ бываетъ второй винительный предикативный: сотвори́вый, сотво́рь, показа́вый, показа́въ, зрѧ́й, зрѧ̀ и под., напр.: печа́ть бо дѣ́вства моегѡ̀ зрѧ́щи неразрꙋши́мꙋ* (26 дек., икосъ).

7) При союзѣ ꙗ́кѡ (= такъ какъ), напр.: ꙗ́кѡ бл҃гъ* и҆ чл҃вѣколю́бецъ (Служ., возгл.).

Употребленіе краткихъ формъ именъ прилагательныхъ или страдательныхъ причастій, когда они являются предикативнымъ членомъ при причастіяхъ-связкахъ, однако, не всегда выдерживается; въ данномъ положеніи встрѣчаются также и полныя формы, напр.: ѻ҆ба́че блага́ѧ* су́щи, вѣ́ру прїи́мши (Крещ. п. 9, Ирмосъ); но пребыва́ѧ неѿсту́пный* (Вознес., конд.); всѣ́хъ тва́рей нб҃сныхъ и҆ земны́хъ вы́шшаѧ* ꙗ҆вльшаѧсѧ (Мол. по Акаѳ.).

Основные виды предложеній.

§ 173. *Виды предложеній по характеру сообщенія.* По характеру сообщенія предложенія можно раздѣлить, подобно какъ и въ русскомъ языкѣ, на повѣствовательныя, вопросительныя, побудительныя и восклицательныя.

1) Къ *повѣствовательнымъ* относятся предложенія, сообщающія о какомъ-нибудь фактѣ или событіи, напр.: и҆ и҆зы́де сло́во сі́е по все́й і҆уде́и ѡ҆ не́мъ, и҆ по все́й странѣ̀ (Лук. 7, 17).

2) Къ *вопросительнымъ* относятся предложенія, заключающія въ себѣ вопросъ. Вопросительныя предложенія обычно оформляются вопросительными мѣстоименіями, нарѣчіями или частицами (кто̀, что̀, что ꙗ҆́кѡ, кі́й, чі́й, гдѣ̀, вску́ю, ли, а҆́ще, є҆да̀ и др.). Послѣ вопросительныхъ предложеній обычно ставится вопросительный знакъ (;). Примѣры: Ты̀ ли є҆сѝ гряды́й, и҆лѝ и҆но́гѡ ча́емъ; (Лук. 7, 20); Но чесѡ̀ и҆зыдо́сте ви́дѣти; прⷪ҇ро́ка лѝ; (Лук. 7, 26); ѽ ро́де невѣ́рный и҆ развраще́нный, доко́лѣ бу́ду съ ва́ми; доко́лѣ терплю̀ ва́мъ; (Матѳ. 17, 17).

3) Къ *побудительнымъ* относятся предложенія, выражающія волеизволеніе говорящаго. Побудительныя предложенія обычно выражаются повелительнымъ или желательнымъ наклоненіемъ, напр.: ѡ҆бла́зи съ на́ма, ꙗ҆́кѡ къ ве́черу є҆́сть (Лук. 24, 29); гдⷭ҇и, да прозрю̀ (Лук. 18, 41).

4) Къ *восклицательнымъ* относятся предложенія, выражающія эмоціональное отношеніе говорящаго къ высказываемому. Восклицательныя предложенія въ церковно-славянскомъ языкѣ обособляются обычно запятой или точкой; впрочемъ, послѣ восклицательныхъ предложеній, выражающихъ удивленіе, можетъ стоять восклицательный знакъ (или о҆удиви́тельная), напр.: Полу́нощи же во́пль бы́сть: сѐ жени́хъ гряде́тъ, и҆сходи́те въ срѣ́теніе є҆гѡ̀ (Матѳ. 25, 6). Сн҃е даві́довъ, поми́луй мѧ̀ (Марк. 10, 48). Ѽ ка́кѡ, въ вы́шнихъ непости́жимь сы́й, ѿ дѣ́вы ражда́етсѧ! (Благовѣщ. на Г. воззв.).

§ 174. *Неполныя предложенія*. Къ неполнымъ относятся предложенія, въ которыхъ отсутствуетъ одинъ или нѣсколько членовъ предложенія, но которые легко воспринимаются изъ контекста. Неполныя предложенія обычно встрѣчаются въ діалогѣ, но могутъ быть и при повѣствовательной формѣ разсказа, напр.: є҆гда̀ па́ть хлѣ́бы преломи́хъ въ па́ть ты́сѧщъ, коли́кѡ кѡ́шъ и҆спо́лнь ѹ҆крꙋ́хъ прїѧ́сте; глаго́лаша є҆мꙋ̀: двана́десѧть* (Марк. 8, 19); чі́й ѻ҆́бразъ сі́й и҆ написа́нїе; ѻ҆ни́ же рѣ́ша є҆мꙋ̀: ке́саревъ* (Марк. 12, 16); и҆ вторы́й поѧ́тъ ю҆̀, и҆ ѹ҆́мре, и҆ ни то́й ѡ҆ста́ви сѣ́мене: и҆ тре́тїй* та́кожде* (Марк. 12, 21).

§ 175. *Односоставныя предложенія*. Односоставныя предложенія могутъ быть слѣдующихъ видовъ: неопредѣленно-личныя, обобщенно-личныя и безличныя.

Номинативныя предложенія, т. е. предложенія, состоящія только изъ одного главнаго члена-подлежащаго, мы не вводимъ въ систему односоставныхъ предложеній, такъ какъ врядъ ли подобныя предложенія встрѣчаются въ церковно-славянскомъ текстѣ, за исключеніемъ слѣдующаго стиха: кни́га родства̀ і҆и҃са хр҃та̀, сн҃а даві́дова, сн҃а а҆враа́млѧ (Матѳ. 1, 1).

1) *Неопредѣленно-личныя*. Къ неопредѣленно-личнымъ относятся односоставныя предложенія, въ которыхъ сказуемое, выраженное формой 3-го лица мн. числа, обозначаетъ дѣйствіе, совершаемое неопредѣленными лицами, напр.: глаго́ла и҆́ма, ꙗ҆́кѡ взѧ́ша* гд҃а моего̀, и҆ не вѣ́мъ, гдѣ̀ положи́ша* є҆го̀ (Іоан. 20, 13); безꙋ́мне, въ сїю̀ но́щь дꙋ́шꙋ твою̀ и҆стѧ́жꙋтъ* ѿ тебє̀ (Лук. 12, 20).

Въ церковно-славянскомъ текстѣ подобныя предложенія встрѣчаются сравнительно рѣдко.

2) *Обобщенно-личныя*. Къ обобщенно-личнымъ относятся предложенія, въ которыхъ обозначаемое глаголомъ дѣйствіе въ одинаковой мѣрѣ относится къ любому лицу. Сказуемое-глаголъ выражается обычно 2-мъ лицомъ ед. или мн. числа, а иногда и формой 3-го лица мн. числа, напр.: лицемѣ́ре (съ обобщеннымъ значеніемъ), и҆змѝ* пе́рвѣе бервно̀ и҆з̾ ѻ҆чесѐ твоегѡ̀ и҆ тогда̀ ѹ҆́зриши* и҆з̾ѧ́ти сꙋче́цъ и҆з̾ ѻ҆чесѐ бра́та твоегѡ̀ (Матѳ. 7, 5); и҆́мже бо сꙋдо́мъ сꙋ́диши* дрꙋ́га, себѐ ѡ҆сꙋжда́еши* (Рим. 2, 1); и҆щи́те* и҆ ѡ҆брѧ́щете* (Матѳ. 7, 7); не сꙋди́те* и҆ не сꙋ́дѧтъ* ва́мъ (Лук. 6, 37).

Глаголъ въ формѣ 3-го лица мн. числа чаще обозначаетъ обобщенное дѣйствіе, напр.: не ѿ те́рнїѧ бо че́шꙋтъ смо́квы, ни ѿ кꙋпины̀ є҆́млютъ гро́здїѧ (Лук. 6, 44); всѧ́ко ѹ҆́бо дре́во, є҆́же не твори́тъ плода̀ добра̀, посѣка́ютъ є҆̀, и҆ во ѻ҆́гнь вмета́ютъ* (Матѳ. 7, 19).

3) *Безличныя.* Къ безличнымъ относятся односоставныя предложенія, въ которыхъ сказуемое выражаетъ дѣйствіе или состояніе безъ какого-либо отношенія къ дѣятелю. Сказуемое въ безличныхъ предложеніяхъ можетъ быть выражено слѣдующими способами:

а) Спрягаемой формой глагола въ 3-мъ лицѣ ед. числа съ возвратнымъ мѣстоименіемъ -см. Глаголъ довлѣетъ въ безличномъ значеніи употребляется безъ -см. Напримѣръ: дайте, й дастсм* вамъ (Лук. 6, 38); въ нюже мѣру мѣрите, возмѣритсм* вамъ (Матѳ. 7, 2); покажи намъ Ѿца, й довлѣетъ намъ (Іоан. 14, 8).

б) Полузнаменательными глаголами подобаетъ, достоитъ въ сочетаніи съ неопредѣленнымъ наклоненіемъ, напр.: й тыа ми подобаетъ привести (Іоан. 10, 16); Не подобаше ли й тебѣ помиловати клеврета твоегѡ (Матѳ. 18, 33); достоитъ ли въ сѵббѡты добро творити (Марк. 3, 4); достоитъ ли кинсонъ кесареви дати, йли нй; (Марк. 12, 14).

в) Страдательными причастіями или прилагательными средн. рода (сюда же можно отнести неизмѣняемое лѣть) со связкой отъ глагола быти въ 3-мъ лицѣ, напр.: паки писано* есть*: не искуси ши гда бга твоегѡ (Матѳ. 4, 7); Слышасте, йакѡ речено* бысть* древнимъ (Матѳ. 5, 21); достойно* ли есть* дати кинсонъ кесареви, йли нй; (Матѳ. 22, 17); человѣка римлмнина й несуждена лѣть* ли есть* вамъ бити; (Дѣян. 22, 25).

г) Именами существительными, къ которымъ относятся: горе, нужда, время, потреба и под. Таковыя имена существительныя имѣютъ значеніе именной части составного сказуемаго съ опущенной связкой. Напримѣръ: горе* вамъ книжницы й фарісее лицемѣри (Матѳ. 23, 13); нужда* бо есть прийти соблазнѡмъ (Матѳ. 18, 7); йакѡ время* начати судъ ѿ дому бжіа (1 Петра 4, 17); Тѣмже потреба* повиноватисм не токмѡ за гнѣвъ, но й за совѣсть (Рим. 13, 5).

д) Формами отъ глагола быти съ отрицаніемъ, въ сочетаніи съ существительнымъ въ родительномъ падежѣ, напр.: йдѣже бо нѣсть* закона*, (ту) нн* преступленіа* (Рим. 4, 15); й нощи* не будетъ* тамѡ (Апок. 22, 5).

е) Формами отъ глагола быти при словахъ, указывающихъ на время, напр.: ѡблази съ нама, йакѡ къ вечеру* есть* (Лук. 24, 29); й йакѡ поздѣ* бысть*, йсхождаше вонъ йз града (Марк. 11, 19).

ж) Глаголомъ бысть* въ значеніи "случилось" (§ 160), напр.: й бысть* во единъ ѿ дній (Лук. 8, 22).

Однородные члены предложенія.

§ 176. Нѣсколько синтаксически однозначныхъ членовъ, имѣющихъ одинаковое отношеніе къ одному и тому же члену предложенія, называются *однородными* членами предложенія, напримѣръ: Привед0́ста о҆сл̀а* и҆ жреб̀а* (Матѳ. 21, 7).

Однородными могутъ быть, какъ главные, такъ и второстепенные члены предложенія, напр.: однородныя подлежащія: На мѷ_сі0́въ сѣдалищи сѣд0́ша книжницы* и҆ фарісе́е (Матѳ. 23, 2); однородныя сказуемыя: и҆дѣже та́тїе подкопываютъ* и҆ крад̀утъ* (Матѳ. 6, 20); вїногра́дъ насади́ чл҃вѣкъ, и҆ ѡ҆гради́* ѡ҆пло́томъ, и҆ и҆скопа̀* точи́ло, и҆ созда̀* сто́лпъ, и҆ предадѐ* е҆го̀ тяжа́телемъ, и҆ ѿи́де* (Марк. 12, 1); однородныя дополненія: Но е҆гда̀ твори́ши пиръ, зовѝ ни́щыя*, маломо́щныя*, хромы́я*, слѣпы́я*, (Лук. 14, 13); однородныя опредѣленія: въ наслѣ́дїе нетлѣ́нно* и҆ нескве́рно* и҆ неу̑вада́емо* (1 Петра 1, 4); однородныя обстоятельства: и҆ прїи́дутъ ѿ восто́къ* и҆ за́падъ* и҆ сѣ́вера* и҆ ю́га* (Лук. 13, 29).

Однородные члены предложенія соединяются обычно сочинительными союзами: соединительными, противительными или раздѣлительными (см. § 114). При соединительной констукціи однородныхъ членовъ бываютъ слѣдующія особенности: соединительный союзъ и҆ можетъ повторяться передъ каждымъ однороднымъ членомъ или же стоять только передъ послѣднимъ; возможно также перечисленіе однородныхъ членовъ и безъ союза. Примѣры: Съ соединительными союзами: и҆ б̀удутъ гла́ди и҆ паг̀убы и҆ тр̀уси по мѣсто́мъ (Матѳ. 24, 7); и҆збра́ннымъ пришле́льцемъ разсѣ́янїя по́нта*, галатı́и*, каппадокı́и*, а҆сı́и* и҆ вїд,у̑нı́и* (1 Петр. 1, 1); Не стяжи́те зла́та*, ни сребра̀*, ни мѣ́ди* при поясѣ́хъ ва́шихъ (Матѳ. 10, 9); въ тѣ́хъ слежа́ше мно́жество боля́щихъ*, слѣпы́хъ*, хромы́хъ*, су̑хи́хъ*, ча́ющихъ движе́нїя воды̀ (Іоан. 5, 3). Съ противительными союзами: не у̑́мре* дѣви́ца, но спи́тъ* (Матѳ. 9, 24); благослови́те*, а҆ не клени́те* (Рим. 12, 14); и҆ прини́къ видѣ̀* ри́зы лежа́щя: о҆ба́че не вни́де* (Іоан. 20, 5); не то́кмо бре́мене* и҆ корабля̀*, но и҆ д̀ушъ* на́шихъ хо́щетъ бы́ти пла́ванїе (Дѣян. 27, 10). Съ раздѣлительными союзами: и҆ вся́къ и҆́же ѡ҆ста́витъ до́мъ*, и҆лѝ бра́тїю*, и҆лѝ сестры̀*, и҆лѝ о҆тца̀*, и҆лѝ ма́терь*, и҆лѝ жен̀у*, и҆лѝ ча́да*, и҆лѝ се́ла*, и҆́мене моегѡ̀ ра́ди, сторице́ю прїи́метъ... (Матѳ. 19, 29); Никто́же мо́жетъ двѣма̀ господи́нома рабо́тати: лю́бо е҆ди́наго возлю́битъ*, а҆ друга́го возненави́дитъ*: и҆лѝ е҆ди́нагѡ держи́тся*, ѡ҆ друзѣ́мъ же неради́ти* на́чнетъ* (Матѳ. 6, 24).

Примѣчаніе. Въ старыхъ грамматикахъ предложенія съ однородными членами разсматривались какъ **слитныя**, исходя изъ того, что ихъ можно логически расчленить на нѣсколько предложеній, напр.: Привед0ста Ѻслѧ и жребѧ (Матѳ. 21, 7) = приведоста Ѻслѧ и приве-доста жребѧ.

Однородные члены предложенія, въ общемъ, отдѣляются запятой подобнымъ образомъ, какъ и въ русскомъ языкѣ, за исключеніемъ слѣдующей особенности: два однородныхъ сказуемыхъ, соединенныхъ союзомъ и, если они имѣютъ при себѣ зависимыя слова, раздѣляются запятой, напр.: сѐ мы ѡставихомъ* всѧ, и въ слѣдъ тебѣ идохомъ* (Матѳ. 19, 27); пріидите, оубіемъ* его, и оудержимъ* достоѧніе егѡ (Матѳ. 21, 38).

СЛОЖНОЕ ПРЕДЛОЖЕНІЕ.

Общее замѣчаніе къ сложнымъ предложеніямъ.

§ 177. Сложныя предложенія въ церковно-славянскомъ язы-кѣ могутъ быть составлены при помощи какъ сочиненія, такъ и подчиненія. По своимъ конструкціямъ сложныя предложенія во многомъ сходны съ подобными же предложеніями въ русскомъ языкѣ, что даетъ возможность примѣнять къ нимъ классификацію, принятую въ русскихъ грамматикахъ. Однако при извѣстномъ сходствѣ есть и значительная разница — церковно-славянскій языкъ обладаетъ значительно меньшимъ составомъ союзовъ (хотя нѣкоторые союзы и имѣютъ нѣсколько значеній, напр., ꙗкѡ, ꙗще), и, слѣдовательно, предложенія имѣютъ меньше разнообразія при выраженіи той или иной мысли. Кромѣ того, церковно-славянскій языкъ обладаетъ и такими конструкціями, какихъ въ русскомъ языкѣ нѣтъ — къ нимъ относятся предложенія съ неопредѣлен-нымъ наклоненіемъ и предложенія съ особымъ причастнымъ обо-ротомъ, называемымъ "дательный самостоятельный".

Сложныя предложенія, согласно ихъ структурѣ, раздѣляются на сложносочиненныя и сложноподчиненныя.

Особый отдѣлъ въ сложноподчиненныхъ предложеніяхъ пред-ставляютъ краткія придаточныя предложенія.

Сложносочиненныя предложенія.

§ 178. Два или болѣе простыхъ предложеній, соединенныхъ сочинительными союзами, составляютъ *сложносочиненное предло-женіе*.

Предложенія, входящія въ составъ сложносочиненнаго пред-ложенія, разсматриваются какъ самостоятельныя, однако эта само-стоятельность является условной, и въ рядѣ случаевъ компоненты сложносочиненнаго предложенія взаимно обуславливаются, напр.: и҆ желаше насы́тити чре́во ѿ роже́цъ...: и҆ никто́ же даѧ́ше е҆мꙋ (Лук. 15, 16). Во второмъ предложеніи опущено слово роже́цъ, общее для обоихъ предложеній.

Въ зависимости отъ союзныхъ связей сложносочиненныя предложенія раздѣляются на соединительныя, противительныя, раздѣлительныя и причинныя.

Соединительное сочиненіе.

§ 179. Сложносочиненныя предложенія соединительныя сочиняются при помощи союзовъ и҆, и҆ — и҆, ни(же), ни — ни(же), та́кожде. Въ текстахъ Священнаго Писанія грамматическая связь въ предложеніяхъ съ союзомъ и҆ не является достаточно прочной, — союзъ и҆ часто имѣетъ значеніе скорѣе *присоединительное*, чѣмъ соединительное, и служитъ лишь для указанія на продолженіе разсказа, почему и употребляется очень часто, напр. въ 3-й гл. отъ Марка на 35 стиховъ 28 предложеній имѣютъ при себѣ союзъ и҆ (что буквально соотвѣтствуетъ греческому тексту).

Въ сложносочиненныхъ предложеніяхъ съ союзомъ и҆ обычно выражаются временныя отношенія: сочиненныя предложенія могутъ указывать на *одновременность* дѣйствій, на *послѣдовательность* дѣйствій, или же на *причинно-слѣдственныя* отношенія между дѣйствіями.   Напримѣръ:

1) Предложенія, выражающія одновременность дѣйствій: и҆ поме́рче со́лнце, и҆ завѣ́са церко́внаѧ раздра́сѧ посредѣ̀ (Лук. 23, 45); Не вѣ́сте ли ꙗ҆́кw хра́мъ бж҃їй є҆стѐ, и҆ дх҃ъ бж҃їй живе́тъ въ ва́съ (1 Кор. 3, 16); а҆́бїе по ско́рби дні́й тѣ́хъ, со́лнце поме́ркнетъ, и҆ лꙋна̀ не да́стъ свѣ́та своегẁ, и҆ ѕвѣ́зды спадꙋ́тъ съ нб҃сѐ, и҆ си́лы нб҃сныѧ подви́гнꙋтсѧ (Матѳ. 24, 29).

2) Предложенія, выражающія послѣдовательность дѣйствій: ѻ҆́ва падо́ша на пꙋти̑: и҆ прїидо́ша пти̑цы и҆ позоба́ша ѧ̀ (Матѳ. 13, 4); прїи́де въ до́мъ і҆и҃съ, и҆ пристꙋпи́ша къ немꙋ̀ о҆у҆чениц́ы є҆гẁ (Матѳ. 13, 36); и҆ и҆зы́де во́нъ на придво́рїе: и҆ а҆ле́кторъ возгласѝ (Марк. 14, 68); и҆ сни́де до́ждь, и҆ прїидо́ша рѣ́ки, и҆ возвѣ́ѧша вѣ́три (Матѳ. 7, 25).

3) Предложенія, выражающія причинно-слѣдственныя отношенія: тогда̀ воста́въ запретѝ вѣ́трwмъ и҆ мо́рю, и҆ бы́сть тишина̀ ве́лїѧ (Матѳ. 8, 26); ѻ҆ни́ же и҆зше́дше и҆до́ша въ ста́до свинно́е: и҆ сѐ, (а҆́бїе) о҆у҆стреми́сѧ ста́до всѐ по брегꙋ̀ въ мо́ре, и҆ о҆у҆топо́ша въ вода́хъ (Матѳ. 8, 32); Прибли́житесѧ бг҃ꙋ, и҆ прибли́житсѧ ва́мъ (Іак. 4, 8).

Особенно наглядно выражаются причинно-слѣдственныя отношенія между предложеніями, если за союзомъ и҆ слѣдуетъ со-

ю́зное сло́во є҆гѡ̀ ра́ди: то́й воскре́се ѿ ме́ртвыхъ, и҆ є҆гѡ̀ ра́ди си́лы
дѣ́ютсѧ ѡ҆ не́мъ (Матѳ. 14, 2).

Къ этому виду сложносочиненныхъ предложеній должно от-
нести также и предложенія, сочиненныя при помощи заключитель-
ныхъ союзовъ: тѣ́мже, тѣ́мъ, є҆гѡ̀ ра́ди, о҆́убо, ѿсю́дꙋ, ѿню́дꙋже,
напр.: кольмѝ о҆́убо лꙋ́чши человѣ́къ ѻ҆вча́те; тѣ́мже* досто́итъ въ
сꙋббѡ́ты добро̀ твори́ти (Матѳ. 12, 12); Ꙗ҆́бо не со́зданъ бы́сть мꙋ́жъ
жены̀ ра́ди, но жена̀ мꙋ́жа ра́ди: є҆гѡ̀ ра́ди* должна̀ є҆́сть жена̀ вла́сть
и҆мѣ́ти на главѣ̀ а҆́ггла ра́ди (1 Кор. 11, 9-10); А҆́ще же хр҇то́съ не воста̀,
сꙋ́етна вѣ́ра ва́ша, є҆ще́ во грѣсѣ́хъ ва́шихъ: о҆́убо* и҆ о҆уме́ршіи ѡ҆ хр҇тѣ̀,
погибо́ша (1 Кор. 15, 17-18); и҆ на тѣ́хъ взѧ́лъ є҆сѝ побѣ́ды, бж҃і́ею
си́лою достосла́вне. Ѿсю́дꙋ* по́чести тебѣ̀ ѻ҆́че чꙋде́съ бл҃гі́й дарова̀
(4 ноября, на Госп. воззв.); и҆ болѣ́зни на́шѧ подѧ́лъ є҆сѝ. Ѿню́дꙋже*
ра́нами твои́ми мы̀ и҆сцѣлѣ́вше, пѣ́ти навыко́хомъ: а҆ллилꙋ́іа (Акаѳ.
Іис. Сладч.).

Сочиненныя предложенія съ союзомъ и҆ могутъ выражать так-
же противительныя отношенія, напр.: Бл҃гі́й человѣ́къ ѿ бл҃га́гѡ
сокро́вища и҆зно́ситъ бл҃га̑ѧ: и҆ лꙋка́вый человѣ́къ ѿ лꙋка́вагѡ сокро́-
вища и҆зно́ситъ лꙋка̑ваѧ (Матѳ. 12, 35).

Союзы ни(жѐ), ни — ни(жѐ) употребляются при соединеніи
однородныхъ предложеній съ отрицаніемъ, напр.: Нѣ́сть бо дре́во
добро̀, творѧ̀ плода̀ ꙁла̀: ниже́ дре́во ꙁло̀, творѧ̀ плода̀ добра̀ (Лук.
6, 43); не ѿ те́рніѧ бо че́шꙋтъ смѡ́квы, ни ѿ кꙋпины̀ є҆́млютъ грѡ́ꙁ-
діѧ (Лук. 6, 44).

Союзъ та́кожде употребляется съ оттѣ́нкомъ присоединитель-
наго значенія, напр.: Прїѧ́тъ же хлѣ́бы і҆и҃съ, и҆ хвалꙋ̀ возда́въ, подадѐ
о҆ученикѡ́мъ, о҆ученицы́ же возлежа́щымъ: та́кожде и҆ ѿ ры́бъ, є҆ли́кѡ
хотѧ́хꙋ (Іоан. 6, 11); и҆ тре́тій поѧ́тъ ю҆: та́кожде же и҆ всѝ се́дмь
(Лук. 20, 31).

Сложносочиненныя соединительныя предложенія могутъ быть
и безсоюзными, напр.: Та́мѡ пти́цы вогнѣꙁдѧ́тсѧ, є҆рѡді́ево жили́ще
предводи́тельствꙋетъ и҆́ми (Псал. 103, 17); ѡ҆быдо́ша мѧ̀ тельцы̀
мно́ꙁи, ю҆нцы̀ тꙋ́чніи ѡ҆держа́ша мѧ̀: ѿверꙁо́ша на мѧ̀ о҆уста̀ своѧ̑,
ꙗ҆́кѡ ле́въ восхища́ѧй и҆ рыка́ѧй (Псал. 21, 13-14); и҆ ввергꙋ́тъ и҆́хъ въ
пе́щь о҆́гненнꙋю: тꙋ̀ бꙋ́детъ пла́чь и҆ скре́жетъ ꙁꙋбѡ́мъ (Матѳ. 13, 50);
тꙋ́не прїѧ́сте, тꙋ́не дади́те (Матѳ. 10, 8); хр҇то́съ ражда́етсѧ, сла́вите:
хр҇то́съ съ нб҃е́съ, срѧ́щите: хр҇то́съ на ꙁемлѝ, возноси́тесѧ (Ирм. Рожд.
п. 1-я).

Противительное сочиненіе.

§ 180. Въ сложносочиненныхъ предложеніяхъ противитель-
ныхъ выражается отношеніе *противопоставленія* или *сопоставле-*

нія, иногда съ различными добавочными оттѣнками (несоотвѣт-
ствія, ограниченія, уступки и др.). Предложенія этого типа сочи-
няются при помощи союзовъ: но, а҆, же, оу҆бѡ — же, ѻ҆ба́че, да.
Изъ указанныхъ союзовъ а҆ и же являются наиболѣе употребитель-
ными. Примѣры: Не входѧ́щее во оу҆ста̀ скверни́тъ человѣ́ка: но* и҆схо-
дѧ́щее и҆зо́устъ, то скверни́тъ человѣ́ка (Матѳ. 15, 11); въ не́мже
ѕлостраждꙋ̀ да́же до оу҆́зъ, ꙗ҆́кѡ ѕлодѣ́й: но* сло́во бж҃їе не вѧ́жетсѧ
(2 Тим. 2, 9); ра́зꙋмъ оу҆́бѡ кичи́тъ, а҆* любы̀ созида́етъ (1 Кор.
8, 1); Приближа́ютсѧ мнѣ̀ лю́дїе сі́и оу҆сты̀ свои́ми, и҆ оу҆стна́ми чтꙋ́тъ
мѧ̀: се́рдце же* и҆́хъ дале́че ѿстои́тъ ѿ менѐ (Матѳ. 15, 8); жа́тва
оу҆́бѡ* мно́га, дѣ́лателей же* ма́лѡ (Матѳ. 9, 37); нꙋ́жда бо е҆́сть
прїитѝ собла́знѡмъ: ѻ҆ба́че* го́ре человѣ́кꙋ томꙋ̀, и҆́мже собла́знъ при-
хо́дитъ (Матѳ. 18, 7); не де́сѧть ли ѡ҆чи́стишасѧ; да* де́вѧть гдѣ̀;
(Лук. 17, 17).

Сложносочиненныя предложенія противительныя могутъ быть
также и безсоюзными, напр.: вы̀ ѿ ни́жнихъ е҆стѐ, а҆́зъ ѿ вы́шнихъ
е҆́смь: вы̀ ѿ мі́ра сегѡ̀ е҆стѐ, а҆́зъ нѣ́смь ѿ мі́ра сегѡ̀ (Іоан. 8, 23);
и҆ сїѐ не ѿ ва́съ, бж҃їй да́ръ (Евр. 2, 8); ꙗ҆́кѡ ви́дѣвъ мѧ̀, вѣ́ровалъ е҆сѝ:
бл҃же́ни не ви́дѣвшїи, и҆ вѣ́ровавше (Іоан. 20, 29).

Раздѣлительное сочиненіе.

§ 181. Сложносочиненныя предложенія съ *раздѣлительнымъ*
значеніемъ составляются обычно при помощи союза и҆лѝ (а иногда
при помощи союза лю́бо), напр.: и҆зберѝ себѣ̀ бы́ти: и҆лѝ прїи́дꙋтъ
тебѣ̀ три лѣ́та гла́да на зе́млю твою̀: и҆лѝ три мѣ́сѧцы бѣ́гати и҆́маши
пред враги̑ твои́ми, и҆ бꙋ́дꙋтъ гонѧ́ще тѧ̀: и҆лѝ три дни̑ бы́ти сме́рти
въ землѝ твое́й (2 Цар. 24, 13); Снѣ́стсѧ ли хлѣ́бъ без со́ли; и҆лѝ е҆́сть
вкꙋ́съ во тщи́хъ словесѣ́хъ (Іова 6, 6); Ты̀ ли е҆сѝ грѧды́й, и҆лѝ и҆но́гѡ
ча́емъ; (Матѳ. 11, 3).

Причинное сочиненіе.

§ 182. Въ *причинномъ* сочиненіи въ первомъ предложеніи
представляется какое-нибудь явленіе, а во второмъ — приводится
его причина. Второе предложеніе присоединяется при помощи
причинныхъ союзовъ и҆́бо и бо, напр.: нѣ́сть тѝ ча́сти ни жре́бїѧ въ
словесѝ се́мъ: и҆́бо се́рдце твоѐ нѣ́сть пра́во пред бг҃омъ (Дѣян. 8, 21);
по дѣлѡ́мъ же и҆́хъ не твори́те: глаго́лютъ бо, и҆ не творѧ́тъ (Матѳ.
23, 3).

Между союзами и҆́бо и бо разница состоитъ лишь въ томъ, что
и҆́бо представляетъ собой соединеніе союзовъ и҆ и бо. При сравненіи
съ греческимъ текстомъ обычно видимъ слѣдующее соотношеніе:

во = γάρ, а йбо = καὶ γάρ, напр.: **йбо бесѣ́да твоѧ̀ ꙗвѣ̀ тѧ̀ твори́тъ**, Мѳ. 26, 73 (вм. **й̀ бесѣ́да во . . .**), въ греч. текстѣ: καὶ γάρ ἡ λαλιά σου... Союзъ **йбо** ставится въ началѣ предложенія, а союзъ **во** — послѣ перваго слова предложенія.

Сложносочиненныя предложенія причинныя могутъ быть сочинены и безъ союзовъ, напр.: **ѡста́вите йхъ: вожди̑ сꙋ́тъ слѣ́пи слѣпце́мъ** (Матѳ. 15, 14); **до́мъ і̑и҃левъ ѹ̓пова̀ на гд҃а: помо́щникъ й̀ защи́титель й҆мъ є҆́сть. до́мъ а̓арѡ́нь ѹ̓пова̀ на гд҃а: помо́щникъ й̀ защи́титель й҆мъ є҆́сть. боѧ́щіисѧ гд҃а, ѹ̓пова́ша на гд҃а: помо́щникъ й̀ защи́титель й҆мъ є҆́сть** (Псал. 113, 17-19).

Сложноподчиненное предложеніе.

§ 183. Сложное предложеніе, состоящее изъ двухъ простыхъ предложеній, изъ которыхъ одно синтаксически подчиняется другому при помощи подчинительныхъ союзовъ или союзныхъ словъ, называется *сложноподчиненнымъ.*

Предложеніе, находящееся въ синтаксически зависимомъ отношеніи къ другому предложенію, называется *придаточнымъ;* а предложеніе, которому подчинено придаточное предложеніе, называется *главнымъ,* напр.: **а̓́зъ посла́хъ вы̀ жа́ти, и̓дѣ́же вы̀ не трꙋди́стесѧ** (Іоан. 4, 38); первое предложеніе — главное; второе предложеніе — придаточное обстоятельственное мѣста.

Придаточное предложеніе можетъ относиться къ одному изъ членовъ главнаго предложенія, къ группѣ членовъ или ко всему предложенію въ цѣломъ (когда выражаетъ какое-нибудь обстоятельство: время, причину, условіе и т. д.), напр.: **ѻ̓ба́че го́ре человѣ́кꙋ* томꙋ̀, и̓́мже собла́знъ прихо́дитъ** (Матѳ. 18, 7); **тѧ̀ бл҃гослови́мъ, вы́шнїй бж҃е, й̀ гд҃и ма́ти, творѧ́щаго прⷭ҇нѡ съ на́ми вели́каѧ* же й̀ неизслѣ́дѡваннаѧ*, сла́внаѧ* же й̀ ѹ̓жа́снаѧ*, и̓́хже нѣ́сть числа̀** (Утр. мол. 6-я); **сѣди́те тꙋ̀, до́ндеже ше́дъ помолю́сѧ та́мѡ** (Матѳ. 26, 36).

Придаточныя предложенія по отношенію къ главному могутъ выполнять тѣ же функціи, что и любой членъ простого предложенія, а потому и классифицируются они подобнымъ образомъ. Придаточныя предложенія могутъ быть слѣдующихъ видовъ: 1) придаточное-подлежащее, 2) придаточное-сказуемое, 3) придаточное опредѣлительное, 4) придаточное дополнительное, 5) придаточныя обстоятельственыя: *а)* времени, *б)* мѣста, *в)* причины, *г)* цѣли, *д)* слѣдствія, *е)* образности, *ж)* условныя, *з)* уступительныя.

Безсоюзныхъ сложноподчиненныхъ предложеній въ церковно-славянскомъ языкѣ нѣтъ, кромѣ нѣкоторыхъ придаточныхъ до-полнительныхъ.

Предложеніе придаточное-подлежащее.

§ 184. Придаточнымъ *подлежащимъ* является предложеніе, поясняющее подлежащее главнаго предложенія, выраженнаго мѣ-стоименіемъ (указательнымъ, отрицательнымъ или опредѣлитель-нымъ) или выполняющее функцію отсутствующаго въ главномъ предложеніи подлежащаго. Предложеніе придаточное-подлежащее отвѣчаетъ на вопросъ именительнаго падежа: кто? что? Напримѣръ: и҆́же мѧ̀ сотворѝ цѣ́ла, то́й мѝ речѐ: возмѝ о҆́дръ тво́й и҆ ходѝ (Іоан. 5, 11); ничто́же бо є҆́сть покрове́но, є҆́же не ѿкры́етсѧ, и҆ та́йно, є҆́же не ѹ҆вѣ́дено бꙋ́детъ (Матѳ. 10, 26); всѧ̑, є҆ли̑ка и҆́мать ѻ҆ц҃ъ, моѧ̑ сꙋ́ть (Іоан. 16, 15).

Мѣстоименіе въ главномъ предложеніи часто опускается; од-нако легко подразумѣвается: а҆́ще въ ва́съ пребꙋ́детъ, є҆́же и҆спе́рва слы́-шасте (1 Іоан. 2, 24); и҆ є҆́же а҆́ще свѧ́жеши на землѝ, бꙋ́детъ свѧ́зано на нб҃сѣ́хъ (Матѳ. 16, 19); и҆́же а҆́ще хо́щетъ въ ва́съ вѧ́щій бы́ти, да бꙋ́детъ ва́мъ слꙋга̀ (Матѳ. 20, 26).

Отсутствіе мѣстоименія-подлежащаго особенно характерно въ тѣхъ случаяхъ, когда сказуемое главнаго предложенія по значенію близко къ безличному, однако все же въ такое предложеніе можно вставить мѣстоименіе то̀, напр.: и҆лѝ мни́тсѧ тѝ, ꙗ҆́кѡ не могꙋ̀ ны́нѣ ѹ҆моли́ти ѻ҆ц҃а̀ моего̀ (Матѳ. 26, 53); довлѣ́етъ ѹ҆ченикꙋ̀, да бꙋ́детъ, ꙗ҆́кѡ ѹ҆чи́тель є҆гѡ̀ (Матѳ. 10, 25); нѣ́сть бо та́йно, є҆́же не ꙗ҆вле́но бꙋ́детъ: нижѐ ѹ҆та́ено, є҆́же не позна́етсѧ и҆ въ ꙗ҆вле́ніе прїи́детъ (Лук. 8, 17); ѿ вѣ́ка нѣ́сть слы́шано, ꙗ҆́кѡ кто̀ ѿве́рзе ѻ҆́чи слѣпꙋ̀ рожде́нꙋ (Іоан. 9, 32); и҆ рече́тсѧ тѝ, что́ ти подоба́етъ твори́ти (Дѣ́ян. 9, 6); добрѣ́е бы́ло бы є҆мꙋ̀, а҆́ще не бы̀ роди́лсѧ человѣ́къ то́й (Марк. 14, 21).

Предложенія придаточныя-подлежащія присоединяются къ главному при помощи слѣдующихъ союзныхъ словъ и союзовъ: и҆́же, ꙗ҆́же, є҆́же, что̀, є҆ли́цы, є҆ли̑ка, ꙗ҆́кѡ, да, а҆́ще и под. (см. преды-дущіе примѣры).

Главное предложеніе, состоящее изъ сравнительной степени лꙋ́чше є҆́сть, ѹ҆до́бѣе є҆́сть, добрѣ́е є҆́сть и под., обычно имѣетъ при себѣ придаточное предложеніе-подлежащее съ союзомъ не́же или не́жели. Такое придаточное предложеніе бываетъ съ усѣченнымъ сказуемымъ, напр.: лꙋ́чше є҆́сть ѹ҆бо́гъ ходѧ́й въ простотѣ̀ свое́й, не́же (есть) бога́тый стропти́въ ѹ҆сты̀ свои́ми и҆ несмы́сленъ (Притч. 19, 1); лꙋ́чше части́ца ма́лаѧ со стра́хомъ гд҃нимъ, не́жели сокрѡ́вища ве́лїѧ без боѧ́зни (Притч. 15, 16); ѹ̓до́бѣе же є̓́сть нб҃ꙋ и землѝ прейтѝ, не́же ѿ зако́на є̓ди́ной черт꙼ѣ (удобно есть) поги́бнꙋти (Лук. 16, 17).

Предложеніе придаточное-сказуемое.

§ 185. Придаточнымъ *сказуемымъ* является предложеніе, употребляющееся для поясненія именной части сказуемаго главнаго предложенія, выраженной указательнымъ мѣстоименіемъ, которое часто опускается. Предложеніе придаточное-сказуемое отвѣчаетъ на вопросы: *каковъ? какова? каково? кто такой? что такое?* Напримѣръ: ꙗ̓ко́въ пе́рстный, таковѝ и пе́рстнїи: и ꙗ̓ко́въ нбⷭ҇ный, та́цы же и нбⷭ҇нїи (1 Кор. 15, 48); мое бра́шно є̓́сть, да сотворю̀ во́лю посла́вшагѡ мѧ̀ (Іоан. 4, 34); что̀ є̓́сть, є̓́же и̓́маши возвѣсти́ти мѝ (Дѣян. 23, 19); се́й бѣ̀, є̓го́же рѣ́хъ (Іоан. 1, 15); то́й є̓́сть, є̓мꙋ́же а̓́зъ ѡ̓мочи́въ хлѣ́бъ пода́мъ (Іоан. 13, 26).

Предложенія придаточныя-сказуемыя присоединяются къ главному при помощи союзныхъ словъ или союзовъ: и̓́же, ꙗ̓́же, є̓́же, ꙗ̓ко́въ, -а̀, -о̀, да и под.

Предложеніе придаточное опредѣлительное.

§ 186. Придаточнымъ *опредѣлительнымъ* называется предложеніе, опредѣляющее какой-нибудь членъ главнаго предложенія, выраженный именемъ существительнымъ, напр.: сѐ бо блг҃овѣствꙋ́ю ва́мъ ра́дость ве́лїю, ꙗ̓́же бꙋ́детъ всѣ́мъ лю́демъ (Лук. 2, 10).

Опредѣлительныя придаточныя предложенія отвѣчаютъ на вопросы: *какой? какая? какое?*

Опредѣлительныя придаточныя предложенія присоединяются къ главному при помощи слѣдующихъ союзныхъ словъ и союзовъ: и̓́же, ꙗ̓́же, є̓́же, ꙗ̓ко́въ, -а̀, -о̀, и̓дѣ́же, є̓гда̀, да, ꙗ̓́кѡ и др.

Наиболѣе характерными выразителями опредѣлительнаго отношенія являются относительныя мѣстоименія и̓́же, ꙗ̓́же, є̓́же: и̓ поманꙋ́ша прича́стникѡмъ, и̓́же бѣ́хꙋ во дрꙋзѣ́мъ кораблѝ (Лук. 5, 7); а̓́зъ бо да́мъ ва́мъ ѹ̓ста̀ и̓ премꙋ́дрость, є̓́йже не возмо́гꙋтъ проти́витиⷭ҇ и̓лѝ ѿвѣща́ти всѝ противлѧ́ющїисѧ ва́мъ (Лук. 21, 15);

Другіе примѣры употребленія союзныхъ словъ и союзовъ: бꙋ́детъ бо тогда̀ ско́рбь ве́лїѧ, ꙗ̓кова̀ же не была̀ ѿ нача́ла мі́ра досе́лѣ (Матѳ. 24, 21); и̓ разгнꙋ́въ кни́гꙋ, ѡ̓брѣ́те мѣ́сто, и̓дѣ́же бѣ̀ напи́сано (Лук. 4, 17); прїи́дꙋтъ же дні́е, є̓гда̀ ѿи́метсѧ ѿ ни́хъ жени́хъ (Матѳ. 9, 15); и̓ сїѧ̀ є̓́сть любы̀, да хо́димъ по за́повѣдемъ є̓гѡ̀ (2 Іоан. 1, 6); ка́кѡ ѹ̓́бо сбꙋ́дꙋтсѧ писа́нїѧ, ꙗ̓́кѡ та́кѡ подоба́етъ бы́ти (Матѳ. 26, 54). Союзному слову ꙗ̓ко́въ въ главномъ предложеніи можетъ соотвѣтствовать указательное мѣстоименіе **тако́въ** (относящееся къ опредѣляемому члену его), напр.: **вѣ́мъ, ꙗ́кѡ предста́виши грѣхѝ моѧ̀ предо мно́ю такѡвы̀, ꙗ́кѡвы́ же мно́ю содѣ́ѧшасѧ** (Мол. ко причащ.).

Опредѣлительное придаточное предложеніе можетъ иногда предшествовать слову, къ которому относится, напр.: **носѧ́ще, ꙗ̀же оу҆гото́ваша а҆рѡма́ты** (Лук. 24, 1).

Предложеніе придаточное дополнительное.

§ 187. Придаточнымъ *дополнительнымъ* называется предложеніе, которое выполняетъ роль дополненія сказуемаго главнаго предложенія, или же поясняетъ дополненіе, выраженное мѣстоименіемъ (указательнымъ или опредѣлительнымъ).

Дополнительныя придаточныя предложенія отвѣчаютъ на вопросы косвенныхъ падежей.

Напримѣръ: **Ѻ҆ни́ же тѧжа́теле рѣ́ша къ себѣ̀, ꙗ́кѡ се́й є҆́сть наслѣ́дникъ** (Марк. 12, 7). Дополнительное придаточное предложеніе, поясняющее мѣстоименіе-дополненіе: **Но сїѐ* па́че суди́те, є҆́же не полага́ти претыка́нїѧ бра́ту и҆лѝ собла́зна** (Рим. 14, 13); **и҆ возвѣсти́ша є҆му̀ всѧ̑*, и҆ є҆ли̑ка сотвори́ша, и҆ є҆ли̑ка научи́ша** (Марк. 6, 30); **и҆ всѧ̑*, є҆ли̑ка воспро́сите въ моли́твѣ, вѣ́рующе, прїи́мете** (Матѳ. 21, 22).

Если главное предложеніе слѣдуетъ за придаточнымъ, то указательное мѣстоименіе въ главномъ предложеніи можетъ имѣть значеніе подчеркнутости, напр.: **но є҆́же а҆́ще да́стсѧ ва́мъ въ то́й ча́съ, сѐ глаго́лите** (Марк. 13, 11).

Въ церковно-славянскихъ конструкціяхъ сложноподчиненныхъ предложеній мѣстоименіе-дополненіе, соотносительное съ придаточнымъ предложеніемъ дополнительнымъ, употребляется очень рѣдко, почти какъ исключеніе, такъ что придаточное предложеніе дополнительное можетъ даже слѣдовать непостредственно послѣ предлога, напр.: **ѡ҆ ꙗ́кѡ да гдⷭ҇ь бг҃ъ на́шъ оу҆чини́тъ ду́шы и҆́хъ въ мѣ́стѣ свѣ́тлѣ ..., гдѣ̀ помо́лимсѧ** (Панихида); согласно русской конструкціи предложеній въ данномъ случаѣ обязательно нужно было бы вставить указательное мѣстоименіе: *о томъ, чтобы* ...

Придаточныя предложенія дополнительныя соединяются съ главнымъ при помощи слѣдующихъ союзовъ и союзныхъ словъ: **ꙗ́кѡ, что̀, да, дабы̀, ꙗ́кѡ дабы̀, да не ка́кѡ, да не когда̀, ка́кѡ, кі́й, ка́ѧ, ко́е, и҆́же, ꙗ́же, є҆́же, є҆ли́къ, -а, -о, до́ндеже, когда̀, ка́мѡ, ѿку́ду, а҆́може** и под., напр.: **са́мъ бо вѣ́даше, что̀* хо́щетъ сотвори́ти** (Іоан. 6, 6); **просѝ оу҆ менѐ, є҆гѡ́же* а҆́ще хо́щеши** (Марк. 6, 22);

ты́ же пребыва́й, въ ни́хже наꙋче́нъ є҆си́ (2 Тим. 3, 14); тѣ́мже са́ми свидѣ́тельствꙋете себѣ̀, ꙗ҆́кѡ* сы́нове є҆стѐ и҆збив́шихъ прⷪ҇ро́ки (Матѳ. 23, 31); ꙗ҆́кѡ не вѣ́сте, въ кі́й* ча́съ гдⷭ҇ь ва́шъ прїи́детъ (Матѳ. 24, 42).

Союзы да, дабы̀, ꙗ҆́кѡ дабы̀, да не ка́кѡ, да не когда̀ вносятъ въ придаточное предложеніе дополнительный оттѣнокъ желанія или цѣли: блюди́те, да* никто́же ва́съ прельсти́тъ (Матѳ. 24, 4); и҆ видѣ́вше є҆го̀, моли́ша, ꙗ҆́кѡ дабы̀* прешѐлъ ѿ предѣ̑лъ и҆́хъ (Матѳ. 8, 34); боꙗ́щесѧ же, да не ка́кѡ* въ прꙋ̑днаѧ мѣста̀ впадꙋ́тъ (Дѣян. 27, 29).

Союзныя слова, въ зависимости отъ ихъ значеній, присоединяя придаточныя дополнительныя предложенія къ главному, придаютъ имъ еще добавочные оттѣнки значеній, напр.: до́ндеже, когда̀ — вносятъ дополнительный оттѣнокъ временного значенія: и҆ не ѹ҆вѣ́дѣша, до́ндеже* прїи́де вода̀ и҆ взѧ́тъ всѧ̑ (Матѳ. 24, 39); рцы̀ на́мъ, когда̀* сїѧ̑ бꙋ́дꙋтъ (Марк. 13, 4); ка́мѡ, ѿкꙋ́дꙋ, а҆́може — вносятъ дополнительный оттѣнокъ пространственнаго значенія: вы́ же не вѣ́сте, ѿкꙋ́дꙋ* прихождꙋ̀ и҆ ка́мѡ* грѧдꙋ̀ (Іоан. 8, 14); а҆́може* а҆́зъ и҆дꙋ̀, вѣ́сте (Іоан. 14, 4); ка́кѡ, ка́кѡ бы, є҆да̀ ка́кѡ — указываютъ на характеръ дѣйствія: повѣ́даша же и҆̀мъ видѣ́вшїи, ка́кѡ* бы́сть бѣсно́мꙋ, и҆ ѡ҆ свинїѧ́хъ (Марк. 5, 16); и҆ и҆ска́хꙋ а҆рхїере́е и҆ кни́жницы, ка́кѡ бы* ѹ҆би́ли є҆го̀ (Лук. 22, 2); бою́сѧ же, є҆да̀ ка́кѡ* прише́дъ, не ꙗ҆цѣ́хъ же хощꙋ̀, ѡ҆брѧ́щꙋ ва́съ (2 Кор. 12, 20); како́въ — привноситъ качественный оттѣнокъ: да ѹ҆вѣ́сть, каковꙋ́* кꙋ́плю сꙋ́ть сотвори́ли (Лук. 19, 15).

Придаточныя предложенія дополнительныя могутъ быть безсоюзными, напр.: молю́ же ва́съ, подо́бни мнѣ̀ быва́йте (1 Кор. 4, 16);

Придаточное предложеніе времени.

§ 188. Придаточнымъ *времени* называется предложеніе, которое указываетъ на время дѣйствія сказуемаго главнаго предложенія или же уточняетъ обстоятельство времени, находящееся въ главномъ предложеніи, напр.: ꙗ҆́кѡ не и҆́мать прейтѝ ро́дъ се́й, до́ндеже всѧ̑ сїѧ̑ бꙋ́дꙋтъ (Марк. 13, 30); и҆ въ пе́рвый де́нь ѡ҆прѣсно́къ, є҆гда̀ па́схꙋ жра́хꙋ, глаго́лаша є҆мꙋ̀ ѹ҆чн҃цы̀ є҆гѡ̀ (Марк. 14, 12).

Придаточныя предложенія времени отвѣчаютъ на вопросы: *когда? съ какихъ поръ? до какихъ поръ? какъ долго?*

Для связи придаточныхъ предложеній времени съ главнымъ употребляются слѣдующіе союзы: є҆гда̀, до́ндеже, ѿне́лѣже, донелѣ́же, пре́жде да́же (употребляющійся всегда съ не), пре́жде не́же, ꙗ҆́коже, ꙗ҆́кѡ, напр.: и҆ є҆гда̀ скончава́шасѧ дні́е пѧтьдесѧ́тницы, бѣ́ша всѝ а̑пⷭ҇толи є҆динодꙋ́шнѡ вкꙋ́пѣ (Дѣ́ꙗн. 2, 1); Мн҇ѣ подоба́етⷤ дѣ́лати дѣ́ла посла́вшагѡ мѧ̀, до́ндеже де́нь є҆́сть (І҆оан. 9, 4); Ѿне́лѣже бо Ѻ҆ц҃ы ѹ҆спо́ша, всѧ̑ та́кѡ пребыва́ютⷤ ѿ нача́ла созда́нїѧ (2 Петр. 3, 4); Доне́лѣже бо і҆ꙋ́да жи́вⷯ є҆́сть, невозмо́жно ми́ра полꙋчи́ти вещеⷨ (2 Мак. 14, 10); Гⷭ҇ди, сни́ди, пре́жде да́же не ѹ҆́мретⷤ ѻ҆троча̀ моѐ (І҆оан. 4, 49); ꙗ҆́коже пла́кашесѧ, приниче бо гро́бⷤ (І҆оан. 20, 11); ꙗ҆́коже преста̀ глаго́лѧ, речѐ кⷤ сі́мѡнꙋ (Лꙋк. 5, 4); и҆ ꙗ҆́кѡ приближи́сѧ, ви́дѣⷯ гра́дⷤ, пла́касѧ ѡ҆ не́мⷤ (Лꙋк. 19, 41).

Придаточныя предложенія времени могутъ обозначать дѣйствіе:

а) совершающееся одновременно съ дѣйствіемъ главнаго предложенія: не се́рдце ли на́ю горѧ̀ бѣ̀ вⷤ на́ю, є҆гда̀ гл҃аше на́ма на пꙋтѝ, и҆ є҆гда̀ сказова́ше на́ма писа̑нїѧ (Лꙋк. 24, 32); бѣ̀ же но́щь, є҆гда̀ и҆зы́де (І҆оан. 13, 30); Сѣди́те тꙋ̀, до́ндеже ше́дⷤ помолю́сѧ та́мѡ (Матѳ. 26, 36); Коли́кѡ лѣ́тⷤ є҆́сть, ѿне́лѣже сїѐ бы́сть є҆мꙋ̀; (Марк. 9, 21);

б) предшествующее во времени дѣйствію главнаго предложенія: є҆гда̀ же прозѧбѐ трава̀ и҆ пло́дⷤ сотворѝ, тогда̀ ꙗ҆ви́шасѧ и҆ пле́велїе (Матѳ. 13, 26);

в) слѣдующее во времени послѣ дѣйствія главнаго предложенія: є҆гда̀ же прихождꙋ̀ а́зⷤ, и҆нⷤ пре́жде менѐ сла́зитⷤ (І҆оан. 5, 7); пре́жде да́же а҆ле́кторⷤ не возгласи́тⷤ, трѝ кра́ты ѿве́ржешисѧ менѐ (Матѳ. 26, 34); просѝ, что̀ сотворю̀ ти, пре́жде не́же взѧ́тⷤ бꙋ́дꙋ ѿ тебѐ (4 Цар. 2, 9).

Придаточное предложеніе мѣста.

§ 189. Придаточнымъ *мѣста* называется предложеніе, которое содержитъ указаніе на мѣсто, гдѣ совершается дѣйствіе главнаго предложенія, или же уточняетъ обстоятельство мѣста, находящееся въ главномъ предложеніи, напр.: и҆дꙋ̀ по тебѣ̀, а́може а́ще и҆де́ши (Матѳ. 8, 19); и҆дѣ́же бо а́ще бꙋ́детⷤ трꙋ́пⷤ, та́мѡ собе́рꙋтсѧ ѻ҆рлѝ (Матѳ. 24, 28); є҆ди́нїи же надесѧте ѹ҆ченицы̀ и҆до́ша вⷤ галіле́ю, вⷤ го́рꙋ, а́може повелѣ̀ и́мⷤ і҆и҃сⷤ (Матѳ. 28, 16).

Придаточныя предложенія мѣста отвѣчаютъ на вопросы: *гдѣ? куда? откуда?* и присоединяются къ главному при помощи слѣдующихъ союзовъ: и҆дѣ́же, и҆дѣ́же а́ще, а́може, а́може а́ще, ѿнюдꙋ́же (ѿнꙋдꙋ́же), напр.: а́може а́зⷤ и҆дꙋ̀, вы̀ не мо́жете прїитѝ (І҆оан. 13, 33); сїѧ̑ вⷤ виѳава́рѣ бы́ша ѡ҆б ѻ҆́нⷤ по́лⷤ і҆ѻрда́на, и҆дѣ́же бѣ̀ і҆ѡа́ннⷤ крестѧ̀ (І҆оан. 1, 28); возведо́хⷤ ѻ҆́чи мои̑ вⷤ го́ры, ѿнюдꙋ́же прїи́детⷤ по́мощь моѧ̀ (Псал. 120, 1). Иногда придаточное предложеніе мѣста можетъ присоединяться при помощи косвеннаго па-

дежа относительнаго мѣстоименія и҆́же, напр.: и҆ во́ньже до́мъ вни́-
дете, тꙋ̀ пребыва́йте (Лук. 9, 4).

Въ главномъ предложеніи могутъ быть нарѣчія, соотноси-
тельныя съ союзами придаточныхъ предложеній: та́мѡ, тꙋ̀.

Придаточное предоложеніе причины.

§ 190. Придаточнымъ *причины* называется предложеніе, ко-
торое содержитъ указаніе на причину дѣйствія сказуемаго глав-
наго предложенія.

Придаточныя предложенія причины отвѣчаютъ на вопросы:
почему? отчего? по какой причинѣ?

Для связи придаточныхъ предложеній причины съ главнымъ
употребляются слѣдующіе союзы: ꙗ҆́кѡ, поне́же, занѣ̀, зане́же, напр.:
бди́те ѹ҆́бо, ꙗ҆́кѡ не вѣ́сте днѐ ни часа̀... (Матѳ. 25, 13); дади́те на́мъ
ѿ є҆ле́а ва́шегѡ, ꙗ҆́кѡ свѣти́льницы на́ши ѹ҆гаса́ютъ (Матѳ. 25, 8);
и҆ и҆́щꙋще є҆го̀ ꙗ҆́ти, ѹ҆боѧ́шасѧ наро́да, поне́же ꙗ҆́кѡ про҆ро́ка є҆го̀ и҆мѣ́ахꙋ
(Матѳ. 21, 46); и҆ а҆́бїе прозабо́ша, занѣ̀ не и҆мѣ́ахꙋ глꙋбины̀ землѝ
(Матѳ. 13, 51); житі́е же и҆́хъ ѹ҆ѧзвлѧ́емо а҆́гг҃лы: зане́же ѡ҆скорби́ша
недꙋ́жна и҆ нcaemѡщна (Іова, 36, 14-15).

Придаточное предложеніе цѣли.

§ 191. Придаточнымъ *цѣли* называется предложеніе, содер-
жащее указаніе на цѣль дѣйствія, о которомъ говорится въ глав-
номъ предложеніи.

Придаточныя предложенія цѣли отвѣчаютъ на вопросы: *за-
чѣмъ? для чего? съ какой цѣлью?* и присоединяются къ главному
при помощи слѣдующихъ союзовъ: да, ꙗ҆́кѡ да, дабы̀, да не когда̀,
да не ка́кѡ, є҆да̀ ка́кѡ, да понѐ (да по крайней мѣрѣ), напримѣръ:
сѐ же всѐ бы́сть, да сбꙋ́дꙋтсѧ писа́нїѧ про҆ро́ческаѧ (Матѳ. 26, 56);
бди́те ѹ҆́бо на всѧ́ко вре́мѧ молѧ́щесѧ, да сподо́битесѧ ѹ҆бѣжа́ти всѣ́хъ
си́хъ хотѧ́щихъ бы́ти (Лук. 21, 36); да прише́дъ возложи́ши на ню̀
рꙋ́цѣ, ꙗ҆́кѡ да спасе́тсѧ и҆ жива̀ бꙋ́детъ (Марк. 5, 23); просвѣтѝ о҆́чи
мои̑, хрⷭ҇тѐ бж҃е, да не когда̀ ѹ҆снꙋ̀ въ сме́рть, да не когда̀ рече́тъ вра́гъ
мо́й... (Мол. на сонъ гряд.); послю̀ сн҃а моегѡ̀ возлю́бленнаго, є҆да̀
ка́кѡ, є҆го̀ ви́дѣвше, ѹ҆срамѧ́тсѧ (Лук. 20, 13); ше́дше да взы́щꙋтъ
господи́на твоегѡ̀, є҆да̀ ка́кѡ дх҃ъ гдⷭ҇ень взѧ̀, и҆ пове́рже є҆го̀ на і҆ѻрда́нѣ
(4 Цар. 2, 16); тѣ́мже сопроти́вное па́че вы̀ да да́рꙋете и҆ ѹ҆тѣ́шите,
да не ка́кѡ мно́гою ско́рбїю пожре́тъ бꙋ́детъ таковы́й (2 Кор. 2, 7);
взыска́ти гдⷭ҇а, да понѐ ѡ҆сѧ́жꙋтъ є҆го̀ и҆ ѡ҆брѧ́щꙋтъ (Дѣян. 17, 27).
Сказуемое придаточнаго предложенія (съ союзомъ да) можетъ
быть выражено сослагательнымъ наклоненіемъ, напр.: и҆ ведо́ша

є҆гѡ̀ до ве́рхꙋ горы̀, на не́йже гра́дъ и҆́хъ со́зданъ бѧ́ше, да бы́ша* є҆гѡ̀ низри́нꙋли* (Лꙋк. 4, 29); Бы́сть же належа́щꙋ є҆мꙋ̀ наро́дꙋ, да бы́ша* слы́шали* сло́во бж҃їе (Лꙋк. 5, 1); и҆ ѹ҆держива́хꙋ є҆го̀, дабы̀ не ѿше́лъ ѿ ни́хъ (Лꙋк. 4, 42).

Придаточное предложеніе слѣдствія.

§ 192. Придаточнымъ *слѣдствія* называется предложеніе, въ которомъ указывается на слѣдствіе, вытекающее изъ содержанія главнаго предложенія.

Придаточное предложеніе слѣдствія присоединяется къ главному при помощи союза ꙗ҆́кѡ и҆, которому въ главномъ предложеніи соотвѣтствуетъ та́кѡ, напр.: Та́кѡ бо возлюбѝ бг҃ъ мі́ръ, ꙗ҆́кѡ и҆ сн҃а своегѡ̀ є҆диноро́днаго да́лъ є҆́сть (І҆оан. 3, 16).

Однако характерными и обычными придаточными предложеніями со значеніемъ слѣдствія являются конструкціи съ неопредѣленнымъ наклоненіемъ, см. § 143, 9.

Въ книгахъ Священнаго Писанія иногда встрѣчается особый оборотъ рѣчи, заключающійся въ томъ, что придаточныя предложенія цѣли съ союзами да, да не когда̀, да не ка́кѡ употребляются со значеніемъ *слѣдствія*, чтобы подчеркнуть неизбѣжность его, напр.: ва́мъ є҆́сть дано̀ вѣ́дати та́йны ца́рствїѧ бж҃їѧ: про́чымъ же въ при́тчахъ, да ви́дѧще не ви́дѧтъ, и҆ слы́шаще не разꙋмѣ́ютъ, ср. русск.: *такъ-что они видя не видятъ* . . . (Лꙋк. 8, 10); и҆ о́чи свои̑ смежи́ша, да не когда̀ ѹ҆́зрѧтъ о́чима . . . (Матѳ. 13, 15); также: Марк. 4, 12; І҆оан. 12, 40; Дѣян. 28, 27.

Придаточное предложеніе образности.

§ 193. Придаточнымъ *образности* называется предложеніе, раскрывающее способъ или характеръ дѣйствія, или же мѣру проявленія признака главнаго предложенія. Придаточныя предложенія образности отвѣчаютъ на вопросы: *какъ? какимъ образомъ? въ какой мѣрѣ? сколько разъ?*

Связь придаточныхъ предложеній образности съ главнымъ производится при помощи слѣдующихъ союзовъ: ꙗ҆́коже, и҆́мже ѻ҆́бразомъ, а́ки бы, є҆ли́жды. Указаннымъ союзамъ могутъ соотвѣтствовать въ главномъ предложеніи нарѣчія: та́кѡ, та́кожде, си́це. Напримѣръ: Ѻ҆ни́ же прїе́мше сре́бренники, сотвори́ша, ꙗ҆́коже наꙋче́ни бы́ша (Матѳ. 28, 15); и҆ нача́ша глаго́лати ѧ҆зы́ки, ꙗ҆́коже дх҃ъ даѧ́ше и҆̀мъ провѣщава́ти (Дѣян. 2, 4); показа́вый ѹ҆ченикѡ́мъ твои̑мъ сла́вꙋ твою̀, ꙗ҆́коже можа́хꙋ (Троп. Преобр.); ꙗ҆́коже вмѣща́хꙋ ѹ҆чени́цы твои̑, сла́вꙋ твою̀, хр҃тѐ бж҃е, ви́дѣша (Конд. Преобр.); ꙗ҆́коже бо бы́сть во дни̑ нѡ́евы: та́кѡ бꙋ́детъ и҆ въ прише́ствїе сн҃а чл҃вѣ́ческагѡ (Матѳ. 24, 37); се́й і҆и҃съ вознесы́йсѧ ѿ ва́съ на нб҃о, та́кожде прїи́детъ, и҆́мже ѻ҆́бразомъ ви́дѣсте є҆го̀ и҆дꙋ́ща на нб҃о (Дѣ́ян. 1, 11); и҆́мже ѻ҆́бразомъ жела́етъ є҆ле́нь на и҆сто́чники водны̑ѧ, си́це жела́етъ дꙋша̀ моѧ̀ къ тебѣ̀ бж҃е (Псал. 41, 2); є҆ли́жды бо а҆́ще ꙗ҆́сте хлѣ́бъ се́й, и҆ ча́шꙋ сїю̀ пїе́те, сме́рть гдⷭ҇ню возвѣща́ете (1 Кор. 11, 26); что̀ ꙗ҆́кѡ посла́лъ є҆сѝ послы̀ вопроша́ти ваа́ла скве́рнаго бо́га во а҆ккарѡ́нѣ, а҆́ки бы не бы́лъ бг҃ъ во і҆и҃ли (4 Цар. 1, 16).

Придаточное предложеніе условное.

§ 194. Придаточнымъ *условнымъ* называется предложеніе, содержащее указаніе на условіе, отъ котораго зависитъ осуществленіе того, о чемъ говорится въ главномъ предложеніи. Придаточныя предложенія условныя отвѣчаютъ на вопросы: *въ какомъ случаѣ? при какомъ условіи?*

Придаточныя условныя присоединяются къ главному предложенію при помощи союза а҆́ще, напр.: а҆́ще кто̀ хо́дитъ въ нощѝ, по́ткнетсѧ (Іоан. 11, 10).

Въ главномъ предложеніи иногда можетъ быть союзъ то̀, напр.: а҆́ще бо съ ни́мъ ѹ҆мро́хомъ, то̀ съ ни́мъ и҆ ѡ҆живе́мъ (2 Тим. 2, 11).

Сложноподчиненныя предложенія съ придаточными условными могутъ быть раздѣлены на два вида: 1) предложенія съ реальнымъ условіемъ и 2) предложенія съ желаемымъ, возможнымъ или предполагаемымъ условіемъ. Сказуемыя предложеній перваго вида выражаются изъявительнымъ наклоненіемъ, а сказуемыя предложеній второго вида — сослагательнымъ наклоненіемъ, напр.:

1) а҆́ще нога̀ твоѧ̀ соблажнѧ́етъ тѧ̀, ѿсѣцы̀ ю҆̀ (Марк. 9, 45); а҆́ще вы̀ пребꙋ́дете во словесѝ мое́мъ, вои́стиннꙋ ѹ҆ченицы̀ моѝ бꙋ́дете (Іоан. 8, 31); а҆́ще и҆ всѝ соблазнѧ́тсѧ ѡ҆ тебѣ̀, а҆́зъ никогда́же соблажню́сѧ (Матѳ. 26, 33); а҆́ще ли нѝ, поне́ ꙗ҆́кѡ (по крайней мѣрѣ какъ) безꙋ́мна, прїими́те мѧ̀ (2 Кор. 11, 16).

2) и҆ а҆́ще не бы́ша прекрати́лисѧ дни́е ѻ҆́ны, не бы̀ ѹ҆́бѡ спасла́сѧ всѧ́ка пло́ть (Матѳ. 24, 22); а҆́ще бо бы́хомъ себѐ разсꙋжда́ли, не бы́хомъ ѡ҆сꙋжде́ни бы́ли (1 Кор. 11, 31); а҆́ще не бы̀ бы́лъ се́й ѿ бг҃а, не мо́глъ бы твори́ти ничесѡ́же (Іоан. 9, 33).

Придаточное предложеніе уступительное.

§ 195. Придаточнымъ *уступительнымъ* называется предложеніе, содержащее указаніе на условіе, вопреки которому совершается то, о чемъ говорится въ главномъ предложеніи.

Придаточныя предложенія уступительныя присоединяются къ главному при помощи союза а҆́ще и҆, которому въ главномъ предложеніи соотносятся союзы но, ѻ҆ба́че, напр.: а҆́ще бо и҆ пло́тїю ѿстою̀, но дꙋ́хомъ съ ва́ми є҆́смь (Колос. 2, 5); а҆́ще и҆ сн҃ъ бѧ́ше, ѻ҆ба́че навы́че ѿ си́хъ, ꙗ҆́же пострада̀, послꙋша́нїю (Евр. 5, 8). а҆́ще и҆ во гро́бъ снизшелъ є҆сѝ, безсме́ртне, но а҆́довꙋ разрꙋши́лъ є҆сѝ си́лꙋ (Конд. Пасхи); а҆́ще бо и҆ мно́ги пѣ́стꙋны и҆́мате ѡ̑ хр҃тѣ̀, но не мно́ги ѻ҆ц҃ы̀ (1 Кор. 4, 15).

Въ сложномъ предложеніи, соединенномъ составнымъ союзомъ ѻ҆ꙋ́бѡ — же (являющимся собственно союзомъ сочинительнымъ, § 180), значеніе противоположенія или сопоставленія можетъ перерастать въ уступку, и такимъ образомъ предложеніе, содержащее указаніе на условіе, вопреки которому совершается что-либо, можетъ считаться придаточнымъ уступительнымъ, напр.: Не вѣ́сте ли, ꙗ҆́кѡ текꙋ́щїи въ позо́рищи, всѝ ѻ҆ꙋ́бѡ текꙋ́тъ, є҆ди́нъ же прїе́млетъ по́честь (1 Кор. 9, 24).

Краткія придаточныя предложенія.

§ 196. Особые синтаксическіе обороты, состоящіе изъ причастій или прилагательныхъ съ зависимыми словами, имѣютъ значеніе близкое къ придаточнымъ предложеніямъ, а потому могутъ разсматриваться, какъ *краткія придаточныя предложенія*, напр.: и҆ жела́ше насы́титисѧ ѿ крꙋпи́цъ па́дающихъ* ѿ трапе́зы бога́тагѡ (Лук. 16, 21); и҆ дана̀ мѝ бы́сть тро́сть подо́бна* жезлꙋ̀ (Апок. 11, 1).

Краткія придаточныя предложенія могутъ быть опредѣлительными или обстоятельственными.

I. *Опредѣлительныя* краткія придаточныя предложенія выполняютъ функцію, подобную "полнымъ" опредѣлительнымъ придаточнымъ предложеніямъ, напр.: и҆ а҆́бїе і҆и҃съ разꙋмѣ̀ въ себѣ̀ си́лꙋ и҆зше́дшꙋю* ѿ негѡ̀ (Марк. 5, 30); Сотвори́те ѻ҆у́бо плодъ досто́инъ* покаѧ́нїѧ (Матѳ. 3, 8). Въ данныхъ примѣрахъ краткія придаточныя предложенія имѣютъ то же самое значеніе, что и "полныя": и҆зше́дшꙋю ѿ негѡ̀ = ꙗ҆́же и҆зы́де ѿ негѡ̀; досто́инъ покаѧ́нїѧ = и҆́же є҆́сть досто́инъ покаѧ́нїѧ.

Эта близость краткихъ придаточныхъ предложеній къ "полнымъ" даетъ возможность замѣнять одни конструкціи другими безъ измѣненія смысла. Придаточныя предложенія "полныя" могутъ быть замѣнены краткими лишь въ томъ случаѣ, если они присоединены къ главному при помощи союзныхъ словъ и҆́же, ꙗ҆́же, є҆́же, стоящихъ въ именительномъ или винительномъ (безъ предлога) падежахъ. Такая замѣна можетъ быть не только въ опре-дѣлительныхъ предложеніяхъ, но и въ придаточныхъ предложеніяхъ-подлежащихъ или -сказуемыхъ (**сѣай скꙋдостїю, скꙋдостїю и́ по́жнетъ**, 2 Кор. 9, 6). Чтобы "полное" придаточное предложеніе замѣнить краткимъ, нужно удалить союзное слово, а сказуемое замѣнить соотвѣтствующей формой причастія, напр.:

и́же — въ именительномъ пад.: **возлю́бленнїи, молю̀ ꙗ́кѡ при́-ше́льцевъ и́ стра́нникѡвъ, ѿгреба́тисѧ ѿ плотски́хъ похотѣ́й, ꙗ́же вою́ютъ на дꙋ́шꙋ** (1 Петра 2, 11), краткое: **вою́ющихъ на дꙋ́шꙋ**.

и́же — въ винительномъ пад.; сказуемое замѣняется страда-тельнымъ причастіемъ: **и́ ви́димъ глаго́лъ се́й бы́вшїй, є҆го́же гдⷭ҇ь сказа̀ на́мъ** (Лук. 2, 15), краткое: **рече́нный на́мъ ѿ гдⷭ҇а**.

Аналогично "полнымъ" конструкціямъ съ составнымъ имен-нымъ сказуемымъ краткія придаточныя предложенія могутъ имѣть связки-причастія **сы́й, бы́вый**, къ которымъ имя прилагательное, страдат. причастіе или имя существительное относятся, какъ пре-дикативный членъ. При сравненіи полныхъ конструкцій съ крат-кими можно отмѣтить слѣдующія особенности:

а) Если въ составъ сказуемаго придаточнаго предложенія входятъ имя прилагательное или страдат. причастіе *съ зависимыми словами*, то краткое придаточное предложеніе бываетъ безъ при-частій-связокъ, напр.: **и́ ѡ҆блеци́сѧ въ но́ваго человѣ́ка, созда́ннаго* по бг҃ꙋ въ пра́вдѣ** (Ефес. 4, 24); **Сотвори́те ѹ҆̀бо плоды̀ досто́йны* покаѧ́нїѧ** (Лук. 3, 8). Однако, если краткое придаточное предло-женіе относится къ подлежащему, то связка-причастіе можетъ быть: **і҆ꙋде́анинъ же нѣ́кто а҆поллѡ́съ и́менемъ . . . си́ленъ сы́й* въ сло́вѣ,** Дѣян. 18, 24 (= **и́же бѣ̀ си́ленъ въ сло́вѣ**).

б) Если въ составъ сказуемаго придаточнаго предложенія входятъ имя прилагательное или страдательное причастіе *безъ зависимыхъ словъ* или имя существительное, то краткое прида-точное предложеніе бываетъ со связкой-причастіемъ, напримѣръ: **Сїю́ же дще́рь а҆враа́млю сꙋ́щꙋ,** Лук. 13, 16 (= **ꙗ́же є҆́сть а҆враа́млѧ**); также: Лук. 2, 5; **Вручаю́ же ва́мъ ѳі́вꙋ сестрꙋ̀ на́шꙋ, сꙋ́щꙋ слꙋжи́-тельницꙋ цр҃кве ꙗ́же въ кегхре́ехъ,** Рим. 16, 1 (= **ꙗ́же є́сть слꙋжи́тель-ница . . .**); **и́ сѐ мꙋ́жъ и́менемъ і҆ѡ́сифъ, совѣ́тникъ сы́й** Лук. 23, 50 (= **и́же совѣ́тникъ бѣ̀**). Въ краткихъ конструкціяхъ съ именемъ существительнымъ причастіе-связка можетъ опускаться и суще-ствительное тогда переходить въ приложеніе, напр.: **Цѣлꙋ́йте ѹ҆р-ва́на споспѣ́шника на́шего ѿ хрⷭ҇тѣ́,** Рим. 16, 9 (= **сꙋ́ща споспѣ́шника на́шего . . .**).

При вышеуказанныхъ замѣнахъ время причастія ставится въ

зависимости отъ того, какое время обозначаетъ сказуемое прида-
точнаго предложенія по отношенію къ главному, одновременное
или предыдущее, напр.: й желаше насытнтнса ѿ крꙋпнцъ падающнхъ
ѿ трапезы богатагѡ (Лук. 16, 21), полная конструкція: йже
падахꙋ ѿ трапезы богатагѡ; падахꙋ и желаше выражаютъ одновре-
менное дѣйствіе, а потому въ краткой конструкціи стоитъ при-
частіе въ настоящемъ времени.

Въ краткихъ придаточныхъ предложеніяхъ при причастіяхъ
глаголемый, нарицаемый собственное имя обычно ставится въ име-
нительномъ падежѣ, напр.: Приближашеса же праздникъ ѡпрѣснѡкъ,
глаголемый пасха (Лук. 22, 1); й пришедъ вселнса во градѣ нарицаемѣмъ
назаретъ (Матѳ. 2, 23); но не всегда: й постáвиша два, їѡснфа
нарицаемаго варсавꙋ... (Дѣян. 1, 23).

Причастіе въ краткихъ придаточныхъ предложеніяхъ по идеѣ
имѣетъ значеніе опредѣленное (ср. человѣкъ, сотворнвый сіа̑ =
человѣкъ, йже сотворн сіа̑), а потому должно было бы быть въ
полной формѣ, однако (въ согласіи съ греческимъ текстомъ) на-
ряду съ полными формами нерѣдко употребляются также и крат-
кія (въ греческомъ текстѣ безъ члена), напр.: полныя формы:
Всѧческаа же ѿ бга, примирнвшагѡ* насъ себѣ їнсъ хртомъ, й давша-
гѡ* намъ слꙋженіе примиреніа (2 Кор. 5, 18); й ѡблецнса въ новаго
человѣка созданнаго* по бгꙋ въ правдѣ (Ефес. 4, 24); краткія формы:
Подобенъ ес̑ть человѣкꙋ знждꙋщꙋ* храмнꙋ, Лук. 6, 48 (ср. ст. 49:
создавшемꙋ храмнꙋ); Къ немꙋже приходащє, камени жнвꙋ, ѿ чело-
вѣкъ оꙋннчнжєнꙋ* (1 Петра 2, 4).

Опредѣленность причастія въ указанномъ значеніи иногда
подчеркивается мѣстоименіемъ-членомъ (см. § 170, 5), напр.:
й кннжницы, йже* ѿ їерꙋсалнма ннзшедшіи*, глаголахꙋ... (Марк.
3, 22), ср.: й нѣцыи ѿ кннжннкъ, пришедшіи* ѿ їерꙋсалнма (Марк.
7, 1).

Иногда мѣстоименіе-членъ встрѣчается также и при имени
прилагательномъ (въ краткомъ придаточномъ предложеніи), напр.:
(Ты) йже богатый въ млтн, волею погреблса ес̑н (Воскр. гл. 2-й, п. 8);
йже ѡ всѣхъ благій гдн, слава тебѣ (Троп., В. Четв.).

Прилагательное въ краткомъ придаточномъ предложеніи, какъ
съ зависимыми словами (но безъ члена, ср. предыдущіе примѣры),
такъ и при причастіяхъ сый, бывый обычно употребляются краткія,
напр.: Сотворнте оꙋбо плоды достойны* покааніа (Лук. 3, 8); йже
воздадатъ слово готовꙋ* сꙋщемꙋ сꙋднтн жнвымъ й мертвымъ
(1 Петра 4, 5).

II. *Обстоятельственныя* краткія придаточныя предложенія выражаются обстоятельственными причастіями (= русскимъ дѣепричастіямъ) съ зависимыми словами (см. § 146). Краткія придаточныя обстоятельственныя предложенія могутъ быть слѣдующихъ видовъ:

1) времени: Слы́шавъ* же ю҆́ноша сло́во, ѿи҆́де скорбѧ̀ (Матѳ. 19, 22), = е҆гда̀ же о҆у҆слы́ша ю҆́ноша сло́во;

2) причины: і҆ѡ́сифъ же мꙋ́жъ е҆ѧ̀, пра́веденъ* сы́й*, и҆ не хотѧ̀* е҆ѧ̀ ѡ҆бличи́ти, восхотѣ̀ та́й пꙋсти́ти ю҆̀ (Матѳ. 1, 19), = ꙗ҆́кѡ (потому что) пра́веденъ бѣ̀ и҆ не хотѧ̀...

3) условное: Что́ бо по́льзы и҆́мать человѣ́къ, прїѡбрѣ́тъ* мі́ръ ве́сь (Лук. 9, 25), = а҆́ще мі́ръ ве́сь прїѡбрѧ́щетъ (Матѳ. 16, 26);

4) уступительное: А҆́ще о҆у҆́бо вы̀ лꙋка́ви сꙋ́ще*, о҆у҆мѣ́ете да҆а҆нїѧ бла҆га да҆а́ти ча҆́дѡмъ ва́шымъ (Матѳ. 7, 11), = а҆́ще и҆ лꙋка́ви е҆стѐ;

5) образности: Ше́дше о҆у҆́бо наꙋчи́те всѧ̀ ꙗ҆зы́ки, крестѧ́ще* и҆̀хъ во и҆́мѧ о҆ц҃а̀ и҆ сн҃а и҆ ст҃а́гѡ дх҃а (Матѳ. 28, 19), соотвѣтствующей полной конструкціи нѣтъ. Краткая конструкція можетъ быть съ союзомъ а҆́ки бы (*какъ будто*): Ны́нѣ о҆у҆́бо вы̀ скажи́те ты́сѧщникꙋ съ собо́ромъ, ꙗ҆́кѡ да о҆у҆́трѣ сведе́тъ е҆го̀ къ ва́мъ, а҆́ки бы хотѧ́ще* разꙋмѣ́ти и҆звѣ́стнѣе, ꙗ҆́же ѡ҆ не́мъ (Дѣян. 23, 15).

Какъ видно изъ приведенныхъ примѣровъ, краткія конструкціи (кромѣ образности) соотносительны съ полными и однѣ могутъ замѣняться другими.

III. Къ краткимъ придаточнымъ предложеніямъ должно отнести также и предложенія, въ которыхъ дѣйствіе выражено неопредѣленнымъ наклоненіемъ, ввиду того, что неопредѣленное наклоненіе не можетъ имѣть самостоятельнаго значенія, и, слѣдовательно, не можетъ дать полнаго предицированія предложенію. О видахъ краткихъ придаточныхъ предложеній съ неопредѣленнымъ наклоненіемъ см. § 143, 8), 9), 10), 11).

Дательный самостоятельный.

§ 197. *Дательнымъ самостоятельнымъ* называется особый синтаксическій оборотъ, состоящій изъ краткаго обычно дѣйствительнаго причастія и имени существительнаго или мѣстоименія (субъектъ дѣйствія причастія), которыя вмѣстѣ ставятся въ дательномъ падежѣ, согласуясь въ родѣ и числѣ. Этотъ синтаксическій оборотъ не входитъ ни въ составъ подлежащаго, ни въ составъ сказуемаго, а потому и называется "самостоятельнымъ"; онъ имѣетъ значеніе *краткаго придаточнаго предложенія*. Дательный самостоятельный употребляется въ тѣхъ случаяхъ, когда субъекты главнаго и даннаго придаточнаго предложенія разные, напр.: **и҆ сѣ́ющꙋ* є҆мꙋ*, ѻ҆́ва падо́ша при пꙋти́** (Матѳ. 13, 4), краткая конструкція соотносится съ полной: **и҆ є҆гда̀ ѻ҆́нъ сѣ́аше, ѻ҆́ва падо́ша при пꙋти́**. **Сше́дшꙋ* же є҆мꙋ* съ горы̀, вслѣ́дъ є҆гѡ̀ и҆дꙗ́хꙋ наро́ди мно́зи** (Матѳ. 8, 1), = **є҆гда̀ же ѻ҆́нъ сни́де съ горы̀, вслѣ́дъ...**

Если дѣйствія придаточнаго и главнаго предложеній одновременны, причастіе дательнаго самостоятельнаго ставится въ настоящемъ времени; если же дѣйствіе придаточнаго предложенія предшествуетъ главному, то причастіе дательнаго самостоятельнаго ставится въ прошедшемъ времени, см. предыдущіе примѣры.

Придаточныя предложенія съ дательнымъ самостоятельнымъ могутъ имѣть слѣдующія обстоятельственныя значенія:

1) Времени: **Собра́вшымсѧ* же и҆̀мъ*, речѐ и҆̀мъ пїла́тъ** (Матѳ. 27, 17) — Когда же они собрались, сказалъ имъ Пилатъ; **и҆ а҆́бїе, є҆щѐ глаго́лющꙋ* є҆мꙋ*, возгласѝ пѣ́тель** (Лук. 22, 60) — И тотчасъ, когда онъ еще говорилъ, запѣлъ пѣтухъ; **и҆дꙋ́щымъ* же и҆̀мъ* кꙋпи́ти, прїи́де жени́хъ** (Матѳ. 25, 10) — Пока же онѣ ходили покупать, пришелъ женихъ.

2) Причины: **Коснꙗ́щꙋ* же женихꙋ́*, воздрема́шасѧ всѧ̑, и҆ спа́хꙋ** (Матѳ. 25, 5) — Такъ какъ женихъ запаздывалъ, всѣ задремали и спали; **Восхище́нꙋ* же бы́вшꙋ* кораблю̀*, и҆ не могꙋ́щꙋ* сопроти́витисѧ вѣ́трꙋ, вда́вшесѧ волна́мъ носи́ми бѣ́хомъ** (Дѣян. 27, 15) — Такъ какъ корабль былъ подхваченъ и не могъ сопротивляться, предавшись волнамъ, мы носились; **Не добрꙋ́* же приста́нищꙋ* сꙋ́щꙋ* ко ѡ҆зимѣ́нїю, мно́зи совѣ́тъ да́хꙋ ѿвезти́сѧ ѿтꙋ́дꙋ** (Дѣян. 27, 12) — А такъ какъ пристань была неподходяща для зимовья, то многіе давали совѣтъ отправиться оттуда.

3) Уступительное: **Толи́ка зна́менїа сотво́ршꙋ* є҆мꙋ* пред ни́ми, не вѣ́ровахꙋ въ него̀** (Іоан. 12, 37) — Хотя столько знаменій сотворилъ онъ предъ ними, они не вѣровали въ него; **и҆ толи́кѡ сꙋ́щымъ*, не прото́ржесѧ мре́жа** (Іоан. 21, 11) — и хотя было столько, не прорвалась сѣть; **Ка́мени* запеча́танꙋ* ѿ і҆ꙋде́й, и҆ во́инѡмъ* стрегꙋ́щымъ* пречⷭ҇тое тѣ́ло твоѐ, воскрⷭ҇лъ є҆сѝ, тридне́вный сп҃се** (Окт., Троп. воскр., гл. 1) — Хотя камень былъ запечатанъ іудеями и воины стерегли пречистое Тѣло Твое, но Ты воскресъ, Тридневный Спасе.

Дательный самостоятельный можетъ имѣть и составныя формы, т. е. при причастіяхъ-связкахъ **сꙋ́щꙋ, бы́вшꙋ** бываетъ предикативный членъ, имя прилагательное или страдат. причастіе, которыя какъ и причастіе ставятся въ дательномъ падежѣ, причемъ въ краткой формѣ.

Относительно употребленія страдательнаго причастія въ дательномъ самостоятельномъ нужно замѣтить слѣдующее: при страдательныхъ причастіяхъ (настоящаго или прошедшаго времени) причастіе-связка сѫщꙋ не употребляется, а употребляется только причастіе-связка бы́вшꙋ, т. е. иначе говоря, когда дѣйствіе страдательнаго причастія одновременно съ дѣйствіемъ главнаго предложенія, связка не употребляется *); ср. предущіе примѣры: Ка́мени запеча́танꙋ... и восхище́нꙋ же бы́вшꙋ... также: ве́льми же ѡбꙋрева́емымъ на́мъ, наꙋ́тріе и҆змета́ніе творѧ́хꙋ (Дѣян. 27, 18); Ска́занꙋ же бы́вшꙋ ми кꙋ́бꙋ хотѧ́щꙋ бы́ти ѿ і҆ꙋде́й на мꙋ́жа сего̀, а҆́бїе посла́хъ е҆го̀ къ тебѣ̀ (Дѣян. 23, 30) — Такъ какъ мнѣ было сказано о заговорѣ, устраиваемомъ іудеями противъ этого мужа, то я тотчасъ послалъ его къ тебѣ.

Дательный самостоятельный можетъ состоять изъ причастія съ нарѣчіемъ и является тогда какъ бы "безличнымъ" (субъектъ дѣйствія отсутствуетъ), напр.: сꙋ́щꙋ же по́здѣ,... прїи́де і҆и҃съ (Іоан. 20, 19) — Когда же было поздно,... По́здѣ же бы́вшꙋ,... приноша́хꙋ къ немꙋ̀ всѧ̑ недꙋ̑жныѧ и҆ бѣсны̑ѧ (Марк. 1, 32).

Иногда встрѣчается дательный самостоятельный съ опущеннымъ именемъ существительнымъ или мѣстоименіемъ, если субъектъ дѣйствія причастія легко подразумѣвается изъ контекста, напр.: и҆ вы̀ подо́бни чл҃вѣ́кѡмъ ча́ющымъ гд҃а своегѡ̀, когда̀ возврати́тсѧ ѿ бра́ка, да прише́дшꙋ и҆ толкнꙋ́вшꙋ, а҆́бїе ѿве́рзꙋтъ е҆мꙋ̀ (Лук. 12, 36).

Главное предложеніе можетъ начинаться вводно-указательной частицей сѐ (вотъ), что придаетъ нѣкую самостоятельность придаточному предложенію-дательному самостоятельному, напр.: ѿ_ше́дшымъ же и҆̀мъ, сѐ а҆́гг҃лъ гд҃ень во снѣ̀ ꙗ҆ви́сѧ і҆ѡ́сифꙋ (Матѳ. 2, 13); Матѳ. 2: 1, 19.

Хотя конструкція съ дательнымъ самостоятельнымъ, какъ правило, бываетъ при разныхъ субъектахъ главнаго и придаточнаго предложенія, однако иногда, въ видѣ исключенія, встрѣчается нарушеніе этого "закона", т. е. встрѣчается примѣненіе конструкціи съ дательнымъ самостоятельнымъ при одномъ и томъ же субъектѣ главнаго и придаточнаго предложенія, напр.: Не и҆мѣ́хъ поко́ѧ дх҃ꙋ моемꙋ̀, не ѡбрѣ́тшꙋ мнѣ̀ ті́та бра́та моегѡ̀ (2 Кор. 2, 13) (вм. конструкціи съ обстоятельственнымъ причастіемъ: не ѡбрѣ́тъ ті́та бра́та моегѡ̀); ѡбрꙋче́нѣй бо бы́вши мт҃ри е҆гѡ̀ мр҃і́и і҆ѡ́сифови,

---

*) Слѣдующій примѣръ можно разсматривать какъ исключеніе: е҆мꙋ̀ мно́гажды пꙋ̑ты и҆ оу҆́жы (желѣ̑зны) свѧ́занꙋ сꙋ́щꙋ (Марк. 5, 4).

пре́жде да́же не снити́сѧ и҆́ма, ѡ҆брѣ́тесѧ и҆мꙋ́щи во чре́вѣ ѿ дх҃а ст҃а (Матѳ. 1, 18), въ данномъ примѣрѣ единство субъекта главнаго и придаточнаго предложенія, однако, нѣсколько разбивается краткимъ придаточнымъ предложеніемъ съ неопредѣленнымъ наклоненіемъ, которое вноситъ въ сознаніе новый субъектъ (и҆́ма); также: Исх. 4, 21; Іерем. 31, 32.

Въ слѣдующихъ примѣрахъ нарушеніе закона о "разности субъектовъ" только кажущееся: и҆ бы́сть и҆дꙋ́щымъ и҆́мъ, ѡ҆чи́стишасѧ (Лук. 17, 14); Бы́сть же возврати́вшꙋмисѧ во і҆ерꙋсали́мъ, и҆ молѧ́щꙋмисѧ въ це́ркви, бы́ти во и҆зстꙋпле́нїи (Дѣян. 22, 17). Въ данныхъ примѣрахъ бы́сть является главнымъ предложеніемъ къ которому слѣдующія предложенія являются соподчиненными:

и҆ бы́сть { когда? и҆дꙋ́щымъ и҆́мъ
{ что? ѡ҆чи́стишасѧ.

бы́сть же { когда? возврати́вшꙋмисѧ во і҆ерꙋсали́мъ, и҆ молѧ́щꙋмисѧ
{ что? бы́ти во и҆зстꙋпле́нїи.

По-русски это можно было бы перевести такъ: И когда они шли, случилось, что очистились; Когда же я возвратился во Іерусалимъ и молился въ храмѣ, случилось мнѣ быть во изступленіи.

Дательный самостоятельный является передачей греческой конструкціи "родительнаго самостоятельнаго" (genetivus absolutus).

Сложныя предложенія усложненнаго типа.

§ 198. Сложныя предложенія могутъ быть какъ простого типа, такъ и усложненнаго: сочиненныя предложенія могутъ распространяться подчиненными, а сложноподчиненныя — другими придаточными предложеніями. Придаточное предложеніе въ свою очередь можетъ имѣть одно или болѣе придаточныхъ предложеній, становясь по отношенію къ нимъ главнымъ. Напримѣръ:

1) И҆ поманꙋ́ша прича́стникѡмъ, а) и҆́же бѣ́хꙋ во дрꙋ́зѣмъ кораблѝ, б) да прише́дше помо́гꙋтъ и҆́мъ: 2) и҆ прїидо́ша, и҆ и҆спо́лниша ѻ҆́ба кораблѧ̑, в) ꙗ҆́кѡ погрꙋжа́тисѧ и҆́ма (Лук. 5, 7). Предложенія 1) и 2) — сочиненныя; предложенія а) опредѣлительное и б) цѣли — придаточныя къ предложенію 1); предложеніе в) слѣдствія — придаточное къ предложенію 2); прише́дше — краткое придаточное предложеніе образности къ предложенію б).

1) Ѻ҆ба́че врагѝ моѧ̑ ѻ҆́ны, а) и҆́же не восхотѣ́ша менѐ, б) да ца́рь бы́хъ бы́лъ надъ ни́ми, 1) приведи́те сѣ́мѡ, и҆ и҆зсѣцы́те пре́до мно́ю (Лук. 19, 27). Предложеніе 1) — главное; предложеніе а) опредѣлительное — придаточное къ главному 1); предложеніе б) цѣли — придаточное къ предложенію а).

Нѣсколько однотипныхъ придаточныхъ предложеній, относящихся къ одному и тому же члену предложенія или ко всему предложенію въ цѣломъ, называются *однородными*, а по отношенію между собой — *соподчиненными*, напр.: Блаже́нни, и҆́хже ѿпꙋсти́шаса беззакѡ́нїѧ, и҆ и҆́хже прикры́шаса грѣси̑ (Рим. 4, 7); вдови́ца же да причита́етсѧ не ме́ньши лѣ́тъ шестидесѧ́тихъ..., въ дѣ́лѣхъ добры́хъ свидѣ́тельствꙋема, а҆́ще ча̑да воспита́ла е҆́сть, а҆́ще ст҃ы́хъ но́зѣ ѹ҆мы̀, а҆́ще стра̑нныѧ прїѧ́тъ, а҆́ще скѡ́рбнымъ ѹ҆тѣше́нїе бы́сть, а҆́ще всѧ́комꙋ дѣ́лꙋ бл҃гꙋ послѣ́довала е҆́сть (1 Тим. 5, 9-10); и҆ та̑ повѣ́даста, ꙗ҆̀же бы́ша на пꙋтѝ, и҆ ꙗ҆́кѡ позна́сѧ и҆́ма въ преломле́нїи хлѣ́ба (Лук. 24, 35).

Предложенія, относящіяся къ разнымъ типамъ предложеній, или же одного типа, но относящіяся къ разнымъ членамъ предложенія, являются *разнородными*, напр.: є҆гда̀ ви́дите сїѧ̑ всѧ̑, вѣ́дите, ꙗ҆́кѡ бли́зъ є҆́сть при две́рехъ (Матѳ. 24, 33).

Придаточныя предложенія могутъ образовать послѣдовательную цѣпь подчиненія: первое придаточное относится къ главному, второе къ первому, третье — ко второму и т. д.; они называются: придаточное предложеніе 1-й степени, придаточное предложеніе 2-й степени, придаточное предложеніе 3-й степени и т. д., напр.: Нн҃ѣ повелѣва́етъ (Богъ) человѣ́кѡмъ всѣ̑мъ всю́дꙋ пока́ѧтисѧ: (1-й ст.) занѐ ѹ҆ста́вилъ є҆́сть де́нь, (2-й ст.) во́ньже хо́щетъ сꙋди́ти вселе́ннѣй въ пра́вдѣ, ѡ҆ мꙋ́жи, (3-й ст.) є҆го́же предꙋста́ви (Дѣян. 17, 30-31).

Періодъ.

§ 199. *Періодомъ* принято называть сложное (сложносочиненное или сложноподчиненное) распространенное предложеніе, состоящее изъ двухъ частей: первая часть представляетъ собой выраженіе послѣдовательнаго наращенія моментовъ какого-нибудь событія или явленія, вторая часть — заключеніе или выводъ.

Пѣснопѣнія церковнаго богослуженія содержатъ обычно разнаго рода періоды, напр.: Крⷭ҇то́мъ твои́мъ ѹ҆праздни́лъ є҆сѝ, ю҆́же ѿ дре́ва клѧ́твꙋ, погребе́нїемъ твои́мъ ѹ҆мертви́лъ є҆сѝ сме́рти держа́вꙋ, воста́нїемъ же твои́мъ просвѣти́лъ є҆сѝ ро́дъ человѣ́ческій. ‖ сегѡ̀ ра́ди вопїе́мъ тѝ: бл҃годѣ́телю хрⷭ҇те́ бж҃е на́шъ, сла́ва тебѣ̀ (Воскр., гл. 2-й, на Госп. воззв.).

Примѣчаніе. Объ интонаціонномъ повышеніи и пониженіи въ церковно-славянскомъ періодѣ врядъ ли возможно говорить, т. к. церковно-славянскій текстъ читается особымъ речитативомъ или поется, а при такомъ исполненіи указанные элементы періода не проявляются.

Иногда встрѣчается особый видъ періода, составленный изъ нѣсколькихъ (обычно сочиненныхъ) предложеній, сходныхъ по формѣ и содержанію и представляющихъ собою параллельные ряды, — такое построеніе можно назвать *періодомъ съ параллелизмомъ*, напр.: є҆гда̀ грѣ́шница приноша́ше мѵ́ро, тогда̀ оу҆чени́къ соглаша́шесѧ со беззако́нными. || Ѻ҆́вал оу҆́бѡ ра́довашесѧ, и҆стоща́ющи мѵ́ро драгоцѣ́нное: се́й же тща́шесѧ прода́ти безцѣ́ннаго. || Сїѧ̀ влⷣку позннава́ше, а҆ се́й ѿ влⷣки разлꙋча́шесѧ. || Сїѧ̀ свобожда́шесѧ, а҆ і҆ꙋ́да ра́бъ быва́ше вра́гꙋ. || лю́то є҆́сть лѣ́ность, ве́лїе покаѧ́нїе! || є҆́же мнѣ̀ да́рꙋй сп҃се, пострада́вый за на́съ, и҆ спаси́ на́съ (Страстн. среда, на Госп. воззв.)

Знаки препинанія въ сложномъ предложеніи.

§ 200. *При придаточныхъ предложеніяхъ.* 1) Придаточныя предложенія, какъ и въ русск. языкѣ, отдѣляются запятой, напр.: кꙋплю дѣ́йте, до́ндеже прїидꙋ̀ (Лук. 19, 13).

2) Въ употребленіи запятой при краткихъ придаточныхъ предложеніяхъ нѣтъ опредѣленной послѣдовательности; можно отмѣтить только общіе признаки, лежащіе въ основѣ постановки запятой:

Краткія придаточныя предложенія опредѣлительныя съ полнымъ причастіемъ большей частью отдѣляются запятой (но встрѣчаются иногда и безъ запятой), напр.: и҆ дивлѧ́хꙋсѧ ѡ҆ словесѣ́хъ благода́ти, и҆сходѧ́щихъ* и҆з̾ оу҆́стъ є҆гѡ̀ (Лук. 4, 22); всѧ́ческаѧ же ѿ бг҃а, примири́вшагѡ* на́съ себѣ̀ і҆и҃съ хрⷭ҇то́мъ (2 Кор. 5, 18); но также иногда: бл҃годарѧ́ще бг҃а и҆ ѻ҆ц҃а̀ призва́вшагѡ* ва́съ въ прича́стїе наслѣ́дїѧ ст҃ы́хъ во свѣ́тѣ (Колос. 1, 2).

Краткія придаточныя предложенія съ краткимъ причастіемъ или прилагательнымъ обычно не отдѣляются запятой, но могутъ также и отдѣляться, напр.: подо́бенъ є҆́сть человѣ́кꙋ зи́ждꙋщꙋ* хра́минꙋ (Лук. 6, 48); Па́ки подо́бно є҆́сть црⷭ҇твїе нбⷭ҇ное не́водꙋ вве́рженꙋ* въ мо́ре, и҆ ѿ всѧ́кагѡ ро́да собра́вшꙋ* (Матѳ. 13, 47); Па́ки подо́бно є҆́сть црⷭ҇твїе нбⷭ҇ное человѣ́кꙋ кꙋпцꙋ̀, и҆́щꙋщꙋ* до́брыхъ би́серей (Матѳ. 13, 45).

Краткія придаточныя предложенія обстоятельственныя обычно отдѣляются запятой, напр.: воздви́же ю҆̀, є҆́мъ за рꙋ́кꙋ є҆ѧ̀ (Марк. 1, 31); и҆ запре́щъ є҆мꙋ̀, а҆́бїе и҆згна̀ є҆го̀ (Марк. 1, 43); и҆ прише́дше въ хра́минꙋ, ви́дѣша ѻ҆троча̀ съ марі́ею мт҃рїю є҆гѡ̀ (Матѳ. 2, 11).

3) Краткія придаточныя предложенія съ неопредѣленнымъ наклоненіемъ всегда отдѣляются запятой, напр.: Ко гдⷭ҇ꙋ, внегда̀ скорбѣ́ти мѝ, воззва́хъ (Псал. 119, 1); да и҆счезнꙋ́тъ грѣ́шницы ѿ землѝ, и҆ беззакѡ́нницы, ꙗ҆́коже не бы́ти и҆̀мъ (Псал. 103, 35).

4) Краткія придаточныя предложенія съ дательнымъ само-

стоятельнымъ обычно отдѣляются запятой, но изрѣдка встрѣчаются и безъ запятой, напр.: **и҆ влѣ́зшꙋ є҆мꙋ̀ въ кора́бль, по не́мъ и҆до́ша ᲂу҆ченицы̀ є҆гѡ̀** (Матѳ. 8, 23); **По́здѣ же бы́вшꙋ, приведо́ша къ немꙋ̀ бѣ́сны мно́ги** (Матѳ. 8, 16); но изрѣдка: **Со́лнцꙋ же возсїѧ́вшꙋ при_свѧнꙋ́ша** (Матѳ. 13, 6).

§ 201. *Въ сложносочиненныхъ предложеніяхъ.* 1) Сочиненныя предложенія, если они не распространены однородными членами или придаточными предложеніями, отдѣляются между собой запятой, напр.: **є҆ди́но дѣ́ло сотвори́хъ, и҆ вси̑ дивите́сѧ** (Іоан. 7, 21); **ра́зꙋмъ ᲂу҆́бѡ кичи́тъ, а҆ любы̀ созида́етъ** (1 Кор. 8, 1).

2) Иногда, однако, сочиненныя предложенія нераспространенныя, чтобы указать на разность или независимость дѣйствій, раздѣляются двоеточіемъ, напр.: **и҆ и҆зы́де во́нъ на придво́рїе: и҆ а҆ле́кторъ возгласѝ** (Марк. 14, 68); **и҆ дивиста́сѧ роди́телѧ є҆ѧ̀: Ѻ҆́нъ же повелѣ̀ и҆́ма никомꙋ́же повѣ́дати бы́вшагѡ** (Лук. 8, 56).

3) Сочиненныя предложенія, распространенныя однородными членами или придаточными предложеніями и, слѣдовательно, имѣющія уже запятыя, отдѣляются двоеточіемъ, напр.: **и҆ хожда́ше і҆и҃съ по си́хъ въ галїле́и: не хотѧ́ше бо во і҆ꙋде́и ходи́ти, ꙗ҆́кѡ и҆ска́хꙋ є҆го̀ і҆ꙋде́є ᲂу҆би́ти** (Іоан. 7, 1); **Ѻ҆ни́ же и҆зше́дше и҆до́ша въ ста́до свино́е: и҆ сѐ, (а҆́бїе) ᲂу҆стреми́сѧ ста́до всѐ по бре́гꙋ въ мо́ре, и҆ ᲂу҆топо́ша въ вода́хъ** (Матѳ. 8, 32); **и҆ па́ки нача́тъ ᲂу҆чи́ти при мо́ри: и҆ собра́сѧ къ немꙋ̀ наро́дъ мно́гъ, ꙗ҆́коже самомꙋ̀, влѣ́зшꙋ въ кора́бль, сѣдѣ́ти въ мо́ри: и҆ ве́сь наро́дъ при мо́ри на землѝ бѧ́ше** (Марк. 4, 1).

4) Сложносочиненное предложеніе, состоящее изъ нѣсколькихъ сочиненныхъ паръ (какъ съ союзами, такъ и безъ союзовъ), обычно имѣетъ слѣдующіе знаки препинанія: въ каждой парѣ предложенія раздѣляются запятой, а пары между собой — двоеточіемъ, напр.: **взалка́хсѧ бо, и҆ да́сте мѝ ꙗ҆́сти: возжада́хсѧ, и҆ напои́сте мѧ̀: стра́ненъ бѣ́хъ, и҆ введо́сте менѐ: на́гъ, и҆ ѡ҆дѣ́ѧсте мѧ̀: бо́ленъ, и҆ посѣти́сте менѐ: въ темни́цѣ бѣ́хъ, и҆ прїидо́сте ко мнѣ̀** (Матѳ. 25, 35-36); **а҆́ще бо по пло́ти живетѐ, и҆́мате ᲂу҆мре́ти: а҆́ще ли дꙋ́хомъ дѣѧ́нїѧ плотскⷶѧ ᲂу҆мерщвлѧ́ете, жи́ви бꙋ́дете** (Рим. 8, 13); **вы̀ ѿ ни́жнихъ є҆стѐ, а҆́зъ ѿ вы́шнихъ є҆́смь: вы̀ ѿ мі́ра сегѡ̀ є҆стѐ, а҆́зъ нѣ́смь ѿ мі́ра сегѡ̀** (Іоан. 8, 23).

5) Сочиненныя предложенія, имѣющія уже внутри своего состава двоеточіе, раздѣляются между собой малой точкой, напр.: **дрꙋ́зїи глаго́лахꙋ: се́й є҆́сть хрⷭ҇то́съ. Ѻ҆́вїи же глаго́лахꙋ: є҆да̀ ѿ галїле́и хрⷭ҇то́съ прихо́дитъ; (Іоан. 7, 41); Глаго́ла и҆́мъ сі́мѡнъ пе́тръ: и҆дꙋ̀ ры́бы лови́ти. глаго́лаша є҆мꙋ̀: и҆де́мъ и҆ мы̀ съ тобо́ю. и҆зыдо́ша же, и҆ всѣдо́ша а҆́бїе въ кора́бль, и҆ въ тꙋ̀ но́щь не ꙗ҆́ша ничесо́же** (Іоан. 21, 3).

6) Сочиненныя предложенія безсоюзныя большей частью отдѣляются между собой двоеточіемъ, особенно, если второе предложеніе является поясненіемъ перваго, напр.: **и̑ вве́ргꙋтъ и̑́хъ въ пе́щь ѻ̑гненнꙋ́ю: тꙋ̀ бꙋ́детъ пла́чь и̑ скре́жетъ зꙋбѡ́мъ** (Матѳ. 13, 50); **ѡ̑ста́вите и̑́хъ: вожди̑ сꙋ́ть слѣ́пи слѣпце́мъ** (Матѳ. 15, 14).

§ 202. *Въ періодѣ.* 1) Если члены первой (или второй) части періода отдѣлены между собой только запятыми, то между первой и второй частью періода обычно ставится двоеточіе, но иногда и малая точка, напр.: **воскр҃лъ є̑сѝ ꙗ̑́кѡ безсме́ртный ѿ гро́ба, сп҃се, совоздви́глъ є̑сѝ мі́ръ тво́й си́лою твое́ю, хрⷭ҇тѐ бж҃е на́шъ, сокрꙋши́лъ є̑сѝ въ крѣ́пости сме́рти держа́вꙋ, показа́лъ є̑сѝ ми́лостиве, воскресе́ніе всѣ́мъ: ‖ тѣ́мже тѧ̀ и̑ сла́вимъ, є̑ди́не человѣколю́бче** (Воскр, гл. 4-й, сѣдал.).

Иногда, однако, если періодъ не очень распространенъ, между первой и второй частью его можетъ стоять и запятая, напр.: **а̑́ще не ви́жꙋ на рꙋ́кꙋ є̑гѡ̀ ꙗ̑́звы гвозди́нныѧ, и̑ вложꙋ̀ пе́рста моегѡ̀ въ ꙗ̑́звы гвозди́нныѧ, и̑ вложꙋ̀ рꙋ́кꙋ мою̀ въ ре́бра є̑гѡ̀, ‖ не и̑мꙋ̀ вѣ́ры** (Іоан. 20, 25).

2) Если въ первой (или во второй) части періода, кромѣ запятыхъ, имѣется уже двоеточіе, вопросительный (;) или восклицательный (!) знакъ, то между первой и второй частью періода обычно ставится малая точка (иногда также двоеточіе), напр.: **съ нб҃сѐ бл҃года́ть прїе́мъ, є̑гда̀ вопроше́ніе ѹ̑ченикѡ́мъ сп҃съ двана́десѧто-чи́сленнымъ речѐ а̑пⷭ҇лѡмъ: кого́ мѧ глаго́лютъ человѣ́цы бы́ти; тогда̀ ѻ̑́убѡ лꙋ́чшій а̑пⷭ҇лѡвъ пе́тръ, бг҃осло́вствꙋѧ ѿвѣща̀, ꙗ̑́снѡ возопи́въ: ты̀ є̑сѝ хрⷭ҇то́съ, жива́гѡ бг҃а сн҃ъ. ‖ тѣ́мже досто́йнѡ ѹ̑блажа́етсѧ, ꙗ̑́кѡ свы́ше прїе́мъ ѿкрове́ніе, вѧза́ти же и̑ рѣши́ти пра́веднѡ прїе́мъ** (29 їн., Петра и Павла, на хвалит.).

3) Въ періодѣ съ параллелизмомъ бываютъ слѣдующія знаки препинанія: въ каждомъ рядѣ сочиненныя предложенія отдѣляются двоеточіемъ, параллельные ряды между собою малой точкой (ср. § 201, 4), напр.: **въ чермнѣ́мъ мо́ри, неискꙋсобра́чныѧ невѣ́сты ѻ̑́бразъ написа́сѧ и̑ногда̀: та́мѡ мѡѷсе́й, раздѣли́тель воды̀: здѣ́ же гаврїи́лъ, слꙋжи́тель чꙋдесѐ. ‖ тогда̀ глꙋбинꙋ̀ ше́ствова немо́креннѡ і̑и҃ль: ны́нѣ же хрⷭ҇та̀ роди̑ безсѣ́меннѡ дв҃а. ‖ мо́ре по проше́ствіи і̑и҃левѣ, пребы́сть непрохо́дно: непоро́чнаѧ по рождествѣ̀ є̑мманꙋ́илевѣ, пребы́сть нетлѣ́нна. ‖ сы́нъ, и̑ пре́жде сы́й, ꙗ̑ви́сѧ ꙗ̑́кѡ человѣ́къ, бж҃е, поми́лꙋй на́съ** (Воскр., Догм. 5-го гл.). Ср. примѣры § 199.

Прямая и косвенная рѣчь.

§ 203. Чужая рѣчь въ церковно-славянскомъ языкѣ, какъ и въ русскомъ, можетъ быть передана двумя способами: прямой рѣчью и косвенной.

Чужая рѣчь, переданная буквально, называется *прямой*, напр.: Глаго́ла и҆́мъ пе́тръ: и҆дꙋ̀ ры̑бы лови́ти. глаго́лаша є҆мꙋ̀: и҆́демъ и҆ мы̀ съ тобо́ю (Іоан. 21, 3).

Чужая рѣчь, переданная отъ л. автора въ формѣ придат. предложенія съ союзомъ ꙗ҆́кѡ, назыв. *косвенной*, напр..: Повѣ́даша же є҆мꙋ̀, ꙗ҆́кѡ і҆и҃съ назарѧни́нъ мимохо́дитъ (Лук. 18, 37); Ѻ҆на́ же ре́коста, ꙗ҆́кѡ гд҃ь є҆гѡ̀ тре́бꙋетъ (Лук. 19, 34); и҆ ви́дѣвше вси ропта́хꙋ, глаго́люще, ꙗ҆́кѡ ко грѣ́шнꙋ мꙋ́жꙋ вни́де вита́ти (Лук. 19, 7).

Какъ прямая, такъ и косвенная рѣчь обычно слѣдуетъ за слѣдующими словами: глаго́лати, рещѝ, вопроси́ти, ѿвѣща́ти, повѣ́дати, вопі́ати и под.; указанныя слова встрѣчаются также иногда и въ срединѣ чужой рѣчи, напр.: Ѻ҆на́ же навⷤа́ждена ма́терїю свое́ю, да́ждь мѝ, речѐ, здѣ̀ на блю́дѣ главꙋ̀ і҆ѡа́нна крⷭти́телѧ (Матѳ. 14, 8).

Въ книгахъ Свящ. Писанія (согласно греческому тексту) чужая рѣчь часто начинается союзомъ ꙗ҆́кѡ, т. е. косвенной, а продолжается, какъ прямая, напр.: Тогда̀ нача́тъ роти́тисѧ и҆ клѧ́тисѧ, ꙗ҆́кѡ не зна́ю человѣ́ка (Матѳ. 26, 74), ср. греч.: τότε ἤρξατο καταθεματίζειν καὶ ὀμνύειν ὅτι Οὐκ οἶδα τὸν ἄνθρωπον; впрочемъ въ греческомъ языкѣ въ подобной конструкціи ὅτι (ꙗ҆́кѡ) разсматривается скорѣе какъ кавычки "ὅτι recitatium". Также: и҆ клѧ́тсѧ є҆́й (3 л.), ꙗ҆́кѡ є҆гѡ́же а҆́ще попро́сиши (2 л.) ᲂу҆ менѐ, да́мъ тѝ, и҆ до полца́рствїѧ моегѡ̀ (Марк. 6, 23); Марк.: 6, 16; 14, 57-58; 14, 71; Лук. 4, 41; Іоан. 4, 39; 1 Іоан. 4, 20.

Иногда встрѣчается болѣе рѣдкое смѣшеніе косвенной и прямой рѣчи: слова автора, безъ предупрежденія и безъ союза ꙗ҆́кѡ, переходятъ въ прямую рѣчь: и҆ то́й заповѣ́да є҆мꙋ̀ (3 л.) никомꙋ́же повѣ́дати: но ше́дъ покажи́сѧ (2 л.) і҆ере́ови, и҆ принесѝ (2 л.) ѡ҆ ѡ҆чище́нїи твое́мъ... (Лук. 5, 14); Съ ни́миже и҆ гада́ый повелѣ̀ (3 л.) и҆̀мъ (3 л.) ѿ і҆ерꙋсали́ма не ѿлꙋча́тисѧ, но жда́ти ѡ҆бѣтова́нїѧ ѻ҆́ча, є҆́же слы́шасте (2 л.) ѿ менѐ (1 л.), Дѣян. 1, 4; также: Дѣян. 17, 3; Дѣян. 23, 22.

Изъ предыдущихъ примѣровъ можно заключить, что собственно косвенная рѣчь выдерживается только тогда, когда она передаетъ рѣчь о 3-мъ лицѣ (или предметѣ), напр.: и҆ ропта́хꙋ фарїсе́е и҆ кни́жницы, глаго́люще, ꙗ҆́кѡ се́й грѣ́шники прїе́млетъ, и҆ съ ни́ми ꙗ҆́стъ (Лук. 15, 2). Если союзъ ꙗ҆́кѡ убрать, косвенная рѣчь, переходя въ прямую, не мѣняется.

ПРИЛОЖЕНІЕ.

Нѣкоторыя ороографическія различія между московскими и кіевскими изданіями.

Въ московскихъ:	Въ кіевскихъ:
ѡ҆́бразъ	ѻ҆́бразъ
во всѣхъ случаяхъ черезъ ѡ:	въ именныхъ основахъ черезъ ѻ:
ѡ҆́бразъ, и҆зѡбраже́нїе	ѻ҆́бразъ, первоѻбра́зный, крестоѻбра́знѡ;
	въ глагольныхъ основ. черезъ ѡ:
	и҆зѡбрази́ти, и҆зѡбраже́нїе, воѡбраже́нїе и т. д.
преимуще- ственно { ᲄу҆поста́тъ бг҃одᲂу҆хнове́нный	преимуще- ственно сопоста́тъ бг҃одохнове́нный
де́монъ (отъ основы: δαίμων — δαίμον-ος)	де́мѡнъ (δαίμων)
род. п. менѐ, тебѐ, себѐ	род. п. менѐ, тебѐ, себѐ
передъ ѡ: прї-(прїѡбра́щᲄу)	передъ ѡ: прн-(прнѡбра́щᲄу)

При начертаніи греческихъ словъ въ церковно-славянскомъ языкѣ, обычно берется основа ихъ, а не именительный падежъ, напр.: дра́контъ, а не дра́кѡнъ (δράκων — род. п. δράκοντ-ος); ри́торъ (ῥήτωρ — ῥήτορ-ος); и҆ге́мѡнъ (ἡγεμών — ἡγεμόν-ος).

Стихосложеніе богослужебныхъ пѣснопѣній.

Богослужебныя пѣснопѣнія: стихиры, тропари, кондаки и др. — предназначены для пѣнія, какъ объ этомъ свидѣтельствуютъ и самыя надписанія надъ ними, указывающія на тотъ или иной гласъ.

Какъ напѣвы, такъ и пѣснопѣнія имѣютъ свою систему.

Церковные напѣвы распредѣляются по восьми гласамъ (ἦχος), которые составляютъ систему осмогласія. Въ настоящее время мы воспринимаемъ восемь гласовъ, какъ восемь особыхъ мелодій; но въ началѣ они имѣли нѣсколько иное значеніе: гласъ имѣлъ значеніе лада, или иначе, это былъ звукорядъ съ различными величинами интерваловъ (современный звукорядъ называется гаммой). Въ этихъ 8-ми звукорядахъ и строилась мелодія пѣснопѣній, подобно тому, какъ теперь она строится на двухъ звукорядахъ: въ мажорной или минорной гаммѣ, когда дѣло идетъ о заимствованіи и подражаніи "общей музыкѣ". Каждый ладъ-гласъ, кромѣ основного значенія звукоряда, осложнялся еще и нѣкоторыми мелодическими особенностями.

Первоначально, каждое пѣснопѣніе имѣло свою мелодію. Древніе пѣснописцы были также и пѣвцами и составляли одновременно и слова и мелодію. Впослѣдствіи стали составлять пѣснопѣнія безъ собственныхъ мелодій, съ тѣмъ, чтобы они исполнялись на мелодію другого, извѣстнаго пѣвцамъ, пѣснопѣнія. Такимъ образомъ появились два вида пѣснопѣній: пѣснопѣнія съ самостоятельной мелодіей стали называться *самогласнами* (*ἰδιόμελα*), а пѣснопѣнія съ заимствованной мелодіей — *подобнами* (*προσόμια*). Для удобства исполненія подобны должны въ точности повторять силлабическій (слоговой) составъ, т. е. ударные (основные) и неударные слоги, своего образца, который называется въ такомъ случаѣ *самоподобномъ* (*αὐτόμελα*). Такое соотношеніе между подобнами и самоподобномъ сохраняется только въ греческихъ подлинныхъ текстахъ, а при переводѣ на другой языкъ, въ частности на церковно-славянскій, по необходимости исчезаетъ. Вся группа подобновъ носитъ названіе (начальныя слова) самоподобна.

Примѣръ силлабическаго соотношенія подобновъ въ греческомъ текстѣ:

Πρὸς τὸ Οἶκος τοῦ Εὐφραθᾶ. (подо́бенъ: до́ме є҆нфра́фовъ:)

1) *Πάντες τὴν τῶν σεπτῶν* (6 слоговъ)	Всѧ честны́хъ
2) *νῦν προπατόρων μνήμην* (7)	ны́нѣ пра́ѻтецъ па́мать
3) *τελέσωμεν, ὑμνοῦντες* (7)	совершаемъ пою́ще
4) *τὴν τούτων πολιτείαν* (7)	бг҃оꙋго́дное си́хъ житїѐ,
5) *δι' ἧς ἐμεγαλύνθησαν* (8)	є҆гѡ́же ра́ди возвели́чишасѧ.

1) *Ἔσβεσαν τοῦ πυρὸς* (6)	Оу҆гаси́ша ѻ҆гненнꙋ́ю
2) *τὴν δύναμιν οἱ παῖδες* (7)	си́лꙋ ѻ҆́троцы,
3) *χορεύοντες ἐν μέσῳ* (7)	ликꙋ́юще посредѣ̀
4) *καμίνου καὶ ὑμνοῦντες* (7)	пе́щи, и҆ пою́ще
5) *Θεὸν τὸν παντοδύναμον* (8)	бг҃а всеси́льнаго.

1) *Λάκκῳ κατακλεισθείς,* (6)	Въ ро́вѣ заключе́нъ,
2) *θηροὶ συνῳκισμένος* (7)	ѕвѣре́мъ соѻбита́тель,
3) *Δανιὴλ ὁ προφήτης* (7)	данїи́лъ прⷪ҇ро́къ,
4) *ἀμέτοχος τῆς τούτων* (7)	непричастенъ си́хъ
5) *ἐδείκνυτο κακώσεως* (8)	показа́сѧ ѡ҆ѕлобле́нїѧ.

Силлабическая схема подобновъ:

1) ′ ◡ ◡ ◡ ◡ ′ *)

_____

*) ′ обозначаетъ ударный слогъ; ◡ — неударный слогъ.

2) ѵ ′ ѵ ѵ ѵ ′ ѵ

3) ѵ ѵ ′ ѵ ѵ ′ ѵ

4) ѵ ′ ′ ѵ ѵ ′ ѵ

5) ѵ ′ ѵ ѵ ѵ ′ ѵ ѵ

(Недѣля Св. Праот., на хвал.).

Какъ видно изъ приведенныхъ примѣровъ, слоги ударные и неударные внутри одного только подобна не имѣютъ какого-либо размѣра; они имѣютъ значеніе лишь въ связи съ другими подобнами, т. е. первая строка одного подобна своимъ силлабическимъ составомъ соотвѣтствуетъ первой строкѣ прочихъ подобновъ, подобнымъ образомъ соотвѣтствуютъ другъ другу и прочія строки. Основными ударными слогами являются тѣ, которые имѣютъ опредѣленное мѣсто во всѣхъ подобнахъ, прочіе ударные слоги равняются безударнымъ. Такую слоговую систему подобновъ можно назвать *силлабо-тоническимъ параллелизмомъ*, такъ какъ строки подобновъ идутъ параллельно строкамъ самоподобна. Удобство такой системы особенно наглядно, когда мелодія сложна, къ каковымъ большей частью и принадлежатъ древнія мелодіи.

Русское древнее пѣніе строилось по одному звукоряду, и различіе гласовъ заключалось въ томъ, что каждому гласу были свойственны нѣкоторыя мелодическія особенности (конечные и предконечные звуки, мелодическіе фразы и под.).

Въ виду того, что между самоподобномъ и подобнами въ церковно-славянскомъ текстѣ нѣтъ слогового соотвѣтствія, то приходится мелодію самоподобна приспособлять къ каждому подобну по нѣсколько иному силлабическому рисунку, т. е., при недостаткѣ слоговъ, на одинъ слогъ приходится больше нотъ, и когда есть лишніе слоги, то они поются речитативомъ на одной нотѣ.

Въ русскомъ пѣніи при исполненіи подобновъ пѣкоторыя мелодіи требуютъ опредѣленнаго количества строкъ, иначе не получится заключительная строка, напримѣръ, при исполненіи подобна Ѿ пресла́вагш чꙋ́десѐ: по "Спутнику псаломщика" *) нужно разбить подобенъ на 9 строкъ. Другія же мелодіи подобновъ обладаютъ гибкостью, позволяющей дѣлать конецъ при любомъ количествѣ строкъ. Отсюда и появились термины "девятистроченъ", "безстроченъ" и под.

Слѣдующій примѣръ, представляетъ собой опытъ примѣненія силлабо-тоническаго параллелизма въ церковно-славянскомъ текстѣ:

Самоподо́бенъ: Ѿ ди́вное чꙋ́до: (Успеніе, 1-я стих. на Госп. воззв.) и стихира подо́бна преп. Алипію (на Госп. воззв., изъ службы преп. Алипію, 17 авг., составленной авторомъ):

*) Напечатанъ по благословенію архіеп. Арсенія, Новгородскаго и Старорусскаго, въ 1916 г.; перепечатанъ въ Свято-Троицкомъ монастырѣ (С. Америка) въ 1959 г.

Изъ вышеприведенной системы самогласновъ и подобновъ видно, что подобны являются нѣкоторымъ упрощеніемъ пѣнія, а потому изъ подобновъ состоятъ почти исключительно службы будничныя, и выраженіе Устава "аще имать самогласенъ" служить уже нѣкоторымъ признакомъ праздничности. Воскресныя службы и службы большихъ праздниковъ большей частью состоятъ изъ самогласновъ.

Современные гласы-мелодіи въ русскомъ церковномъ пѣніи представляютъ собой плодъ дальнѣйшаго упрощенія церковнаго пѣнія. Это своего рода подобны, пригодные для пѣснопѣній съ любымъ силлабическимъ составомъ и съ любымъ количествомъ строкъ, и поэтому они очень удобны для пѣвцовъ, не знающихъ настоящихъ мелодій самогласновъ и подобновъ.

По вышеизложенной силлабической системѣ написаны и каноны (въ греческомъ текстѣ). Ирмосъ представляетъ собой своего рода самоподобенъ, а тропари канона копируютъ силлабическій составъ ирмоса.

Подобнымъ образомъ составленъ и акаѳистъ Божіей Матери, который поется на Похвалу *). По силлабическому образцу 1-го икоса и 2-го кондака написаны всѣ икосы и кондаки. 1-й кондакъ стоитъ особо, какъ самогласенъ.

Классическій метрическій размѣръ не вошелъ въ употребленіе при составленіи церковныхъ службъ, повидимому, потому, что долгота слоговъ въ византійское время почти была утеряна **), къ тому же для пѣнія такое стихосложеніе врядъ ли удобно.

Однако есть нѣсколько случаевъ примѣненія классическаго стиха. Шестистопнымъ метрическимъ ямбомъ написаны: второй канонъ на Рождество Христово, второй канонъ на праздникъ Богоявленія и второй канонъ на праздникъ Троицы. Четырехстопнымъ тоническимъ хореемъ написана молитва ко причащенію Симеона Новаго Богослова: ’Απὸ ῥυπαρῶν χειλέων (Ѿ скве́рныхъ ѹ́стенъ).

---

*) Въ греческихъ богослужебныхъ книгахъ помѣщается только этотъ акаѳистъ.

**) A Greek Grammar of NT ... by W. Funk, § 22.

ДѢѦНІѦ

СВѦТЫХЪ ѦПОСТОЛЪ.

ГЛАВА̀ а҃.

а҃. Пе́рвое ᲂу҆́бѡ сло́во сотвори́хъ ѿ всѣ́хъ, ѽ Ѳео́філе, ꙗ҆́же нача́тъ І҆и҃съ твори́ти же и҆ ᲂу҆чи́ти,

в҃. Да́же до днѐ, въ о́ньже заповѣ́давъ А҆по́столѡмъ Дꙋ́хомъ ст҃ы́мъ, и҆́хже и҆збра̀, вознесе́са:

г҃. Пред ни́миже и҆ поста́ви себѐ жи́ва по страда́нїи свое́мъ, во мно́зѣхъ и́стинныхъ зна́менїихъ, де́нми четы́редесатми ꙗ҆вла́аса и҆́мъ, и҆ глаго́ла, ꙗ҆́же ѡ҆ ца́рствїи Бж҃їи:

д҃. Съ ни́миже и҆ ꙗ҆ды́й повелѣ̀ и҆̀мъ ѿ І҆ерꙋсали́ма не ѿлꙋча́тиса, но жда́ти ѡ҆бѣтова́нїа ѻ́ч҃а, є́же слы́шасте ѿ менѐ:

є҃. Ꙗ҆́кѡ І҆ѡа́ннъ ᲂу҆́бѡ кр҃ти́лъ є́сть водо́ю, вы̀ же и҆́мате кр҃ти́тиса Дꙋ́хомъ ст҃ы́мъ, не по мно́зѣхъ си́хъ дне́хъ.

ѕ҃. Ѻ҆ни́ же ᲂу҆́бо соше́дшеса вопроша́хꙋ є҆го̀, глаго́люще: Гд҃и, а́ще въ лѣ́то сїѐ ᲂу҆строа́еши цр҃твїе І҆и҃лево;

з҃. Рече́ же къ ни́мъ: нѣ́сть ва́ше разꙋмѣ́ти времена̀ и҆ лѣ́та, ꙗ҆́же Ѻ҆ц҃ъ положѝ во свое́й вла́сти:

и҃. Но прїи́мете си́лꙋ, наше́дшꙋ ст҃о́мꙋ Дх҃ꙋ на вы̀, и҆ бꙋ́дете мѝ свидѣ́тели во І҆ерꙋсали́мѣ же и҆ во все́й І҆ꙋде́и и҆ Самарі́и и҆ да́же до послѣ́днихъ земла̀.

ѳ҃. И҆ сїꙗ̀ ре́къ, зра́щымъ и҆́мъ взꙗ́тса, и҆ о́блакъ подꙗ́тъ є҆го̀ ѿ ѻ́чїю и҆́хъ.

і҃. И҆ є҆гда̀ взира́юще бꙗ́хꙋ на не́бо, и҆дꙋ́щꙋ є҆мꙋ̀, и҆ сѐ мꙋ́жа два̀ ста́ста пред ни́ми во ѻ҆де́жди бѣ́лѣ, а҃і. И҆́же и҆ реко́ста: мꙋ́жїе Галїле́йстїи, что̀ стои́тѐ зрѧ́ще на нб҃о; се́й І҆и҃съ вознесы́йсѧ ѿ ва́съ на нб҃о, та́кожде прїи́детъ, и҆́мже ѻ҆́бразомъ ви́дѣсте є҆го̀ и҆дꙋ́ща на нб҃о.

в҃і. Тогда̀ возврати́шасѧ во І҆ерли́мъ ѿ горы̀ нарица́емыѧ Є҆леѡ́нъ, ꙗ҆́же є҆́сть бли́зъ І҆ерли́ма, сꙋббѡ́ты и҆мꙋ́щїѧ пꙋ́ть.

г҃і. И҆ є҆гда̀ внидо́ша, взыдо́ша на го́рницꙋ, и҆дѣ́же бѧ́хꙋ пребыва́юще, Пе́тръ же и҆ І҆а́кѡвъ и҆ І҆ѡа́ннъ и҆ А҆ндре́й, Фїли́ппъ и҆ Ѳѡма̀, Варѳоломе́й и҆ Матѳе́й, І҆а́кѡвъ А҆лфе́овъ и҆ Сі́мѡнъ Зилѡ́тъ, и҆ І҆ꙋ́да І҆а́кѡвль.

д҃і. Сі́и всѝ бѧ́хꙋ терпѧ́ще є҆динодꙋ́шнѡ въ моли́твѣ и҆ моле́нїи, съ жена́ми и҆ Мр҃і́ею Мт҃рїю І҆и҃совою, и҆ съ бра́тїею є҆гѡ̀.

є҃і. И҆ во дни̑ ты̑ѧ воста́въ Пе́тръ посредѣ̀ оу҆чени́къ речѐ: (бѣ́ же и҆ме́нъ наро́да вкꙋ́пѣ ꙗ҆́кѡ сто̀ и҆ два́десать:)

ѕ҃і. Мꙋ́жїе бра́тїе, подоба́ше сконча́тисѧ писа́нїю семꙋ̀, є҆́же предречѐ Дх҃ъ ст҃ы́й оу҆сты̀ Дв҃довыми, ѡ҆ І҆ꙋ́дѣ бы́вшемъ вождѝ є҆́мшымъ І҆и҃са:

з҃і. Ꙗ҆́кѡ причте́нъ бѣ̀ съ на́ми, и҆ прїѧ́лъ бѧ́ше жре́бїй слꙋ́жбы сеѧ̀.

и҃і. Се́й оу҆́бо стѧжа̀ село̀ ѿ мзды̀ непра́ведныѧ, и҆ ни́цъ бы́въ просѣ́десѧ посредѣ̀, и҆ и҆злїѧ́сѧ всѧ̀ оу҆тро́ба є҆гѡ̀:

ѳ҃і. И҆ разꙋ́мно бы́сть всѣ̑мъ живꙋ́щымъ во І҆ерли́мѣ, ꙗ҆́кѡ нарещи́сѧ селꙋ̀ томꙋ̀ свои́мъ и҆́хъ ѧ҆зы́комъ а҆келдама̀, є҆́же є҆́сть село̀ кро́ве.

к҃. Пи́шетсѧ бо въ кни́зѣ ѱало́мстѣй: да бꙋ́детъ дво́ръ є҆гѡ̀ пꙋ́стъ, и҆ да не бꙋ́детъ живꙋ́щагѡ въ не́мъ, и҆ є҆пі́скопство є҆гѡ̀ да прїи́метъ и҆́нъ.

к҃а. Подоба́етъ оу҆́бо ѿ сходи́вшихсѧ съ на́ми мꙋже́й во всѧ́ко лѣ́то, въ не́же вни́де и҆ и҆зы́де въ на́съ Гд҃ь І҆и҃съ,

к҃в. Наче́нъ ѿ креще́нїѧ І҆ѡа́ннова да́же до днѐ, въ ѻ҆́ньже вознесе́са (на нб҃о) ѿ на́съ, свидѣ́телю воскрн҃іѧ є̑гѡ̀ бы́ти съ на́ми є̑ди́номъ ѿ си́хъ.

к҃г. И̑ поста́виша два̀, І̑ѡ́сифа нарица́емаго Варса́въ, и́же нарече́нъ бы́сть І̑у́стъ, и̑ Матѳі́а.

к҃д. И̑ помоли́вшеса рѣ́ша: ты̀ Гд҃и сердцевѣ́дче всѣ́хъ, покажѝ є̑гѡ́же и̑збра́лъ є̑сѝ ѿ сею̀ двою̀ є̑ди́наго,

к҃є. Прїѧ́ти жре́бїй слꙋже́нїѧ сегѡ̀ и̑ а̑п́толства, и̑з негѡ́же и̑спадѐ І̑у́да, и̑тѝ въ мѣ́сто своѐ.

к҃ѕ. И̑ да́ша жре́бїѧ и̑ма, и̑ падѐ жре́бїй на Матѳі́а, и̑ причте́нъ бы́сть ко є̑динона́десати А̑п́толѡмъ.

ГЛАВА̀ в҃.

а҃. И̑ є̑гда̀ скончава́шаса дні́е патьдеса́тницы, бѣ́ша всѝ А̑п́толи є̑динодꙋ́шнѡ вкꙋ́пѣ.

в҃. И̑ бы́сть внеза́пꙋ съ нб҃сѐ шꙋ́мъ ꙗ́кѡ носи́мꙋ дыха́нїю бꙋ́рнꙋ, и̑ и̑спо́лни ве́сь до́мъ, и̑дѣ́же бѧ́хꙋ сѣдѧ́ще:

г҃. И̑ ꙗ̑ви́шаса и̑мъ раздѣле́ни а̑зы́цы ꙗ́кѡ о́гненни, сѣ́де же на є̑ди́номъ ко́емждо и̑хъ,

д҃. И̑ и̑спо́лнишаса всѝ Дх҃а ст҃а, и̑ нача́ша глаго́лати и̑ны́ми а̑зы́ки, ꙗ́коже Дх҃ъ даа́ше и̑мъ провѣщава́ти.

є҃. Бѧ́хꙋ же во І̑ерлѝмѣ живꙋ́щіи І̑уде́и, мꙋ́жїе благоговѣ́йнїи ѿ всегѡ̀ ꙗ̑зы́ка, и́же под нб҃се́мъ.

ѕ҃. Бы́вшꙋ же гла́сꙋ семꙋ̀, сни́деса наро́дъ и̑ смате́са: ꙗ́кѡ слы́шахꙋ є̑ди́нъ кі́йждо и̑хъ свои́мъ а̑зы́комъ глаго́лющихъ и̑хъ.

з҃. Дивлѧ́хꙋса же всѝ и̑ чꙋда́хꙋса, глаго́люще дрꙋ́гъ ко дрꙋ́гꙋ: не се́ ли всѝ сі́и сꙋ́ть глаго́лющїи Галїле́ане;

и҃. И̑ ка́кѡ мы̀ слы́шимъ кі́йждо сво́й а̑зы́къ на́шъ въ не́мже роди́хомса.

ѳ҃. Па́рѳане и̑ Ми́дане и̑ Є̑ламі́те, и̑ живꙋ́щіи въ Месопота́мїи, во І̑уде́и же и̑ Каппадокі́и, въ По́нтѣ и̑ во А̑сі́и,

і҃. ВоФрꙋ́гіи же и̑ Памфѵлі́и; во Є̑гѵ́птѣ и̑ страна́хъ Лїѵі́и, ꙗ́же при Кѵрині́и, и̑ приходѧ́щіи Ри́млане, І̑уде́и же и̑ пришѐльцы, а҃і. Кри́тане и҆ а҆ра́вляне, слы́шимъ глаго́лющихъ и҆̀хъ на́шими ѧ҆зы́ки велича̑ѧ Бж҃їѧ ;

в҃і. Оу҆жаса́хꙋсѧ же вси̑ и҆ недоꙋмѣва́хꙋсѧ, дрꙋ́гъ ко дрꙋ́гꙋ глаго́люще : что̀ оу҆́бѡ хо́щетъ сїѐ бы́ти ;

г҃і. И҆ні́и же рꙋга́ющесѧ глаго́лахꙋ : ꙗ҆́кѡ вїно́мъ и҆спо́лнени сꙋ́ть.

д҃і. Ста́въ же Пе́тръ со є҆динона́десѧтми, воздви́же гла́съ сво́й, и҆ речѐ и҆̀мъ : Мꙋ́жїе І҆ꙋде́йстїи и҆ живꙋ́щїи во І҆ерⷭ҇ли́мѣ вси̑, сїѐ ва́мъ разꙋ́мно да бꙋ́детъ, и҆ внꙋши́те глаго́лы моѧ̑.

є҃і. Не бо̀, ꙗ҆́коже вы̀ непщꙋ́ете, сі́и пїѧ́ни сꙋ́ть : є҆́сть бо ча́съ тре́тїй днѐ :

ѕ҃і. Но сїѐ є҆́сть рече́нное прⷪ҇ро́комъ І҆ѡ́илемъ :

з҃і. И҆ бꙋ́детъ въ послѣ̑днїѧ дни̑, глаго́летъ Гдⷭ҇ь, и҆злїю̀ ѿ Дх҃а моегѡ̀ на всѧ́кꙋ пло́ть, и҆ проре́кꙋтъ сы́нове ва́ши, и҆ дще́ри ва́шѧ : и҆ ю҆́нѡши ва́ши видѣ̑нїѧ оу҆́зрѧтъ, и҆ ста́рцы ва́ши сѡ́нїѧ ви́дѧтъ :

и҃і. И҆́бо на рабы̑ моѧ̑ и҆ на рабы̑ни моѧ̑, во дни̑ ѡ҆́ны и҆злїю̀ ѿ Дх҃а моегѡ̀, и҆ проре́кꙋтъ.

ѳ҃і. И҆ да́мъ чꙋдеса̀ на небеси̑ горѣ̀, и҆ зна́менїѧ на землѝ ни́зꙋ, кро́вь и҆ ѻ҆́гнь и҆ кꙋре́нїе ды́ма.

к҃. Со́лнце преложи́тсѧ во тмꙋ̀, и҆ лꙋна̀ въ кро́вь, пре́жде да́же не прїити̑ дню̀ Гдⷭ҇ню вели́комꙋ и҆ просвѣще́нномꙋ.

к҃а. И҆ бꙋ́детъ, всѧ́къ, и҆́же а҆́ще призове́тъ и҆́мѧ Гдⷭ҇не, спасе́тсѧ.

к҃в. Мꙋ́жїе І҆и҃лстїи, послꙋ́шайте слове́съ си́хъ : І҆и҃са Назѡре́а, мꙋ́жа ѿ Бг҃а и҆звѣ́ствованна въ ва́съ си́лами и҆ чꙋдесы̑ и҆ зна́менїи, ꙗ҆̀же сотворѝ тѣ́мъ Бг҃ъ посредѣ̀ ва́съ, ꙗ҆́коже и҆ са́ми вѣ́сте,

к҃г. Сего̀ нарекова́ннымъ совѣ́томъ и҆ проразꙋмѣ́нїемъ Бж҃їимъ пре́дана прїе́мше, рꙋка́ми беззако́нныхъ пригво́ждше оу҆би́сте :

к҃д. Є҆го́же Бг҃ъ воскресѝ, разрѣши́въ бѡлѣ́зни сме́ртныѧ, ꙗ҆́коже не бѧ́ше мо́щно держи́мꙋ бы́ти є҆мꙋ̀ ѿ неѧ̀.

к҃є. Дв҃дъ бо глаго́летъ ѡ҆ не́мъ: предзрѣ́хъ Гд҃а предо мно́ю вы́нꙋ: ꙗ҆́кѡ ѡ҆деснꙋ́ю менє̀ є҆́сть, да не подви́жꙋсѧ.

к҃ѕ. Сегѡ̀ ра́ди возвесели́сѧ срⷣце моѐ, и҆ возра́довасѧ а҆зы́къ мо́й: є҆ще́ же и҆ пло́ть моѧ̀ всели́тсѧ на ѹ҆пова́нїи.

к҃з. Ꙗ҆́кѡ не ѡ҆ста́виши дꙋ́шꙋ моеѧ̀ во а҆́дѣ, нижѐ да́си преподо́бномꙋ твоемꙋ̀ ви́дѣти и҆стлѣ́нїѧ.

к҃и. Сказа́лъ мѝ є҆сѝ пꙋти̑ живота̀: и҆спо́лниши мѧ̀ весе́лїѧ съ лице́мъ твои́мъ.

к҃ѳ. Мꙋ́жїе бра́тїе, досто́итъ рещѝ съ дерзнове́нїемъ къ ва́мъ ѡ҆ патрїа́рсѣ Дв҃дѣ, ꙗ҆́кѡ и҆ ѹ҆́мре и҆ погребе́нъ бы́сть, и҆ гро́бъ є҆гѡ̀ є҆́сть въ на́съ да́же до днѐ сегѡ̀.

л҃. Прⷪ҇ро́къ ѹ҆́бо сы́й, и҆ вѣ́дый, ꙗ҆́кѡ клѧ́твою клѧ́тсѧ є҆мꙋ̀ Бг҃ъ, ѿ плода̀ чре́слъ є҆гѡ̀ по пло́ти воздви́гнꙋти Хрⷭ҇та̀, и҆ посади́ти є҆го̀ на прⷭ҇то́лѣ є҆гѡ̀,

л҃а. Предви́дѣвъ глаго́ла ѡ҆ воскрⷭ҇нїи Хрⷭ҇то́вѣ, ꙗ҆́кѡ не ѡ҆ста́висѧ дш҃а̀ є҆гѡ̀ во а҆́дѣ, ни пло́ть є҆гѡ̀ ви́дѣ и҆стлѣ́нїѧ.

л҃в. Сего̀ І҆и҃са воскрⷭ҇и Бг҃ъ, є҆мꙋ́же всѝ мы̀ є҆смы̀ свидѣ́тели.

л҃г. Десни́цею ѹ҆́бо Бж҃їею вознесе́сѧ, и҆ ѡ҆бѣтова́нїе ст҃а́гѡ Дх҃а прїе́мъ ѿ Ѻ҆ц҃а̀, и҆злїѧ̀ сїѐ, є҆́же вы̀ нынѣ̀ ви́дите и҆ слы́шите.

л҃д. Не бо̀ Дв҃дъ взы́де на нб҃са̀, глаго́летъ бо са́мъ: речѐ Гд҃ь Гд҃ви моемꙋ̀, сѣди́ ѡ҆деснꙋ́ю менє̀:

л҃є. До́ндеже положꙋ̀ врагѝ твоѧ̀ подно́жїе ногъ твои́хъ.

л҃ѕ. Тве́рдѡ ѹ҆́бо да разꙋмѣ́етъ ве́сь до́мъ І҆и҃левъ ꙗ҆́кѡ и҆ Гд҃а и҆ Хрⷭ҇та̀ є҆го̀ Бг҃ъ сотвори́лъ є҆́сть, сего̀ І҆и҃са, є҆го́же вы̀ распѧ́сте.

л҃з. Слы́шавше же ѹ҆мили́шасѧ се́рдцемъ, и҆ рѣ́ша къ Петрꙋ̀ и҆ про́чымъ А҆п҇о́столѡмъ: чт҇ѐ сотвори́мъ, мꙋ́жїе бра́тїе;

л҃и. Пе́тръ же речѐ къ ни́мъ: пока́йтесѧ, и҆ да крⷭ҇ти́тсѧ кі́йждо ва́съ во и҆́мѧ І҆и҃са Хрⷭ҇та̀ во ѡ҆ставле́нїе грѣхѡ́въ: и҆ прїи́мете да́ръ ст҃а́гѡ Дх҃а.

л̃ѳ. Ва́мъ бо є҆́сть ѡ҆бѣтова́нїе и҆ ча́дѡмъ ва́шымъ, и҆ всѣ́мъ да́льнимъ, є҆ли́ки а҆́ще призове́тъ Гд҃ь Бг҃ъ на́шъ.

м̃. И҆ и҆ны́ми словесы̀ мно́жайшими засвидѣ́тельствоваше, и҆ мола́ше и҆́хъ, глаго́ла: спаси́теса ѿ ро́да стропти́вагѡ сегѡ̀.

м̃а. И҆̀же о҆у҆́бо любе́знѡ прїа́ша сло́во є҆гѡ̀, крти́шаса: и҆ приложи́шаса въ де́нь то́й дꙋ́шъ ꙗ҆́кѡ трѝ ты́саши.

м̃в. Ба́хꙋ же терпа́ще во о҆у҆че́нїи А҆п҃лъ, и҆ во ѡ҆бще́нїи и҆ въ преломле́нїи хлѣ́ба и҆ въ моли́твахъ.

м̃г. Бы́сть же на вса́кой дꙋшѝ стра́хъ, мнѡ́га бо чꙋдеса̀ и҆ зна́менїа А҆п҃толы бы́ша во І҆ерꙋсали́мѣ.

м̃д. Стра́хъ же ве́лїй ба́ше на всѣ́хъ и҆́хъ. всѝ же вѣ́ровавшїи ба́хꙋ вкꙋ́пѣ, и҆ и҆ма́хꙋ всѧ̑ ѻ҆́бща.

м̃є. И҆ стѧжа̑нїа и҆ и҆мѣ̑нїа продаѧ́хꙋ, и҆ раздаѧ́хꙋ всѣ́мъ, є҆гѡ́же а҆́ще кто̀ тре́боваше:

м̃ѕ. По вса̀ же дни̑ терпа́ще є҆динодꙋ́шнѡ въ це́ркви, и҆ лома́ще по домѡ́мъ хлѣ́бъ, прїима́хꙋ пи́щꙋ въ ра́дости и҆ въ простотѣ̀ се́рдца,

м̃з. Хвала́ще Бг҃а и҆ и҆мꙋ́ще бл҃года́ть о҆у҆ всѣ́хъ люде́й. Гд҃ь же прилага́ше по вса̀ дни̑ це́ркви спаса́ющыаса.

Списокъ цитируемыхъ книгъ.

Книги Свящ. Писанія (Ветхаго и Новаго Завѣта),
Богослужебныя минеи (12 мѣсяцевъ),
Октоихъ,
Тріодь, постная и цвѣтная,
Часословъ,
Служебникъ: утреня, вечерня, литургія (Василія Великаго, Іоанна Злато-
устаго и преждеосвященныхъ Даровъ — Григорія Двоеслова),
Требникъ,
Правильникъ,
Прологъ.

Главнѣйшія сокращенія.

Названія книгъ Свящ. Писанія указаны по обычнымъ сокращеніямъ.
Акаѳ. — акаѳистъ
богород. — богородиченъ
веч. — вечерня
Возн. — Вознесеніе
воскр. — воскресеніе, воскресный
гл. — гласъ
на Госп. воззв. — на Господи воззвахъ
ект. — ектенія
кан. — канонъ
конд. — кондакъ
лит. — литургія
на лит. — на литіи
мол. — молитва
Окт. — Октоихъ
Прав. — Правильникъ
Преобр. — Преображеніе
Прол. — Прологъ
п. — пѣснь
Рожд. — Рождество Христово
седм. — седмица
Служ. — Служебникъ
ст. — стихъ
на стих. — на стиховнахъ
сѣд. — сѣдаленъ
Требн. — Требникъ
тр., троп. — тропарь
утр. — утреня, утренній
на хвал. — на хвалитехъ
ч. — часъ

— 266 —

Литература.

Ѳ. И. Буслаевъ. Историческая грамматика, М., 1881.

Свящ. Василій Крыловъ. Сокращенная практическая славянская грамматика, М., 1898.

П. Смирновскій. Грамматика древняго церковно-славянскаго языка, М., 1911.

А. М. Селищевъ. Старославянскій языкъ, ч. I, ч. II, М., 1951-52:

А. И. Горшковъ. Старославянскій языкъ, М., 1963.

В. П. Бесѣдина-Невзорова. Старославянскій языкъ, Харьковъ, 1962.

Л. В. Матвѣева-Исаева. Лекціи по старославянскому языку, Л., 1958.

В. В. Виноградовъ. Грамматика Русскаго языка, т. I, т. II, М., 1960:

Horace G. Lunt. Old Church Slavonic Grammar. Mouton & Co:, The Hague, The Netherlands, 1955.

C. H. Van Schooneveld. A Semantic Analysis of the Old Russian Finite Preterite System, The Hague, The Netherlands, 1959.

F. Blass and A. Debrunner. A Greek Grammar of the New Testament amd Other Early Christian Literature. Translated and edited by Robert W. Funk. The University of Chicago Press, 1960.